문예신서
137

구조주의의 역사

IV

쇠퇴기: 80년대 이후

프랑수아 도스

김웅권 옮김

東 文 選

구조주의의 역사

쇠퇴기: 80년대 이후

FRANÇOIS DOSSE

Histoire du structuralisme · II

le champ du signe, 1945-1966

© 1992, Éditions La Découverte

This edition was published by arrangement
with Éditions La Découverte, Paris

차 례

Ⅳ 구조주의 패러다임의 쇠퇴

25. 잃어버린 환상/Ⅰ 강제노동수용소의 파장 ——————— 9
26. 잃어버린 환상/Ⅱ 탈진한 과학주의 ——————————— 18
27. 잃어버린 환상/Ⅲ 윤리의 회귀 ————————————— 26
28. 재생산에서 조정으로 ——————————————————— 34
29. 중도: 아비투스 ————————————————————— 50
30. 마지막에 초대받은 학문: 인식론에 깨어나는 지리학 ——— 65
31. 억압된 것의 회귀: 주체 ————————————————— 82
32. 미셸 푸코: 생체 권력에서 자기 미학으로 ——————— 100
33. 자율적인 주체 ————————————————————— 119
34. 역사성으로의 회귀 ——————————————————— 138
35. 대사상가들의 소멸 ——————————————————— 154
36. 보편주의적 모델들의 위기와 학문들의 자폐 ————— 174
37. 구조적 자연주의 ———————————————————— 182
38. 프로그램의 동화 ———————————————————— 197

Ⅴ 시간, 공간, 대화주의

39. 유배된 역사의 여신 클리오 ——————————————— 223
40. 하나의 지형−논리학 —————————————————— 236
41. 대화주의를 위하여 ——————————————————— 246

원주/참고 문헌/역자 후기 ————————————————— 255
총색인 —————————————————————————————— 289
총목차 —————————————————————————————— 309

IV

구조주의 패러다임의 쇠퇴

25

잃어버린 환상/I
강제노동수용소의 파장

70년대 중반 상황은 유동적이고, 1967년 이래로 다원화·개방·일탈의 다양한 시도들을 겪은 참이었던 구조주의는 시대의 물결에 휩쓸려 간다. 이제 시대는 준엄하게 구조주의가 퇴각하는 시기이다. 그렇다고 이것이 출발점으로의 회귀를 의미하는 것은 전혀 아니다. 왜냐하면 구조주의 프로그램의 상당 부분이 단순히 말해 심층적으로 동화되었고, 또 그것이 알려지도록 하기 위해 매체적인 중계가 더 이상 필요하지 않기 때문이다. 구조적 사고 자체에 대한, 요컨대 극단적인 여러 충격이 복합적으로 작용하여 구조주의의 쇠퇴를 야기했던 것이다. 가장 괄목할 만한 첫번째 충격은 정치적 성격을 띤다. 그것은 솔제니친의 폭로에 의해 야기된 충격파이다. 물론 소련 세계의 전체주의적 현실에 대한 정보들이 솔제니친으로부터 처음 온 것은 아니다. 20년대부터 이미 트로츠키는 스탈린의 독재를 고발했고, 소송·강제수용소를 폭로하는 많은 증언들이 이어졌으며, 바르람 살라모프의《콜리마의 이야기》까지 출간되었다. 이 책은 초판이──일부가 삭제되어 나왔는데── 1969년 프랑스에서 발행되었다.

그러나 이러한 눈먼 상태는 사회주의 현실을 고려하지 않은 채 사회주의 이론을 생각하려는 노력──이 노력은 특히 알튀세에 의해 구현되었다── 과 병행하고 있었으며, 또 단단하게 결합되어 있었다. 그리하여 그것은 소련의 암울한 경험으로부터 끌어내야 하는 교훈에 대한 진정한 고찰을 은폐하게 만들었다. 68년 5월의 반항과, 이 반항이 극히 순수한 마르크시즘으로부터 광범위하게 빌려 온 담론 때문에 전체주의적 현실에 대한 인식의 모든 결과가 다 도출되지는 못했다. 그러나 이 현실은 1968년 8월 체코슬로바키아의 침공 때 다시 한 번 현저하게 확인되었던 것이다.

민주적 가치들과의 화해

《수용소 군도》가 프랑스어로 번역되어 나왔을 때 상황은 이미 달라져 있었다. 그때는 이 책이 최대한의 반향을 일으키기에 적절한 시기였다. 과연 1974년 극좌주의는 완전히 파국 상태였고 프랑스의 전통적 좌파가 전진하고 있었지만, 이 전통적 좌파는 1972년의 공동 프로그램에 서명함으로써 화해한 정치 체계의 틀 안에 있었다. 경제 위기의 1차적 여파가 닥치자, 미래를 위한 터널의 끝을 보고 있던 사람들의 주장은 거짓이라고 곧바로 반박당하게 된다. 그것이 반대로 드러내는 것은 '영광의 30년'이 끝나고 '스태그플레이션'·경기 후퇴·재구조화의 긴 단계가 시작되었다는 경제 상황의 중대한 전환점이다. 혁명의 위대한 밤도 더 이상 없고, 위기 탈출이 기대되는 매혹적인 새벽도 더 이상 없는 것이다. 실업이 증대되어 가고, 혁명의 기대감도 멀어져 가며, 로마 클럽이 '제로 성장'을 환기시키는 시점에서 소련 '수용소 파장'은 결정적이 된다. 그것이 특히 보여 주는 것은 일부 사람들이 서둘러 그렇게 하는 것(그런 식이라면 중세 종교 재판의 남용을 내세워 예수를 단죄해야 할 것이다)과는 달리, 수용소의 책임을 마르크스의 탓으로 돌릴 수는 없다 할지라도 마르크시즘을 생각할 때 인류 역사에서 그것이 가져온 구체적 결과들의 장례 행렬을 생각하지 않을 수 없다는 점이다. 위기는 심층적이었다. 그런 만큼 사람들은 소련 체제를 구하기 위해 단순한 일탈, 과도한 인물 숭배, 혹은 기술관료들의 단순한 과잉 등을 내세우는 데 만족할 수 없었다.

뿐만 아니라 세계의 젊은이들 일부를 급진화시켰던 베트남 전쟁이 1975년 마감됨으로써, 유럽의 민주 정치 체제들이 지탱했던 가치들에 대한 재평가에 유리한 상황이 제시된다. 이항적인 새로운 논리가 부각되는 추세를 보이며, 민주주의를 전체주의에 점점 더 대립시킨다. 바로 이러한 환경 속에서 수용소 파장은 결정적이 되고, 있는 그대로 인정된다. 1974년을 기다리지 않고, 동요되어 소련 체제에 반대하는 참여를 했던 사람들까지 그것을 그대로 인정하게 된다. 클로드 르포르와 그가 이끄는 《사회주의 혹은 야만》이 그런 경우이다. "《수용소 군도》와 같은 그런 책을 우리 소수는 오래 전부터 기다렸다."[1]

당시까지 전개된 투쟁은 점차적으로 인권 옹호를 표적으로 삼게 된다. 이 시기 이전에는 인권이 형식적인 것으로 규정되는 경향이 있었다. 솔제니친이 1958년부터 1967년까지 모은 집단적 기억의 엄청난 양은 더 이상 그런 종류의 구실을 허용하지 않는다. 그리하여 1974년 2월 소련으로부터 추방된 《수용소 군도》의 작가를 맞이하는 서양은 철의 장막 저편으로부터, 다시 말해 인권의 존중을 요구했다고 정신 병원에 수용되는 정치적 반대자들로부터 여전히 어렵게 다다르고 있는 목소리에 귀를 기울인다. 예컨대 이들 가운데는 블라디미르 불코프스키 · 레오니트 플리우슈치 같은 자들이 있다. 마르크시즘은 이 반대자들의 도착과 그들이 체험한 공포의 리듬을 따라 퇴각한다. 1977년 폴 포트의 캄보디아 혁명이 저지른 만행의 폭로는 정신의 백지 상태에 관한 사상이 분출하는 데 기여하지 못한다. 바로 백지 상태의 이름으로 9백만 명의 주민 가운데 2백만 명의 남녀가 조직적으로 몰살당했던 것이다!

"그래서 사람들은 어떤 초월에 대한 관념을 더 이상 지니지 못하게 되었을 때, 비판적 의식으로부터 벗어난다."[2] 마르크시즘의 퇴조와 더불어 사회와 역사에 대한 총체적 분석 도구가 무너져 사라진다. 구조주의는 이러한 지진에서 무사하지 못한다. 왜냐하면 그것은 일부 사람들의 구조-마르크시즘적 전진을 넘어서, 사고와 비판적 패러다임의 표현 자체로 제시되었기 때문이다. 오래 전부터 그것은 내밀하고 총체적인 감추어진 논리들을 인식하기 위해, 가시적인 것과 명료한 것의 관찰이 지닌 과학적 유효성을 인정하지 않았다. 그런데 수용소 파장이 드러내는 것은, 이해하는 데는 듣고 읽고 보는 것으로 충분하다는 점이다. 이는 과학적 주장을 내세우는 어떤 개념적 사변과는 반대된다. 이 과학적 사변이 연막의 역할을 하면서 포착하지 못하도록 막은 것은 진행중인 비극의 진정한 쟁점들이었고, 고문자들을 지지했던 사람들의 객관적 공모였다.

이와 같은 변화는 또한 구조주의 이데올로기에도 치명적이 된다. 왜냐하면 정치적 반대자들의 메시지가 인권, 즉 어떤 인본주의를 옹호하는 메시지라는 점 때문이다. 인권이나 인본주의는 모두가 구조주의 방법이 멀리했던 가치들이며, 이 방법의 원칙적 관점은 바로 주체 없이 사유하여 과학에 다다르는 것을 목표로 했던 것이다. 이 경우 억압된 것의 회귀는 동구에 의해 실현되었다. 그것은 가장 급진적인 자들로 하여금 몇몇 질문들을 공개적으로 스스로 제기하지 않을 수 없게 만든다. "나는 데리다가 체코슬로바키아에서 체포된 이후 울름 가에서 그를 만난 기억이 있다. 그는 자신의 세미나에서 자신이 매우 난처하다고 말했다. 왜냐하면 그는 철학자로서의 삶을 인본주의를 해체하고, 저자·책임의 관념이 존재하지 않는다고 말하는 데 보냈는데, 체코슬로바키아의 경찰서에서 벌거숭이가 된 상황에 처하자 이것을 인권에 대한 중대한 침해라고 생각하지 않을 수 없다고 인정했기 때문이다. 그날 세미나에서 데리다는 자신이 매우 이상한 지적 상황에 처해 있다고 말함으로써 대단한 명철성을 보여 주었다. 그리하여 그는 지적인 바로크 양식의 범주를 제안했다. 왜냐하면 그에 따르면 두 측면은 서로 일치하지 않기 때문이다. 그러나 우리가 영원히 바로크 양식에 머물 수는 없다."[3]

지식인들의 새로운 상황에 대한 징후로서 이러한 역설적 상황은 그들 가운데 많은 사람들로 하여금 난제를 일거에 해결하여 정치적 현실의 요구에, 특히 동구에 대처하게 만든다. 이와 같은 변화는 10년 내내 확대되고, 이 10년은 결국 폴란드에서 연대 노동조합의 성공(1980년 8월)과 야루젤스키의 교전 상태(1981년 12월)로 마감한다. 권리와 민주주의라는 가치의 이름으로 전개된 이 새로운 전선으로부터 사람들이 얻는 결론은 모순적인 두 담론을 지탱하기가 불가능하다는 점이다.

점차적으로 지식인들은 당시까지 기만적이고 순전히 이데올로기적이라고 간주되었던 상당수의 서구적 가치들과 화해하게 된다. 민주적 가치들의 풍자는 더욱 어려워지고, 민주주의의 모든 장치들을 해체하는 작업은 그것들의 실증성에 비추어 재평가되지 않을 수 없는 것이다. 통일적인 지식인은 오래전에 이미 죽었고, 따라서 무기력의 위기를 경험하는 자는 지나치게 엄격히 비판하는 지식인이다. 그렇기 때문에 '지식인들의 침묵,' 1981년 이후에도 여전히 두드러졌던 그 침묵이 언급될 수 있었던 것은 놀라운 일이 아니다.

70년대의 이와 같은 골절은 상이한 반응들을 야기한다. 어떤 사람들은 그러한 골절 때문에 일시적으로 실어증 증세를 나타내게 된다.《르 몽드》지의 인문과학 분야를 책임진 로제 폴 드루아가 가장 두드러진 경우이다. 그래서 그는 떠나고 만다. 대번에 그는 자신의 모든 직무를 버린다. 1977년 그는 "떠났다. '그'는 사라졌다."[4] 로제 폴 드루아는《르 몽드》지를 떠나고, 그가 플라마리옹사에서 내놓기 시작했던 '대화' 총서를 단념한다. 이 총서는 이미 로만 야콥슨·노엄 촘스키·질 들뢰즈와 세 권의 저서를 기획해 놓고 있었다. 로제 폴 드루아는 그가 푸코와 준비했던 저서 기획을 방치한다. "나는 모든 것을 버렸다."[5] 그는 베르크쉬르메르의 고등학교에서 일 및 삶과 다시 만난다. 그는 이곳에서 3학년 교육에 전념한다. 7년 동안 철저한 치료가 계속된다. 그는 더 이상 단 한 줄의 글도 쓰지 않으며, 셰익스피어 이전에 나온 책들만을 읽는다. "나는 60년대와 70년대의 시기를 소름끼치는 그 무엇으로 체험했다. 나는 사유가 극히 즐겁고, 유희적이며, 활력을 주고, 웃음을 주는 무엇이 될 수 있다는 것(나는 이를 위해 떠나야 했다)을 배우는 데 시간을 바쳤다. 그런데 반대로 내가 나의 구조적 수유기(授乳器)로부터 끌어낸 점은 그게 단단하고 엄밀하며 추상적이고 차가워야 한다는 것이었고, 육체적일 수 있는 모든 것은 사유할 수 없다는 것이었다."[6] 로제 폴 드루아는 우선 거리를 두고, 이어서 규칙적으로《르 몽드》의 길을 되찾게 된다. 그러나 그는 변모되어 있다. 그후로 그는 서구 사상에 의한 동양의 배제를 탐구한다.

'새로운' 철학자들

'새로운 철학자들'이 선택한 것은 도주와 고독한 명상의 길이 아니다. 반대로 그들은 대개의 경우 프롤레타리아 좌파('GP')에의 마오쩌둥주의적 참여를 몰아내는 일에 속하는 연극을 가능한 많은 관중들 앞에서 연출하기 위해 매체적 장치를 대대적으로 사용하게 된다. 혁명적 종말론은 빈사 상태에 있기 때문에 한 세대 전체가 68 사태의 과거를 버리고, 자신들의 죄를 덜기 위해 집단적 충동 속에 고해실로 이동한다. 피에르 비앙송 퐁테는 이렇게 측은해한다. "이 응석둥이들, 이 뒤처진 큰 아이들은 혁명을 즉시 원하고 있었다. 아니다! 혁명은 오지 않았다. 그래서 그들은 발을 동동 구른다. (…) 길을 잃은 불쌍한 새끼고양이들 같으니."[7] 그리하여 앙드레 글럭스만 · 크리스티앙 메츠 · 기 라르드로 · 베르나르 앙리 레비 · 장 폴 돌레 같은 마오쩌둥의 찬양자들, 다시 말해 이 '위대한 키잡이'를 신비주의적으로 신봉했고, 미온적인 자들을 공포에 떨게 한 투사들은 자유주의의 은밀한 매력을 발견한다. 도처에 확산되는 것은 소문 이상의 소란이다. 그러나 그것은 또한 어떤 신호를 보낸다. 그래서 그것이 야기하는 비판——예컨대 질 들뢰즈 · 프랑수아 오브랄 · 크사비에 델쿠르의 비판[8]——이상으로 이들은 하나의 희망, 즉 그들의 세대를 지탱했던 희망이 죽어가고 있음을 나타내는 징후이다. 수용소 파장은 여기서 직접적이다. 1975년부터 앙드레 글럭스만은《요리 화덕과 식인자》를 집필한다.[9] 이 책에서 우리가 알게 되는 것은 수용소가 플라톤 속에 있었다는 점이다. 1976년《문학 소식》지는 베르나르 앙리 레비에게 '새로운 철학'에 관한 기획 안건을 맡긴다. 이 안건의 실현은 이 철학 운동의 집단적 성격과, 새로운 통설로 자처하려는 그것의 의도를 확고히 드러낸다. 출판계는 이중적으로 활용된다. 하나는 베르나르 앙리 레비의《인간의 얼굴을 한 야만》[10]과 같은 에세이에 의한 것이다. 이 책은 곧바로 베스트셀러가 된다. 다른 하나는 장 프랑수아 비조의 《낙오자들》이나 《백색 시대》[11]와 같은 소설적 표현에 의한 것이다.

이러한 새로운 철학적 담론은 지배자를 감추고 있는 악의 이미지가 된 68년 5월을 고발한다. 장 피에르 르 당텍은 피부에 바르는 로션을 망각했었다. 그는 이제 《태양의 위험》[12]에 경계를 나타낸다. 그리하여 그는 마르크스의 사상 속에 자리잡고 있을 뿐 아니라, 혁명과 혁명의 '체질적 공포 성향'[13]의 관념 자체에 자리잡고 있는 '부패의 근원'을 공격한다. 마오쩌둥주의의 또 다른 호전적 이탈자인 미셸 르 브리는 자기 채찍질을 선택한다. "결국 68년 5월은 무엇인가? 아버지에 대한 아들의 반란이다."[14] 베르나르 앙리 레비는 68년 5월 운동에서 우리 20세기의 창백하고 맥 빠진 황혼을 본다. "우리는 역사의 종말을 체험하고 있다. 왜냐하면 우리는 연속된 자본주의의 궤적 속에 살고 있기 때문이다."[15] 고아 신세의 한 세대가 자신들의 정신적 혼란을 진정시키지만, 또한 자신들의 본래 사회가 지닌 가치들과의 화해를 준비한다. 그들은 수용소 파장을 통해 이루어진 균열의 단절을 아주 날카롭게 표현한다. 그러나 마찬가지로 격렬한 이같은 사유 방식에서 우리가 다시 만나는 것은 줄기를 반대쪽으로 틀어 보려는 동일한 경향이다. 알튀세가 자기를 이해시키기 위해 권장하듯이 말이다. 이러한 차원에서 볼 때 도랑에 버려진 구조주의적 과거와 연속적인 요소들이 존속한다. 사람들은 자신들이 펴는 주장의 올바름을 정당화시키는 도구로서 공적인 토론이나 시청률을 더욱 열성적으로 이용한다. 그러면서 그들은 현실로부터 그만큼 물러난다. 현실은 실망을 안겨 주었기 때문에 남은 것은 담론뿐이다. 그렇지만 아무 담론은 아니다. 그것은 지배자의 담론이다.

반대자들에 대해 말하자면, 그들은 전체주의의 모든 죄악을 드러낸다고 비난받는다. 비난의 강도는 바로 얼마 전에 표현된 것만큼 격렬하다. 마오쩌둥 사상은 힘에 의해 강제된 기성복 같은 사상이었던 것이다. "새로운 철학의 모든 비판은 검열과 지적 수용소에 대한 옹호였다."[16] 자크 부베레스는 구조주의가 승리했던 시기와 새로운 철학자들의 시기가 유사한 지적 테러리즘, 유사한 분파주의를 이용하고 있고, 언론과 선전 작용을 추잡하게 이용하고 있다는 점에서 연속성이 있다고 생각한다. 대중 매체들이 이러한 변화에 책임이 있다고 보는 일반적 담론과는 반대로, 부베레스는 바로 철학적 담론의 변화 자체가 매체의 이러한 이용의 토대에 자리잡고 있다고 생각한다. 이 변화가 사회학적 성격의 단순한 이유들 때문이 아니라는 것이다. 그에 따르면 그것은 철학자들이 60년대에 "특히 진실과 거짓을 통해서가 아니라 권력, 지배, 힘의 관계, 영향력 투쟁, 전략, 호기(好機), 효율성을 통해서 추론하는 경향"[17]을 부추겼다는 사실에 기인한다.

새로운 철학자들이 전하는 메시지의 매체들 너머로 사람들은 담론 속에서 피난처를 재발견하지만, 도중에 과학주의적 관점은 단념한다. "나는 현실은 다만 담론에 불과하다고 말한다."[18] 마오쩌둥주의적 신비주의 이후에 사람들은 형이상학과 화해한다. 이 형이상학은 존재의 결여나 이 결여를 대신하는 존재, 즉 **라캉**이 아니라면 신이 없는 종교이고, 찬양할 대상이 없는 믿음이다. "세기는 라캉적**이다**."[19] 《천사》의 저자들은 잔 다르크와 스탈린 사이에 사생결단을 내려야 했다고 말한다. 그들은 잔 다르크를 선택했고, 그리하여 모리스 클라벨의 축복을 받았다. 세계에서 저질러진 공포는 그들을 실망시켰고, 기독교적인 초탈로 가도록 부추겼다. 믿음이 그들의 발걸음을 계속해서 인도하지만 어떤 길로 인도하는가? 이와 같은 정열적인 열광에 별로 우호적이지 않은 프랑수아 마스페로는 이렇게 응대한다. "그들은 새로운 우파이다. 10년 전 그들은 마르크스와 코카콜라의 아이들이었다. 그런데 오늘은 코카콜라만 남아 있다."[20] 사실 새로운 철학은 흔히 단견적 사상이고, 슬로건의 형태를 띤 한 커트의 단상이며, 이런 유형이다. 즉 "마르크스가 없다면 혁명도 없다. 마르크시즘이 없다면 수용소도 없다."[21] 또는 "수용소는 1844년에 태어났다."[22] 사실 역사를 가능한 가장 환원적이고 단순화시키는 방식으로 다시 읽는 경우를 제외한다면, 역사가 관념들의 유일한 생산으로 귀결될 수는 없다. 그러나 세계에 대한 이와 같은 비전과 이 비전의 세척적인 반복 작용이 드러내게 되는 **위브리스**('과도한 자부')는 모든 분석 모델들의 진정한 파괴라는 비싼 대가를 치르면서, 동구 나라들에서 추측되는 큰 변화들을 진지하게 고려하는 심층적 현상을 동반하고 가속화시키게 된다. 파괴의 과도기 없이 해체로의 이동이 이루어지는 것이다.

26
잃어버린 환상/II
탈진한 과학주의

1975년 구조주의의 모든 요소들에 대한 개관이, 현대성의 서광처럼 제시된 《구조적 혁명》[1]의 호화로운 출간을 기념하면서 나타난다. 그러나 사실 이때는 하나의 사상이 완전한 실패로 준엄하게 끌려감으로써 황혼기를 맞이하는 시기이다. 특히 그것은 하나의 공통적 방법을 중심으로 모든 인문과학의 통일성을 확립하겠다는 야심에서 전적으로 실패했던 것이다. 퇴조는 전반적이고, 해산은 심한 무질서 속에서 이루어지기 때문에 각성을 토대로 한 절충주의만을 낳을 수 있다. 이것은 하나의 철학이나 과학적 방법의 실패를 표현하는 것인가? 아니면 과학적 입장을 보다 확고하게 다지기 위해 이데올로기적 쟁점들의 차원에서 유행의 퇴조를 맞이하고 있는 인문과학의 강도 높은 사회화 운동의 종말인가?

알튀세 이론의 갑작스러운 죽음

인문과학을 포괄하는 하나의 철학을 확립하겠다는 방향에서 가장 앞서간 시도는 알튀세 이론으로 판별된다. 역사적 유물론의 이름으로 알튀세는 사회과학의 다양한 실증적 측면들의 유효성을 판단하기 위해 그것들을 재해석하겠다는 야심을 지녔었다. 그런데 알튀세 이론은 진정한 쇠퇴가 아니라 갑작스러운 죽음, 그것의 성공만큼이나 눈부시고 전격적인 죽음을 맞이한다.

68년 5월 노동총연맹 사무총장 조르주 세기는 "콘 방디, 그자는 누구인가?"라는 문제의 발언을 한 바 있다. 1975년이 지나자 곧바로 학생들이 알튀세에 대해 동일한 표명을 한다. 그런데 당시까지 연구 작업들은 알튀세의 방향에 의해 지배되고 있었다. 파리7대학교에서 피에르 앙사르는 알튀세에 관한 사울 카르츠의 학위 논문을 지도하고 있었다. "그것은 내가 이 문제에 대해 추구해야 했던 진정으로 진지한 단 하나뿐인 작업이었다. 그러나 심사위원회를 구성해야 할 때 사람이 아무도 없었다. 2년에서 3년 동안 사람들은 국가의 이데올로기 장치에 대해서만 이야기했는데, 네번째 해가 되자 그것은 완전히 끝나 버렸다."[2]

낭테르대학교의 경제학부에 있었던 앙드레 니콜라이는 1975년의 대변화를 결정적이었다고 확인한다. 바로 그때 기본적으로 알튀세 이론을 따르는 모든 구조-마르크스주의적 고찰은 미시 경제로의 퇴각, 신고전학파의 회귀, 그리고 한계효용설에 의해 점령당한다. "낭테르는 1975년까지 매우 혼란한 상태에 있었다. 그때부터 학생들의 동요 앞에서 정서적으로 신물이 나고, 알튀세의 독단론 앞에서 지적으로 신물나는 상황이 되었다. (…) 따라서 1975년에 끝난 것이다."[3]

에마뉘엘 테레가 인류학에서 알튀세의 구조-마르크시즘으로부터 끌어내는 결산은 "전반적으로 평범하다."[4] 먼저 과학적 시야는 그것이 60년대에 누렸던 권위가 더 이상 없다. 그런 만큼 얻어진 결과는 대수롭지 않았다. 물론 마르크스주의적 구조주의자들은 고들리에처럼 형식주의자들과 실체론자들 사이의 오랜 적대 관계를 초월하면서 경제인류학의 몇몇 개념들을 변화시키게 해주었다. 그러나 인류학은 이로부터 부분적으로만 영향을 받았다. 그리고 원시 사회들의 분석 모델들을 주장토록 해주었어야 했던, 생산 방식 같은 중심적 개념들은 관찰된 사회적 다양성을 유형화하기 위한 분류 수단으로만 소용됨으로써 실망적인 것으로 드러나고 말았다. "우리는 특히 하부 구조와 상부 구조 사이의 관계와 관련해 기능주의적인 설명에 종속되어 있었다."[5] 두번째로 알튀세를 추종하는 인류학자들은 이론과 정치적 실천 사이의 연계를 확립하고자 원했다. 그런데 정치적 참여와, 현장을 누비는 직업적 실천 사이의 이와 같은 융합은 신속하게 환상처럼 나타났다. 알튀세 이론의 퇴조와 더불어 대략 1975년경에 사라지는 것은 통일적 인간과학에 대한 희망이다.

빈사 상태에 처한 이와 같은 총체화 야심은 또한 대학의 폐쇄성, 다시 말해 제 학문들이 그것들의 특수한 전통으로 움츠러드는 자폐성을 드러내는 시기와 일치한다. 1968년 이후 이론적인 혁신, 즉 학제간 연구는 전통과 단절한 젊은 교육자들이 혁신적 경력 조건을 기준으로 채용되었던 시기에는 대학의 틀 내에서 잘 이루어졌다. 반대로 70년대 중반에 대학은 68 사태로 젊어진 이후로 더 이상 새로운 충원을 하지 않는다. 직위의 임명이 엄격해지고 제한될 뿐 아니라 예산 관리가 합리화되는 시기에 진입한 것이다. 직위들이 이처럼 빈틈없이 짜여지는 상황은 이론적인 차원에서 위축된 후퇴 현상을 동반하고, 또 그것을 가속화시킨다.

그래서 대학 내에 자리잡기를 원하는 사람들은 학문적 규준 내에서 확실하게 교육받은 경력 조건을 갖추어야 하고, 가능한 최대한으로 합의된 주제들을 택해야 한다. "따라서 나는 젊은 연구자들이 파문을 일으키지 않고, 어떠한 이데올로기적 혹은 역사적 연루도 피하기 위해 무색·무취·무맛을 드러내는 주제들의 길로 나아가는 것을 보았다."[6] 60년대에는 혁신시키는 능력이 대학에 자리잡기 위한 확실한 수단이 될 수 있었다면, 1975년부터는 충원의 기준이 되는 것은 규범을 지키는 능력이다. 구조주의의 물결이 밀려오는 시기에 움츠러들었던 자들은 마침내 머리를 다시 들 수 있게 된다. 그들은 드디어 구조주의의 일탈이 끝났기 때문에, 일시적으로 망각되었던 자신들의 학문이 지닌 규범화된 가치들로 이제 부끄러움 없이 되돌아갈 수 있다고 생각하는 것이다.

절충주의의 승리

뿐만 아니라 사건들이 '보도들'에 자리를 내주어야 하는 사회, 다시 말해 점점 더 매체화되는 사회에서 절충주의가 총체화 의지를 대체한다. 가능한 최대한으로 많은 사람을 목표로 하고, 따라서 원칙상 모든 사람들이 아는 상투적 표현들 속에 갇히는 하나의 언어 전체가 강력한 커뮤니케이션 수단들에 범람하게 된다. 그리고 이 언어는 정신분석학자 제라르 망델이 지적하듯이 '소속이 없고,' 점점 더 서로가 고립되는 개인들로 사회가 계열화되는 현상을 부각시킨다. 이와 같은 변화는 지식인들의 통제를 벗어나는 소통 장치들과 하나의 세계를 총체화하려는 어떠한 기도도 환상으로 만든다. "프로이트의 담론은 매체들 속으로 이동할 수 없지만, 이동할 수 있는 것은 프로이트적인 지성이 프로그램화할 수 있는 것이다."[7]

지적인 상황의 반전은 갈리마르사에서 구조주의의 도약에 종자적 역할을 했던 피에르 노라에 의해 매우 분명하게 인지된다. 그러나 그는 역사의 한 페이지가 넘어갔다는 점을 의식한다. 그는 총체화의 목표들이 실패했다는 사실을 인정하면서 1980년 프랑스 지식계에서 진정한 사건으로 나타나는 새로운 잡지 《토론》을 내놓는다. 이 잡지가 표방하는 바는 어떤 사유 체계, 혹은 통일적 목적을 지닌 어떤 방법의 버팀대가 더 이상 되지 않고, 다만 대화의 장소나 관념들의 교차로가 되겠다는 것이다. "《토론》지는 강제할 체계도 없고, 전달할 메시지도 없으며, 제공할 궁극적 설명도 없다."[8] 《토론》지는 개방의 전망 속에 자리잡는다. 따라서 이 잡지는 구조주의적 국면과 거리를 두고 그것을 절충주의로, 다시 말해 관점들의 가장 방대한 병치로 대체하면서 어떤 특정 분석 방법에 우선권을 부여하지 않는다.

피에르 노라가 "지식인들은 무엇을 할 수 있는가?"라는 질문을 제기하면서 확인하는 것은, 문학의 중심이 인문과학 쪽으로 이동하는 현상이 아마 거꾸로 뒤바뀌고 있는 중이다라는 점이다. 물론 사회과학은 우리가 말하는 언어가 우리가 말한다고 믿는 언어와 다르다는 점을 이해하게 해주었다. 또 그것은 우리가 행동하는 동기들을 모른다는 것과, 종착점과 결과는 최초 계획을 벗어난다는 것을 알게 해주었다. 이러한 차원에서는 결산이 긍정적이지만, 상황은 지식과의 새로운 관계를 강제한다. 왜냐하면 "바로 비판적 기능을 방패삼아 지식인들의 정치적 무책임이 전적으로 작용하기 때문이다."[9]

비판적 분석틀이 되겠다는 사명을 지닌 구조주의적 패러다임과 철저하게 단절하는 이러한 새로운 방향은, 당시까지 피에르 노라와 미셸 푸코가 유지하는 특별한 관계에 거리가 생기는 현상과 맞물린다. 특히 구조주의는 결과적으로 정신적 지도자들로서, 대사상가들로서 인식되는 인물들을 낳지만 사유의 진정한 학파를 낳지는 못한다. "노라는 푸코가 자신의 책들을 넘어서 학파를 지니지 못했다는 점을 분명하게 깨달았다. (…) 푸코는 갈리마르사에서 자신이 푸대접을 받았다고 생각했다. 이 말은 특별히 노라를 두고 한 것은 아니었다. 그것은 그가 계획들로 가득 찼고, 출판과 관리를 적극적으로 담당하고 싶었지만 자신이 아무것도 요청받지 않았다는 사실을 염두에 둔 것이었다."[10] 마르셀 고셰가 푸코의 작품에 대해 매우 비판적 입장을 취했다는 점을 고려할 때, 피에르 노라가 《토론》지의 편집을 이끌기 위해 마르셀 고셰를 선택한 것은 미셸 푸코와의 거리를 두드러지게 할 수 있을 뿐이었다.

《토론》지의 창간이 드러내는 것은 서구 사회의 가치들과 지식인들의 화해이고, 민주주의와 계몽 사상의 재평가이며, 그리고 아롱주의(aronisme)[1]로의 점진적 수렴이다. 잡지가 확인하는 것은 초월의 모델들이 고갈되었다는 점이다. 이제 시효가 지난 미래와의 관계, 다시 말해 진보주의적 혹은 혁명적 미래를 상실한 관계에서 보든, 아니면 이데올로기적 기식으로부터 벗어난 엄격함의 과학적 차원에서 보든 말이다. 시대는 60년대의 과학주의에 대한 잃어버린 환상을 드러내는 무기력하고 유동적이며 불확실한 사고를

---

1) 레이몽 아롱의 주장을 말한다. 아롱은 기술관료적 이데올로기의 이론가이자 현대 세계를 경제적·사회적·정치적으로 분석함으로써 마르크시즘을 비판한 주요 인물로 평가되었다.

나타낸다. 《토론》지의 부제가 '역사 · 정치 · 사회'를 내세우고 있는 점 또한 시사적이다. 왜냐하면 구조주의가 영광을 누리던 시기에 선도적 역할을 했던 학문들, 즉 인류학 · 언어학 · 정신분석학은 1980년 모두가 위기 · 퇴조 · 분열 그리고 이론적 혼란 상황에 처하기 때문이다.

타자에서 동일자로: 무의식에서 의식으로

타자의 모습에 대해 탐구했던 인류학은 이제부터 동일자의 모습, 이 동일자의 과거와 가치들에 더욱 탐구하는 서구 사회의 요구에 더 이상 대답하지 못한다. 게다가 다른 학문들(사회를 하나의 유기체로 생각했던 19세기의 생물학, 다음으로 20세기의 구조언어학)에서 빌린 입증 방법들을 도입했던 인류학은 구조주의가 퇴조하는 시점에서 모델이 결핍되는 상황에 처한다. 그래서 그것은 구조주의 시대에 방치했던 지평들, 예컨대 정치적인 것의 지평이 나타나게 만든다. 이 지평은 초기의 총체화 야망의 비실현을 드러내 준다. 마르크 아벨레스에게 "이것은 일상의 복수이다."[11]

후배들에 대한 선배들의 지배, 남성과 여성의 관계, 노예 제도, 제도적이고 상징적인 이중 현실을 띠는 정치 권력의 메커니즘들에 관한 새로운 문제들이 인류학자들에게 제기된다. 따라서 이와 같은 새로운 도전들을 의식한 인류학자들은 재앙의 지형학이나 이론과 같은 새로운 모델들로 방향을 잡기 전에 개념적인 심각한 위기를 경험한다. 그때까지 민족학은 정연한 범주적 틀이 없이 현장을 단순히 묘사하는 기술민족학(記述民族學)이 다시 되는 경향을 보인다. "인류학은 모델들의 계속적인 수입을 통해서 생존한다. 이 모델들은 바슐라르적 의미에서 연구들을 이끌고, 일정 기간 동안 풍요로운 결과를 가져온다. 그리고 나서 그것들을 교체해야 한다. 우리는 이런 유형의 위기 속에 있다."[12]

그러나 각각의 단계에서 사용된 모델화 작업들은 새로운 발견들을 향해서 나아가게 해준다. 따라서 인류학을 과학으로 성립시키려는 시도들은 헛된 것이 아니고, 후퇴하면서 고려하지 않을 수 없는 지식들을 남긴다. 그러나 그것들이 인류학을 엄격한 과학으로 돌이킬 수 없게 변화시키는 데는 성공하지 못한다. 아마 그 이유는 "조합들과 형식주의들을 넘어서는 인간이 나타나지 않았기"[13] 때문일 것이다. 뿐만 아니라 구조인류학은 문화적 상대주의로 비난받게 된다. 이 상대주의는 지식인들과 자신들의 사회가 지닌 고유한 가치들 사이에 진행중인 화해에 장애물이 되기 때문이다.

미셸 푸코와 가까운 로베르 카스텔이 1973년 비난한 '정신분석주의'[14] 또한 70년대 중반 퇴조한다. 라캉의 제자들 가운데는 이 스승이 자기 학파의 해체를 선언하기도 전에 그와 그의 위상학적 도형들을 떠나는 자들이 점점 더 많아진다.

인류학과 정신분석학의 동시 퇴조는 의식적인 모델들을 다시 문제화하고, 개인적인 차원에서든 집단적인 사회적 관행의 차원에서든 진실의 장소로서 무의식이라는 층위만을 배타적으로 더 이상 가치화시키지 않겠다는 욕망을 드러낸다.

언어학은 구조주의의 전성기 동안 수행했던 사회과학의 견인차 역할을 더 이상 하지 못한다. 그것은 획득된 제도적 위치에서 스스로를 폐쇄시키기 시작한다. 보통 3천 부에서 3천5백 부를 찍어냈던 《언어들》이란 잡지는 80년대 1천8백 부에서 2천 부로 판매 부수가 현저하게 감소하게 되고, 급기야 장 뒤부아는 1986년에 이 잡지 출간을 중단하려는 마음까지 먹는다. 사회과학 영역 전반에 걸쳐 출판계의 차원과 지적 영향력의 수준에서 이와 같은 퇴조는 언어학적 모델의 효율성이 산업적 모델들 쪽으로, '언어 산업' 쪽으로 이동하는 현상과 맞물린다.

따라서 언어학은 힘을 잃은 것이 아니다. 그것의 힘은 산업 사회 내에 통합되고, 소프트웨어와 인공 언어에 대한 산업 사회의 요구에 부응하면서 단순히 이동된 것이다. "언어학은 그것이 이전에 지녔던 힘보다 무한히 우월한 힘을 갖게 되었다. 그러나 이 힘은 출판계에서 힘이 아니다. 그것은 산업적 차원에 위치한다."[15] 과학적 연구를 하는 커다란 연구소들, 예컨대 장 뒤부아가 작업하고 있고 모리스 그로스가 이끄는 연구소에서 엔지니어들의 언어학은 프로그램들의 주관성·독창성, 그리고 실현 사이의 또 다른 관계를 함축한다. 이 관계는 이전의 상황과 비교할 때 전도된 관계이다. "이제 연구소 전체의 분석 방법을 인정하지 않고는 나는 작업을 할 수 없고, 어느 누구도, 연구소장까지도 작업을 할 수 없다. 진정한 과학연구소인 것이다. 그래서 우리는 이제 전적으로는 우리 자신이 되도록 더 이상 허용하지 않는 방법론에 따라야 한다."[16] 그러므로 모종의 언어학이 과학적 작동성의 길들을 찾아낸 것이지만, 인문과학의 장 내에서 모델을 세우는 중심점의 역할을 단념한 것이다. 이러한 퇴각은 구조주의 패러다임의 전반적 퇴조를 동반한다. 그리하여 그것은 과학주의가 극히 과도한 야심들을 품고 난 후 탈진해 가는 것처럼 보이는 시점에서, 이데올로기에 관심을 덜 보이고 작동적 방법론에 더 관심을 기울이는 언어학을 발견하는 새로운 역설로 귀결되는 것이다.

27

잃어버린 환상/Ⅲ
윤리의 회귀

구조주의는 과학과 이론의 이름으로 곧 종말을 고할 것이라고 끊임없이 주장된 철학으로부터 해방되려는 하나의 시도였다. 그런데 구조주의가 퇴조함에 따라 지위가 박탈되었다고 믿어진 철학이 이전의 중심적 위치를 되찾는다. 《비평》이란 잡지의 1978년호는 '누가 뭐래도 역시 철학'이란 제목을 붙이고 '철학의 종말의 종말'[1]을 예고한다. 사회과학의 영역을 선택함으로써 본질적으로 철학적인 상당수의 문제들을 회피한 현상은, 구조주의가 윤리와 형이상학에 대한 탐구를 결정적으로 폐기된 것으로 간주토록 해주었다고 믿게 만들었다. 그런데 70년대 중반에 이루어지는 대변화와 더불어 이제부터 지속적으로 프랑스 지식계를 지배하게 되는 것은 바로 이와 같은 문제들이다. 이러한 윤리적 탐구는 무엇보다도 자신의 유물론과 알튀세에 대한 근본적 지지에 충실했던 한 철학자, 앙드레 콩트 스퐁빌의 탐구이다. 스퐁빌은 그가 윤리적 유물론이라 규정하는 지혜의 탐구로 방향을 잡은 것이다. 알튀세 같은 인물의 주체 없는 사유와, 불교도들의 **아나타**(anatta)를 동반한 레비 스트로스 같은 인물의 사유를 화해시키면서 콩트 스퐁빌은 자아 없는 자기 윤리의 길을 개척하는 것처럼 보인다. 이 윤리는 인류를 인류의 구속들로부터 해방시키겠다는 어떠한 과도한 야심으로부터도 벗어난 것이다.

책임의 윤리

인문과학에서 과학주의의 한계에 대한 자각이 되었든, 인권 문제로의 회귀가 되었든 윤리는 다시 중요한 문제가 되고, 그 성격이 변한다. "구조주의의 죽음을 통해서 일어났던 것은 새로운 유형의 지식인의 탄생이었다. 이 새로운 지식인의 윤리는 아롱의 범주들을 빌려 말한다면 더 이상 확신의 윤리가 아니라 책임의 윤리이다."[2] 이때부터 구체적 상황의 구체적 분석이라는 절대적 필요성이 다시 주장된다. 그러나 이 필요성은 경험주의의 위험이 있지만 적어도 목적을 목적 달성을 위한 수단들에 대조시키게 해주고, 시간과 공간 속에서 보다 분별 있게 상황의 가변성을 평가하게 해준다. 이제부터 지식인들이 피하고자 하는 바는 소련의 경우에서 그랬던 것처럼 환상에 빠지는 것이다. 소련의 경우는 많은 지식인들에게 인류의 역사적 전위, 중국이나 쿠바 등과 같은 대체 전위들의 전위를 구현했던 것이다.

확신의 윤리가 공개적으로 마지막 분발하는 모습은 《누벨 옵세르바퇴르》지에 의해 이란에 파견된 미셸 푸코가 전진하는 이란 혁명을 기술하는 1978년으로 잡을 수 있을 것이다. 서구의 근대적 가치들에 대한 이의 제기에 충격을 받은 푸코가 이 혁명 속에서 보는 것은 실질적인 정치적 정신성과 다시 관계를 맺게 해주는 하나의 운동이다. "이란의 상황은 전통적인 문장(紋章)을 지닌 두 인물인 왕과 성인, 무장한 군주와 헐벗은 망명자 사이의 대대적인 싸움에 매달려 있는 것 같다. 독재자는 국민들이 갈채를 받으면서 맨손으로 항거하는 인간과 대면하고 있다."[3] 오늘날 우리는 푸코가 새로움의 진정한 시작으로, 억압에 대한 저항의 구현으로, 해방적 정부로 소개했던 그 이슬람 정부가 전복된 체제보다 얼마나 더욱 폭력적인 독재로 변모했는지 알고 있다. 그런 종류의 그릇된 행동은 1975년 이전 시기에는 광범위하게 공감을 받았지만, 반대로 1975년 이후로 예외적이고 몰상식한 것이 되었는데, 민주주의와 민주주의 제도들에 대해 지나치게 비판적 입장을 취한 결과로 읽혀질 수 있다.

지식인들의 기능이 이와 같은 비판의 실천에 있다 할지라도, 그것이 상당 수의 정치적 망상들을 면하기 위해 전제로서 생각해야 하는 것은 민주주의 가 어떤 다른 곳을 보다 찬양하기 위해 그것의 기득권을 자칫 망각해도 되 는 정도로 당연한 것이 아니라는 점이다. "문제는 민주주의에 대립되는 그 런 종류의 담론이 생산되었다는 것이 아니라, 이 담론에 연대의 선언을 덧붙 이는 노력이 이루어지지 않았다는 점이다."[4]

의혹의 철학은 민주주의의 이면, 즉 그것의 말해지지 않은 측면을 고발함 으로써 그것의 토대를 잠식하려 했다. 그러나 이 철학은 신속하게 민주주의 의 반대로 돌아섰다. 그리하여 그것은 비판적 능력이 결여되고, 지나치게 믿 는 순진함을 드러내는 무기력한 상투적 통합 운동에 자리를 내주었다. 70년 대의 반전은 마찬가지로 불만족스러운 반대적 태도로 대체된다. 왜냐하면 양쪽 모두의 경우에 명철함이 승리하는 결과가 나오지 않기 때문이다.

종교적인 것의 회귀

모리스 클라벨이 통합하고 공식화시키는 새로운 철학으로 규정된 별무리 의 출현과 더불어 목격되는 것은 역사적으로 초월된 것으로 믿어졌던 종교 적인 것의 재정당화 현상이다. 특히 이런 현상은 일부 사람들이 '위대한 키 잡이'를 신으로 대체하는 마오쩌둥주의적 운동에서 나타난다. 1975년의 필 리프 네모가 그런 경우이다.[5] 그는 라캉이 1970년의 세미나에서 규정한 4개 의 담론을 수용한다. 그러나 그는 지배자(주인) 담론의 위치에 보다 가치를 두기 위해 의미를 이동시킨다. 그의 논지가 언제나 라캉의 계보 속에 위치 하기는 하지만, 이는 특히 그것으로부터 위쪽으로 빠져나가 초월을 향해 가 고자 하기 때문이다. "영혼으로서의 인간은 그를 관통하는 초월과 동시적으 로 존재한다. 그는 신의 아들이다."[6] 《구조적 인간》이라는 그의 저서 제목 자체가 구조에 대한 하나의 사상과 초월에 대한 하나의 사상을 화해시키려는 저자의 의지를 드러내고 있다. 초월은 더 이상 다른 곳이 아니라 구조적 인간의 내부 자체에서 추구되어야 한다는 것이다.

제2차 세계대전 이후에 블라디미르 장켈레비치는 도덕적 의무를 그것의 내재성과 보편성을 통해 확립하겠다는 고심을 드러내면서, 그것을 합리적 의지의 차원에서 절대적인 것으로 제시한 바 있다.[7] 분류가 불가능한 이 철학자는 구조주의의 물결이 한창일 때 다소 무시되었지만, 도덕적 탐구와 형이상학적 성찰에 자신의 삶을 바치게 된다. 그는 이와 같은 노력이 성공의 결실을 거두게 되는 것을 보게 되고, 1985년 사망하는 바로 그 시점에서 지식계 전체가 자신의 문제 제기를 수용하는 것을 보게 된다.

또 다른 철학자 에마뉘엘 레비나스는 윤리에 대한 주요한 관심에 바탕을 둔 철학 덕택에 철학적 무대의 전면을 차지한다. 30년대 프랑스에 후설을 도입한 그 또한 구조주의의 열기와 떨어져 있음으로써, 주체와 상호 주체적 관계의 문제가 회귀함에 따라 관심사의 중심으로 되돌아오게 된다. 에마뉘엘 레비나스는 구조주의자들처럼 율법에 대한 복종의 토대에 대해 탐구하지만, 이 토대를 윤리의 차원에 위치시킨다. "모든 것은 타자의 권리에서, 그리고 타자에 대한 무한한 의무에서 시작한다."[8] 레비나스는 동일자를 타자와 분리하는 근본적 이타성을 설정하기 위해 현상학에 의거하고, 그들의 관계 속에서 윤리의 공현존(coprésence)을 확립한다. "인간들은 자신들이 무언가가 되기 위한 존재(être-pour-être)에 집착하는 장소들에 대해 고심하는데, 나의 출발점은 이런 고심에 대해 생각하는 것이 아니라 무엇보다도 타자를 위함(pour-l'autre)에 대해 생각하는 것이다."[9]

장켈레비치와 레비나스의 사상을 이끄는 것은 집단수용소 사실의 발견이다. 둘 다 하나의 잠정적인 도덕으로 가는 길, 다시 말해 타자와의 관계에 대한 하나의 사상으로 가는 길을 내려고 노력했다. 이데올로기의 위기가 닥치고 총체성에 토대한 체계들의 정착이 야기한 역사적 재앙들에 대한 자각이 이루어지는 바로 그 시점에서, 레비나스는 회귀하는 상호 작용의 개념을 바탕으로 한 대화주의에 대한 현대적 고찰을 예견한 것이다. "따라서 데카르트의 경우 자연의 지배라는 계획에서 부차적 과제였던 잠정적 도덕을 생각하는 것은 잠정적이고 보조적인 도덕을 전적으로 별개의 계획으로 변모시키는 현대인들의 경우 주요한 쟁점이 되었다."[10]

윤리적 차원에 부여된 새로운 중요성의 또 다른 징후는 철학자 폴 리쾨르의 주요 업적에 대한 늦었지만 눈부신 인정이다. 우리가 기억하다시피 그는 1963년 《에스프리》지에서 이루어진 논쟁의 범주에서 레비 스트로스의 주장에 대한 주요 반대자들 가운데 하나였다. 당시에 그는 레비 스트로스의 일반적 관계 이론에 일반적 해석 이론을 대립시켰다. 그리고 나서 1969년 콜레주 드 프랑스의 교수 지원에서 미셸 푸코에게 고배를 마셨다. 당시에 그는 승리를 구가했던 구조주의가 철저한 단절을 확실히 하고자 했던 해석학을 구현하였다. 그러면서 그는 대화와 개방의 신성한 입장을 통해 인문과학의 모든 지식을 자신의 철학적 관점 내에 동화하고 통합시켰기 때문에 그만큼 더 거북한 적수였다. 1965년 그는 이미 프로이트에 관한 에세이인 《해석에 대하여》를 출간하였다.[11] 1969년에는 자신의 논문들을 《해석들의 대립》으로 묶어 내놓는데,[12] 이 책의 본질적 목표는 언어에 대한 해석학적 고찰이었다. 그는 기호학적 접근에 대해 그것의 인식론적 토대를 반박하지 않은 채 언어학적 모델을 절대화하는 어떠한 형태도 부정했고, 분류를 넘어서 언어가 하나의 말이라는 점을 보여 주면서 이 모델의 지양을 이미 생각하고 있었다. 그는 랑그에 대한 작업을 계속하면서 구조주의의 주장들과 지속적으로 대립하게 되는데, 이런 측면은 특히 《살아 있는 은유》[13]에서 언어의 내재성이란 명제를 비판할 때 두드러진다.

구조주의의 물결은 빠져나가는 반면에, 오늘날 우리는 폴 리쾨르 철학의 방향이 지닌 근본적 성격을 보다 잘 측정하게 된다. 그는 당시의 타오르는 기호학적 열기에서 긍정적인 측면의 영향을 받았지만, 주체·행동·지시 대상·윤리 등의 부정된 차원들을 시대적 흐름에 역행하면서 간직할 줄 알았다. 그는 언어의 폐쇄성을 부정하면서 인간 행위의 차원을 항상 덧붙였고,

자신의 작업을 기호학과의 보완적 관계 속에서 제시했다.[14] 따라서 오늘날 그는 어느 누구보다 나은 위치에서 60년대의 모든 고찰을 무(無) 속에 휩쓸어가 버리는 물결에 저항할 수 있고, 윤리로의 작금의 회귀에 중심적으로 참여함으로써 진행중인 전환을 마감하게 할 수 있다. 이것이 그가 주체의 다양한 차원들을 탐색하면서 실현하고 있는 것이다. 이러한 관점에서 그는 데카르트의 **코기토**가 지닌 관념론과 해체적인 실천 사이에 제3의 길을 구상해 내고 있는데, 이 길은 동일자와 타자의 변증법에 대한 재해석을 거쳐 간다.[15] 폴 리쾨르는 교편을 잡은 미국(시카고) · 독일 · 이탈리아 · 일본 등 외국에서 인정을 받은 후, 마침내 프랑스에서 인정받고 찬양받게 된다. 1991년 7월-8월에 그의 업적에 관한《에스프리》지의 특집호가 나오고, 스리지에서 그에 관한 학술대회가 열리게 된다.[16] 쇠이유사는 서문 · 해설 · 논문 등 여기저기 흩어져 있는 그의 글들을 모아《독서》라는 제목을 붙여 세 권으로 출간한다. 그리고 시간성에 관한 그의 3부작은 1991년 포켓판으로 나온다. 이 모든 활동은 폴 리쾨르를 프랑스에서 위대한 현대 철학자로 만들어 준다.

철학으로의 회귀

철학과 윤리로의 이와 같은 회귀를 나타내는——보다 뒤늦은——또 다른 징후는 프랑스에 막스 베버를 소개한 인물 가운데 하나인 쥘리앵 프로인트이다. 그는 사회과학에 의해 제기된 문제들에 보다 잘 답변하기 위해 본질적으로 철학적인 탐구 영역을 떠났던 자이다.[17] 그런데 쥘리앵 프로인트는《철학적인 철학》으로 되돌아오기 위해 사회적 탐구와 결별하고,[18] 그가 니체의 비판 이래로 빈사 상태에 있다고 판단하는 특수한 담론으로서의 철학을 되찾자고 호소한다. 또한 그는 포스트모더니즘의 책략이 승리를 구가한다고 보여지는 시기에 난파하는 도덕을 구하기 위해 반응을 나타낸다. 쥘리앵 프로인트는 그가 실현하고, 그를 사회과학의 영역으로 인도한 우회를 부인하지 않는다. "인문과학을 통한 그 기나긴 항해는 많은 관점에서 유익하였다."[19] 그러나 그가 단순하게 확인하는 것은 인문과학이 철학을 대체할 수 없다는 것이다. 그리하여 그는 포스트모더니즘이 참과 거짓, 선과 악의 개념들 사이에 부인한 분할로 되돌아갈 것을 권장하면서, 형이상학적 탐구가 본질적이라고 판단한다. "본질에 관한 고찰은 무상한 유희가 아니다. (…) 왜냐하면 그것은 개념들을 동일화하고, 동시에 차별화하는 노력이기 때문이다. 이러한 노력이 없다면 우리는 혼란에 빠질 것이다."[20]

철학으로의 회귀는 또한 분석철학을 통해 외국에 대한 개방의 길을 택한다. 프랑스에서 분석철학에의 접근은 구조주의의 열기에 의해 차단된 바 있으며, 이 열기는 주체를 문제 제기의 영역에 끌어들이는 것을 허용하지 않았다. 물론 이와 같은 개방의 돌파구는 구조주의의 퇴조 때문만이 아니라, 특히 자크 부베레스의 작업[21]을 통한 비트겐슈타인 작품의 발견으로 인해 수월하게 되었다. 80년대 중반 부베레스는 철학자들이 자신들의 정체성을 부인하는 것을 즐거워하는 경향이 있다고 비난한다.[22] 그는 영미 세계에서 보이는 논증적 학문으로서의 철학의 실천과, 너무도 자주 내용과 논증술에 무관심을 초래하는 이 학문이 프랑스에서 지닌 문학적 위상을 대립시킨다. 자크 부베레스가 해체철학이나 극단적 구조주의 철학에 대립시키는 것은 비트겐슈타인으로 하여금 철학의 특수성을 규정하게 해주고, 철학을 과학 정신 및 이 정신의 현대성과 구분하게 해주는 명료함의 요구이다. "오늘날 새로운 디오니소스 추종자들은 우리가 논리·이성·과학의 지배에 절대적으로 종지부를 찍어야 한다고 갈수록 되풀이하여 말하고 있다."[23] 부베레스가 프레게와 비트겐슈타인의 입장에 의거하면서 마찬가지로 생각하는 점은 우리가 도덕적 판단 없이는 지낼 수 없으며, 인간의 책임을 부인할 수 없다는 것이다.

이와 같은 차원의 부정은 포퍼가 '순진한 일원론'이라 부르는 것에 속한다. "개인이 인간과학의 가장 괄목할 만한 발견들에 힘입어 자기 자신에 대해 얻은 계시와 같은 것은 어떠한 윤리적 혹은 정치적 문제도 해결해 주지 못한다."[24] 따라서 그런 방향으로 가장 멀리 나아갔던 정신분석학은 마르크시즘과 마찬가지로 인간을 종교적 믿음으로부터 벗어나게 해주지 못한다. 그런데 구조주의 시기의 특징은 다양한 심리학적·사회학적·문화적 결정론들에 우선권을 부여했다는 점이다. 이 시기는 부베레스에 따르면 보다 풍요롭지만, 보다 위험하고 불안정한 피조물인 심리적 인간으로 합리적 인간을 대체하는 경향을 보였다. 그에게 비트겐슈타인은 "냉정하고 은연중에 냉소적인 금욕적 '실재론'을 통해 고대의 일부 현자들의 태도, (…) 즉 최소한의 종속만을 받아들이고 강제된 필요 욕구와 만족에 대해 최대한의 자유를 획득하는 태도를 환기시키는"[25] 대철학자들 가운데 마지막 인물을 나타낸다.

28

재생산에서 조정으로

케인스 · 알튀세, 그리고 위기의 후예들

경제학자들 쪽에서 결정적인 대변화는 1973년으로 거슬러 올라간다. 장 푸라스티에가 그렇게 부르듯이, 당시까지 '영광의 30년'(장 세스노에 따르는 이 기간은 '부끄러운 30년'이다)은 제2차 세계대전 이후로 서양으로 하여금 눈부신 성장을 경험하게 해주었다. 그런데 갑자기 위기가 상황을 전복시키고, 미래학자들의 낙관론적 예측을 무너뜨리며, 효율성이 의심스럽게 드러나는 위기 탈출의 시도들과 고전적 설명 도식들을 빗나가게 만든다.

따라서 위기는 **재생산**에 토대를 둔 알튀세의 도식에 타격을 준다. 왜냐하면 분명 이 재생산은 너무도 중대한 기능 장애를 겪기 때문에 운동과 모순들을 도입하지 않고는 인식될 수가 없기 때문이다. 마찬가지로 위기는 신고전주의 경제학자들에게 타격을 가한다. 그들은 완전 시장에 관한 자신들의 견해를 문제삼지 않을 수 없다. 완전 시장은 별 충돌 없이 기능하는 것처럼 보여짐으로써 50년대부터 그들의 중심적인 분석 패러다임을 구성했던 것이다. 전체적 균형의 전제는 위기에 의해 타격을 받아 해체되고, 외부 발생적 요소들에 개방되지 않을 수 없게 된다. 경제학에서 구조주의적 경향은 방향을 변화시키게 되고, 점진적으로 재생산에서 **조정**으로 이동하게 된다.

이와 같은 경향은 무엇보다도 케인스 학설로부터 비롯된다. "남부의 케인스 학설의 신봉자들은 자신들을 구조주의자로 불렀다. 라틴아메리카경제위원회(**CEPAL**)는 인플레이션의 구조주의적 분석, 발전의 구조주의적 분석에 대해 이야기했다."[1] 프랑스에서 케인스 학설의 유포는 경제학자들이 뒤르켐의 주장으로부터 영향을 받음으로써 수월하게 되었다. 따라서 그것은 특정 범주 행위자들의 행동을 유발하고, 그들의 형식화를 가능하게 해주는 구조들에 입각해 경제 현실을 분석하기 위해 분석의 대상을 구축하고 순수한 모델들을 만들어야 할 필요성이 있다는 생각을 거치게 된다.

그러나 구조주의의 틀은 특히 알튀세 이론에 의해 경제과학에 도입되었다. 따라서 이른바 조정학파(특히 미셸 아글리에타 · 위그 베르트랑 · 로베르 부아예 · 벵자맹 코리아 · 알랭 리피에츠 · 자크 미스트랄 · 카를로 오미나미 등이 이 학파에 속한다)는 구조-마르크스주의적 사유의 경향으로부터, 그리고 동시에 알튀세 주장에 대한 비판적 거리로부터 비롯된다. "우리 조정주의자들은 이를테면 알튀세의 반항적 후예들이다."[2] 알랭 리피에츠는 알튀세 덕분에 마르크스를 발견하고, 1972년 자신의 고등 교육 수료 논문을 알튀세에 할애한다.[3] 70년대 중반 위기에 직면하자, 그는 경제 상황의 변화를 이해하기 위해 초기의 몇몇 방향을 수정하지 않을 수 없게 된다. 따라서 그는 이른바 조정학파 속에서 조직되는 사람들과 함께 재생산의 단순한 메커니즘을 방해하는 생산의 사회적 관계가 지닌 모순적 성격을 강조하고, 주체가 없는 과정에 토대를 둔 알튀세 이론의 죽은 지평을 자각하게 된다.

조정주의자들은 확립된 틀을 통해 주체, 주체의 표상, 주체의 전략을 재생산의 메커니즘 자체 내에 재도입해야 할 절대적 필요성에 직면하게 된다. 그러나 알랭 리피에츠는 알튀세 이론이 경직된 마르크시즘에 결정타를 가했고, "프롤레타리아 계급과 부르주아 계급의 모순으로 내면화된, 생산력과 생산 관계 사이의 냉혹한 모순을 통한 혁명의 구세주적 기다림의 신화, 즉 유일한 모순의 신화"[4]를 전복시키게 해준 공적이 있음을 인정한다. 알튀세는 경제 제일주의적인 결정론을 전복시키고, 3개의 결정 기구(instances)로 분절되는 구조로서의 생산 방식이라는 개념의 제시는 분석틀을 복잡하게 만드는 도구이다. 이러한 이유로 그는 마르크시즘에 대한 통상적 해석으로부터 벗어나도록 해주는 이점이 있다. 그러나 알튀세 이론이 기본적으로 정적인 현실을 기술하는 개념들을 제시할 때, 그리고 그것이 역사주의와 진화론에 대항한다는 투쟁을 내세움으로써 이동과 변화의 양태들을 더 이상 설명하지 못할 때, 그것은 조정주의자들의 기대에 더 이상 부응하지 못한다.

알튀세 추종자들에 있어서 생산 방식은 기본적으로 그것의 장소 논리에 의해, 다시 말해 그것이 구조 내에서 실현하는 장소들의 재생산에 의해 규정된다. 이러한 재생산의 실현은 시간 속에서 이루어지는 것이 아니다. 그것은 하나의 평면 차원에서, 그리고 이 평면 위에서 전개되는 이동의 논리 차원에서 이루어진다. 기본적으로 이와 같은 한계 설정에 대한 비판에 입각해 조정 이론은 규정되게 된다. "알튀세 이론의 입장에서 볼 때 모순과 주체의 배척, 이 두 검열은 재생산 개념의 출현을 위해 치러야 하는 대가인 셈이다."[5]

그러니까 조정주의는 위기를 생각하기 위한, 다시 말해 다음과 같은 점을 보여 주기 위한 알튀세 이론의 필연적 지양으로 제시된다. 즉 재생산은 당연한 것이 아니고, 그것이 '영광의 30년'처럼 오랫동안 지속될 수 있다 할지라도, 그것은 상당수의 모순들을 누적시키고 결국 이 모순들이 결합하여 위기로 귀결된다는 것이다. 그러나 리피에츠는 예전에 헤겔이 그렇게 당했듯이, 너무 자주 '죽은 개'처럼 취급된 알튀세에 대해 자신이 진 빚을 환기시킨다. "불행하게도 오늘날 알튀세를 '망각하고' 사실상 마르크스, 착취 구조의 존재, 사회 관계의 무게를 '망각하는' 사람들이 있다."[6]

70년대 초 미셸 아글리에타는 무엇이 진행중인 성장의 효율성 토대를 이루는지 탐구하기 위해 미국으로 떠난다. 특히 그는 위기의 요인들을 없애기 위해 미국이 어떤 행동 방식을 취할 수 있는지 자문한다. "그렇기 때문에 나는 장소를 옮겼다. 나는 이 작업을 위해 미국에 갔다."[7]

따라서 미국의 경제 현실에 입각해, 미셸 아글리에타는 국가 논리와 시장 논리를 병치하는 것만으로는 전체 구조를 나타나게 할 수 없다는 점을 이해시켜 주는 중간적 조정 방식들을 탐지해 내려고 노력한다. 그러므로 그는 조정주의학파의 커다란 독창성을 구성하고 제도적인 중간적 관계 형태들에 대한 연구를 구성하는 것 속으로 뛰어든다. 이 형태들은 케인스 학설이 엄격하게 제도적 관점에서 구상했던 하나의 현실을 되찾는다. 그러나 반면에 총체적 균형의 주창자들은 이 현실을 적절하지 않은 외생적 요소들을 나타내는 것으로 배척했다.

그러니까 미셸 아글리에타는 최초의 공리 체계를 벗어났던 제도들의 그 층위가 경제적·사회적 구조의 정연함 내부로 들어오게 한다. "그것은 첫 번째 요구 사항이었다. 두번째는 개인들만이 아니라 사회적 집단들의 효율성이 있다는 점을 말하는 것이었다."[8] 그는 행위자들의 행태로부터 비롯되는 합리적인 측면들, 원자화된 개인들의 행동이 아니라 집단들의 행동으로 이해된 이 합리적 측면들을 경제적 사유의 영역 속에 통합시킨다. 이러한 논리는 조정의 층위들이 나타나게 하지만, 또한 구조 내에 유동적 측면을 도입하는 이해 관계의 대립과 갈등이 나타나게 한다. 미셸 아글리에타는 자신의 연구 대상이 1973년의 위기와 더불어 변모하는 것을 매우 분명하게 알아차린다. 그의 연구가 나올 때, 그것은 성장과 위기라는 이중적 현실을 고려하고 있다.[9] 그러니까 그는 알튀세 이론과 이론적으로 가까운 상황 속에서 이와 같은 조정주의적 접근을 구상했던 것이다. 일단 책의 집필이 끝나자, "[나는 그것을] 알튀세와 발리바르에게 보여 주었다. 그것은 그들이 상당히 훌륭하게 지지해 주었던 무엇이었다. 그들은 이 방식이 자신들의 것과 비슷하다는 것을 발견했다."[10] 알랭 리피에츠처럼 미셸 아글리에타도 알튀세 이론이 제공했던 인식론적 모델의 영향을 받았다. 그가 특히 이 모델에서 유념한 것은 다원적 결정을 통해 문제들을 제기해야 한다는 발상이고, 구조들을 분절된 총체들로 생각해야 한다는 사실이었다. 게다가 미국으로 떠나기 앞서 그는 필리프 에르조와 함께 중간적 형태 및 끼워맞추기에 대한 착상을 경제에 채택하면서, 알튀세의 문제 제기틀에 입각해 성장의 문제들에 대한 연구 작업을 한 바 있다. 보다 포괄적으로 보면 60년대말의 구조주의적 상황이 미셸 아글리에타의 작업 방향에 영향을 주었다. 왜냐하면 그의 목표는 또한 어떻게 다양성이 동일한 구조적 환경에서 기능할 수 있고, 어떻게 조정의 과정들이 상이하고 복잡하지만 동일한 자본주의 체계 안에 포함될 수 있는 지를 이해하는 것이었기 때문이다. 이러한 이해는 국가적으로 상이한 길들의 문제를 제기하게 해주었다. "연구된 참조 대상들은 그 모든 사회들에 공통되었던 것을 이해하려고 노력한 것들이었다. 따라서 사회적 형성물이라는 관념은 사회들 사이에 공통적으로 걸쳐 있는 것과 함께 본질적이었다."[11]

특이한 면과 보편적인 면을 이와 같이 변증법적으로 발전시키는 작업 속에서 미셸 아글리에타는 조르주 뒤메질의 업적에 높은 관심을 나타냈다. "왜냐하면 그는 표상의 본질적 역할을 주장했기 때문이고,"[12] 그렇게 하여 상이한 독트린을 지닌 체계들을 넘어서 동일한 형태의 정당성을 인식하게 해주었기 때문이다. 이 정당성은 이데올로기적 측면에 속하면서도 이와 같은 사회들의 공통적 자산을 나타낸다. 푸코 또한 아글리에타에 영향을 주었다. "왜냐하면 그는 제도들에 대한 문제들을 제기했고, 대답들을 주었기 때문이다."[13] 특히 아글리에타를 매혹시킨 것은 미시 권력들에 대한 푸코의 관심이고, 중심으로부터 변방들로 간 그의 이동이며, 중간적인 제도적 기관들에 다다르려는 조정주의자들의 의지에 잘 부합하는 다형적(多形的) 권력을 그가 다원화시킨 점이다. 뿐만 아니라 푸코는 '마르크시즘에 대한 근본주의적인 견해'[14]와 거리를 갖게 해주었고, 당시까지 자본주의자들과 임금생활자들 사이에 돌이킬 수 없는 적대 관계 속에서 제시된 이해 관계들이 조정되고 협조하는 체계에 근거하는 충돌 없는 성장 방식을 이해하게 해주었다. "이것이 내가 실질적인 봉급 및 고용의 증가와 거시 경제의 전반적 차원에서 이윤율의 증가가 양립하는 형태로 입증하려 했던 것이다."[15]

확실한 것이지만, 구조적 사유의 다양한 축들이 합류하는 지점에서 미셸 아글리에타는 또한 피에르 부르디외의 영향을 받는다. 1963년부터 매우 일찍이 그는 부르디외가 자신의 방식을 발생기의 상태로 개진했던 파리공과대학교에서 행한 몇몇 강연들을 기회로 하여 그의 방향을 높이 평가한다. 사회학적 차원은 사실 조정에 관한 작업 영역에 속한다. 이 작업은 선험적으로 대립하는 이해 관계들 사이의 그 타협을 이해하려고 노력하기 때문이다.

이로부터 미셸 아글리에타가 사회 집단들을 전체 임금생활자 속에, 한 국가의 범주 속에 통합시킴으로써 이 집단들을 재구축하는 작업에 보이는 관심이 비롯된다. 국가는 사회 보호, 교육 체계, 소비 통로를 발전시키고, 그렇게 하여 이 집단들을 법칙 체계 자체의 이동에 입각해 층위화함으로써 그것들을 개편한다. 조정주의를 낳았던 이와 같은 다양한 영향들은 어울리지 않는 것처럼 보이나, 사실 그것들은 수렴하여 "사회 속에서 섬세한 구조들을 찾으면서 사회를 바라보려는 목적을 지닌 동일한 사조 유파에"[16] 속한다.

그만큼 전진된 형식화에 성공한 유일한 사회과학인 경제학은 구조적 패러다임의 출발점에서 모델의 역할을 했었다. 그리고 우리는 경제학을 종착점에서 다시 만난다. 그것은 조정주의자들과 더불어 역동적인 새로운 학파가 태어나는 것을 보게 해주는 60년대 인식론적 열기의 파급 효과를 누리고 있다. 조정주의자들은 구조적 패러다임의 상당 부분을 동화시키게 해주고 있으나, 여기에는 몇몇 조건들이 붙는다. 예컨대 구조들의 필요한 역동화와 경제 행위 주체들, 즉 인간들의 재통합과 같은 것들이다.

역사와 행위 주체의 이중적 주입

조정학파는 3개의 이질적 학설들의 교차점에 위치한다. 우선적으로 그것은 '알튀세화된' 마르크시즘의 계승자이다. 다음으로 실질적 수요를 고려하고, 제도로서의 통화 개념과 시장이 아니라 관계로서의 노동 개념을 옹호함으로써 케인스학파의 계보를 따른다. 마지막으로 그것은 제도주의의 계승자이다. 이와 같은 계보는 조정학파의 창시자들 가운데 하나인 로베르 부아예가 1986년 출간하는 짧은 에세이에서 분명하게 드러난다. 이 책은 조정주의학파가 점증하는 상이한 방향들을 포괄하면서 국제적 차원에서 확산되기 시작했기 때문에 그만큼 더 필요하게 되었던 것이다. 특히 상이한 방향들은 자주 프랑스 공산당의 입장과 가까웠던 GREEC[17]와 제라르 데스탕 드 베르니가 이끄는 이른바 그르노블학파와 CEPREMAP[18]를 중심으로 한 파리학파 사이에 나타났다. 로베르 부아예는 상황과 새로운 문제들에 적응해야 하는 조정주의적 학설의 '잡다한' 성격을 단번에 인정한다. 이 조정주의적 학설은 사회적 측면과 역사에 개방됨으로써 시장의 자동 조절을 주장하는 학설들과 구분된다.

문제는 시간에 의해 안정화되는 상황들의 토대를 이루는 것이 무엇인지 발견하는 것이다. 로베르 부아예가 조정주의적 접근을 규정하기 위해 제시하는 네 가지 주요 특징은 우선 총체적 비전에 입각해 사회 관계를 연구하겠다는 고심을 드러내면서 마르크스주의적 분석의 문제들에 상당히 충실하다는 점이다. 다음으로 특정한 경향을 지닌 법칙들을 인정한다는 것이다. 이 인정에는 시간을 부동화시키는 구조주의적 도식들이나 폴 보카라가 제시하는 국가 독점 자본주의의 도식들에 대한 일정한 비판이 함축되어 있다. 세 번째로 제도적 형태들을 시장적(상업적) 관계나 자본/노동의 관계로부터 파생하는 것으로 관심을 기울인다는 점이다. 마지막으로 자본 축적의 과정 내에 들어가는 칼레키(Kalecki)적 거시 경제에 대해 관심을 보인다는 것이다.

연구의 우선적 기준으로 고려된 5개의 제도(통화, 경쟁 형태, 임금 관계, 국가 그리고 세계 경제에 편입되는 방식)는 모두가 시간과 공간 속에서 가변적인 것들인데, 이것들에 입각해 조정 방식들은 축적의 제도들로 결합되고, 또한 특수한 발전 방식들을 확정한다.

따라서 연구 방법은 구체적 상황들로부터 출발하고, 이 상황들을 역동적 전망 속에서 복원함으로써 경제적인 측면과 사회적인 측면이 상호 작용하는 게임을 이해하려는 의지를 드러내기 때문에 매우 야심적이다. 여기에는 "경제적이면서 동시에 비경제적인 새로운 형태들, 다시 말해 구조들로 조직화된 형태들을 만들어 내고 지배적 구조, 즉 재생산 방식을 재창출하는 사회 관계의 변모에 대한 연구"[19]를 실현하겠다는 의지가 동반된다.

출발점의 알튀세 이론과 이 이론이 제시하는 생산 방식 · 결정 기구들(is-tances) · 다원적 결정이라는 개념들은 역사성에 직면하고, 중장기의 역사에 직면한다. 이것이 설명하는 것은 구조주의로부터 탈출이 역사가들, 특히 페르낭 브로델의 업적에 대한 관심과 대화를 우선시하게 해준다는 점이다. "브로델의 업적은 역사적 자료가 경제과학의 발전을 위해 근본적이라는 점을 제기하는 경제학자들에게 유용하다."[20] 조정학파가 그런 경우인데, 왜냐하면 경제적 메커니즘들에 대한 이 학파의 전체적이고 인류학적인 견해는 개념적 분석의 개시 자료의 차원에서뿐 아니라 발견에 도움이 되는 차원에서도 역사성의 고려를 유도하기 때문이다. 따라서 이 학파의 관심사는 생산력의 단일한 상태에만 의존하는 통상적인 마르크스주의적 해석이 제시하는 예정된 단계들의 체계와 같은 경화되고 기계적인 체계들을 파괴하는 것이다. 그러나 조정주의자들이 또한 공격하는 대상은 엄격하게 구조주의적 접근이 근거하는 생산 메커니즘들의 항구성이다. "상이한 축적 제도들에의 준거는 불변 요소들을 만드는 일을 피하는데, 이 불변 요소들은 구조주의적 영감을 받은 마르크스주의 문학에서 매우 자주 원용되는 것들이다."[21]

조정주의자들의 두번째 큰 개방은 사회 전체의 논리와 사회 집단들이 전개하는 전략들의 논리 구분을 고려한다는 점이다. 전체의 긴밀한 결합이라는 발상으로부터 출발하지만, 이 긴밀한 결합은 "집단적·개인적 행동이 결정되게 만드는 조정을 분명히 밝혀야 할 필요성"[22]을 은폐해서는 안 된다. 따라서 조정주의자들은 주체의 회귀를 가능하게 하지만, 그렇다고 미시 경제의 방법론적 개인주의의 사도가 되지는 않는다. 그들에게 이 개인주의는 매우 낯선 것이다. 여기서 중요한 것은 개인적 행동을 형식화하고 방정식화하는 것이 아니라, 다소간 의식적인 제도적 혹은 행동적 전략들을 지닌 집단들이나 사회적 범주들로서 행위 주체들을 재도입하는 것이다. 이 행위 주체들은 조정주의 분석의 중심에 위치하게 되는데, 특히 **임금 관계**의 변화를 통해서 연구된다. 임금 관계는 장기적 주기로 본 발전 방식의 변모에서 우선시되는 결정 장치(instance)가 되었다.

사실 조정 메커니즘들에 기초가 되는 것은 임금 관계이고, 바로 이 임금 관계가 축적 제도에서 새로운 휴지들을 식별하게 해준다. 미셸 아글리에타는 1974년 자신의 학위 논문에서부터, 전후 미국의 성장이 어떻게 포드 시스템의 일반화에 의거했는지 보여 준다.[23] 이 시스템은 생산 및 대량 소비에 집중되고, **미국식 생활 방식**에 임금노동자들이 도달토록 하는 데 집중된 강도 집약적 축적 제도이다. 양차 대전 사이의 테일러식 시스템을 이어받는 것은 보다 잘 조정된 제도, 즉 포드식 제도이다. 그러나 포드식 제도는 차례로 60년대말부터 결정적인 위기를 겪게 된다. 이 위기는 생산성 증가의 둔화를 통해서 민감하게 나타난다.

미셸 아글리에타의 저서는 1975년 매우 적절한 시기에 종자적 역할을 하게 된다. 이때는 알튀세의 구조-마르크시즘이 숨을 헐떡거리는 시점이다. "1975-1976년 아글리에타는 **CEPREMAP**에 소속된 한 팀의 작업에 영감을 불러일으키게 되는 장기간의 세미나에서 자신의 학위 논문에 관한 토론을 마련했다."[24] 조정주의자들은 임금 관계의 위기에 집중된 다차원적 해설을 제공하는 능력을 보여 줌으로써 위기의 요인들을 분석하는 데 있어서 가장 훌륭한 첨병들이 된다.[25]

조정주의자들이 재해석한 두번째 영역은 통화의 영역이다. 미셸 아글리에타와 알랭 리피에츠는 전통적 마르크시즘에서 통화의 중요성을 과소평가했다고, 또 알튀세 이론이 상업적 관계의 모순적 성격을 부인했다고 비판한다. "시장의 교환에서, 임금 관계에서 중요하게 할당해야 하는 것은 바로 노동 시간이고, 떼어내야 하는 것은 초과 노동이다."[26]

미셸 아글리에타는 통화를 더 이상 여러 조정 방식 가운데 하나로서만이 아니라, 없어서는 안 되는 확고부동한 현상으로서 이해하기 위해 연구 방법의 새로운 이동을 실현한다. "경제과학은 통화 현상들의 성격에 대해 탐구하지 않는다."[27] 그것이 공격하는 것은 무질서·폭력·임의성·권력의 체험, 그리고 통화에 의해 확립되는 중재의 체험을 은폐한다고 판단되는 가설, 즉 사용 가치와 교환 가치라는 2개의 변수를 지닌 가격 이론의 가설이다. "우리는 후속 단계에서 작업을 했다. 그러나 나는 통화를 가지고는 더 이상 작업할 수가 없었다. 왜냐하면 통화가 경제의 기본 제도로 규정되고, 이 제도가 시장 논리를 토대로 생각할 수 없게 된 이상 우리는 사태의 중심에 있었기 때문이다. 이런 측면은 통화가 토대적 관계가 되지만, 나로 하여금 가격 논리와는 다른 논리에 입각해 분리된 관계들을 사회화하는 문제를 제기하게 만들었다."[28] 통화가 수행하는 역할의 이와 같은 재설정은 제2차 세계대전 후에 신케인스 학설의 통화 사용에 대한 비판적 재독서를 함축한다. 신케인스 학설의 입장에서는 국가가 중앙 통제를 통해서 통화의 흐름을 마음대로 조정할 수 있었다. 미셸 아글리에타와 앙드레 오를레앙은 시장의 내생적 법칙들을 보호하는 군대인——자크 뤼에프의 표현을 빌리자면——'침묵하는 통화'의 자유주의적 전통을 똑같이 인정하지 않는다.

바로 이와 같은 이중적 불만족에 입각해 그들은 '통화의 질적 이론'[29]을 구축해야 할 필요성을 느꼈다. 그리하여 통화 회로 이론이라 규정되는 구조주의적 방식의 가능성이 제시된다. 이 이론의 주창자들은 그것이 자연주의적 관점에 비해 나타내는 진보를 인정한다. 그러나 그들은 그것이 지닌 주요한 불편, 즉 데이터와 같은 체제들을 전제하고, 따라서 부동의 재생산 기술(記述)에만 적용되는 불편을 강조한다. "구조주의의 입장에서 볼 때, 각각의 사회 조직 방식은 그것의 법칙들에 의해 전적으로 규정된다. 그것은 그것 자체의 보존 이외에 어떤 다른 것으로 향하지 않는다."[30]

조정주의 창시자들에게 통화는 그것의 이원성과 양면성 덕분에 개인적 주장의 논리와 체계의 조정 논리 사이의 긴장을 이해하게 해준다. "우리가 말할 수 있는 것은 그렇게 해서 우리가 이와 같은 긴장을, 이를테면 확고부동한 것으로 간주함으로써 어떤 식으로든 구조주의로부터 벗어난다는 점이다."[31] 이와 같은 이론적 이동의 길에서 저자들은 르네 지라르의 작품을 만난다. 이 작품은 "폭력의 일반적 성격과 토대를 도출하게 해준다. 그 결과 시장 질서와 제의적(祭儀的) 질서 사이의 어떤 조명적 유사성이 추론된다."[32] 따라서 경제과학의 이같은 우선적 대상, 즉 통화의 분석은 통화에서 존재의 환유로서 자산을 발견하는 총체적인 인류학적 전망 속에 붙들려 있다. 그것은 르네 지라르의 모방적 도식에 따르면 주체 · 대상 · 경쟁자를 대결시키는

3항 관계 속에 붙들려 있는 것이다. 아글리에타에게 이 도식은 시장 관계의 내부 자체에 있는 갈등적이고 모순적인 성격을 재도입하게 해주는 수단이지만, 그렇다고 그가 방법론적 개인주의를 채택하는 것은 아니다.

고위 행정부서로부터 나왔지만 대학에서 소외된 새로움

조정 이론을 탄생시켰던 알튀세-구조주의적 계보는 그것을 여타 인문과학과 분명하게 구분짓게 해주는 특수성을 띤다. 그것이 대학에 미친 영향은 부차적일 뿐이다. 반면에 그것은 국가 고위 행정 부서의 중심 자체에서 대대적으로 나타난다. 신케인스 학설의 회계적 범주 내에서 프랑스식으로 계획경제를 추진했던 전후의 '성장주의자들'과 교대하는 이 엔지니어 경제학자들은 그랑제콜 출신이고(대부분은 파리이공과대학교 출신이고, 나머지는 고등광업학교·고등토목학교 등의 출신이다), 사기업보다는 공공 행정에 봉사하는 것을 선택한다. "나는 우리가 알튀세의 반항적 후예들이었다고 말했지만, 또한 우리는 60년대 기획원의 대단한 국장이었던 피에르 마세의 후예들이었다."[33] 미셸 아글리에타·위그 베르트랑·로베르 부아예·알랭 리피에츠·자크 미스트랄처럼 대부분의 조정주의자들은 파리이공과대학교 출신이다. 그들은 행정부에서, 국립통계경제연구소에서, 기획원 사무국에서, 세프레마프(CEPREMAP)에서 일했다.

지식계의 기본적 중심점들로부터 벗어나 있는 이와 같은 상황은 학제간 연구를 통해, 다른 학문들과의 대화를 통해 그들을 어느 정도 결합시켜 주고, 다른 학문들 쪽으로의 개방은 횡적인 구조들보다는 독학자의 의지주의적 방식에 속한다. 그리하여 파리이공과대학교 출신인 미셸 아글리에타는 그로 하여금 통화 속에 폭력의 통합을 주장하게 해주는 르네 지라르를 40세를 전후로 해서 발견한다. 마르크 기욤은 파리이공과대학교 출신으로서 자신이 전수받은 지식에 불만족한 상태에 있었다. "프랑스에서 엔지니어의 양성은 과학적·기술적으로 훌륭한 수준이지만 상당히 백과전서적이다. 그러나 그것은 사회적 지식이 전무한 주입식 교육이다. 이러한 측면에서 볼 때 교양이 전혀 없다."[34] 마르크 기욤은 엔지니어로서 자신의 교육을 경제학자의 교육으로 보완하고, 1968년 경제학 교수자격시험에 합격한다. 그리고 그는 이 시기부터 비로소 구조주의 사상, 프랑크푸르트학파, 마르쿠제 등을 중심으로 진행중인 열기에 자신을 개방한다.

연구실들에서는 코르데스(CORDES)[35]와 계약이 증가한다. 그런데 이와 같은 팀들에서 알튀세의 마르크시즘은 계량경제학적 모델에 대해 작용하면서 마르크스와 케인스를 화해시키려는 욕망을 통해 매우 강력하게 존재한다. 뿐만 아니라 "구조주의로서 알튀세 이론은 행정에서 받아들일 수 있는 마르크시즘을 하기 위해서는 이상(理想)이다. 그것은 매우 세련되어 있고, 다듬어져 있다."[36] 그리하여 국립통계경제연구소에 근무하는 베르트랑 기베르는 프랑스 경제에 대한 총체적 저서를 집필하는데, 이 저서는 행정부의 한 부분 전체에게 공식적 노선이 된다.[37] 따라서 조정 방식에 대한 고찰들이 프랑스 행정부 내부 자체에 뿌리를 내린 것은, 기획원의 필요와 장기 경제 전망을 중심으로 국가의 유도하에 이루어졌다. "이것은 1966-1968년 동안 그 실천 방법의 해석 모델이 지닌 한계로 우리를 이끌었다."[38] 왜냐하면 부문적 차원에서 작동적이라 인식되고 국가의 작용을 구조들에 대한 작용으로 설명하기 위해 적용된 모델들, 즉 영미 세계로부터 수입된 계량경제학적 모델들의 병치는 로베르 부아예·미셸 아글리에타 혹은 필리프 에르조 같은 연구자들에 의해 불충분한 것으로 간주되기 때문이다. "이로부터 구조주의적 유형의 문제들을 제기했던 고찰은 시작되었다."[39] 이 고찰은 시장에 고유한 보이지 않는 층위와, 큰 흐름에 적절한 국가적 행동들의 층위——표면에 떠오른 차원——사이에 이분법을 인정하지 않았던 것이다. 반대로 목표는 층위들 사이의 상호 작용을 포착하는 것이었다. 따라서 이와 같은 분석 경향이 태어난 것은 행정부에서 제기된 문제들의 중심 자체에서였다. 그것은 구조주의적 개방의 마지막 파생물이었던 것이다.

그러니까 경제학자들이 구조주의의 열기에 기울인 관심은 대학으로부터 비롯된 것이 아니다. 대학에서 경제과학의 대등한 정체성이 뒤늦게 인정되는 현상과 문과 교수들과의 단절은 사유의 수준에서 뒤처짐, 무거움, 그리고 때로는 빈곤을 조장했던 것이다. "60년대 초반에 가서야 비로소 케인스의 학설이 대학에서 교육되기 시작했다. 50년대에만 해도 그것은 아직 알려지지 않았다."[40] 따라서 혁신과 현대성은 대학교수들과 이들의 학설 밖에 위치했고, 응용경제학연구소(ISEA)[41]의 프랑수아 페루 같은 비정규 유격대들에게로 후퇴해 있었다.

다른 곳에서 이루어진 이론적 작업의 여파가 프랑스 대학에 나타나는 것을 보고, 대학교수들이 영미 진영과 경쟁할 수 있게 해주는 기술적 능력을 획득하는 것을 보기 위해서는 1968년 이후 형성된 세대를 기다려야 한다. 그렇게 하여 프랑스 대학에서 한계효용설 지지자들의 지배가 두드러지게 되고, 혹은 이들 가운데 소수가 볼 때 제2세대 덕분에 조정주의자들의 연구가 풍부한 결과를 낳게 된다.

대학에서 경제학을 지배하는 것은 엄격하고 형식화할 수 있는 과학을 확립하겠다는 고심이다. 과학성의 기준은 수학이었기 때문에 학제간 연구를 한다는 것은 진정으로 가치 있는 것은 아니다. 뿐만 아니라 미국의 상황과는 반대로 프랑스에는 경제학과 정치학 사이에 관련이 없다. 미국에서 정치학은 경제와 매우 밀접하게 연결되고, 매우 이론화된 형태로 권력의 전략들을 연구하는 중요한 과학이다. "정치학으로부터 온 개념들, 타협·전략·수용된 규칙과 같은 그런 개념들에 입각한 조정 방식으로 이해된 정치 제도의 개념들이 발전된 곳은 미국이다. (…) 나는 이러한 허구를 많이 이용한다."[42]

일부 이단적 대학교수들은 물론 부차적이지만 어떤 영향력을 얻을 수 있게 된다. 그러나 아주 신속하게 그들은 1975년을 전후로 구조주의의 전반적 퇴조에 휩쓸려 가게 된다. 따라서 신한계효용설은 도처에서 승리를 거두고, 다른 사조들에 대해서는 약간의 부스러기들만을 남겨 놓게 된다.

경제학에서 다른 인문과학과의 분명한 분리는 있을 수 없다고 생각하는 앙리 브로쉬에는 1969년 도핀(그르노블대학교)에서 교수였다. 이 기회를 통해서 그는 보드리야르와 바르트의 작품에 대한 세미나를 열었다. 계량경제학의 모델에 입각해 그는 수입 수준과 소비 유형, 가격 수준과 소비 사이의 상관 관계 계수들의 연구에 접할 수 있었고, 사회 집단들 및 계층들, 그리고 주거 환경이나 이데올로기 같은 다른 변수들을 고려해야 할 필요성을 보여 줄 수 있었다. 그러나 매우 신속하게 앙리 브로쉬에는 사회과학대학교가 될 수 있다고 생각하면서 도핀에서 길을 잘못 들었다는 것을 깨닫는다. 그런데 반대로 이 대학의 목표는 경쟁력 있는 비즈니스 스쿨, 다시 말해 실무가들을 키우는 그랑제콜의 하나를 구현하는 것이었다. "1965-1975년의 현상이었던 그 대단한 이데올로기적 탈출들은 다소간 진정되었다. 그래서 나는 경제학의 인식론으로 돌아섰다."[43]

전통으로부터 일탈한 경제학자들의 또 다른 중심축은 뱅센대학교의 정치경제학과이다. 이 학과는 미셸 보가 이끌고 있었다. 그러나 우리가 보았듯이 이 학과는 학사를 배출하지 않고, 따라서 직업적인 경제학자의 양성센터보다는 다른 학과들을 위한 보충 교육의 역할을 담당한다. 이런 측면은 단번에 이 학과의 영향력을 제한한다.

나아가 대학 체계 안에서 고립된 그 몇몇 유격대원들은 이미 조정에 대해 이야기한 바 있었다. 그리하여 앙리 바르톨리는 1960-1961학년도에 담당한 '체계와 구조'라는 강의를 구조에 대한 1부와 조정에 대한 2부로 나누었다. 낭테르대학교에 머물면서 뱅센대학교에 정치경제학과를 설립한 앙드레 니콜라이는 일반적인 경제인류학의 토대를 확립한다는 계획을 지니고 있었는데, 1962년 《경제학 잡지》를 위해 '조정으로서 인플레이션'[44]이라는 글을 쓴다. 이 논문에서 그는 어떻게 인플레이션 과정들을 통해 역할들이 재생산되는지 보여 준다. 그에게 이와 같은 접근 방법은 인류학의 구조주의로부터 직접적으로 온 것이다. 이 구조주의는 그로 하여금 인플레이션 현상을 체계가 일으키는 기능 장애의 단순한 표현으로서뿐 아니라 재생산 장치로서 지닌 긍정적 측면의 문제를 제기하게 만든다. "조정 과정들을 통한 역할들의 그 재생산에 있어서 아마 나의 작업에 가장 큰 영향을 미친 것은 레비 스트로스일 것이다."[45] 앙드레 니콜라이는 자신의 방향이 알려질 수 있던 시점에서 조정주의자들이 그것과 유사한 방향을 표현했다고 다소 아쉬워한다. "조정주의자들은 다소간 사후의 보복과 같은 것이다."[46] 그가 1968년 이후 대학에서 체험한 것은 다분히 케인스와 마르크스의 배척이었고, 그 시기부터 신한계효용설의 전적인 지배를 동반한 순수경제학으로의 회귀였다. "구조적인 모든 측면은 버려졌고, 완전 시장이 가정되었다."[47] 따라서 앙드레 니콜라이는 한편으로 폐쇄되고 형식화된 경제, 즉 신고전주의 주창자들과 다른 한편으로 극단적 결정론의 마르크스주의적 경향 사이에 사로잡힌 채 쇠귀에 경 읽기를 할 수밖에 없었다. 그러니까 이 두 경향 사이의 제3의 길에는 자리가 없었던 것이다.

1975년부터 총체적 균형 이론은 구조-마르크시즘의 퇴조에 힘입어 대학의 경제학에서 전적으로 중심적 패러다임이 된다. 이단자들은 전통적 제도권들 밖에서 자신들의 견해를 표명하려고 노력한다. 그들 가운데 상당수는 프랑수아 마스페로사가 출간하는 《정치경제의 비판》이라는 잡지에서 다시 만난다. (알랭 아주비·위그 베르트랑·로베르 부아예·베르나르 기베르·피에르 살라마·브뤼노 테레 등.) 다른 사람들은 보다 후에, 사회학자 알랭 카이예가 이끄는 《모스학회지》[48]에 기고한다. 특히 파리1대학교의 경제학자 제롬 랄르망이 그런 경우이다. 그는 알튀세의 주장을 지지한 이후에, 이 주장이 궁지에 몰렸고 결국은 '붕괴했다'[49]고 생각했다. 그는 구조-마르크시즘을 단념하면서, 경제적 사유의 변화를 동시성과 에피스테메를 통해 다시 생각하기 위해 1969년과 1974년 사이 특히 미셸 푸코의 작품 《말과 사물》에서 영감을 얻었다. "에피스테메라는 그 관념은 나로 하여금 많은 일을 하게 만든 그야말로 영감의 원천이었다."[50] 제롬 랄르망은 소쉬르의 모델을 토대로, 기호의 개념을 중심으로 경제과학의 변화에 대한 재읽기 작업을 한다. 그는 소쉬르·프루스트와 동시대적인 정치경제의 대변화를 식별해 낸다. 이 대변화는 푸코가 정의한 바와 같은 새로운 에피스테메를 진입하게 한다. "기호의 이와 같은 에피스테메는 소쉬르가 기표/기의의 재단에 입각해 만드는 것처럼 기능한다. 경제에서 기표는 가격이고 기의는 유용성이거나, 혹은 기표는 시장이고 기의는 개인이기 때문이다."[51] 따라서 1870년대부터 정치경제학은 기호의 경제학으로 전환되고, 하나의 기호학으로 구축되며, 더 이상 현실 자체, 즉 지시 대상을 표현하지 않는다. 제롬 랄르망은 경제학자들의 현실 자체를 이해할 수 없는 무능력을 설명하면서 자신의 주장을 마감한다. 이 현실은 그들이 지닌 지식의 인식론에 대한 정의 자체에 의해 언제나 그들의 영역 밖에 있다는 것이다. 제롬 랄르망은 전통적 사상사에 대항하여 자신의 고고학적 방식을 옹호하고, 푸코의 입장을 토머스 S. 쿤의 입장과 접근시킨다. "두 사람 모두 상대주의자이다. 둘 다 조금씩 드러나기를 기다린다는 결정적인 부동의 진리라는 관념을 거부한다."[52] 그러나 제롬 랄르망은 푸코의 패러다임을 선호한다. 이 패러다임은 인문과학에 의거하며, 쿤의 경우와는 반대로 과학적 공동체의 사회학에 멈추지 않고 앎의 행위 자체를 노리고 있기 때문이다.

그러나 이와 같은 이단자들 가운데 상당수가 대학 내에 있긴 하지만, 그들은 한계효용설 신봉자들 가운데서 점점 더 길을 잃는 소외자들로 여겨진다.

29

중도: 아비투스

1975년 구조주의가 새로운 시대의 분위기 속에서 해체되는 바로 그 시점에서, 피에르 부르디외는 《사회과학 연구 논문집》이라는 새로운 잡지를 내놓는다. 그가 편집위원장을 맡은 이 잡지는 구조주의적 프로그램의 과학적 야심을 추구한다. "과학의 담론은 사회 세계에 대해 환상에 사로잡힌 비전을 지닌 자들에게만 환상을 깨는 것으로 나타날 수 있다."[1] 부르디외가 당시까지 자신의 연구에 활기를 불어넣었던 구조주의 유산을 자기 것으로 수용하기는 하지만, 그는 자신의 접근 방법에 변화를 시도하고 구조주의 패러다임에 대해 일정한 거리를 둔다. 그는 알튀세의 구조-마르크시즘이 철학적 귀족주의이고, 사회적 행위 주체들의 역할을 완전히 부정했다고 신랄한 비판에 착수한다. 이 행위 주체들이 규칙 체계들의 적용 대상으로 격하되었다는 것이다. "나는 이를테면 레비 스트로스와 구조주의자들, 특히 알튀세가 없애려는 경향을 보였던 행위 주체들을 재도입하려 했다. 그들은 행위 주체들을 구조의 단순한 부대 현상으로 만들었던 것이다."[2]

1975년부터 《논문집》에서 부르디외가 표적으로 삼는 것은 에티엔 발리바르이고, 그가 앙갚음하는 대상은 분명 모든 알튀세적 경향이다. 그의 작업은 철학적 보호로부터 해방된 사회학에 입각해 인문과학의 통일성을 실현시키고자 하는 그의 고심 및 그의 뒤르켐적 입장과 연속선상에 있다. 그는 마르크시즘의 '메시지가 지닌 진실성의 파수꾼으로'[3] 자임하려는 발리바르의 야심과, 나아가 철학자의 지배적 입장을 격렬하게 공격한다. 철학자는 자신의 이론적 실천을 과학적 실천이라 규정하고, 그렇게 하여 통합이나 배제를 통해 사회과학의 경쟁을 제거하면서 과학의 이름으로 말하고자 한다는 것이다. 부르디외가 볼 때 이와 같은 입장은 철학적 담론의 지난날 정당화에 연결된 특권들을 순전히 집단적으로 방어하는 행위를 표현할 뿐이다. 그러면서 그것은 철학적 담론이 과학성의 기준에 대한 판단자로, 그리고 어떠한 형태의 일탈이나 재추락도 고발하기 위한 신전의 파수꾼으로 계속 자처하게 해준다는 것이다. "여사제는 죄의 목록들을 작성한다."[4] 부르디외가 알튀세 추종자들에게 비난하는 것은 거의 형이상학적인 하나의 **선입관**이고, 본질로부터 사건을 추론할 수 있다는 주장이며, 따라서 '이론가에 대한 변호론'[5]의 구축으로 귀결되는 사회 세계에 대한 존재론화된 비전이다. 15년이 지난 후 에티엔 발리바르가 내놓는 평가에 따르면, 이와 같은 논쟁의 격렬함이 특히 예시하는 것은 부르디외 자신이 《호모 아카데미쿠스》[6]에서 세밀히 연구하게 되는 학문적 장에 고유한 논리들이다. "그는 그것이 얼마나 그 자신에게 적용되는지를 알고 있는가?"[7] 하지만 부르디외의 이와 같은 뒤르켐적 야심은 새로운 것이 아니다. 왜냐하면 그것은 60년대초로 거슬러 올라가기 때문이다.

구조주의, 혹은 어떻게 벗어날 것인가

반면에 구조주의 패러다임의 고갈을 징후적으로 드러내는 것은 구조적 재생산의 도식에 대한 부르디외 주장의 비판적 변화이고, 주체를 조건짓는 것의 엄밀한 한계 안에서 주체에 자리를 내주겠다는 그의 의지이다. 그는 하부 구조와 상부 구조로 조직화되는 생산 방식의 결정 기구들에 대한 알튀세의 계층화된 표상을 인정하지 않는다. 뿐만 아니라 그는 그의 방법에 주요한 영감을 주었던 레비 스트로스로부터도 벗어난다. 그리하여 그는 특히 아비투스 · 실천 감각 · 전략이라는 개념들을 중심으로 조직화되는 분석 장치 일체에 초점을 맞춘다. 이 개념들의 궁극 목적은 행동이 규칙의 단순한 자동적인 실천이 아니라는 점을 보여 주는 것이다. 이와 같은 변화를 통해서 부르디외는 구조주의 전통이 인도한 곤경으로부터 벗어나려 시도한다. "레비 스트로스는 오래전부터 객관주의와 주관주의의 양자택일에 갇혀 있기 때문에, 이런 양자택일을 지양하려는 시도들을 주관주의로의 역행으로밖에 인식할 수 없다."[8] 부르디외는 자신의 패러다임을 이동시키는 토대를 60년대말 이후로 이루지는 언어학의 변화 자체에 두고 있다.

사회학의 고유한 영역 밖에서 일어나고 있는 일에 대해 항상 지대한 관심을 보이고, 그러다 보니 구조주의의 다영역적인 총체화 야심에 충실한 부르디외는 프랑스에서 이해되고 있는 그런 촘스키의 단절을 수용한다. 기본적으로 이 단절은 변형 과정이나 생성으로 귀결되는 발생론적 관념과 생성문법 사이의 어떤 혼란으로부터 비롯된 것이다. 그리하여 이 시기의 부르디외는 자신의 방식을 규정하면서 '발생론적 구조주의를 개발해 내겠다'는 의지를 표현하고, '새로운' 방향을 설정한다. 이 방향은 장 피아제나 뤼시앵 골드만 같은 인물들이 구조주의의 초창기에 실현시킨 방향에 토대를 두는 것이 아니라, 촘스키가 보다 최근에 가져온 기여에 토대를 두고 있다. 1972년부터 부르디외는 촘스키를 인용하면서 자신의 저서 《실천 이론 개괄》[9]을 시작하고 있다. 언어학이 그에게 미친 영향의 차원에서 보면, 촘스키를 추종하는 사회언어학자인 피에르 앙크르베가 주요한 역할을 한다. 부르디외와 그의 협력은 공통적이고 보완적인 패러다임으로 귀결된다. 피에르 앙크르베는 장과 아비투스에 대한 부르디외의 개념들 덕분에 촘스키적인 방향을 풍요롭게 해준다. 반면에 부르디외는 사회 체계에 의해 주입되어 획득된 성향 체계를 지칭하는 아비투스라는 자신의 개념 덕분에, 언어 능력 모델과 언어 수행 모델로 된 촘스키의 구조주의를 소쉬르적인 초기 구조주의와 구분하면서 후자의 논리적 궁지로부터 확실하게 벗어나기를 기대한다. 이 개념은 동시에 '지각, 평가, 그리고 행동의 모태'[10]이다. 따라서 아비투스는 내면화의 외면화를 가능하게 함으로써 언어 능력과 언어 수행을 변증법적으로 발전시키게 해주며, 재생산의 메커니즘을 복원케 해준다. 뿐만 아니라 그것은 장소들과 시간에 따라 변화하는 체계의 행위 주체들이 지닌 전략들을 고찰하게 해준다. 아비투스는 언어 능력의 모델처럼 실천을 발생시키고, 따라서 수행 체계를 발생시킨다. "나는 소쉬르와 구조주의의 기계적인 방향에 반발하고 자 했다. 이 점에서 나는 촘스키와 매우 가깝다. 촘스키에게서 나는 실천에 적극적이고 창의적인 의도를 부여하려는 동일한 고심을 발견했다……."[11]

사회학자로서 부르디외는 능력의 수준을 존재론적 혹은 생물학적 생득설의 차원이 아니라, 사회적 경험에 의해 획득된 성향의 차원에 위치시킨다. 그의 구조는 여전히 근본적으로 사회학적이며, 지금 여기의 자격으로 사회적 실천 및 표상의 안에서 구현되고 또 이 내부에 통합되어 있다. 이러한 의미에서 부르디외가 촘스키로부터 받아들여 자기 것으로 만든 것은 촘스키 이론 자체의 방향과는 별 관계가 없는 독서에 의거한다. 왜냐하면 이 방향은 반대로 비사회학주의에 의해 특징지어지기 때문이다.

부르디외로 하여금 초기 구조주의의 객관주의로부터 벗어나는 시도를 하게 해주는 또 다른 영향은 분석철학이다. 사실 분석철학은 더 이상 언어의 제도화된 규칙들에 대해서가 아니라 언어 행위에 대해서 고찰하면서 주체에 하나의 자리를 부여하게 해준다. 그러나 이 자리는 형이상학적 전통이 부여하는 자리가 아니다. "내가 아마 가장 찬양하는 철학자들 가운데 하나라 할 오스틴의 작품을 진정으로 읽는다면, 사람들은 내가 수행적 발화에 대한 토론에서 재도입하려고 시도했던 것의 본질이 이미 그 속에 언급되어 있거나 암시되어 있음을 알아차릴 것이다."[12] 언어 행위의 분석은 부르디외로 하여금 소쉬르가 물리쳤던 지시 대상, 즉 구체적인 사회적 상황뿐 아니라 언어에 고유한 규칙들에 대한 배타적 관심 때문에 쫓아낸 파롤을 재도입하게 해준다.

또한 비트겐슈타인도 필연의 세계에 대해, 규칙들로 제도화된 세계에 대해 관심을 보임으로써 부르디외의 패러다임이 변하는 데 자극을 주었다. 비트겐슈타인이 제시하는 대답에 따르면 필연은 제도화된 규칙들과 자연적 현실의 일치에 토대를 두는 것이 아니라, 반대로 인간의 실천 행위들로 된 하나의 전체에 부합하며, 따라서 그것의 기원은 인간의 제도 자체 속에 있다는 것이다. 이 대답은 부르디외로 하여금 아비투스의 이론을 구축하도록 해준다. 이 이론은 주체가 행하는 실천의 필연성을 있는 그대로 생각해야 하고, 이 필연성이 주체에 외재적인 기원을 갖는다고 생각해야 하는 이중적 요구에 답변하려고 시도한다. 우리는 부르디외의 작업에서 인간 활동의 실제적인 차원에 대한, 다시 말해 개인이 어떤 규칙을 따를 때 일어나는 것이 무엇인지 아는 문제에 대한 비트겐슈타인의 탐구와 다시 만난다. 아비투스의 개념은 이와 같은 근본적 문제에 대한 답변으로서 제안된다.

이 개념은 아리스토텔레스로부터 온 오래된 개념이며, 성 토마스 아퀴나스에 의해, 그리고 베버로부터 뒤르켐에 이르는 사회학적 사조에 의해 수용된 것이다. 그러나 부르디외는 아리스토텔레스적인 전통이 부여하는 의미와는 다른 의미를 그것에 부여한다. 이 전통은 그것이 의식에 속하고, 따라서 인간의 의지에 따라 변하고 다루기 쉬운 개념이라고 생각했다. 반대로 부르디외는 아비투스를 완전히 재정의해, 그것을 의식과 무의식의 대립에 의존하는 것을 피하는 패러다임으로 만든다. 그것은 전략들에 대해 이야기하게 해주지만, 그 방향은 의향이 없는 지향성의 방향이다. 따라서 부르디외는 실천 행위 자체의 연구보다는 실천 행위를 가능하게 하는 조건들의 수준에 자신의 분석 각도를 위치시킨다. 그렇다고 그가 역사가의 방식을 따르는 것은 아니다. "실록에 나오는 지리멸렬한 일화 속에 다시 떨어지지 않아야 한다."[13] 그러니까 그는 초기 구조주의적 방향, 그것의 동시성(synchronisme), 실천 행위보다 구조를 이루게 하는 실체들에 부여된 우위성, 그리고 그것의 규범 정립적 사명에 여전히 충실하다. 부르디외가 주관주의와 비합리주의를 재도입하고, 따라서 구조주의가 제시한 과학적 프로그램을 단념한다고 공격하는 레비 스트로스의 비난과는 반대로 이와 같은 접근에는 또한 데카르트의 주체와 별 관련이 없다. 주체는 그를 휘두르고, 그를 이용하는 이질적인 인과적 계열들의 교차점에 있을 뿐이다. "주체는 일종의 특이한 코기토가 나타내는 순간적인 자아가 아니라, 한 집단적인 역사 전체의 개인적 흔적이다."[14] 그러므로 객관적 구조들은 행위 주체들의 의식으로부터 전적으로 독립적이다. 그러나 그것들은 그것들을 외면화시키면서 그것들에게 완전한 효율성을 부여하는 행위 주체들에 의해 내면화된다.

레비 스트로스가 가하는 주관주의라는 비판과는 반대로, 레이몽 부동은 부르디외가 아비투스의 개념을 다시 읽음으로써 사회적 재생산의 순전히 기능주의적이고 유기체론적인 표상을 완성한다고 비난한다. 부르디외의 주체가 지닌 자율성은 레이몽 부동이 볼 때 환상에 불과하다. "그러니까 그것은 전혀 자율성이 아니다. 왜냐하면 개인은 스스로 환상을 창조하는 자율성밖에 없기 때문이다."[15] 부르디외는 구속 요소들을 가정한다. 그래서 레이몽 부동에 따르면 "그는 악순환 유형의 추론에 다시 빠진다. 구속 요소들의 과장이 있다. 동시에 이 구속 요소들이 사회적 총체성으로부터, 그리고 이 총체성이 스스로를 재생산하고자 하는 욕망으로부터 비롯된다는 당찮은 관념이 있다. 이 모든 것은 순전한 환상에 지나지 않는다."[16]

부르디외는 객관주의와 주관주의로부터 벗어나고자 노력함으로써 이 두 암초 사이의 끊임없는 긴장의 전망 속에 위치하고, 레비 스트로스 같은 구조주의자들과 부동 같은 방법론적 개인주의의 주창자들로부터 이중적으로 배척될 위험을 무릅쓴다. 따라서 구조주의의 유산과 행위 주체 관행의 문제화를 양립시키기 위한 그의 전략상 여지는 매우 비좁다. "객관적 규칙성의 체계와 직접적으로 관찰할 수 있는 행위 체계 사이에 아비투스에 다름 아닌 중재가 언제나 가로놓인다. 아비투스는 체험되는 개연성 및 기대가 결정되고 결정론이 머무는 기하학적 장소이고, 객관적 미래와 주관적 계획의 장소이다."[17] 부르디외는 방법론적 결정론이라는 개념을 단념하지 않고, 계속해서 그것을 《사회학자라는 직업》[18]의 원칙 자체로 세운다. 이 직업은 행위 주체들이 보여 주는 관행의 상부 단계에 잠망경을 위치시키는 것을 필요로 한다. 그러나 부르디외는 지각과 전략의 체험을 그것들을 비워낸 분석 모델 내에 재통합시킨다. "주체의 위상이란 이 문제에 대한 대답을 가져오게 되는 것은 아비투스의 개념에 할당된 역할이다."[19]

콜레주 드 프랑스는 벤베니스트 · 뒤메질 · 레비 스트로스 · 바르트 · 푸코 · 뒤비 · 베르낭 덕분에 단연코 구조주의적 혁신의 종착점이었다. 그런데 1982년 부르디외는 이 대학에 들어가 최고의 공적 승인을 받는 그룹과 합류한다. "누구나 취임 강의라 할지라도 강의를 할 수 있으려면 반드시 어떤 권리로 할 수 있는지 자문하지 않을 수 없을 것이다. 제도는 이런 질문을 물리치고, 시작의 임의성과 연결된 불안을 물리치도록 하기 위해 있다. 영입과 임명 의식으로서 취임 강의는 거부 행위를 상징적으로 실현하며, 이 거부 행위가 끝나야 새로운 대가는 권리를 가진 자에 의해 표명되는 정당한 담화를 말하는 것이 허용된다."[20] 따라서 부르디외는 전적으로 제도의 논리에 속하는 이해할 수 없는 논리에 구속된 학자의 입장 문제를 제기하기 위해 이 기회를 이용하고 있다. 그는 지식과 권력 사이에 확립된 관계에 대해, 그리고 담론적 장치의 장소들을 설정해야 할 필요성에 대해서 푸코의 문제 제기 유형과 합류한다.

사회학자와 미학

콜레주 드 프랑스에 들어가기 3년 전에, 따라서 그가 공인을 받기 전에 부르디외는 《디스탱숑》[21]이라는 책을 통해서 판단을 사회적으로 비판하는 방대한 연구를 내놓는다. 그는 문화적 취향과 표상에 대한 이 세심한 연구에 입각해 60년대 중반 이후로 시작된 변화, 다시 말해 아비투스가 구체적으로 무엇일 수 있는지를 예시하는 그 변화를 확고히 한다. 이 연구에서 그는 《재생산》에서보다 사회적 행위 주체의 역할에 대한 더 적극적인 견해를 옹호한다. 그러나 전략의 다원화 게임이 보다 복잡하기는 하지만, 이 기회를 통해 부르디외는 하나의 분야에서 모험을 감행하면서 학교 제도의 터부보다 유달리 더 강력한 터부를 공격한다. 이 분야는 무엇보다도 사적인 영역에, 논의가 되지 않는 '취향과 색깔'에, 그리고 사회학적 결정을 넘어선 것으로 간주되는 문화적 창조에 속한다. "사회학은 여기서 특히 사회적인 것의 부정의 영역 위에 있다."[22] 지배 계급은 세상을 바라보는 자신들의 방법들을 강제한다. 또 그들은 자신들의 취향을 세련되게 차별화시켜 주는 교묘한 장치를 통해 이 취향의 정당성을 확립하는 것을 인준한다. 그들은 이처럼 강제하고 인준하는 그들 나름의 방식이 있다. 그런데 부르디외는 문화적 취향의 이와 같은 영역이 어떤 면에서 이 방식에 속하는지 보여 주려고 시도한다. 그래서 모든 문화적 영역은 각자의 관례와 풍습을 포함해 가장 광의적인 민족학적 의미에서 계급적 목적이 되며, 권력 및 타자 지배 관계를 확고히 하는 수단이 된다. 특히 그것이 사회적 인접 관계의 상황에 있을 때는 말이다. 부르디외는 마르크시즘의 모태적 개념, 즉 자본의 개념을 수용하지만, 이번에는 그 목적이 더 이상 경제적 활동이라는 단일 영역이 아니라 문화적·상징적 영역을 탐구하기 위한 것이다. 부르디외는 계급 투쟁을 등급 투쟁으로서 수용한다. 등급 투쟁을 작동시키는 조작체는 희귀한 재화들을 획득하기 위한 경쟁 상황에서 다양한 사회적 행위 주체들 사이의 문화적 판단의 구별[1]이다.

따라서 부르디외는 '등급 매기는' 능력의 관점에서 고려된 문화적 재화들의 사회적 계층화를 드러내는 세밀한 등급 매기기(분류)를 수행한다. 그는 취향과 반취향의 변동에 대한 자신의 방대한 연구를 계급 지배의 합법화 과정을 드러내는 것으로, 그리하여 미학에 대한 칸트의 입장에, 즉 칸트의 《판단력 비판》에 답변과 비판을 가져다 주는 것으로 간주한다. 그러므로 부르디외는 사회학자가 철학과 벌이는 대결을 명료하게 추구하고 있는 것이다. 그는 자신의 입장을 철학자의 입장보다 더 근거 있는 것으로 간주한다. 왜냐하면 그것은 과학적이고 통계적인 재료에 의거하기 때문이다. 자크 랑시에르의 표현을 빌리자면 사회학자-왕은 예술 작품을 본질적으로 순수하

---

1) 역자가 구별이라 번역한 distinction이란 낱말을 부르디외는 '태도와 판단에서 우아함'을 나타내는 개념으로 사용한다. 그의 저서 《디스탱숑》은 이런 개념을 함축하고 있다.

게 미학적 창조로 간주하는 전통적 접근을 뛰어넘을 수 있다고 생각한다. 부르디외에 따르면 미학적 성향의 본질에 토대한 분석은 "이 성향의 단일한 존재 이유, 다시 말해 제도의 독단적 필요성을 정당화하는 역사적 이유를 그것에 복원시키는 것을 스스로 금지한다."[23] 부르디외는 예술 작품을 그것이 지닌 등급 기능의 엄밀한 차원에서만 고찰함으로써, "스스로를 '창조자'라 부르기를 좋아하는 사람들의 직업적 이데올로기의 자연적 표현"[24]으로 미의 관념을 귀결시킨다. 따라서 부르디외에 따르면 예술적 가치들의 모든 미학적 특징화는 확립된 취향의 등급 양식 내에 통합된 사회적 관계를 부정하는 형태에 불과하다 할 것이다.

그러니까 부르디외는 스트라빈스키의 작품과 페튀라 클라크의 샹송이 동일한 가치를 지니고, 거리의 코미디와 《햄릿》이, 셰일라의 샹송과 바흐의 골트베르크 변주곡들이 동일한 미학적 가치를 지닌다고 보는 것이다. 차별화시키는 유일한 기준은 계급의 아비투스들을 나누는 기준이다. 이 기준이 특정 아비투스들로 하여금 사회적으로 정당화된, 따라서 우월한 문화적 자본을 더 가치화시키도록 해준다. 그렇지만 어떤 미학적 기준들이 이러한 우월성을 뒷받침해 주러 올 수 있는 것은 아니다.

부르디외의 장점은 계급의 개념을 확대한 것이 된다. 그에 따르면 이 개념은 생산 수단의 보유에 한정되지 않고, 지배의 폭력이 똑같이, 심지어 그 이상으로 행사되는 상징적 세계에 확대된다. 그것은 조작 과정의 부정을 통해서 전혀 비가시적으로 작용하고, 이 과정의 지배를 수월하게 해주기 때문이다.

따라서 부르디외는 객관적으로 분류할 수 있는 관행들을 생성시키는 원리로서의 아비투스라는 개념을 통해서, 당시까지 미개척 상태에 있었던 문화적 영역을 침체된 구조-마르크시즘에 개방한다. 아비투스는 "구조화시키는 구조이며, 이 구조가 관행과 관행의 지각을 조직화시킨다."[25] 그는 경제적 자본을 소유했느냐, 아니면 문화적 자본을 소유했느냐에 따라 지배 계급 내에서 2개의 계층화 원리를 구분한다. 이 두 원리는 문화적 자본에서 가장 부유한 분파와 기본적으로 경제적 자본을 지닌 분파를 나누면서, 또 한쪽 축에 지식인들을, 그리고 다른 한쪽 축에 기업가들을 배치해 분할하면서, 지배 계급을 '변화 반복법(le chiasme)으로 된 구조'²⁶⁾에 따라 전도된 두 구조로 조직화한다. 이와 같은 상황이 초래하는 것은 문화의 다른 관계이고, 문화적 자본과 경제적 자본의 항들로 된 반비례하는 두 아비투스이다. 부르디외의 분석을 매번 뒷받침하는 것은 세밀한 통계적 장치일 뿐 아니라, 프랑스 사회의 물질 문화에 대한 매우 적절한 민족학적 기술이다. 예컨대 그는 격식이 없는 서민의 식사법과 부르주아 계급에서 형식의 사용을 대립시키고, 교수들의 금욕주의를 전문 자유직의 호사 취미와 대비시킨다. 혹은 그는 코를 푸는 데 있어서 섬세함을 요구하는 크리넥스 사용의 도시 계층과, 천으로 된 투박한 손수건을 사용해 단번에 큰 소리를 내며 강하게 코를 푸는 시골 사람을 비교한다.

부르디외는 관찰의 날카로운 의미에다 문학적 의미, 거의 프루스트적인 세심함, 그리고 명철한 신랄함을 덧붙인다. 예컨대 그는 "소부르주아 계급은 부르주아가 되기 위해 작아지는 프롤레타리아이다"²⁷⁾라고 생각한다. 그러나 판단의 사회적 조건들에 대한 이와 같은 연구가 예술적 창조를 구별의 단순한 사회적 기능으로 축소시킴으로써, 예술적 창조가 지닌 단절의 차원을 절단해 버릴 때, 그것은 현실을 매우 단순화시키고 있다.

문화적 장을 이와 같이 기능적으로 단순화시킴으로써 부르디외는 냉혹한 비판들에 노출된다. "분명 그의 섬세함 뒤에는 또한 신식 주다노프주의²⁾의 환영이 분주하게 움직이고 있는 것 같다."²⁸⁾ 존재 자체의 사회적 계급이라는 것의 규정을 인지되는 존재로 확대하는 것은 예술 작품의 사물화를 의미하고, 예술 작품을 이데올로기적 성격의 단순한 목적으로 격하시키는 것

---

2) 주다노프주의(jhdanovisme)는 러시아의 주다노프(Jhdanov, 1896-1948)의 이론을 말한다. 그는 정치·경제·사회·문학·철학·예술에서 스탈린적 정통성을 옹호했으며, 코민포름 창설에 기여했다.

을 의미한다 할 것이다. 그것은 구조주의적 패러다임으로부터 벗어나기 위한 부르디외의 시도가 부딪치는 한계를 드러낸다 할 것이다. 왜냐하면 그의 등급 체계를 정착시키고 정연한 계층화가 나타나게 할 수 있기 위해서, 그의 비판적 분석이 미학의 자율성을 정당화하는 것의 부정을 거쳐 간다는 점 때문이다. 사회적 공간에서 계층들 각자의 입장을 이처럼 식별해 내는 공시적 태도에 있어 여전히 지시 대상, 이 경우 예술의 특수성은 원칙적으로 부정되어 있다. 이는 매우 구조주의적인 전통에 속한다.

문체적 차원에서 볼 때 《디스탱숑》은 또한 문학적 성격의 탐구, 즉 누보로망의 탐구와 합류하는데, 그 목적은 이야기의 직선성을 파괴하고 그것을 목소리의 다원성으로 대체하기 위한 것이다. 사회학 분야에서 부르디외는 전문가가 거리를 두는 이야기의 전통적 형태를 전복시킨다. 그는 대담·사진·통계표로 된 자료에 대한 이론적 해설을 직접 화법이나 간접 화법을 사용해 병치시킨다. 이 모든 자료는 형태가 이질적이고 상이한 지대들에 위치하지만, 부르디외가 매우 정성을 기울여 세심하게 작업한 다음성적 구성에 따라 해석되고 조직화된다. "나에게 《디스탱숑》에서 가장 흥미있는 것은 형태의 전복이다. (…) 이 책은 문체적으로 전위적인 저서이다. 다시 말해 나는 일반적으로는 양립할 수 없는 5,6개의 언어를 결합시켰다."[29] 체험과 개념의 이와 같은 얽힘은 사회학적이면서도 문학적인 작품의 완성을 가능하게 해준다. 이 작품이 다시 한 번 드러내 주는 것은 부르디외와 구조주의 세대가 문학 앞에서 괴로운 반상복(半喪服)을 입고 있다는 점이고, 사회과학을 통해 문학 작품을 만들겠다는 그들의 의지이다.

게다가 부르디외가 귀스타브 플로베르나 마르셀 프루스트를 참조하는 일은 꾸준하다. 그것은 구조적 비판의 주요한 기여들 가운데 하나를 예시하면서 장르들 사이의 구분을 뒤섞는다. 이 기여에 따르면 내용과 형태는 분리될 수 없다는 것이다. 문체적 의미에서 글쓰기는 이 경우 구축된 현실을 사유하기 위한 본질적 도구이다.

1979년 책이 나왔을 때, 《르 몽드》지는 그것의 출간에 대해 2페이지에 걸쳐 폭넓은 반응을 나타낸다. 토마 페렌치는 부르디외의 분석에서 '결정적 단절'을 보고, 피에르 앙크르베는 장 자크 루소의 것에 비견되는 '해방적 결과'를 본다. 앙크르베는 인류를 사슬에서 해방시키겠다는 고심에 빠진 철학자의 유사한 야심을 식별해 내면서 둘을 대조한다. "루소는 이렇게 썼다. 존재하는 것을 부정하고, 존재하지 않는 것을 설명하는 것은 모든 시대의 철학자들에게 공통되는 강박 관념이다. 《디스탱숑》은 현실을 부정하려는 이러한 시도에 대항해 구축된 책이다."[30] 따라서 《르 몽드》지가 실은 기사들 전체는 보다 비판적인 2개의 글을 제외하면 매우 찬양적이다. 하나는 자크 로랑이 '자신의 역사와 단절된 사회'라는 제목으로 쓴 글이고, 다른 하나는 프랑수아 샤틀레가 "예술의 문제는 어디에 와 있는가?"라고 자문을 하는 글이다. 샤틀레는 이 거대한 사회학적 작업 이후에 존속하는 결핍에 대한 적절한 확인을 한다. "우리가 예술에 대한 탐구를 재표명할 수 있는 곳은 상류 쪽, 다시 말해 철학적·역사적 이해의 쪽이지 하류 쪽, 다시 말해 사회학적 분류의 쪽이 아니다."[31]

그러나 부르디외는 미학에 대한 그의 접근에서 발견될 수 있는 한계에도 불구하고 기계주의적 혹은 궁극 목적론적 철학으로부터 벗어나기 위해 복잡화의 노력을 계속하게 된다. 그는 이 철학에 아비투스라는 자신의 개념을 대립시킨다. 이 개념은 하부 구조와 상부 구조의 수직적 견해로 귀결되는 기구(appareil)의 개념, 즉 알튀세 추종자들의 개념과는 매우 다르다. 부르디외의 개념은 습관·필요 욕구·관행·성향으로 이루어진 보다 풍요로운 현실에 접근하게 해준다. 그러나 이 현실은 다음과 같은 3차원의 공간 속에서 분절된다. 즉 경제적·학업적·문화적 등의 자본에 대한 평가가 수반되는 수직적 차원이 있다. 다음으로 동일한 장에서 경제적 자본과 문화적 자본을 대립시키는 구조적 차원이 있다. 마지막으로 구조 속에 움직임을 재도입하게 해주고, 오래됨을 경제적/문화적 자본의 소유로 표현하게 해주는 도정의 차원이 있다. 아비투스를 규정하게 해주는 것은 이러한 세 차원의 융합이다.

실천과 그 감각

《디스탱숑》이라는 경험적 연구가 출간된 지 얼마 되지 않아 부르디외는 이 연구의 이론적 틀을 구성하는 것, 즉 《실천 감각》[32]을 내놓는다. 그가 이론적인 차원에서 자신의 비판을 확고히 하는 대상은 구조주의 패러다임이고, 특히 담론이 처한 상황에 대한 담론의 자율성이며, 파롤의 배척이고, 혹은 파롤을 랑그가 지닌 규칙의 단순한 실천으로 격하시키는 행위이다. "모든 구조주의들의 모든 전제들——그리고 이에 따른 모든 어려움들——은 파롤, 다시 말해 실천을 통한 랑그의 실현과 랑그 사이의 일종의 최초 그 구분으로부터 비롯된다."[33] 이와 같은 입장은 지식인을 그의 대상과 관련해 엄격하게 외재적 입장 속에서 고찰하는 결과를 낳는다. 그렇지만 사실 부르디외에게 과학의 분석가-주체는 이 과학의 대상에 유기적으로 속한다. 분류자는 분류될 수가 있다. 그는 어떤 모델을 내세워 부정해 보았자 아무 소용이 없는 하나의 위치를 차지한다. 예컨대 그가 "관행의 객관적 의미를 현재적으로 파악하는 라이프니츠적 신의 입장"[34]을 차지하는 모델 말이다.

다른 한편으로 부르디외는 최초의 구조주의적 모델로부터 벗어난 사람들을 비판한다. 이들은 이 모델을 새로운 요소들로 풍요롭게 하고, 부르디외 자신이 카빌리아에서 관찰할 수 있었듯이 규칙의 예외들과 관찰된 변화들을 설명하기 위해 전후 상황에 모델을 개방했지만, 그렇게 함으로써 "객관주의적 사유 방식을 철처하게 문제삼지 않고 넘어갔다"[35]는 것이다.

따라서 부르디외는 어떠한 조작 체계와도 분리되고, 뿌리가 없는 투명한 순수 주체로부터 출발하는 견해의 악습을 피하기 위해 이와 같은 관점의 철저한 비판을 제안한다. 따라서 실천 감각의 개념은 표상의 단일한 세계에 토대를 둔 직관주의에도, 구조주의적 범리론(汎理論)에도 모두 대립된다. "실천에 대한, 아니면 보다 잘 말해 실천 감각에 대한 이론은 무엇보다도 표상으로서의 세계 및 주체의 철학에 반대하여 규정된다."[36] 부르디외는 법칙이라는 용어를 실천 감각으로 대체한다. 그래서 레비 스트로스의 친족의 법칙은 결혼 전략이 되고, 친족 관계의 사회적 관례가 된다. 사회적 행위 주체들의 보다 적극적인 역할을 도입하려는 시도가 있음이 분명하다. 그렇지만 부르디외는 구조주의적 방식에서 문화적 임의성, 상징적 세계의 가설을 간직한다. 상징적 세계는 그로 하여금 이와 같은 임의성의 차원을 단일한 사회적 수준으로 환원시키게 해준다. 따라서 이러한 접근에서 미학에 대한 견해는 근본적으로 취향들을 바꿔치기할 수 있는 구조주의적 관점에 여전히 충실하다. 취향들은 상이한 도식들의 다양한 조정 방식에 따라 무한히 전복되고 뒤바뀌는 것이다.

부르디외에게 주관주의와 객관주의의 양자택일을 피하고 실천을 생각하기 위한 도구의 구실을 하는 것은 놀이의 은유이다. "놀이 감각으로서의 아비투스는 합체된 사회적 놀이, 본성이 된 그 놀이이다."[37] 아비투스는 힘든 일을 자진해 하면서 필요한 것과 욕망하는 것을 적절히 조절하도록 해주고, 혁명의 위대한 밤에 대한 꿈과 집단적 역사를 단념하게 해준다. 그것은 "프로이트의 오이디푸스와 진정한 사회학적 등가물"[38]이다.

알랭 카이예에 따르면 아비투스의 산물로서 부르디외의 주체가 전제하는 것은, 경제적 자본과 문화적 자본이라는 이중적 자본의 형태로 사회적으로 인정되지 못하는 결핍감에 전적으로 비례하는 슬픔의 고통이다. 따라서 "주체는 그가 단념한 것들의 총합에 다름 아닐 것이다."[39] 다시 말하면 그는 그의 자산에 영향을 미치는 외부적 구속 요소들에 전적으로 종속된 존재라는 것이다. 이런 존재는 사르트르의 주체가 전도된 이미지이다. 다른 한편으로 자크 랑시에르에 따르면 《디스탱숑》에서 이루어진 연구의 결과는 실망스럽다. 왜냐하면 미학적 세계가 거리의 문제로, 이 경우에는 민중의 **에토스**(ethos)와 구별되는 취향을 통한 판단으로 환원된다는 점에서, 이 결과는 "이 사회학자가 이미 알고 있던 것"[40]만을 나타나게 하기 때문이다. 이 사회학자는 《호모 아카데미쿠스》에서 지식인들의 논쟁 내용을 그렇게 했듯이 미학의 내용을 환원시키면서 위치들의 단순한 논리를 유지한다는 것이다.[41] 대학교수들에 대한 사회학적 연구에 할애된《호모 아카데미쿠스》에서 장은 그것의 역사성, 교육되는 내용, 정치적·사회적 환경과 모두 단절됨으로써 엄격하게 제한되는데, 이는 뒤얽히고 갈등적 상황에 있는 상이한 아비투스들을 구별토록 해주기 위한 것이다.

부르디외에 따르면 구속 요소들의 체계는 대학교수의 입장 표명, 따라서 객관화된 그의 이력과 업적을 밝혀 준다. 그런데 이 구속 체계가 위치하는 곳은 장 자체의 논리들 내부이다. 이와 같은 전망에서 부르디외는 이 학구적 세계에 전적으로 동참하는 자로서 그 자신의 객관화에 전념한다. 이 영역에서 그가 그 자신에 대해서, 그를 구속하는 것에 대해서 보다 나은 지식을 향해 전진할 수 있고, 자신의 이력을 문제시할 수 있다는 것은 확실하다. 그러나 1989년 그가 그랑제콜이 국가의 엘리트를 재생산하는 데 소용된다는 점을 학구적으로 입증하기 위해 6백 페이지에 달하는 방대한 저서《국가 귀족》을 출간했을 때, 사람들은 객관주의와 주관주의 사이에 제3의 길을 추구한 장점이 있지만 결국 그 길에 이르지 못한 하나의 패러다임이 이번에야말로 그 힘이 고갈되었다는 느낌을 받을 수 있었다. 사실 부르디외는 재생산 도식들에 다시 빠지는 것을 벗어나지 못한다. 이 도식들 내에서 행위 주체들은, 자신들이 봉사하는 구조들의 원활한 기능 작용을 따라다니는 유령들처럼 순환하는 것이다.

30

마지막에 초대받은 학문: 인식론에 깨어나는 지리학

　구조주의의 패러다임을 중심으로 한 60년대의 대논쟁들에서, 우리가 사회과학의 내부에 매우 확고한 위치를 차지한 하나의 학문을 유심히 찾아볼 수 있지만 헛된 일이다. 이 학문은 심지어 20세기초 영광의 시기를 누렸던 것으로 다름 아닌 지리학이다. 이 학문이 그처럼 대논쟁들에서 빠진 사실이 그만큼 더 놀라운 것은 구조주의가 얼마나 생성을 통한 분석을 희생시키고 공간을 통한 관계의 개념들을 우선시했는지 파악될 수 있었기 때문이다. 통시성에 공시성이 대체되었다. 기원에 대한 탐구 이후에 우선시된 것은 지형 제작의 노력이었고, 관심은 시선에 의해 이루어진 상이한 전복들 쪽으로 이동했다. 따라서 지리학을 60년대의 그 사색 한가운데서 발견하지 못한다는 것은 놀라운 일일 수밖에 없다.

대상이 없는 학문의 기나긴 잠

　그러니까 지리학은 마비 상태로부터 깨어나게 했었을 질문에 귀를 막은 채, 그리고 유달리 말 많은 시대에 침묵을 지키며 기나긴 잠에 빠져 있었다. 이처럼 기나긴 부재 현상에는 몇몇 근본적 이유가 있었다. 먼저 지리학은 60년대 당시에 자연과 문화 사이의, 지형학과 기후학 등의 요소들과 자연적 조건들을 인간적으로 가치화시키는 요소들 사이의 관계의 과학으로 계속해서 규정되고 있었다. 이런 점에 비추어 볼 때 언어의 법칙에 의해 모델화된 단일한 문화를 토대로 인간과학을 확립하겠다는 구조주의의 야심은 다분히 지리학자의 관심사에 낯선 무엇으로 느껴졌다. 반대로 지리학자는 자기 학문의 통일성을 자연과 문화라는 두 층위 사이의 관계를 토대로 설정하기 때문이다. 따라서 "지리학자들은 그것을 자신들과 무관한 무엇으로 체험했다."[1]

나아가 우리는 지리학자들이 자신들의 학문을 뒤흔들 위험이 있는 패러다임을 불신했다고 생각할 수 있다. 왜냐하면 지리학이 자연과 문화 사이에서 고민하는 유일한 인문과학은 아니라 할지라도(심리학이나 인류학도 그런 학문이다), 당시에 그것은 그것이 지닌 두 지식의 영역에 따라 분할 가능성을 거부하는 유일한 학문이기 때문이다.

지리학이 논쟁에 빠진 또 다른 이유는 이 학문의 역사 자체에 기인한다. 60년대 지리학은 과거의 영광이 가져다 준 지식 속에서 너무도 확신을 가지고 살아가는 경향을 보였기 때문에 점점 더 현실과 유리되어 갔던 것이다. 물론 그것은 매우 빛나는 영광의 시기가 있었다. 그것은 1870년의 보불전쟁 패배 이후로, 조국 프랑스가 지닌 권리의 합법성 관점에서 알자스-로렌의 운명을 에르네스트 라비스의 민족적 투쟁-역사에 연결시키면서, 이 지방을 재정복할 필요성에 응답했던 것이다. 그리하여 폴 비달 드 라 블라슈의《프랑스의 지리학적 일람》[2]은 에르네스트 라비스가 훌륭한《프랑스 역사》를 집필하는 데 길을 열었다.

전쟁이 끝나고 알자스-로렌 지방이 재정복되자, 비달의 지리학은 애국적인 관점에서 벗어남과 동시에 국가의 영향력으로부터 벗어나면서 학파를 이루게 된다. 그리하여 그것은 정치적인 것과 정치학과 결별하여 떠나가 전원에서 휴식을 취한다. 그것은 다양한 지방적 색채로 빛나는 환대적인 프랑스를 재발견한다. 1920-1930년대 비달의 지리학은 지방에 관한 전문적 연구에 몰두한다. 그것은 역사가적 작업이 되고, 역사가는 지리학자가 된다. 이 시기는 프랑스 지리학의 황금시대이고, 그 영향력은 사회과학의 모든 영역과 세계적 차원에서 지리학계에 미친다.

1931년 파리에서 국제지리학회가 개최될 당시에 지리학의 프랑스학파는 승리를 구가한다. 프랑스학파는 전세계의 지리학자들로부터 주도권을 인정받는다. 그리하여 개막식에서 이탈리아 정부의 대표인 바첼리 장군은 다음과 같이 선언할 수 있었다. "지난 5,60년 동안 이룩된 성과만을 생각한다면, 형태학에 관하여 현대적 관념들을 유럽에 유입시켜 발전시킨 것은 보다 특별히 프랑스 지리학자들이다. 인문지리학이 새로운 방향들을 받아들인 것은 특히 프랑스에서이다."[3] 당시에 이 학파의 지도자들은 알베르 드망종과 에마뉘엘 드 마트론이었다.

그러나 역사학자들이 지리학자들의 성공을 가로채 가게 된다. 뤼시앵 페브르는 이와 같은 전문 연구들의 파급력을 즉시 이해했다. 그는 라첼이 이끄는 독일 지정학파에 대항하고, 1922년 뒤르켐을 추종하는 사회학자들이 던진 도전에 대항하여 비달 드 라 블라슈를 열정적으로 옹호했다.[4] 그가 마르크 블로크와 함께 1929년《경제사회사 아날》지를 창간할 때, 그는 알베르 드망종을 편집위원회에 끌어들인다. 프랑스의 새로운 역사학파의 방향에 관해서 말하자면, 그것은 기본적으로 비달의 패러다임을 받아들인다.[5] 지리학자들은 자신들의 운명을 새로운 역사학자들의 운명과 연결시키면서 자신들의 고유한 역동성이 도용당하는 것을 보게 된다. 이 역동성 모두가 역사학자들에게만 이득이 되기 때문이다.

제2차 세계대전 이후와 60년대 지역에 관한 훌륭한 전문 연구들은 에마뉘엘 르 루아 라뒤리·피에르 구베르·조르주 뒤비 등과 같은 역사학자들에 의해 이루어진 것들이다. 비록 지리학의 제도화가 5,60년대 당시에 진전되기는 하지만, 그것은 비달의 유산을 관리케 할 뿐이다. 비달이 남긴 유산의 특징은 자연주의, 항구적인 면들에 부여된 우선권, 할당된 전문 연구적 성격, 문학적 문체로 남고자 하는 고심이다. 프랑스의 지리학 연구에서 2개의 주요한 방향은 여전히 지역적인 틀 속에 위치하고 풍경을 우선시한다. 지리학자들은 결정론의 소멸이 낳은 모든 결과를 다 끌어내지 않았기 때문에 기본적으로 서랍식 도면을 만들고, 기복·기후·인구·도시망과 같은 요소들을 이상적인 종합을 내세워 병치시키는 데 만족한다. 이런 모습은 전문 연구들에 모든 것을 다 집어넣는 것이다. 이 연구들의 기본적 목표는 진정으로 문제성을 내포하지 않고, 다만 남김없이 다루는 것이다. 이러한 전통적 지리학은 마르크스주의자적 접근과 양립하게 되는데, 이 접근은 소르본 대학교 교수로 임명된 피에르 조르주·장 드레슈, 그리고 스트라스부르대학교에 임명된 장 트리카르 등 상당수의 공산주의 지리학자들이 경험하게 되는 영향력을 드러내며 전후에 쾌거를 실현시킨다. 그러나 이 지리학자들은 전통적 지리학에 물들고 이 지리학의 경험주의에 사로잡혀 있기 때문에, 자신들의 학문을 뒤흔들어 그것의 토대에 대한 인식론적 문제 제기에 개방시키거나, 학제간의 이론적 대화에 개방시키는 데 성공하지 못한다. 또 그만큼 냉전과 스탈린주의의 상황은 자신들의 이중적 확신의 상아탑에 갇힌 이 공산주의 지리학자들의 개방에 별로 유리하지 못했던 것이다. 그들의 이중적 확신은 한편으로 역사적 유물론이고, 다른 한편으로 주다노프적인 몇몇 전통은 차치하고 과거의 위대한 작품들에 의거한 경험적 지식이다. 이 전통들 가운데 예컨대 지리학자 장 트리카르가 빠져들었던 것이 있다. 그는 선배들의 부르주아 지형학에 마르크스주의 지형학을 대립시켰던 것이다.[6]

물론 1953년 6월 28일과 29일 공산주의 지리학자들이 개최한 학회의 경우처럼 몇몇 소심한 토론 시도들이 있었지만 신속하게 무산되었다.[7] 결국 바람직했던 인식론적 혁명은 일어나지 않았다. 피에르 조르주·베르나르 카이저·레이몽 뒤그랑이 형성한 세대에 대해 말하자면 그들 역시 어려운 일을 해내지 못했고, 60년대 대학 및 지식인 세계에서 멸시받지는 않았다 할지라도 매우 지엽적이고 변방적으로 남아 있던 지리학적 지식을 혁파하는 데 성공하지 못했다.

따라서 지리학의 부진이 그만큼 신속하게 가속화된 것은 이 학문이 리듬 있게 현대화되는 프랑스, 지방들로 이루어진 그 프랑스와 함께 그것이 우선시했던 대상을 상실했기 때문이다. 구원의 길을 찾아야 했고, 그래서 일부 지리학자들은 외국에 대한 개방에서 자신들의 학문을 새롭게 할 수 있는 가능성을 포착하게 된다. "1968년까지 대부분의 동료들은 프랑스 이외에서는 지리학이라는 이름에 걸맞는 지리학이 없다고 진정으로 확신하고 있었다."[8] 그러나 특히 스위스·캐나다·벨기에의 프랑스어권 지리학자들 덕분에 마침내 프랑스 지리학과 영미 지리학 사이의 접촉이 이루어진다. 새로운 지리학이라 명명되는 것의 보급에서 폴 클라벨은 중요한 역할을 하게 된다.[9]

이 새로운 지리학은 이전 세대의 기술(記述)과 단절한다. 그것은 과학으로 격상되기 위해 스스로를 더 이상 문학적 장르로 생각하지 않는다. 그것은 경제 및 사회과학의 학문들로 향한다. 이들 학문들은 학문에서 우선시되는 대상이 된 공간을 개념화하는 길로 들어섰던 것이다. 지리학자들은 과학성에 대한 동일한 고심을 하면서 이제부터 계량화된 자료, 확고한 통계적 출처에 의거하고자 하고, 자신들의 학문을 새롭게 하기 위해 계량적인 테크닉들을 많이 기대한다. "따라서 사회과학에서 유행중인 신실증주의는 20세기 초의 실증주의를 대체한다."[10] 기본적으로 시골 및 농업 세계에 집중되었던 비달의 지리학은 사회의 변화 자체에 의해 낡은 것이 된다. 따라서 새로운 지리학자들은 도시적이 되고 역동적인 세계, 즉 매우 빠르게 변모하는 대상에 대해 자신들의 접근 방법을 채택한다. 그들은 구체적인 것, 가시적인 것의 기술과 의미에 언급되지 않은 것, 암묵적인 것, 감추어진 것을 탐색해야 할 필요성을 대립시킨다. "어떠한 지리학자도 더 이상 현실의 가시적 측면들에 한정될 수 없다."[11]

당시까지 지리학은 사회과학에 소속되는 것이 인정되지 않았는데, 이와 같은 새로운 방향 때문에 그것은 사회과학 내에 위치하게 된다. 그리고 바로 이러한 방향으로부터 70년대 이 학문의 점진적인 혁신이 비롯된다. 물론 피에르 구루는 1960년부터 열대 전문 지리학자로서 《인간》이란 잡지에 레비 스트로스와 함께 참여하면서 구조인류학의 모험에 참여했었다. 그러나 그는 예외로 여겨졌다. 대부분 사람들에게 지리학은 사회과학과 단절된 상태에 있었다. 그것의 대상은 새로운 역사학이 가로챔으로써 사라져 버렸다. 이제 남은 것은 난처한 지경에 빠진 학문적 제도뿐이었다. 이 제도는 조그만 도전에도 갑작스럽게 사라질 위험이 있었기 때문에 그만큼 더 움츠러들어 있었다.

뒤늦은 각성

지리학은 70년대초부터 점차적으로 깨어난다. 수학에 대한 개방은 인식론적 성격의 탐구를 조금씩 조금씩 야기하게 된다. 1971년 프랑스 남동부의 젊은 지리학자들은 자신들이 수학과 정보학에서 수련이 부족함을 느끼며 자신들의 지식을 공유하기로 결정한다. 그들은 매우 프랑스적인 이름의 뒤퐁 그룹이라는 연구 그룹을 결성한다. 물론 이 그룹의 명성은 부르바키 그룹의 명성에 결코 이르지 못하게 되지만, 계량화에 대한 작업은 신속하게 수학적인 형식화를 통한 이론적 고찰로 귀착되게 된다. 그리고 나서 "조금씩 조금씩 인식론이 문제가 되었다."[12] 콩타브네쌩[1]의 수도에서 그룹이 모임을 가짐으로써 이 지리학자들은 아비뇽의 뒤퐁 그룹이 되었다. 1972년 최초로 지리학에 응용된 수학학술대회가 개최되고, 지리학에 대해 고찰한 저서가 출간된 것 이외에도[13] 새로운 지리학 잡지가 《지리학적 공간》이란 이름으로 나온다. 잡지의 제목은 공간이란 개념을 통해서 사회과학 내에 자리잡아야 하는 새로운 지리학의 소명을 드러내 준다.

자연과학과 인문과학 사이에서 고민하는 지리학의 그 망설임과 단절하는 전적으로 새로운 이와 같은 견해를 드러내 주는 징후는 이렇다. 철학자 프랑수아 샤틀레가 1973년 집필한 《철학사》의 마지막권을 《사회과학의 철학》에 할애해 내놓을 때, 그는 이브 라코스트에게 도움을 청하고 있다. 따라서 그는 심리학 · 사회학 · 민족학 · 역사학 · 언어학과 나란히 지리학에 하나의

---

1) 프랑스 남부 지방의 옛 이름으로 중심지는 아비뇽이다.

자리를 부여하고 있다. "고립된 영역에서 벗어남은 샤틀레의 백과사전에 실린 라코스트의 훌륭한 글과 함께 시작된다."[14]

이브 라코스트가 감추지 않고 드러내는 것은 전통적 지리학 담론이 위기의 상태에 있고, 이론적 고찰에 대해 그것이 부적격하며, 집요하리만치 그것이 고의로 세속적인 정신 상태를 자만스럽게 지지하고 있다는 사실이다. 라코스트가 확인하는 바는 지리학자들의 실천이 그들의 통일적 계획에 더 이상 부합하지 않는다는 것이다. 왜냐하면 그들 가운데 일부는 자연지리학을 전문으로 하는 반면, 또 다른 일부는 인문지리학의 길로 들어서고 있지만 '통일적 지리학의 계획이 지닌 허구적 성격'[15]을 드러내는 그 모순에 대해서는 탐구하지 않고 있다는 점 때문이다. 그는 이른바 종합적이라는 지리학적 지식이 지닌 초라하게 열거적인 성격을 유머러스하고 적절하게 조롱한다. 이런 성격은 서랍식의 불변적인 도면에 따라 설명되는, 라 르두트사의 단순한 카탈로그와 같다. 많은 학문들의 공유 영역에 직면하여 지리학자는 이 학문들의 유효성에 대해 탐구할 필요 없이 그들의 자료들을 이용하라고 요청받는다. 현황 설명을 통해 나타나는 것은 학문적 대상을 상실하고 학문적 방법이 없는 한 학문이 사라질 가능성이 있지 않나 의문이 들 정도까지 이 학문이 이론적으로 비어 있다는 점이다. "지리학은 삐거덕거리는 소리가 나는 시기에 들어섰던 것이다."[16]

라코스트는 지리학적 지식을 단순히 수학적으로 형식한다고 분발이 이루어질 수 없고, 지리학자들이 바슐라르가 권고한 인식론적 모델에 따라 자신들의 개념들을 구축하는 일을 피할 수 없을 것이라고 생각한다. "깊이 생각하기 위해 헤아리는 것이 아니라 헤아리기 위해 깊이 생각해야 한다."[17] 라코스트는 국가 기구가 실천하는 기능들 가운데로 공간의 방법적 연구를 재이동시킴으로써 지리학에 구원의 문이 열린다는 것을 어렴풋이 느낀다. 그리고 이와 관련해 그는 19세기 독일 지리학자들이 지정학을 정착시키는 데 있어서 수행한 역할을 환기시킨다. 지정학의 이용은 히틀러 치하에서 절정에 다다랐는데, 이 점이 전후에 이 학문의 선택을 불신하는 데 기여했다. 라코스트는 개념화의 상이한 단계들을 분절하려고 생각하기 전에, 그리고 현실적 대상으로서, 공간과 지식의 대상으로서 공간을 구분하기 전에 이 단계들을 규정하라고 권고한다. 이러한 문제에 대해서, 그리고 이론과 정치적 실천 사이의 필연적 관계의 문제에 대해서 라코스트의 기본적인 인식론적 참조 대상은 그가 분명하게 인용하는 알튀세이다.[18] 알튀세는 공간을 다시 생각하거나 생각하기 위한 인식론적 모델의 구실을 분명하게 한다. 따라서 지리학은 알튀세 이론에 의해 영향을 받는 마지막 분야가 되는 셈이다.

이제부터 '제오푸앵(Géopoint)'이라 명명되는 현대화 유파는 지리학에 대한 이와 같은 고찰을 집단적으로 추구하게 되는데, 1976년 제네바대학교에서 '이론들과 지리학'이라는 주제로 첫 학회를 개최한다.[19] 그러니까 지리학계는 70년대 부산하게 움직이기 시작하는 것이다. 비록 이 학문 전체가 혁신의 길에 들어서고 있다고 생각해서는 안 되지만 말이다. 자크 레비는 1974년 지리학 교수자격시험을 치르면서 자신이 지도를 충분히 찬양하지 않고 별로 서정적이지 못하다고 심사위원들로부터 비난받았던 때를 기억한다. 그가 처음으로 제도적 차원에서 구조라는 용어가 언급되는 것을 듣게 되는 때는 교수자격시험을 통과한 후 1975년으로, 이미 높은 수준의 학문적 숙달에 다다른 학생들에 제한된 한 세미나에서이다. 이 세미나는 소외된 대학교수들이 이끌고 있었고, 지리학자들에게는 주변적 대학인 파리7대학교라는 틀 안에서 이루어졌다. "세미나의 명칭은 '구조, 제도, 그리고 과정'이었다. 사람들은 추상적이고 통제 불가능한 것들이라는 점을 말하기 위해 이 세미나에 '구조와 기계'라는 별명을 붙여 불렀다. 프랑수아 뒤랑 다스테스와 로제 브뤼네가 그것을 이끌었다."[20] 특히 《체계의 일반 이론》[21]이 프랑스에서 출간된 이후에, 지리학자들에게서 확실히 유행하는 것은 그 당시 빈사 상태에 있었던 구조주의보다는 체계주의(systèmisme)이다.

사람들이 다시 발견하는 것은 구조주의의 내재성 원칙이고, 요소들의 상호 의존에 대한 관념이며, 반드시 이 요소들을 전체의 총체적 논리에 입각해 이해해야 한다는 점이다. 그러나 구조주의와는 달리 모델은 여기서 인문과학, 즉 언어학이 아니라 자연과학으로부터 온다. 그것이 출발하는 가설은 현실의 복잡성이고, 제한된 수의 변수들을 분리해 낼 수 없다는 그 불가능성이다. 이 때문에 열역학의 인접 법칙들의 모델을 토대로, 관계가 있는 메커니즘들의 총체를 다루어야 한다. 체계주의는 작용과 반작용이라는 상호작용을 탐구하게 해주고, 따라서 전통적 지리학자 집단이 주변에서 행하는 기술주의(記述主義)를 뛰어넘게 해주는 패러다임의 이점을 제공한다. 그것은 또한 모든 것이 서로 연관된다고 가정함으로써 지리학의 통일적 성격을 구제하게 해준다. 많은 영향들 가운데서도 체계주의는 생태계, 생태학에 관심을 집중하는 방향으로 개방의 결과를 낳게 한다. "거기서 지리학자들은 아주 편안했다. 적어도 자연이 자신들의 학문과 관계가 있다고 생각했던 자들이 볼 때는 말이다."[22] 그러나 인공두뇌학의 모델에 따라 구축된 체계주의는 구조주의와 마찬가지로 역학을 통한 분석으로 귀결되지 않는다.

《헤로도토스》

바로 이러한 수용성의 분위기 속에서 이브 라코스트는 1976년 이중으로 개입하여, 교수들의 지리학인 전통적 지리학의 균열된 기반을 폭파시킴으로써 의미 있는 돌파를 실현한다. 그는 같은 해에 《지리학, 그것은 우선 전쟁하는 데 소용된다》를 출간하고,[23] 마스페로사에서 새로운 잡지 《헤로도토스》를 내놓는다.[24] 잡지가 이 학문의 과거와 단절을 실현한다는 의미를 담아 부제는 '전략, 지리학, 이데올로기'라 붙여졌다. 라코스트가 표적으로 삼은 것은 강단지리학의 기술적(記述的)인 열거이다. 그가 이 열거에 대립시키는 것은 사회적·정치─군사적 힘들이 보여 주는 공간의 효율적 사용이고, 자초지종을 알지 못한 채 당하는 전략들 속에 붙들려 있는 사람들에 대해 이루어지는 조작이다. 그의 기본적 의도는 공간을 목표로 하는 은폐된 전략들을 드러나게 하는 것이고, 눈에 띄지 않는 긴밀한 결합 관계들 속에서 상이한 공간적 집합체들이 어떻게 얽혀 있는지 보여 주는 것이다.

이와 관련해 라코스트는 공간에 관한 지식의 이용, 즉 참모본부 지도(8만 분의 1 지도)의 군사적 기원을 환기시키고, 당시까지 불신을 받았던 지정학을 복원한다는 유익한 전망으로 향한다. 기본적으로 비판적인 방식에 입각해 그가 시도하는 것은, 사회적 공간의 다양한 지배 방식을 감내하는 사람들이 자기 것으로 만드는 진정한 전략적 지식을 낳지 않을 수 없는 각성화 작업이다. 이러한 정치적 차원은 비달의 지리학에서 전통적으로 은폐된 것으로, 위기와 긴장의 지대들을 감지해 내고 분석하기 위한 지리학자의 연구 지평이 다시 되지 않을 수 없고, 이 지대들을 쉽게 이해할 수 있게 하는 데 기여하지 않을 수 없다. 이런 점에 비추어 라코스트는 비달이 정치적인 것을 벗어난 풍경의 개념을 중심으로 영속 현상들에 부여한 우선권에 반대하여 다양한 공간들의 변모에서 가속화되는 현대화 현상들로부터 발생된 동요들을 이해할 필요성, 요컨대 위기의 지리학을 내세운다. 생물권의 파괴, 식량 생산 잠재력의 파괴, 인구 폭발, 도시의 혼잡, 불평등의 심화, 강대국들의 대결을 나타내는 위기 말이다.

이 모든 현상들의 분석은 국지적인 것과 지구적인 것 사이에서 고려된 규모들에 따른 차별적 시각을 함축한다. 그것은 프랑스에서 매우 강력했던 지역적 전문 연구의 전통을 뛰어넘는 지리학, 즉 영토들에 대한 거시지리학으로 향한다. 그러나 정치적 문제 안에서《헤로도토스》지는 사회적 공간의 다양한 분절들로 향한다. 라코스트는 다국적 대기업들이라는 현대적 참모부들이 조종하는 공간 논리들을 재추적하여 그것들의 조직망을 담은 지도, 그것들이 조립되는 장소들, 하청의 형태로 다양하게 설립된 생산 중심지들을 작성하고자 한다. 이는 경제적 착취의 숨겨진 논리들을 복원하기 위한 것이다.

라코스트가 우선 목표로 삼는 것은 빈사 상태에 있는 것 같았던 지리학에 어떤 활력을 다시 불어넣는 것이다. 그래서 그는 공간에 대한 이와 같은 새로운 고찰에 자양을 주도록 요청된 다른 사회과학 학문들과 적극적으로 협력하는 보다 포괄적인 틀 속에 자신의 계획을 집어넣는다. 그리하여《헤로도토스》지의 토론 그룹은 지리학자들뿐 아니라 민족학자 · 도시계획가 · 철학자 · 기자들로 구성된다. 따라서 《헤로도토스》지는 쇠퇴 상태에 있는 구조주의 패러다임의 비판적 계획을 받아들이고, 재해석된 전략들은 잡지의 부제에서 세번째 용어, 즉 이데올로기를 해독토록 해주게 된다.

우리가 여기서 다시 한 번 알아보게 되는 것은 여기저기 확산된 알튀세의 영향이다. 이 영향은 지리학적 담론의 토대를 이루는 것에 대한 인식론적 고찰로 가는 데 있어서 통과 요소이다. 나아가 잡지의 첫호는 크리스티앙 메츠 · 알지르다스 쥘리앵 그레마스 등의 업적과 기호학으로부터 자양을 얻은 매우 흥미있는 글로서, 풍경의 개념에 대한 논문을 포함하고 있다.[25] 지리학에 대한 구조주의의 또 다른 여파는 《헤로도토스》지의 작업팀에 대해 푸코가 끼친 영향을 거쳐 간다. 이 작업팀은 공간에서 전개되는 논리 · 장치 · 시선에 대한 고찰을 이 철학자의 작품에서 식별해 내고, 《헤로도토스》의 모험을 여는 창간호에서 지리학자들이 제기한 질문들에 답변해 줄 것을 푸코에게 권유한다. "당신이 시도한 작업은 우리가 지리학에서, 그리고 보다 일반적으로는 공간의 전략과 이데올로기에 대해서 시작한 고찰과 대부분 일치하고 (또 이 고찰에 힘을 실어 주고 있다), 지리학에 대해 문제를 제기하면서 우리는 지식 · 권력 · 과학 · 담론적 형성 · 시선 · 에피스테메 같은 상당수의 개념들을 만났고, 당신의 고고학은 우리의 고찰을 방향짓는 데 기여했다."[26]

피에르 조르주에 의해 형성된 지리학자들 세대에 속하는 라코스트는 68사태 이후의 뱅센대학교의 집단적 상황 덕분에, 이 대학을 지배했던 구조-마르크스주의적 분위기 덕분에 기본적으로 기술적(記述的)이었던 지리학이 표방한 경제주의, 마르크시즘이 배어든 그 경제주의로부터 벗어날 수 있었다. 이 구조-마르크스주의적 분위기는 프랑수아 샤틀레 · 미셸 푸코, 그리고 구조주의-뱅센대학교의 다양한 학과들의 일반적인 알튀세 추종자들의 이론적인 대화에 지리학을 개방토록 해주었다. 당시는 불도저들이 이 시기 열광의 마지막 흔적을 무너뜨리러 오기 전에 지리학이 움직이는 때였다.

《시공간》

　지리학이 깨어나는 징후를 드러내는 또 다른 사건은 기술교육고등사범학교(ENSET[27])의 역사–지리학과에 근무하는 일단의 젊은 지리학자들이 전통적 지리학에 대항해 벌이게 되는 싸움이다. 그들은 그들의 선배들이 1966-1968년에 소르본에서 과학의 이름으로 고전인문학에 대항해 보다 큰 규모로 전개한 싸움을 보다 협소하고 외곽적인 틀에 입각해 다시 벌이게 된다. 여기서도 약간 시기적으로 늦었지만, 지리학자들은 젊은 연구자들로부터 비롯되는 이의 제기를 경험하게 된다. 젊은 연구자들은 60년대의 선배들이 그랬던 것처럼 자신들에게 제공된 지식에 불만을 나타내고, 보다 많은 엄격성을 바라는 것이다. 그러나 그 어떤 것도 카샹의 기술교육고등사범학교가 동요나 혁신의 장소가 되도록 운명짓지 않았다. 그러나 몇몇 우연들이 결합되어 이 학교는《시공간》이란 잡지가 출현하는 중심원이 되며, 이 잡지는 또 다른 지리학의 버팀목으로서 신속하게 추진된다.

　출발점에서 이 잡지는 기술교육고등사범학교의 역사–지리학과의 수수한 연구지였고, 현장 답사 작업을 나가 함께 체험하고 일하는 취향을 지닌 지리학자들이 소중히 여기는 공생의 단순한 표현에 불과했다. 그러나 계간으로 나오는 이 연구지는 곧바로 이러한 전통적 범주를 벗어나 교육되는 지리학 지식에 대해 불만을 나타낸다. "크리스티앙 그라탈루와 함께 지리학 교수자격시험을 치르면서 우리는 지리학에 대해 혐오를 느꼈다. 그래서 우리는 어떤 식으로든 이것을 표현할 기회를 찾고 있었다."[28]

　역사–지리학과의 최초 연구지는 1975년 10월《시공간》이란 제목으로 나오게 된다.[29] 그것은 최초의 수수한 계획을 뛰어넘는 반향을 누리게 된다. 왜냐하면 모리스 르 라누가《르 몽드》지에 쓰는 자신의 시평란을 '지리학에 대항한 지리학들'이란 제목으로 이 잡지에 할애하기 때문이다.[30] 물론 이것은 젊은 우상파괴주의자들의 입장을 찬양하기 위한 것이 아니라, 그 반대로 그들에게 '일정 부분의 진실'을 인정하면서도 그들의 '지나친 행동'에 분노를 표시하기 위한 것이다.

기술교육고등사범학교의 평화로운 역사-지리학과의 책임자 알베르 플레는 이처럼 소란이 일자 두려움을 느끼기 시작한다. 그는 제도권 지리학자들로부터의 예상 밖의 어떠한 반응도 예방하기 위해 《시공간》의 두번째 호의 계획을 읽고 난 후, 특히 피에르 조르주의 주도하에 출간된 《지리학 사전》에 대해 표명된 신랄한 비판에 직면하자 격렬하게 반발한다. 알베르 플레가 기술교육고등사범학교의 지도부에 주의를 환기시키자, 결국 두번째 호는 이미 인쇄가 되었음에도 출간이 허용되지 않는다. 자크 레비가 쓴 것으로 비난의 대상이 된 글, '한 지리학의 사전'은 피에르 조르주가 주도해 내놓은 저서를 지리학이란 학문이 어떤 것이 되었는지를 나타내는 징후로 간주했다. 이 사전은 일화·박식·경험주의, 그리고 이론적인 공백으로 이루어진 현학적인 잡록이라는 것이다. "《사전》이 과학적 빈곤성을 만회하고자 기대하는 것은 기술적(技術的)이거나 낯선 용어들의 풍요로움을 통해서이다. 여러분에게 최소한 '미옴보(Miombo)'[2]와 '이니암브리트(Igniqmbrite)'[3]가 무엇인지 가르쳐 주는 책에 대해, 학문에 대해 원망한다면 점잖치 못할 것이다. 따라서 이 저서를 특징짓는 일반화된 잡동사니는 장애물과 마스크로 간주되어야 한다. (…) 군중이 자주 무한한 고독을 감추고 있듯이, 풍부한 자료들은 그것들의 내적인 무(無)를 숨길 수 있다."[31]

잡지가 기술교육고등사범학교의 수준에서 차단되었지만, 이번 기회는 그것이 과의 연구지라는 대내적인 틀에서 벗어나기 위한 가장 확실한 도약대였다. 잡지는 다른 해법이 없었다. 잡지의 회원들은 수소문하여 항의 탄원서에 서명할 자들을 끌어 모으고, 밀통 상토스의 지지 같은 중요한 지지를

---

2) 미옴보는 한두 종류로 이루어진 식물 군계를 말하며, 남아프리카의 중부 고원에 전형적인 형태가 있다.

3) 일종의 용회암을 말한다.

받는다. 타협 끝에 《시공간》은 마침내 다시 나올 수 있게 된다. 그것은 더 이상 기술교육고등사범학교의 학과 연구지가 아니고, 성격을 바꾸는 독립적인 잡지가 된다.

그리하여 일정한 참여 노선이 규정되고, 1976년 발간된 4호에 선언서를 싣게 된다. 골자는 "지리학을 생각하고, 역사를 고찰하며, 교육에 대해 개입하고, 사회과학을 참조한다"[32]는 것이다. 분명 방향은 기획의 초석이 된 사회적 공간의 개념을 심화시킴으로써 사회과학의 모험에 지리학을 동참시키겠다는 것이다. "우리는 사회적 시간과 사회적 공간의 연구가 합당한 위치에서 인문과학의 현대적 움직임에 동참하기를 원한다."[33] 따라서 잡지의 기고자들이 지닌 의도는 지리학적 지식을 인접 사회과학 학문들이 실현한 발전에 개방시키기 위해 그것을 고립에서 벗어나게 한다는 것이다. 그들은 그러기 위해 다양한 학문들의 공유 영역에 위치한다. 그들은 인식론적·이론적 성격의 고찰로 우회하는 것이 불가피하다고 판단한다. "우리는 지금까지 지리학에서 매우 멀어진 철학에 관심을 기울이면서 하나의 과학이 무엇인지 알고자 한다."[34]

바로 이와 같이 피할 수 없다고 판단된 우회로부터 우리는 60년대의 인식론적 탐구에 대한 뒤늦은 반향, 특히 알튀세의 영향을 받은 반향을 알아차릴 수 있다. 《시공간》이 '요컨대 과학적 실천을 위한 안내'[35]로서 마르크시즘에 준거하는 것은 명백하고, 이러한 준거는 과학으로서 지리학이 단단하게 정착되도록 하기 위해 지리학적 지식을 그것의 이데올로기적 내용으로부터 해방시키는 데 소용되게 된다.

우리가 이와 같은 재정지 작업의 전망 속에서 알아보는 것은 마르크스의 작품 내에서 이미 식별된 인식론적 단절의 실현 이후로, 과학과 이론이 나타나게 하기 위해서 알튀세 추종자들이 60년대 학문적 경계를 이동시키고 가식을 비판하는 방향으로 추진했던 작업이다. 이러한 인식론적 단절은 《시공간》의 지리학자들 역시 분명하게 포착하고자 기대하는 것이지만 지리학적 지식 내에서 이해하고자 한다. 따라서 알튀세는 여기서도 매우 중요했다. 비록 우리가 그의 이론주의가 자기 비판되는 시기에 있긴 하지만 말이다. "나에게 알튀세는 바슐라르·캉길렘 그리고 뒤르켐까지 프랑스의 인식론으로 가게 해주는 매개자였다."[36] 대상과 관련해 필요한 이러한 우회의 차원, 다시 말해 엄격한 방식으로 구축해야 할 필요성은 학제간 연구의 신봉자가 되는 젊은 지리학자들에게 영감을 불어넣었다. 이들은 학제간 연구에서 자신들 학문의 기반을 다시 구축하지 않으면 안 되었다. 하지만 그것은 맥 빠진 학제간 연구가 아니다. 라캉은 이런 맥 빠진 학제간 연구를 각자가 와서 마시거나 먹을 수 있는 함지박 같은 것이라고 불렀다. "애국심과 국제주의에 대해 조레스의 표현이 적용되었다. 약간의 학제간 연구는 학문들로부터 멀어지게 하지만, 많은 학제간 연구는 학문들로 되돌아오게 한다. 학제간 연구의 흥미는 그것의 갈등적 성격에 있다."[37] 그러나 《시공간》을 알튀세적 영감과 차별화시키는 것은 '지리학을 생각만 하지' 않고, 지리학을 실천하고 현장과 대면하려는 의지이다. 반면에 알튀세는 사회과학에 진정으로 위치를 부여하지 않고, 논쟁을 넘어서서 비판철학자라는 자신의 입장을 고수했다. 그에 따르면 사회과학은 그것이 지닌 지식 자료체 내에서는 어떤 인식론적 단절을 원칙적으로 실현시킬 수 없다는 것이다. 알튀세와 에티엔 발리바르의 텍스트들을 통해서든, 아니면 미셸 페쉐·미셸 피샹 혹은 피에르 레이몽의 텍스트들을 통해서든[38] 알튀세에 대한 준거는 사회적 공간으로 규정된, 지리학의 고유한 대상을 어렵게 탐구하는 데 있어서 《시공간》이란 잡지의 이론적 과정을 유도한다. 과학의 범주보다 '공간을 생각할 줄 아는' 범주를 선호하는 《헤로도토스》지와는 달리, 기본적으로 '과학적'이 되고자 하는 관점에서 볼 때 사회적 공간은 모든 연구의 융합적 도가니가 되지 않을 수 없다는 것이다.

도표적 형식화: 코레마티크

또 다른 계보가 지리학의 지식을 혁신시켰는데, 그것 또한 60년대의 구조주의적 격동으로부터 보다 직접적으로 비롯된다. 그것은 지리학에서 도표 사용에 대한 고찰과 실천이다. 현실의 다양한 형태들을 지도로 제작하고 재현하는 이 기본적 영역에서 주도자는 사회과학고등연구원의 도표 연구실장인 자크 베르탱이었다. 따라서 그는 60년대 다양한 표기 방방법들에 관한 구조적 고찰의 명소에서 인문과학의 바로 중심에 빠져든다. 그는 1967년 《그래픽 기호학》을 출간한다.[39] 베르탱은 선언서와 같은 이 책에서 도표적 표현을 기호의 옮겨 적기로 생각하고, "도표적 표현이 모든 기호 체계들을 다루는 기호학의 일부"[40]라는 결론을 추론해 낸다.

그리하여 자크 베르탱은 1967년부터 지리학이 기호학적 고찰 전체에 참여케 하는 시도를 하지만, 지리학의 고립 상황 때문에 당시에 진정으로 그의 말에 귀를 기울이는 자는 없었다. 그래서 그의 주장은 특히 피에르 쇼뉘나 페르낭 브로델 같은 역사학자들에 의해 이용된다. 베르탱은 그러니까 내용(정보)과 용기(도표적 체계의 수단들)의 엄격한 분리를 거치는 지리학적 담론의 형식화를 권장한다. 문학기호학자들처럼 크리스티앙 메츠가 이야기체 영화의 커다란 연사체(syntagmatique)를 위해 그렇게 했듯이, 베르탱은 2개의 상이한 차원에 위치한 8개의 적절한 변수들로 제한된 수를 설정한다. 따라서 그는 도표학을 구조언어학을 모델로 한 하나의 언어로 생각한다.

이미지는 하나의 구조로 인식되고 구축된다. 이와 같은 고찰로부터 하나의 실천, 즉 기술적(記述的)이기보다는 분석적인 지도 제작의 실천이 나타났다. 이러한 지도 제작은 사회과학고등연구원에서 사회과학에 제공되는 서비스의 생산처럼 기능하지만, 진정으로 착상이나 문제 제기의 장소가 더 이상 아니다. 테크닉적인 과정이 창조나 이론보다 우위에 위치했다.

베르탱은 60년대 사막 같은 곳에서 자신의 주장을 설파한 셈이지만, 그의 방향은 로제 브뤼네에 의해 수용되고 체계화되었다. 1980년 브뤼네는 구조 언어학에서 음소의 개념에 대응하는 지리학적 개념인 코레므(chorème)를 중심으로 이런 반성적 노선이 도약하도록 만들었다. 코레므는 도표적 언어를 기본적인 공간 구조들을 중심으로 기술하게 해주는 변별적 자질의 단위이다. "우리는 여기서 지리학의 개별 도표적 측면(기술된 사회적 공간들)과 법칙 제정적인 측면(사회들의 공간들을 조직화하는 일반적 원리들의 생산)을 연결하기 위해 지리학에서 이루어진 기나긴 도정의 귀착점에 와 있다."[41] 코레므적인 지도들의 방대한 작업 영역이 같은 명칭(코레므)의 문법만큼이나 불확정적이기 때문에, 우리는 뒤늦게 구조적 형식화의 길에 들어선 지리학자들이 이 길의 풍요로움을 다 고갈시키려면 얼마나 멀었는지 짐작할 수 있다.

31

억압된 것의 회귀: 주체

대화주의와 화용론

주체는 무엇보다도 과학적 토대를 보다 잘 구축하기 위해 주체의 적합성을 배제했던 언어학적 모델의 추진 때문에 인문과학의 문제화에서 사라졌었다. 그런데 70년대 이 동일한 언어학이 탐구의 영역에서 억압된 것을 재도입하는 방향으로 점점 더 방향을 잡는다. 아직도 대대한 권위를 누리고 있는 학문의 내부 자체에 주체가 회귀함으로써, 주체와 개인이 결국 다시 문제화될 수 있게 해주는 과정이 가속화된다. 우리가 기억하다시피 1966년부터 매우 일찍이 줄리아 크리스테바는 미하일 바흐친의 업적을 설명하면서 상호 텍스트성·대화주의의 관념을 바르트의 세미나에 도입한 바 있다.

바흐친에 대한 이와 같은 소개는 훗날에 불가리아 태생의 또 다른 기호학자인 츠베탕 토도로프에 의해 다시 이루어진다. 토도로프는 바흐친의 모든 작품을 체계적으로 읽음으로써 70년대말 자신의 입장을 근본적으로 수정하게 된다. 이번 소개 기회에 그는 바흐친의 글들이 분산되어 있음으로써 당시까지 도달할 수 없었던 정연한 논리성을 그의 작품에 복원시키겠다는 연구 계획을 내놓는다. 바흐친의 저서들은 이질적인 번역서들로 출간됨으로써 프랑스어로 된 그의 개념들이 불명확하다는 느낌을 주었다. 토도로프의 저서는 1981년에 나온다.[1] "나는 보조적인 텍스트, 다시 말해 바흐친 사상에 대한 일종의 서설을 내놓겠다는 소박한 야심을 가졌다. 그러나 내가 그의 사상을 보다 잘 소개하기 위해 그것을 알게 됨에 따라, 그것은 나에게 매우 심층적으로 영향을 미쳤다."[2] 바흐친이 도스토예프스키의 작품을 연구할 때 독자로서 체험했던 연관 및 변모의 과정이 토도로프가 바흐친을 읽었을 때 재현되었다는 것이 놀랍게도 확인된다. 대화주의의 개념을 낳은 것은 연구 대상과 연구 주체 사이의 이와 같은 상호 작용 현상이다. 그것은 거리 유지와의 결정적 단절을 야기하고, 당시까지 구조주의에서 사용되던 언어학적 대상의 정상화를 불러온다.

이제부터 바로 독자와 저자의 대화가 의미를 띠고, 이에 따라 텍스트의 긴밀한 내적 결합의 단순한 해독보다 훨씬 더 방대한 지평에 문학적 혹은 이데올로기적 연구 영역을 개방시킨다. 토도로프는 바흐친에 의거하면서, 이제 의미를 생산하는 다양한 방식들만을 배타적으로 탐구하는 것이 아니라 이야기의 내용, 나아가 독자가 이 이야기를 수용하는 현상으로 탐구의 방향을 이동시킨다.

식별해 내야 하는 것은 의미의 쟁점들인데, 다만 대화주의만이 그것들을 설명할 수 있다. 특히 토도로프의 경우 초창기 형식주의와의 단절과, 주체와 의미에 대한 고찰을 재도입하려는 고심을 결정짓게 되는 것은 그의 정치적 여정이다. 60년대 형식주의에 그가 매료된 주된 이유는 자신의 조국 불가리아에서 실행되고 있던 것에 대해, 다시 말해 텍스트 자체에 전적으로 외부적인 순전히 실록적(實錄的)인 문학사에 대해 거부적인 반작용 때문이다. "그러한 상황에서 나는 가장 결여되어 있었던 것을 보완하고, 문학 연구의 맹점에 중점을 두어야 할 필요를 느꼈다."[3] 뿐만 아니라 모든 문학 텍스트의 의무화된 독서틀이었던 무자비한 이데올로기적 독단론의 스탈린주의적 상황에서 토도로프는 텍스트의 문법적 범주들·리듬·텍스트 자체의 내부로, 다시 말해 문학 연구를 짓누르고 있었던 납덩이 같은 이데올로기적 덮개로부터 가능한 가장 먼 차원으로 도피하면서 그러한 무거운 지배로부터 벗어나고자 하는 의지를 지니고 있었다.

정치적인 것과 이데올로기적인 것으로부터 벗어나고자 하는 이러한 욕망은 변화를 겪는다. 왜냐하면 토도로프는 프랑스에 신속하게 동화하고, 프랑스 시민권을 획득하며, 따라서 프랑스의 민주적인 현실에 자신의 입장을 조정해야 하기 때문이다. "나는 1978-1980년을 전후로 우리가 사태의 흐름에 영향을 미칠 수 있다는 것을 발견하기 시작했다. 그리고 정치적인 측면과의 또 다른 관계의 이러한 발견은 전망의 변화가 불가피하다는 것을 느끼게 해주었다."[4] 토도로프는 텍스트를 보다 잘 읽게 해주고, 그것의 구축을 보다 잘 파악하게 해주었던 하나의 고찰이 준 중요한 지식을 부정하지는 않지만, 그가 그 자체로 목적으로 간주하지 않고 내용과 의미 자체에 접근하게 해주는 단순한 도구로 간주하는 것과 관련해 거리를 유지한다.

토도로프에 따르면 인문과학에서 연구 대상은 연구자를 근본적으로 연관시킨다는 원칙에 입각해 이제 이러한 연관으로부터 출발해야 한다는 것이다. 이것이 그가 70년대말부터 대화주의에 대한 바흐친의 주장으로부터 영향을 받아 자신의 작업에 방향을 잡으면서 실현하고 있는 것이다. 그의 방향은 대화주의, 문화의 다원성, 인류의 통일성, 이타성에 대한 연구이다.

이러한 연구는 두 저서로 결과가 나타나는데, 하나는 1982년 출간되고, 다른 하나는 1989년에 나온다.[5] 이 두 저서는 토도로프로 하여금 이타성에 대한 자신의 인식을 바탕으로 프랑스의 문학적 전통과 대화를 하게 해주고, 같은 방식으로 자신을 연관시키면서 아메리카의 정복을 재체험하게 해준다. "나는 내가 **타자**에 대해 수행하는 발견에 대해 이야기하고 싶다."[6] 이와 같은 정복의 의미는 상호 주체적인 현실로서만 인식될 수 있다. 이 현실은 서양인들이 아메리카인들을 아메리카의 측면에서 발견할 수 없는 그 무능력 속에서 드러난다. 이 점은 이타성의 계시와 동시에 거부에 속한다. 인디언들을 보면 그들은 자신들과 세계와의 관계를 하나의 온전한 기호 체계의 귀결점으로 생각하고, 이 관계의 인간 상호적인 차원보다는 자신들과 세계와의 소통에 더 관심이 있다. 그들은 하나의 소통 방식을 지니는데, 이 방식이 "스페인 사람들에 대해 인디언들이 지니게 되는 변질된 이미지에 책임이 있다."[7] 토도로프에 따르면 스페인 사람들이 승리를 거두는 것은 무엇보다도 그들이 그들의 우월성을 확립해 주는 인간 상호적인 소통을 우선시하기 때문이다. 그러나 이 승리는 씁쓸한 것이다. 왜냐하면 그것은 서구 문명에서 세계와의 관계라는 본질적인 차원을 희생시키는 비싼 대가를 치르기 때문이다. "유럽인은 한편으로 얻지만, 다른 한편으로 잃는다. 그는 자신의 우월성이라는 것을 통해서 지구 전체에서 인정을 받지만, 세계에 통합되는 능력을 자신 안에서 말살했다."[8]

토도로프는 코르테스의 세심한 정복 전략을 복원한다. 코르테스는 타자를 사로잡기보다는 타자를 이해하려고 노력하는데, 이는 타자에 대한 지배를 보다 확고히 하고 그가 나타내는 것을 보다 잘 파괴하기 위한 것이다. 그렇게 하여 코르테스는 아스텍 사회를 훌륭히 이해하게 되고, 이 사회의 기호 체계를 훌륭히 지배하게 된다. 바로 이와 같은 지배 덕분에 그는 소수 정복자들의 선두에 서서 중앙아메리카의 가장 큰 제국에 대한 통제를 확보한다.

그러나 토도로프는 정복에 대한 순전히 실록적인 전통적 역사로 되돌아가지 않는다. 그는 기호·기호학에 대한 고찰에 입각하지만, 이 고찰을 전후 상황적이고 대화적인 자신의 틀 내에 재위치시킴으로써 상징적 체계들에 대한 연구의 관점 속에 머문다. "기호적인 것은 타자와의 관계를 떠나서 사유될 수 없다."[9] 이와 같은 고찰의 전망에서 토도로프는 새로운 시대가 도래하도록 하기 위한 윤리적 관심에 동참하는데, 이때 텍스트들과 역사는 이 관심의 버팀목에 불과하다. 이 새로운 시대는 인간들 사이 소통의 시대로서, 새로운 조화의 기반을 다짐으로써 동일자와 타자 사이의 갈등적 적대 관계, 인류처럼 오래된 그 적대 관계를 뛰어넘게 해준다는 것이다. "나는 일종의 지혜를 추구했다. 비록 이런 일이 폼잡고 코믹하게 보였다 할지라도 말이다."[10]

이를 위해 개인으로서 토도로프는 이제 문학적·이데올로기적 역사가 남긴 과거 이야기들 내에 보다 잘 잠기기 위해 '나'의 차원을 말소시키는 것을 거부한다. 그리하여 그는 바람직한 조화를 생성시키리라 기대되는 대화를 이 이야기들과 나누고자 한다. 토도로프가 자신의 형식주의적 초기 단계로부터 벗어나는 이와 같은 철저한 전환은 사실 대체적으로 폴 리쾨르의 입장

및 해석학과 일치한다. 리쾨르가 60년대 구조주의의 적으로 소개되었지만 말이다.

언어학에 영향을 미치는 문학의 회귀

문학 비평으로부터 태어난 대화주의의 개념은 언어학의 영역에 침투하여 작동적 도구로서 사용된다. 그것은 진행중인 전복의 분명한 표현이다. 왜냐하면 당시까지 새로운 문학 비평의 고찰에 자양을 제공했던 것은 언어학이었기 때문이다. 그리하여 언어학의 영역에서 오스발트 뒤크로는 화용론과 관련해 언어 행위에 대한 자신의 고찰에서 대화주의의 개념을 사용하게 된다. "나아가 언어학의 영역과 문학의 영역 사이에 일종의 공생이 이루어지는 것이 목격된다."[11] 《담화의 말》[12]에서 이미 오스발트 뒤크로는 일정 수의 논증적 위치를 유발하여 대화 상대자를 압박하는 작은 언어적 단위들의 역할과 논증적 접속어들을 분석했다. 유사한 관점에서 이번에는 대화주의의 개념에 물들어 뒤크로는 《말한다는 것과 말해진 것》을 쓴다.[13] 이 책에서 그는 본질적으로 언어학적인 시각에서 바흐친의 다성적 발상들을 이용한다.[14] 그러나 츠베탕 토도로프와는 달리 뒤크로는 언어에 대한 자신의 화용론적 접근을 자신의 소쉬르적·구조주의적 입장과의 단절로 생각하지 않는다. "나는 내가 수행하는 일에서 전적으로 구조주의자라는 느낌이 들었다. (…) 내가 통합된 화용론을 할 때, 나는 그것이 50년대 이루어졌던 통사론이나 음운론처럼 구조주의적이 되길 원했다."[15] 이 경우 화용론은 당시까지 무시되었던 연구의 지평, 즉 주체로 향한다. 그러나 주체는 원칙적으로 언어적 규약에 내재하는 형식적 추상 관념으로 남는다.

벤베니스트의 계보에서 언술 행위의 이론은 80년대 도약한다. 그것은 언어학적 고찰에서 주체에 주요한 자리를 복원시켜 준다. 그렇기 때문에 파리 7대학교의 여류 역사학자인 미셸 페로는 마리나 야겔로가 여성들의 언어에 대해 쓴 언어학 박사학위 논문[16] 발표에 심사위원으로 참여할 때, 언어학의 변화 앞에서 매우 놀라고 매혹된다. 특히 언어학이 장르의 문제들에 입각해, 그리고 언어적 실천의 다양성에 근거해 언술 행위를 고려하고 있다는 사실에 말이다. "나는 내가 알고 있는 것이 전혀 아닌 또 다른 언어학이 있다는 점을 알게 되었다."[17]

모리스 그로스의 연구처럼 형식화의 방향으로 매우 진전된 연구는 다음과 같은 점을 드러내 준다. 즉 프랑스어의 동사들이 이런저런 문맥 속에 나타나는 확률을 통해서, 그리고 그것들의 속성들에 대한 체계적인 고찰에 입각해 연구된 8천 개의 동사들 가운데 그 어떤 것도 다른 것들과 비견되지 않는다는 사실이 도출될 수 있다는 점이다. 비록 작업이 1백여 개의 가능한 구문에 한정되었지만 말이다. "따라서 우리는 우리의 뇌가 동일한 통사적 부류, 즉 동사들의 부류에 속하는 수천 개의 동사들로 하여금 각각의 동사를 실제에 있어서 유일하게 만들어 주는 속성들을 드러내면서 작용하게 할 수 있다는 사실을 알고 일종의 현기증을 느낀다."[18] 모리스 그로스의 이와 같은 확인은 하나의 패러다임 축에서 종류와 대체의 개념들을 포함해 구조의 관념 자체를 뒤흔든다. 그는 속성들의 비교로부터 출발해 이질적인 것(l'hété-rogène) 속에 위치하는데, 이와 같은 시각은 일반화될 수 있는 것(le géné-ralisable)을 문제삼는다.

촘스키의 생성주의조차도 오늘날 니콜라 뤼베를 통해 통사론에 대한 연구 영역에서 주체와 의미에 부여해야 하는 불가결한 위상에 대해 탐구한다. "촘스키의 경우에 10여 년 전부터 나를 불편하게 만드는 무언가가 있다. 그것은 형식적인 통사론과 의미의 문제들 사이의 분절이다."[19] 따라서 니콜라 뤼베는 통사론이 제기하는 문제들을 해결하는 데 있어서 뇌의 구조들이 지닌 생득적 과정들에 더 이상 만족하지 않는다. "우리는 의미에 호소하는 훨씬 더 미묘한 많은 것들, 즉 화용론의 문제들에 직면했다."[20]

그리하여 그는 주체의 문제가 전면에 나타나는 과제들에 대해, 그리고 명제 속에 연루된 상이한 주체들과 의식적 주체 사이의 구분, 말하는 자와 말해지는 자 사이의 구분에 대해 연구한다. "피에르는 마리가 자신을 사랑하고 있다고 생각한다(Pierre pense que Marie en est amoureuse)"라는 명제에서 'en'[1]이라는 대명사의 사용도 마찬가지이다. 이 경우 우리는 마리가 지닌 사랑을 피에르에게 귀결시킬 수 없다. "이것은 'en'과 같은 요소들이 의식적 주체로, 다시 말해 'en'이 발견되면서 의식의 내용을 표현하는 명제의 주체로 귀결될 수 없다는 사실에 기인한다. (…) 우리는 이런 점을 고려하지 않고 'en'에 대한 문법을 만들 수 없다. 이 점은 10여 년 전부터 생성 문법의 커다란 어려움들 가운데 하나이다."[21]

언술 행위에 대한 연구의 성공은 매우 컸기 때문에 파리 그레마스학파의 기호학을 이루는 단단한 핵심에도 영향을 미친다. 언술 행위가 그레마스 자신을 뒤흔들지는 않았다 할지라도, 그것은 그의 제자들 가운데 하나이자 파리학파가 생길 때부터 조직자인 장 클로드 코케가 1987년 《기호학 논총》의 한 호를 출간하면서 저지른 대역죄에 책임을 졌을 때 엄청난 위력을 발휘했다. 이 잡지에서 그는 그레마스가 '객체적(objectale)' 기호학을 확립하는 데 창시자적 역할을 한 업적을 인정하면서도 그가 '주체적(subjectale)'이라 규정하는 또 다른 기호학, 즉 '벤베니스트의 계보를 따르는' 기호학의 업적을 찬양한다.[22] 잡지의 편집위원장이었던 그레마스는 그가 형이상학에 속한다고 집요하게 간주하는 연구 방향을 자신의 권위로 보호하기보다는 이 잡지의 폐간을 선택하게 된다. 그레마스 추종의 기호학자들의 영역은 그만큼 축소되게 된다.

이번 호에서 장 클로드 코케는 알지르다스 쥘리앵 그레마스와 조제프 쿠르테스가 1979년 규정했던 객체적 기호학의 토대[23]를 환기시켰다. 이 기호학은 그것의 상징인 '그(il)'에 의해 구현된다. 그것은 그레마스에 따르면 "말[馬]과 나란히 인간의 가장 위대한 정복들 가운데 하나"[24]가 된다. 이 기호학에서 주체는 특별한 위상을 더 이상 지니지 못한다. 그것은 변형의 조

---

1) 여기서 en은 전치사 de+고유명사(Pierre)를 대신하는 대명사이다.

작자를 나타내는 것으로 축소된다. 반면에 "'주체적' 기호학에서는 각각의 담화는 중심이 있다."[25] 따라서 벤베니스트의 작업은 각각의 담화가 중심이 있다는 것이 인정된다면 객체적 기호학의 행위소 도식을 새롭게 할 것을 권장한다.[26] 장 클로드 코케는 기호학자의 작업을 위해 벤베니스크가 이룩한 결정적 기여를 총체적으로 재평가한다. 벤베니스트는 담화의 심급들을 다양화하여 규정했고, 제2차 세계대전 후부터, 특히 1948년에 나온 저서에서[27] 하나의 행동으로 분절된 주체란 무엇인가에 대한 매우 조숙한 고찰에 몰두했던 것이다. 그러니까 코케 역시 다음과 같이 결론을 내리면서 주요한 전환점에 다다랐음을 예고한다. "옐름슬레우와 그레마스는 일반기호학 이론이 무엇일 수 있는지에 대한 개괄적 측면을 개발해 냈다. 그러나 그들의 업적이 지닌 중요성은 담화의 기호학을 정착시키려는 모든 시도들을 일시적으로 모호하게 방치했다. 벤베니스트와 더불어, 그리고 특히 1970년부터 연구자들이 그의 제안들을 서서히 고려함으로써 이 '주체적' 기호학은 보다 잘 확립될 수 있었다."[28]

상호 주체성

다른 한편 상호 주체성, 다시 말해 대화주의의 차원은 철학사의 영역에서 마르시알 게루의 구조적 방식의 한계를 이해하게 해준다. 게루는 철학적 텍스트들의 정연성과 내적 구조에 보다 가치를 부여하기 위해 그것들을 어떠한 외적 의존 관계(parasitage) 및 문맥으로부터도 단절되고 자족적인 것으로 간주하여 해석하는 방법을 온전히 구축했었다.

그런데 이러한 유형의 환원에 토대한 접근 방법은 해석의 심각한 오류들로 귀결될 수 있다. 알렉시 필로넨코에 따르면, 피히테의 《과학론》에 대한 분석이 그런 경우이다.[29] 필로넨코는 게루가 피히테에 대한 헤겔의 해석을 연장하고, 그의 관념론이 지닌 취약한 성격을 지지하고 있다고 비난한다. 게루는 피히테의 작품을 그것의 울타리 내에서 해석하면서, 피히테가 《과학론》의 이론적인 제1부에서 주장하는 존재론적 관념론과 제2부의 실천적 부분 사이의 모순을 알아차린다. 1부에서 피히테는 세계를 자아 · 사유 · 전능한 의식에 예속시키는 반면에, 2부에서는 세계를 행동의 지평으로 파악함으로써 세계의 현실이란 관념을, 따라서 세계의 외재성에 토대한 의식을 전제하고 있다는 것이다. 이로부터 게루가 도출하는 결론은 피히테가 이론적인 토대에 입각해 실천적인 관념론의 행동을 구축할 수 없다는 구조적 무능력이다.

그런데 필로넨코는 《과학론》의 첫번째 전제가 피히테에 따르면 진리의 설명이 아니라 오류로 덮여 있는 진리라는 점을 보여 줌으로써, 게루의 분석 시각을 이동시킨다. 오류는 철학자가 진리에 다다르기 위해 당연히 해체해야 하는 최초의 선험적 환상이다. 따라서 의식의 다양한 상태들은 피히테에 따르면 환상적 힘을 지닌 자아로부터 유래하는 것이 아니라 그 반대로 자아의 해체로부터 유래한다. 그리하여 필로넨코 · 피히테의 주장을 다르게 인식할 수 있는 것은 그가 텍스트의 자폐적인 울타리의 원칙, 게루가 가정한 그 원칙을 위반하기 때문이다. 이것이 그로 하여금 피히테의 다른 텍스트들을 통해 《과학론》을 해설하게 해준다. 그리하여 그는 자료체를 확장하여 그 속에서 논리적 정연함을 찾아낸다. 이 정연함은 게루가 생각하는 엄격하게 체계적인 구성의 정연함이 더 이상 아니다.

그러니까 해석의 차이가 나는 근본적 이유는 게루가 옹호하는 텍스트의 울타리에 대한 관념 자체 때문이다. 게루에게 철학적 대상들은 어떠한 외적인 자극으로부터도 벗어나 그것들 자체에 의해서만 존재한다. 반면에 피히테 철학의 명료성은 그의 전작품과의 대화적 관계를 전제한다는 것이다. 그런데 이것이 피히테가 자신의 방식이 지닌 토대 자체로서 가정하는 것이다. "《과학론》의 서문에서 피히테는 이 저서를 이해하려면 내적 직관의 자유로운 힘이 있어야 한다고 쓰고 있다. 이 말은 여러 가지로 해석될 수 있다. 그러나 그것이 우선적으로 의미하는 바는 독서란 순전히 미학적 혹은 죽은 독서가 될 수 없고, 우리가 진리의 유효성·해체 그리고 재구축의 과정을 따라가다 보면 동시에 우리 자신이 변하지 않을 수 없다는 것이다."[30] 따라서 이러한 철학적 도정에서 조금씩 조금씩 드러나는 진리는 독자와 철학사가에 의해 재전유되지 않을 수 없다. 그것은 결코 폐쇄되어 있지 않고 무한한 해석으로 개방되고, 공동체·상호 주체성의 관계로 개방되는 획득물이다.

조엘 프루스트는 구조적 방법의 풍요로움, 특히 엄격성의 중요성, 글자 그대로의 해석, 텍스트성을 부인하지 않고, 게루·골슈미트·바슐라르·캉길렘이 철학 및 과학의 역사에서 실현시킨 불연속주의를 적절하고 유익한 것으로 간주한다. 그러나 그는 체계들 사이의 유기적 관계 차원에서 이 불연속주의의 한계를 알아차린다. "한 철학자가 다른 철학자에 대해 관심을 가지게 하는 것이 무엇인지 이해하려면, 각각의 체계가 내부용의 의미 작용들을 지닌 폐쇄적 실체라는 사실로부터 다소간 벗어나지 않을 수 없다."[31] 조엘 프루스트는 계보들의 문제를 논리의 역사 속에서 제기하면서, 구조적 분석을 통해서 분명하게 밝혀지는, 텍스트의 구조화와는 다른 유형들의 구조화가 있다는 가정을 한다. 이와 같은 유기적 관계의 상이한 층위는 체계들 사이의 소통으로 귀결되는 체계 소통적인(transystématiques) 구조화들과 문제들을 드러낸다.

따라서 조엘 프루스트는 분석 영역을 텍스트들의 역사성에 재개방시킨다. 이 역사성이 결국 일종의 텍스트 소통적인(transtextuelle) 현실의 토대인 동일한 인지적 현실로 귀결되지만 말이다. "플라톤의 사상에서 미(美)와 오늘날의 어떤 현대인의 사상에서 미를 비교하는 것이 의미 있는 일이라면, 분명 그 이유는 두 개념에 공통적이면서 감추어진 일종의 구조가 있기 때문이다."[32] 이러한 구조에 다다르기 위해서 그녀가 권고하는 것은 게루의 울타리 관념과 과학인식론의 불연속주의 관념을 뛰어넘어 새로운 개념, 즉 상투적 표현의 비교 이론(topique comparative)의 개념을 도입하는 것이다. 따라서 철학적 작품의 형식적 조직화를 식별해 내는 첫번째 단계에 두번째 단계, 즉 "상호 텍스트성의 상투적 표현 조건들을 해결하는 데 있는"[33] 해석의 단계가 이어져야 한다. 이러한 관점은 텍스트들과 체계들이 상호 대화하도록 하여 그것들 각각의 특이성뿐 아니라, 그것들이 실어나르는 구조적 불변수들을 부각시키게 해준다. 따라서 그것 역시 철학적 진리의 탐구에 있어서 대화주의로 향한다. "비교적 일반 공리는 철학사가 더 이상 영묘(靈廟)가 아니라는 점을 환기시키는 데 기여한다는 매우 멀리 내다보는 야심을 가지고 있다."[34]

롤랑 바르트: 자기 즐거움

주체의 회귀는 롤랑 바르트로 하여금 글쓰기의 즐거움을 만끽하지 못하게 했던 이론주의적인 딱딱한 껍질로부터 벗어나게 해준다. 그는 이번에야말로 작가라는 인물을 선택함으로써 당시까지 학자와 작가 사이에서 겪었던 긴장의 내부 자체에서 단호한 태도를 취한다. 1973년 텍스트의 즐거움을 옹호한 이후, 그는 자기 자신을 대상으로 삼으면서 글쓰기 방식의 주관화 쪽으로 한걸음 더 나아간다. 그러나 그것은 장르의 습관적인 규범들로부터 비롯되는 부분적이고 산만한 정보들의 모음으로 된 자서전의 방향이 아니다. 형태가 어떤 해체에 충실하다 할지라도 자성(自省), 자신의 정서 및 추억의 진술, 자신과 가까운 사람들의 이미지는 억압된 것의 회귀가 얼마나 눈부신지를 드러내고 있다. 왜냐하면 사실 이 회귀는 이러한 분석 층위의 비적절성에 대한 가장 잔인한 이론가들 가운데 한 사람이었던 한 저자와 관련되기 때문이다.

위와 같은 '전기소들(biographèmes)'은 또한 아직 완전하게는 받아들여지지 않은 소설적 글쓰기의 탈주선(脫走線)을 그리고 있다. 이와 관련해 바르트는 다른 기회를 통해서 전기적 성격의 모든 시도가 그에게 어떤 의미를 지니는지에 대해 알려 주고 있다. "모든 전기는 감히 소설이라고 말하지 못하는 소설이다."[35] 따라서 1975년《롤랑 바르트가 쓴 롤랑 바르트》가 나올 때, 글쟁이(l'écrivant)는 작가(l'écrivain)에게 자리를 내준다. 물론 주체로서 바르트는 필자(le scripteur)와 필자의 대상 사이에 일정한 거리를 유지하는 '그(il)'의 형태로, 즉 3인칭으로 자신을 드러낸다. 그러나 그는 그 자신의 본질적인 단편들을 나타나게 한다. 그는 자신의 독자들에, 즉 구조보다는 사랑의 원천인 상호 주체적인 소통에 자신을 내맡긴다. 다른 한편으로 그는 "구조주의자, 누가 아직도 구조주의자인가?"[36]라고 자문한다. 물론 바르트는 자신의 병, 치료, 요양원, 학교 교육과 같은 자신의 일부만을 드러낸다. 노출되지 않을 수 없는 주체는 어떤 텍스트 외적인 성격에 대한 준거이기보다는 무엇보다도 언어의 효과이고자 한다. 그것은 다양한 구성과 재구성의 다음 성적 원천이자 움직이는 이미지로서 바르트 효과(효과로서 바르트)를 창출해야 한다. 무엇보다도 무한한 해석들에 개방되고 자유롭기를 바라는 악보를 위해 이 원천의 몇몇 지표만이 주어진다.

주체 바르트는 특히 사진의 형태로 자기 육체의 전시뿐 아니라 편두통과 같은 육체의 시위에 대한 설명을 통해서 스스로를 드러내 보인다. "사회적 분할은 나의 육체를 거쳐 간다. 나의 육체 자체가 사회적이기 때문이다."[37] 육체는 다형적(多形的)이고 포착할 수 없는 '마나의 힘을 지닌 단어(un mot-mana)'의 역할을 수행한다. 그것은 모든 기의의 위치를 점유하는 기표이다. 이를 기회로 바르트는 자료체(corpus)에 육체(corps)가 있음을 환기시킨다. 육체적 시위에 귀를 기울임으로써 회귀하는 이와 같은 주체는 바르트의 여정에서 새로운 단계를 나타내며, 그 자신이 자신의 작품에 존재하는 4개의 단계를 구분함으로써 이 여정을 설명한다. 사회적 신화학, 기호학, 텍스트성이 1973-1975년 도덕성에 자리를 내준다는 것이다. 이 도덕성을 불러일으킨 자는 니체이다. "언제나 니체에 대해 생각한다."[38]

책이 나오자 모리스 나도는 《라 캥잰 리테레르》지에 '바르트 힘 셋'이라는 제목의 글로[39] 바르트 자신이 자기의 책에 대해 설명해 줄 것을 요구함으로써, '전기소들'에 의해 소모된 자취들을 더욱더 흐리게 만드는 이중 인화의 효과를 배가시킨다. 이 책은 하나의 사건을 구성한다. 왜냐하면 그것은 구조주의적 태도로 가장 찬양받았으며, 동시에 구조주의 일파에서 자신에 대해 가장 신중했던 인물의 의미 있는 몇몇 특징을 독자에게 전달하기 때문이다. 그러나 그것이 또한 특히 징후적으로 나타내는 것은, 그해 1975년 지식인 세계 전체를 과학성의 해안으로부터 멀리 끌고 가 자신의 탐구에 접근시키는 근본적 전환점이다. 무엇보다도 이러한 의미에서 바르트가 출간한 저서는 이목을 집중시켰다. 《르 몽드》지는 이 책에 대해 여러 페이지를 할애하며, "바르트는 어디에 와 있는가?"라고 자문하는 자크 베르사니는 정확히 '그 자신'[40]이라고 답한다.

인문과학의 과학성에 대한 야심으로부터 멀어지는 주체적 요구, 즉 문학으로의 이동은 결국 바르트가 《사랑의 단상》을 출간하는 1977년 완결된다. 물론 이 저서 역시 고등연구원에서 이끈 한 세미나의 결과물이다. 이 세미나는 사랑—정념의 원형으로서 하나의 후견적 텍스트인 괴테의 《젊은 베르테르의 슬픔》으로부터 출발해, 사랑의 테마를 중심으로 한 다양한 형태의 담론성에 대해 이루어진 것이다. 그러나 이 저서는 2년에 걸쳐 이루어진 강단 연구를 넘어서, 특히 대상에 대해 그 자신의 주관성을 투영시킨 것이고, 바르트의 흥미를 끄는 그 자신에 대해 대상이 미치는 반작용 효과이다. "나는 나의 생애로부터 비롯되는 인물들을 《베르테르》의 인물들과 뒤섞어 버리는 경우까지 있었다."[41]

세미나에 참여했던 모든 수강생들에게 나타나는 유사한 경향과 일치하는 이와 같은 개인적 확인에 입각해, 바르트는 사랑의 담론에 대한 어떤 개론을 내겠다는 생각을 단념하고 논지의 주관성을 받아들이면서 '사랑에 약한 주체의 담론'을 쓰기로 결심한다. '어떤 전복이 있었고,' 사랑의 담론에 대한 책이 아니었다.[42] 따라서 주체가 우위를 차지하며, 여기서 바르트 자신에 다름 아닌 단수의 주체가 명료하게 문제된다. 그는 이번에는 '나'를 받아들인다. 비록 이 '나'가 하나의 구성체, 하나의 합성체인 것이 분명하지만 말이다. 이 합성체는 단일한 롤랑 바르트의 표현으로서 자신을 토로하는 것이 아니다. 그것이 소설적 글쓰기에서처럼 이번에는 바르트에 의해 요구된 단일한 롤랑 바르트의 자국을 지니고 있긴 하지만 말이다. "저자와 등장하는 인물 사이의 관계는 소설적 유형에 속한다."[43] 그러나 바르트는 파편화된 글쓰기에 대한 자신의 성향에 여전히 충실하고, 따라서 사랑의 이야기를 하는 직선적 이야기 형식을 되찾고자 하는 것이 전혀 아니다.

이와 같은 전환은 바르트가 문학으로 회귀하고 있음을 표현하는데, 그는 이 회귀를 자신의 가르침이 무엇이 될 것인지 예고하는 또 다른 자리에서 확고히 한다. "강의의 차원에서 보면 나는 본질적으로 문학적인 소재들로 되돌아갈 것이다."[44] 기호학자와 작가의 이와 같은 새로운 결합을 통해서 세계의 모든 학위들을 상쇄하는 것은 그토록 소망했던 대중적 성공이고, 바르트와 그의 독자들 사이에 절정에 다다른 사랑의 이야기이다. 바르트는 대학 교수들의 작은 세계를 넘어서 이번에야말로 광범위한 독차층을 만나게 된다. 이를 입증하는 것이 곧바로 베스트셀러가 되는 저서의 판매 부수이다. 왜냐하면 초판 1만 5천 부가 즉시 절판되기 때문이다. 책이 출간된 그해만도 7판을 더 찍어야 했고, 도합 7만 9천 부가 팔렸다. 그리하여 판매 부수는 1989년 17만 7천부라는 기록적인 수치에 다다르게 되는데, 이는 포켓판으로 바뀌지 않은 책으로서 인문과학의 영역에서 범상치 않은 수치이다. 이 책은 바르트가 많은 우회를 통해서 문학에 들어섰음을 확인해 준다.

그러니까 1977년 그해에 바르트는 콜레주 드 프랑스에 들어감으로써 문학적이고 제도적인 이중의 인정을 받는다. 1월 7일 그는 파리 사람들 모두가 밀려드는 강의실에서 취임 강의를 한다. 바로 이 명소로부터 그는 다음과 같은 문제의 표현을 내놓는다. "모든 언어 활동(langage)의 성과로서 랑그는 반동적이지도 진보적이지도 않다. 그것은 그저 단순히 파시스트적이다. 왜냐하면 파시즘은 말하는 것을 막는 것이 아니라 말하지 않을 수 없게 강요하는 것이기 때문이다."[45] 이 표현은 자기 자신에 대한 환기로서, 자신의 모든 이론적 저서를 비판하는 자극에 대한 환기로서, 또 사회적으로 끈적해지고 덧칠해진 다양한 형태의 소부르주아적인 진부한 생각들 앞에서 매번 반복되는 혐오감에 대한 환기로서 나온 것이다. 그리고 또한 동시에 그것은, 설령 평판이 있다 할지라도 어떠한 제도에도 동일화되지 않고 자신을 지키기 위한 것이다. 그래서 우리가 느끼는 것은 바르트가 60년대 표명했던 과학적 야심의 단념을 용인토록 하기 위해 이런 종류의 충격적 표현을 고안해 내지 않을 수 없으며, 이데올로기적 차원에서 자신의 입장을 철저화함으로써 이러한 포기를 상쇄하고 있다는 점이다. 그럼에도 청중은 당시까지 변방에서 길들을 개척했던 인물이 마침내 정복한 이러한 취임을 보면서 진정한 집단적 즐거움을 나타내면서 감동된다. "취임장에는 그의 모든 '그룹들'이 모습을 드러냈는데, 몇몇 사람들은 눈물을 흘렸고, 무언가 비상한 현장을 목격한다는 매우 강렬한 느낌이 들었다. 그리고 친구들의 감동은 이 인물이 지닌 대단한 자질을 웅변해 주었다. 사람들은 그가 그런 자극을 하지 않았음에도 그와 기쁨을 함께 나누었다."[46)

이처럼 자신에 대한 성찰과 문학의 선택은 최초로 바르트에게 상호 텍스트성의 길을 열어 주었던 줄리아 크리스테바의 경우 다소 더 늦어진다. 그녀는 1990년 《사무라이》를 출간한다.[47) 그녀의 첫 소설인 이 책은 자신의 주요한 글들 가운데 하나의 관점에서 본 60년대 구조주의 모험에 대해 증언하고 있다. 물론 제목이 환기시키는 것은 이전의 실존주의 세대이고, 1954년 시몬 드 보부아르가 《거물들》을 통해 이 세대에 대해 그렸던 풍경이다. 따라서 제2차 세계대전 이후의 《현대》지 그룹과 《텔켈》지 팀 사이에는 어떤 계보가 있음이 주장된다. 그러나 중국의 문관에 대한 참조[2)와 일본의 전사들에 대한 참조 사이에는 주목할 만한 차이가 있다. 죽음을 걸고 삶의 의미를 위해 투쟁하겠다는 충동에 사로잡힌 지식인들의 행복감, 실존주의적 참여의 그 행복감을 상실한 극작법이 도래하고, 타자라는 지옥 이외는 생각하지 않는 열정 속에 차가운 시선을 지닌 환멸의 세대가 나타난 것이다. 그러나 이 지옥은 각각의 개인 안에 자리잡고 있다.

1983년 줄리아 크리스테바는 필리프 솔레르스가 이끄는 잡지인 《무한》에 〈기억〉이라는 글을 발표하면서 이미 이와 같은 전기적 전환을 시작했었다.

---

2) 역자가 거물들로 번역한 'Mandarins' 이란 말은 원래 중국의 고급 문관을 지칭한다.

그녀는 이 글에서 1965년 겨울 파리에 도착한 이래로 자신에 대한 성찰을 하면서 시몬 드 보부아르에 대해 경의를 표했다. 그러나 주제는 이 시기부터 바뀌었고, 줄리아 크리스테바는 자신의 소설 속에서 둘로 나뉘어진다. 그녀는 올가 모레나이고, 그녀가 필리프 솔레르스와 이루는 정열적이고 문제적인 커플은 시몬 드 보부아르와 장 폴 사르트르 커플을 상기시킨다. 그러나 그녀는 또한 조엘 카바뤼스라는 정신분석학자이다. 그러니까 성찰의 주체는 더 이상 동일하지 않다. 그는 실존주의가 다다르고 있다고 믿었던 투명성을 단념한다. 그는 자기 자신에 낯설고, 그 자신이 있지 않은 곳에서 생각하며, 그가 생각하지 않는 곳에 존재하는 균열된 존재이고, 정신분석학에 의해 변모된 주체이다.

육체의 정서와 기질

육체가 나타내는 것을 고려하는 태도는 또한 정신분석학의 영역 자체에서 표현된다. 70년대 중반 앙드레 그린은 자신이 견지했던 라캉의 입장으로부터 더욱 멀어진다. 그는 분석의 본질적인 차원인 정서의 차원을 내세워 라캉의 입장을 비판한다. 그리하여 앙드레 그린은 이단적인 클라인 추종자이자 정신병 전문가인 영국의 정신분석학자 윌프리드 비온을 만나는데, 이 만남은 그에게 중요하게 된다. 비온에게서 그린을 매혹시키는 것은 전면에 존재하는 것이 더 이상 기표가 아니라 감정적인 경험이라는 사실이다. 그린은 구조주의 시기에 인류학자들·철학자들·언어학자들 등과의 대화에 대한 그 관심을 간직하지만, 육체적인 것과 텍스트적인 것 사이의 분절이라는 새로운 관점을 취한다. "오늘날 나에게 관심을 끄는 것은 프랑수아즈 에리티에 오제와 같은 사람들이고, 니콜 로로나 마르셀 데티엔과 같은 그리스 문명 전문가들이다. 왜냐하면 육체가 집단으로 되돌아오고 있기 때문이다. 그런데 혈액·정자와 같은 유체들을 그래프 위에 붙이는 것만으로는 충분치 않다.

우리는 그것들이 실어나르는 모든 의미론적 차원들을 분명히 본다."[48]

또한 인류학 쪽에서도 우리는 육체의 물질성과 기질의 표상이라는 차원에서 정신분석학과의 풍요로운 대화가 이루어짐을 본다. 그럼으로써 이 대화는 사물들의 물질성과의 보다 커다란 결합으로, 물질적 지시 대상으로 향한다. "여기에는 더욱더 물질주의로 나아감으로써 구조주의를 뛰어넘을 수 있다는 가능성이 있다."[49] 구조주의 패러다임이 탈실체화하고, 형식적인 놀이를 위해 내용을 비우며, 정서의 차원을 피하는 경향을 드러냈지만, 정서는 해명해야 할 주요한 차원으로 되돌아온다. 오늘날 바로 내용의 문제들로부터 많은 연구자들이 인류학적 사유의 쇄신, 즉 재도약을 기다리고 있으며, 따라서 이 재도약은 인지주의의 길과는 다른 길을 택할 수 있다. "나는 내용의 문제들을 형태의 문제들 내부로 편입시키는 작업은 무엇보다 중요하다고 생각하며, 인류학은 이를 위해 상당히 잘 무장되어 있다."[50]

따라서 육체의 이 모든 체액적(體液的) 차원, 정화된 상징계를 위해 비워진 이 차원은 자신에 관한 연구의 개인적인 측면에서뿐 아니라 인간과학의 차원에서도 본질적인 관심사가 다시 되는 경향이 있다. 사회적인 것의 암묵적이고 은밀한 논리들에 우선권이 부여된 이후 시선은 오늘날 오히려 명료한 것과 관찰에, 그리고 기술(記述)인류학적 경험 자체의 특이성에 집중되고 있다. 이러한 새로운 분석 시각은 형식적 모델들과 내용의 문제들을 모순적인 것으로 간주한다는 것을 전제로 하지 않는다. 왜냐하면 구조주의는 뛰어넘을 수 없는 것으로 남아 있는 무언가를 배운 셈이기 때문이다. 다시 말해 우리는 있는 그대로의 사실들을 결코 관찰할 수 없기 때문이다. 사실들은 언제나 구축되어 있는 것이다. 그런데 마르크 오제가 볼 때, 그가 연구하는 사회들의 함축적 인류학을 분명히 드러내는 것은 민족학자가 해야 할 일이다. 이 사회들의 근본적 상징화는 육체이다. "모든 것은 인간의 표상으로부터, 인간 육체로부터 출발한다. 이 사회들은 우리가 의학과 유지하는 동일한 관계, 유사한 침투 관계를 그것들의 인류학과 유지하고 있다."[51] 따라서 자신의 관찰을 순전히 논리적인 체계로 끌어내리지 않고, 각 사회의 특이한 상징적 명제들에 귀를 기울이는 일은 연구자의 소관 사항이다. 이 상징적 명제들은 관찰된 사회들이 그들 사회에 제기되는 문제들을 해결하는 데 발견하는 실질적 해법들에 대한 본질적인 무언가를 드러낸다. 이러한 방향은 정보 제공자와 분석자 사이의 또 다른 관계를 함축한다. 분석자는 연구된 체계들이 존중하는 그대로 계승·유산·교환의 위치를 복원하도록 자신에게 전달되는 것을 글자 그대로 받아들여야 한다.

이처럼 인간 육체에 예정된 다양한 취급에 대해 항상 보다 진전된 관심을 보이면서 주체화를 고려하는 방향으로의 변화는 푸코의 작품에서 분명하게 재발견된다.

32

미셸 푸코: 생체 권력에서 자기 미학으로

70년대가 흐르는 동안 지식인의 역할에 대한 미셸 푸코의 입장은 현재의 명령에 적응하면서 변화를 겪게 된다. 그는 '특수한 지식인' 의 새로운 모습을 통해 현대성을 규정한 바 있다. 이 특수한 지식인은 체계의 변방에 위치하는 모든 것과 특이성들을 옹호하는 데 몰두하기 위해 보편적인 것을 단념하고, 따라서 인간과 인간의 권리를 내세우든, 프롤레타리아를 내세우든 보편적 의식으로 자처하는 것을 단념한다. 이러한 단념은 반대로 자신의 고유한 이름으로 말하기 위한 것이다. 1971년 감옥정보그룹(GIP)의 창설은 이러한 규정에 부응한다.

그러나 한창 충격을 주고 있는 시사적 문제의 영향을 받아 푸코는 자신이 초연했던 모습, 즉 민주주의의 가치들에 대한 옹호자로 자처하는 총체적 지식인의 모습을 실천에서 조금씩 조금씩 되찾게 된다. 이러한 변화는 당시까지 각각의 참여에서 상반된 두 모습, 즉 사르트르의 모습과 푸코의 모습을 결합하게 해준다. 물론 이란과 관련된 에피소드는 이와 같은 변화를 반박하러 오지만, 그것은 일시적이다.

인권 투쟁

사실 푸코가 그 70년대말과 80년대초에 전개하는 투쟁은 인권 투쟁이다. 폭발음을 내며 열려진 전선은 브레주네프의 권력에 반대하는 지식인들이 제시하는 저항과 함께 동부에 위치한다. 1977년 소련의 제1인자가 파리를 공식 방문할 때, 바로 푸코의 주도하에 프랑스 지식인들은 소련의 정치적 반대자들과 함께 같은 순간에 결집한다. 바로 그가 레카미에 극장에서 이 만남을 마련하게 되고, 많은 사람들 가운데서 특히 사르트르가 육신이 쇠약한 상태에 있음에도 불구하고 초대에 응하여 푸코의 곁에 참석한다. 이 만남은 소련에서 자행되는 인권 유린과, 정치적 목적으로 정신 병원이 이용되고 있음을 국제 여론에 환기시키는 기회가 된다. 레오니트 플리우슈치 · 앙드레 시니아프스키 · 앙드레 아말리크 · 블라디미르 부코프스키 같은 소련 정치의 희생자들이 정신 병원에 수용된 것이다.

또한 푸코는 인권 침해에 대항해 프랑스에서 전개되는 투쟁에도 참여하는데, 그 중에서도 특히 1977년 서독의 붉은 군대 일파와 가까운 변호사 클라우스 크루아상을 범죄자로 인도할 때가 그런 경우이다. 여기서도 푸코는 이 변호사가 추방된 사실을 알게 되자마자 상테 감옥 앞으로 즉시 달려가 전적으로 투쟁에 참여하고, 여러 인물들과 함께 시위를 한다. 이 인물들 가운데는 다시 한 번 장 폴 사르트르가 끼여 있다. 크루아상 사건은 결정적인 계기가 된다. 왜냐하면 푸코는 바아데르 패의 테러 실천을 전혀 지지하지 않고, 크루아상 변호사의 보호권을 지킨다는 엄밀한 차원에 위치하기 때문이다. 이러한 입장이 드러내는 것은 지난날 자신의 참여에 대한 비판적 거리이며, 민주적 가치들과 연대한다는 표시이다. 그는 이 민주적 가치들의 이름으로 싸우고 있는 것이다. 그런데 당시까지 그것들은 그에게 속임수의 표현 자체로 나타났었다.

변함없는 친구인 질 들뢰즈는 이와 같은 결정적 전환의 의미를 분명하게 이해했다. 그들은 1984년 살페트리에르 병원에서 미셸 푸코가 발인될 때까지 더 이상 만나지 않게 된다. 이 발인식은 강렬한 감동의 순간으로서, 이때 질 들뢰즈는 자신의 친구에게 마지막 경의를 표하게 된다. 바로 이와 같은 새로운 투쟁이 푸코의 개입을 요청하는데, 이 투쟁에의 참여는 인권의 보편 원칙들과의 연대를 전제한다.

1978년 푸코는 **보트 피플**을 도와 주기 위해 베르나르 쿠츠너와 나란히 참여한다. 그리고 이 투쟁으로 인해 루테시아 호텔에서 열린 기자 회견을 기회로 푸코와 사르트르가 다시 한 번 만난다. 해적질에 반대하는 새로운 기자 회견을 위해 제네바를 방문하는 기회에 그는 하나의 선언문을 낭독하는데, 이 선언문의 표현을 보면 그가 인권의 보편 개념에 철저하게 귀의하였음을 알 수 있다. "자신의 권리가 있고, 의무가 있으며, 권력의 남용에 대해 분연히 일어서는 국제적 시민이 있습니다. 이 권력 남용의 주체가 누구이고, 그 희생자들이 누구인지는 상관없습니다."[1] 사실상 푸코의 실천적 휴머니즘은 사르트르가 지적 참여를 고찰하는 방식과 그를 근본적으로 화해하도록 이끈다. 이런 측면은 1982년 그가 시몬 시뇨레 · 베르나르 쿠츠너와 함께 폴란드를 방문하여 **솔리다르노스크** 조직의 비밀 투쟁을 지지할 때 다시 한 번 분명하게 나타난다. 당시는 연대라는 용어 자체가 추방된 때였는데도 말이다.

정신분석학자에게 보내는 철학자의 답변

그러니까 미셸 푸코는 현재의 요청에 입각해 실천과 이론의 분절에 언제나 지대한 관심을 나타냄으로써, 자신의 실천적 참여에 따라 철학적 입장을 변화시키지 않을 수 없었다. 68 운동은 이미 에피스테메들에 대한 자신의 분석 시각을 담론적 실천의 방향으로 이동시키게 해주었다. 이번에는 시사적인 현안이 그로 하여금 당시까지 그가 자신의 철학적 영역에서 사라지게 할 정도로 비켜 갔고 과소평가했던 것, 즉 주체를 문제삼도록 부추긴다. 그리하여 우리는 미셸 푸코가 편력해 온 길을 짚어 볼 수 있다. 그는 반대로 60년대 3개의 과학(언어학 · 인류학 · 정신분석학)에 바로 이 주체의 해체를 실현케 함으로써 우리의 중세로부터 벗어나고, 개념철학의 새로운 구조적 시대에 진입하게 하는 사명을 부여했던 것이다. 그는 주체를 자신의 이론적 작업에 재통합시킬 뿐 아니라 더 나아가 그에게 특별히 관심이 있는 문제, 즉 성

(性)을 공격한다. 푸코는 《성의 역사》가 될 저서의 제1권을 《앎의 의지》로 출간하면서 1976년부터 방대한 작업 영역에 몰두한다. 이 영역은 주체의 회귀일 뿐 아니라, 푸코라는 개인이 자신의 가장 심층적 세계로 회귀하는 것을 말한다.

그의 앎의 의지는 다시 한 번 역사적 소재를 대상으로 삼게 된다. 그것은 우리가 주체를 욕망과 성적 정체성으로부터 떼어낼 수 있다는 점을 입증하여, 우리는 우리가 욕망하는 대상이 아니라는 점을 보여 주는 것이다. "동성애를 올바르게 특징짓는 것은 바로 주체와 욕망의 이와 같은 탈얽힘(désim-brication)이고, 우정적인 문화의 구축이다."[2] 성을 연구 대상으로 삼으면서 푸코는 자신의 도정에서 정신분석학의 영역과 다시 만나는데, 이 영역은 그를 붙들지는 않았지만 언제나 매혹시켜 왔다. 《말과 사물》에서 정신분석학은 현대성의 새로운 에피스테메를 지탱하게 해주는 세 학문 가운데 하나인 반면에, 《앎의 의지》에서 푸코는 정신분석학의 헤게모니적 야심을 막기 위해 이 학문을 연구 대상으로 삼는다. 그는 기독교의 고해실과 정신분석학의 환자용 침상 사이의 역사적 계보 관계를 확립하며, 자신들의 귀를 빌려 주는 자들을 조롱한다. 이번에는 그는 조롱이라도 하듯이 정신분석학을 더 이상 잠재적 과학으로 다루지 않고, 그것으로부터 자신을 지키기 위한 것처럼 대한다. 《성의 역사》를 통한 그의 계획은 이중적이다. 그는 우선적으로 그의 제자인 로베르 카스텔이 정신분석학주의(le psychanalysme)라 부르는 것에 반발하는 것이다. 이 정신분석학주의는 70년대 지식의 모든 영역을 점령하고 있었다. 푸코는 철학자로서 이와 같은 침투에 대립한다. 다음으로 그의 계획은 서구 사회를 정신분석학이 유지하고 있는 어떤 성 중심주의(sexualisme)와의 동일화로부터 해방시키는 것인데, 그 방법은 이 동일화를 하나의 전략으로, 다시 말해 우정적 문화를 도래케 하는 데 있어서 동성애를 훌륭한 지렛대로 가치화시켜야 하는 전략으로 대체하는 것이다.

분명 이러한 이중적 계획은 자신의 네 담론을 통해서 헤게모니에 대한 더 할나위없이 완전한 의도를 나타내는 라캉과 대결하는 것을 전제한다. "우리는《성의 역사》에서 푸코가 라캉을 설명하는 것이 아니라 라캉과 논쟁하고 있다는 점을 인정하지 않는다면, 이 저서에서 아무것도 이해하지 못한다."[3] 라캉이 한번도 인용되지 않고 있다 할지라도 우리가 상기해야 할 점은 1969년 뱅센대학교에 라캉의 정신분석학과를 존재케 한 것은 푸코라는 사실이다. 정신분석학의 우선적인 대상인 성을 탐구 영역으로 삼음으로써 푸코는 본질적으로 철학적인 프로그램, 즉 자신의 선택 영역까지 포함해 정신분석학을 우회할 수 있다는 것을 보여 주는 프로그램의 길들을 개척해야 할 필요성을 느낀다. 푸코의 출판 담당자인 피에르 노라가 확인하는 바와 같이 이것은 분명 라캉에게 던진 도전이다. "나는 그가 나의 사무실에서 발로 바닥을 두드리면서 이렇게 말한 것을 기억한다. '여보게 피에르, 좋은 생각이 떠오르지 않는군. 아무 생각이 안 나네. 나는 싸움이 끝나자 성(性)의 문제에 다다르고 있네. 모든 것이 말해졌네.' 어느 화창한 날, 그는 원고를 되가져오면서 이렇게 말했다. '당신은 알게 되겠지만, 내가 지녔던 유일한 발상은 말해지는 것과 정반대의 입장을 취하면서 라캉을 치는 것이네.'"[4] 우리가 여기서 자신을 따르는 사람들의 충실함과 독자들이 자신에게 보내는 한결같은 사랑을 판단하기 위해 자신을 기다리지 않는 곳에 위치하고 자기 자신으로부터 벗어나겠다는 푸코의 전략을 인정한다면, 분명 이와 같은 대결에는 쥐와 고양이의 단순한 유희와 다른 무엇이 있다. 푸코를 부추기는 것은 훨씬 더 심층적인 것 같다.

라캉과의 대립은 성에 관한 정신분석학적 담론과는 다른 담론에 길을 내기 위해 본질적인 것으로, 실존적이고 제도적인 이중의 목적에 부합한다. 프랑수아 에발드가 볼 때 푸코가 라캉에 대해 유지하는 관계는 적대적 관계가 아니다. 그렇기 때문에 푸코가 노라에게 말하는 것은 그의 많은 농담에 속한다. 푸코는 이런 농담을 통해서 대화 상대방으로부터 해방되어 상대방의 질문들에 대해 대답하지 않는다. "푸코가 라캉과 유지하는 관계는 생각보다 덜 논쟁적이다. 그는 라캉의 금욕에 매우 민감하고, 그것을 자신의 금욕에 대한 대안이라기보다는 유사하다고 생각한다."[5] 에발드에 따르면 푸코가 공격하는 대상은 라캉이 아니라 모든 것을 성적으로 보는 것이고, 개인을 그의 성과 동일시하는 70년대의 그 강박 관념이다. 그는 정신분석학을 뛰어넘고, 이 학문이 동일성과 욕망 사이에 확립하는 방정식을 문제삼고자 노력한다. "그는 심지어 윤리의 문제들에 관해서 라캉과 일치하고 있다. 다시 말해 그는 정신분석학이 하나의 윤리를 확립할 수 있다는 점에서 그것을 존중할 수도 있다는 것이다. 그런데 이것이 바로 라캉이 추구했던 것이다. 또한 푸코는 정신분석학을 탈의학화하겠다는 고심을 함으로써 라캉과 일치했다."[6]

생체 권력

푸코는 오직 담론적 영역을 토대로 억압의 가정을 재표명하는데, 이번에는 이 가정의 역사적 구성 요소들을 식별해 내기 위해 오로지 담론적 영역에만 관심을 집중한다. 그리하여 그는 성의 분야에서 말의 풍요로움에 보다 잘 몰두하기 위해 실천의 개념으로부터 벗어난다. "성의 역사는 (…) 우선적으로 담론의 역사라는 관점으로 이루어져야 한다."[7] 이러한 관점에서 푸코는 고전주의 시대 이래로 사회가 점점 더 억압적이 되어간다는 주장과 정반대의 입장을 취하며, 성에 대한 담론들이 전혀 점차적으로 희귀화되지 않고 그 반대로 점점 더 많아지는 현상이 목격된다는 점을 보여 준다. "16세기 이후로 성의 담론화는 제한의 과정을 겪기는커녕 그 반대로 점증하는 자극의 메커니즘을 따르지 않을 수 없었다."[8]

푸코가 볼 때 서양은 성을 억압하기는커녕 그것을 진리 생산 장치의 중심에 갖다 놓았다. 섹스는 서양의 투명성을 드러내는 절점이 되었다. 억압의 가정을 전복시키는 이러한 확인은 '성에 관한 담론들의 일반적 경제 속에'[9] 위치함으로써만 가능하다. 여전히 《감시와 처벌》의 주장과 가까이 있는 푸코는 권력이 육체에 각인되는 양태들에 대한 자신의 분석을 '생체 권력(le biopouvoir)'의 분석론에서 계속한다. 그러나 그는 동시에 다가올 또 한 번의 전환을 예고하면서 율법(la Loi)과 권력(le Pouvoir)이라는 항들과 분리되는 주체성의 역사에 착수한다. '생체 권력'은 권력의 수미일관된 기술로서 17세기에 나타난다. "푸코는 이와 같은 새로운 형태의 정치적 합리성을 물리학에서 갈릴레오의 혁명에 비교한다."[10] 이 생체 권력은 2개의 축을 중심으로 구성된다. 하나는 더 이상 법률적이 아니라 과학적인 새로운 범주들에 입각해 인류를 정치적으로 관리하는 것이고, 다른 하나는 육체와 처벌적 실천의 기술공학에 초점을 맞추는 것이다. 성은 유순한 육체들을 만들어 내기 위한 이 기술공학의 우선적 대상이 된다. "성은 권력이 육체의 생명력을 종의 생명력과 연결시키게 해주는 기구가 된다. 그리하여 성과 성이 부여받은 의미들은 생체 권력을 확장시키는 주요 도구가 된다."[11]

정신분석학이 이제부터 죄인을 분석용 의자에 앉게 하면서 고해실을 이어받고 있는 이상, 미셸 푸코의 첫번째 표적은 정신분석학이다. 정신분석학은 기능을 바꾼 권력을 가장 세련되게 표현해 주는 방식이다라는 것이다. 왕정 시대에 권력은 죽이면서(왕의 봉인장, 왕홀, 형벌) 살게 내버려두는 데 있었다면, 부르주아의 현대성은 권력에 새로운 기능, 즉 살게 하면서 죽게 내버려두는 기능을 부여했다. 권력은 '삶을 관리해야'[12] 하는 것이다. 부르주아 계급은 성을 은폐하기는커녕 그것을 어깨에 둘러메고 있다. 부르주아 계급에게 성은 귀족 계급이 권력의 자리에서 자신의 정당성을 주장하기 위해 흘린 피와 같은 상징적 등가물이다. 따라서 성에 관한 온전한 담론 하나가 산아 제한, 어린아이와 성인의 성 통제, 변태적 쾌락의 정신의학적 해석과 같은 것들을 내세워 성을 관리하는 임무를 띤 권력의 우선적 대상이 된다. 아이를 낳는 일의 사회화는 주민에 대한 권력의 보다 낮은 통제와 보다 큰 지배를 표현한다.

따라서 하나의 온전한 생체 권력이 자리를 잡는데, 이 생체 권력은 사회를 바둑판 모양으로 나누게 하고, "권력의 법률적 표상을 벗어나면서 법을 가장하여 전진한다."[13] 푸코는 이번에는 《앎의 의지》라는 제목을 붙임으로써 분명하게 니체적인 프로그램을 통해 구조주의로부터 탈출하는 길들을 찾고 모색하고 있다. 푸코는 이 책의 표지 뒷면에 앞으로 여섯 권의 책이 나올 것을 계획하면서 이 프로그램을 예고하고 있다.[14]

단호하게 명목론자인 푸코는 권력의 실천이나 제도적 접근으로부터 초연하다. 그가 보기에 이제 문제는 어떤 금기 사항의 역사적 사회학을 하는 것이 아니라 "'진리' 생산의 정치적 역사"[15]를 하는 것이다. 권력은 이미 《감시와 처벌》에서 다원화되었기 때문에 여기서는 더 이상 감금의 기구나 억압 전략이 아니라, 그 반대로 '진리' 생산을 추진하는 중심축으로 인식된다. 금지의 측면은 이 진리 생산의 한계를 나타내는 표현에 지나지 않는다는 것이다. 푸코의 전환은 권력에 대한 순전히 부정적인 견해로부터 벗어나는데, 혁명의 가망이 멀어져 가는 그 시대에 정치와의 새로운 관계에 연결되지 않을 수 없다. 그것은 아직 권력과의 화해는 아니고 권력의 회피이며, 법의 테두리 밖에서, 다시 말해 일반화된 동의를 이행하는 그 실천의 테두리 밖에서의 길의 추구이다.

책은 대단한 성공을 거두었다. 왜냐하면 그것이 나온 1976년 단 한 해에만 초판 2만 2천 부에 추가로 2만 2천 부를 찍어야 했고, 1989년 도합 약 10만 부에 이르렀는데, 이는 《말과 사물》에 버금가는 수치이다. 언론은 전체적으로 호의적이었으나, 푸코와 가까운 집단들에서는 다소 반응이 신중했다. 이들에게 성의 전선에서 반억압 투쟁은 결정적이기 때문이었다.

그는 깜짝 놀라게 하고 싶었고, 이런 측면에서 본다면 그는 자신의 기대를 넘어서 완벽하게 성공을 거두었다. 그러나 그는 한창 해방 운동을 하고 있던 여성들과 정신분석학자들로부터 충분히 이해할 만한 비판들에 직면한다. 정신분석학자들은 푸코가 기독교의 목회신학을 연장하는 지엽적이고 상황적인 역할로 쫓아 버린 그들 학문의 과학성을 방어한다. 당시 죽음·성·청결 등에 대한 정신 상태와 행동을 연구하고 있던 역사학자들의 저서들은 모두 억압 장치가 항구적이라는 점을 나타냈다. 심지어 장 폴 아롱과 로제 캠프트는 1978년 《페니스 혹은 서양의 탈도덕화》라는 책을 출판해 맞불을 지폈다. 푸코와는 반대로 그들은 부르주아 계급이 권력을 정복하면서 내세운 가치들을 가문과 명예를 중시하는 옛날의 귀족 모델에 사로잡혀 있는 것으로 인식했다. 이런 계보가 부르주아 계급에게 잔인한 억압을 옹호토록 토대를 제공한다는 것이다. "부르주아 계급이 지닌 명예는 도덕과 미덕일 것이다."[16] 부르주아 계급은 여기서 함부로 쏟아내는 것을 피해야 하는 자본과 정자의 이중적 축적을 실현하는 것으로 제시된다. 이로부터 자위와 자위의 해로운 결과에 대한 강박 관념이 비롯되고, 성을 지나치게 의학화하는 현상이 비롯되었다는 것이다.

역사학자의 접근과 푸코의 주장 사이의 이와 같은 편차는 사실 계보적 방식의 가정 자체에 기인하는데, 이 방식의 한계는 오직 담론적 수준에 위치한다. 이와 같은 불가능한 대화와 적대적 반응에 덧붙여야 할 것은 장 보드리야르의 소책자이다. 그는 성과 인간 그리고 사회적인 것의 지속 시간이 일정할 뿐이며 이 시간도 희미해져 간다고 주장하면서, 지시 대상의 부정을 보다 멀리 밀고 나가야 한다고 주장한다. 따라서 푸코가 제시한 묘사는 물론 찬양할 만하지만 마감되는 하나의 세계, 하나의 시대에 대한 묘사이다. 보드리야르의 책은 제목만으로도 도발을 나타내고 있다. 왜냐하면 그것은 《푸코를 잊자》[17]의 소망을 형성하고 있기 때문이다. 푸코의 미소는 일그러진다. "나, 나의 문제는 오히려 내가 보드리야르를 상기하는 것이 될 것이다."[18] 푸코는 성에 대한 자신의 주장에 대해 비판이 다양화되고 친구들이 난처해 침묵을 지키자, 매우 심약해져 자신의 책상 위에 이미 준비된 모든 작업 계획을 단념하고 1984년에 가서야 완전히 새로워진 토대로 제2권을 출간하게 된다. 그러니까 7년 동안의 침묵이 있었던 것이다. "푸코는 자신의 책이 제대로 읽혀지지 않고 제대로 이해되지 않은 데 대해 씁쓸한 느낌이 들었다. 어쩌면 제대로 사랑받지 못했다는 느낌이었을 것이다. 그는 프랑신 파리앙트가 클레르몽페랑에서 그의 조교였을 때 그녀에게 이렇게 말했다. '당신은 왜 내가 글을 쓰는지 아는가? 사랑받기 위해서이지.'"[19]

따라서 푸코가 경험한 것은 진정한 개인적 위기였고, 이 위기는 그로 하여금 더 이상 성과 권력의 대면이 아니라 성과 윤리의 대면에 몰두케 하면서 자신 안에 가장 심층적으로 자리잡고 있는 것으로 향하도록 밀어붙이게 된다. 그것이 다시 한 번 그로 하여금 강조하지 않을 수 없게 만드는 것은 도덕과의 관계 속에서 주체의 역사적 존재론을 구축하는 방향으로 시작한 전환이다. 이 전환은 자기 자신과 대면한 푸코라는 개인으로서, 그가 자신에게 제기하는 문제들에 대해 자신의 역사적 탐구로부터 기대하는 대답으로 향하고 있다.

자 제

푸코는 조금씩 조금씩 자신의 최초 작업 프로그램을 단념하면서 시선의 변화를 드러내기 시작한다. 그는 생체 권력의 관점, 즉 권력의 다양한 양태들에 예속된 주체의 관점을 포기하고 그것을 1차적으로 1978년부터 자기 통제성, 그리고 자제에 대한 사유 안에서 주체 자체의 문제화로 대체한다.

그러니까 그는 주체에 대한 성찰의 움직임을 부각시키는데, 그가 일본에 대해 느꼈던 매혹이 이 움직임을 증언한다. 그는 1978년 다니엘 드페르와 일본을 방문한다. 이 매혹은 바르트가 느낄 수 있었던 매혹과 유사하다. 푸코는 선(禪) 수도원에 머물면서 '대단히 긴장을 하면서, 대단히 강렬하게'[20] 정신적 수련에 몰두한다. 그는 바르트처럼 내용과의 동일화와 기의를 비워내 대문자 기표를 자연적 흐름에 맡기고 존재(l'être)보다 행위(le faire)를 우선시하는 문화와 종교에 매혹된다.

콜레주 드 프랑스에서 한 강의들의 제목들은 푸코가 실현한 전환의 철저함을 드러내 준다. 비록 1984년 이전에는 이 전환을 뒷받침하기 위한 어떠한 책도 출간되지 않지만 말이다. 1980-1981학년도 강의는 '주체성과 진리'에 할애되었고, 다음해는 '주체의 해석학'에 이어서 1982-1983학년도 강의는 '자기와 타자의 관리'에 할애되었다.

자기 자신에 대한 이러한 성찰은 분명 이중적 움직임으로부터 비롯되는 것 같다. 이 움직임은 푸코가 정치와 유지하는 새로운 관계에 기인할 뿐 아니라 하나의 개인적 긴급한 사항에 기인한다. 왜냐하면 그는 자신이 자신의 병에 의해 심각하게 타격을 받고 있으며, 죽음을 면치 못할 것이라는 점을 알고 있었기 때문이다. 마지막 몇 년 동안 푸코와 매우 가까웠고, 그가 그리스 로마 세계를 탐구하는 데 안내 역할을 했던 폴 베인에 따르면 "그는 아주 일찍이 자신이 어떤 병에 걸렸는지, 그리고 이 병이 절대로 치유될 수 없다는 것을 알고 있었다. (…) 윤리에 관한 그의 마지막 저서들은 기독교적 혹은 스토아 철학적 의미에서 정신적 수련을 담은 책들이었다."[21] 에이즈에 걸린 푸코는 친구들에게, 그리고 자기 자신에게까지 자신의 아픔을 감추게 된다. 폴 베인에 따르면 1983년 11월의 일기에서 그는 자신이 에이즈에 걸렸다는 것을 알지만, 자신의 히스테리가 그것을 잊게 해줄 것이라고 적고 있다.

푸코는 《성의 역사》 제2권이 나오는 기회를 통해 자신의 침묵을 가져왔던 것에 대해 장황하게 설명함과 동시에, 《앎의 의지》가 출간되었을 때 자신에게 가해졌던 비판들에 답한다. 물론 그는 자신의 방식을 드러내지만, 이는 가장 심층적인 부분에서 자신의 방식에 동기를 부여하는 것이 무엇인지 보다 잘 감추기 위해서일 뿐이다. 그렇다고 이 점이 지적인 차원에서 그의 타당성을 훼손하는 것은 전혀 아니다. 그가 자신의 마지막 저서들을 자신의 전작품을 관류하는 것, 즉 진리의 역사에 대한 모색적 탐구와 연결시킬 때 그의 설명은 반밖에 안 된다. 그는 《앎의 의지》에서 16세기에서 19세기까지 생체 권력의 연구로서 언급된 자신의 입증 계획이 논리적 궁지에 부딪쳤고, 그리하여 본질적인 것에 답변하게 해주지 못했다고 생각한다. "나는 일이 진척되지 않는다는 것을 알아차렸다. 왜 우리가 성을 도덕적 경험으로 만들었는가라는 중요한 문제가 남아 있었다."[22] 이 문제는 도덕적 경험으로 체험된 성의 기독교 이전의 뿌리를 포착하기 위한 우회를 함축했다. 그리하여 관점은 뒤집어지고 '자기 자신으로부터 벗어나게'[23] 해준다.

타자들의 관리를 문제화하는 작업은 자기 관리(자제)의 문제화로 변모된다. 푸코는 주체가 주체로서 형성되게 해주는 절차들을 분석한다. 마지막 두 저서들과 《앎의 의지》 사이에 분명히 연속성이 있다면, 그것은 역사적 실천과 표상, 명령적 규범들, 금지들이라는 자료를 고려하는 것을 거부하는 데 있다. "나의 의도는 성적인 행실과 관행의 역사를 재구성하는 것이 아니었다."[24]

따라서 푸코는 다시 한 번 역사가들의 비판을 부당한 것으로 판단한다. 왜냐하면 그것은 욕망의 해석학을 구축하고, '행동이나 표상의 역사와 대립되는 사유의 역사'[25]를 구축하겠다는 자신의 계획을 깨닫지 못하기 때문이다. 억압적 규범들의 영속성과 효율성을 내세워 반박하는 사람들에게 푸코는 "금지에 입각해 만들어졌다고 생각되는 역사, 즉 도덕 체계들의 역사를 자기 실천에 입각해 이루어진 역사, 즉 윤리적 문제화의 역사로 대체하게"[26] 되었다고 대답한다. 그가 광기에 대한 연구에서부터 윤리에 대한 연구에 이르기까지 자신의 모든 작품이 지닌 일관성을 드러낸다고 규정하는 것이 이러한 문제화의 관점이다.

자기 윤리

그러나 새로운 것은 이러한 문제화의 대상, 즉 윤리와의 관계로 본 주체이다. 철학의 매우 고전적인 이와 같은 영역에서 푸코는 도덕과 윤리를 분리시키면서 다시 한 번 전통적 시각의 전복을 수행한다. 외부로부터 강요되고, 주체-욕망을 억압적 규범에 대립시키는 도덕의 명령 체계들의 차원에 위치하는 것은 더 이상 문제가 아니다. 문제는 자기 윤리와 미학 속에서 자기 존재의 문제화를 통해서 주체의 생산 방식들을 인식하는 것이다. 그러나 푸코는 주체의 실체적 견해나 보편적 견해를 옹호하지 않는다. 그는 주체를 주체의 경험이 지닌 특이성으로 복원하는데, 이 경험이 "문제화 자체이다. 사실은 살아 있는 물질, 즉 욕구와 욕망의 물질에 입각해 이 물질을 체험하고 사유하며, 당연히 지배할 수 있게 해주는 형태들을 창조한다는 것이다.

그러나 이 점은 억압받는다는 것을 더 이상 의미하지 않는다."[27]

푸코는 권력이 어떤 면에서 사실상 생산의 장소였는지를 보여 주기 위해서 통제와 억압의 장소로서의 권력에 대한 전통적 관점을 이미 전복한 바 있었다. 그런 그가 모든 도덕적 입법 체계로부터 자기 통제 기술을 부분적으로 분리한다. 따라서 그가 이러한 두 층위의 상대적 독립성을 가정한다면, 도덕의 규범들에 대한 반항과 도덕의 금지 사항들의 제거를 통해 윤리적 문제들을 해결하려고 해서는 더 이상 안 된다. 그러니까 어떤 면에서는 최초 연구 계획과 관련해 계속성이 있는 것은 확실하다. 게다가 푸코 자신이 1984년 이 계획을 "우리 문화에서 인간 존재를 주체화하는 상이한 방식들의 역사"[28]로서 드러내고 있다. 따라서 푸코가 권력을 대상으로 삼은 것은 주체를 구성하는 실천들을 보다 잘 파악하기 위해서일 뿐이다. 그가 자신의 문제화 대상들을 끌어내는 현재, 즉 시사적 현실의 철학자가 되고자 했듯이 80년대에 그는 물론 언제나 모호한 방식이지만, 스스로 제기하는 철학적 문제들과 관련해 자서전적 관계를 주장한다. "내가 이론적인 작업을 시도할 때마다 그것은 나 자신의 경험 요소들에 입각해 이루어졌다."[29]

체계의 위기와 균열의 주관적인 감지로부터 출발하면서 철학자는 자신을 위치시키고 개입해야 한다. 피에르 마슈레가 보여 주는 것과는 달리[30] 자성의 문제가 전혀 아니라, 하나의 구조 안에서 자유를 실천 가능하게 하는 조건들을 생각하자는 것이다. 따라서 사유한다는 것은 한계 지점에, 다시 말해 사유 체계들의 경계선들을 이동시키기 위해 그 경계에 위치하는 것이다. 이러한 측면은 푸코가 자신의 육체에서 죽음의 작업이 가져오는 황폐화에 시달리며 체험하는 개인적 비극으로 우리를 되돌아가게 간다. "《쾌락의 사용》에서 나는 쾌락과 죽음 사이에 점증하는 긴장이 있다는 것을 보여 주려 했다."[31] 푸코의 이러한 언급은 자서전적 지평을 분명히 표현한다. 이 지평은 여기서 자신에 대한 스스로의 작업을 가능하게 하기 위해, 그에게 타격을 가하는 질병에 저항할 수 있도록 하기 위해 철학적 문제화를 우회한다. 그리고 그것은 '인습적 도덕 이후의 도덕'[32]을 권유하면서, 동성애가 유지되는 한계 상황을 견딜 수 없게 증폭시킨다. 그가 이 지평의 토대를 찾으러 가는 곳은 기독교의 목회신학이나 정신분석학에서 말하는 내면화의 명령들을 넘어서 고대 세계의 윤리이다. 이 윤리는 존재의 미학으로, 따라서 '자신의 삶을 하나의 작품으로 만들기 위한' 교훈으로 인식되는 것이다.

아프로디지아

요컨대 당시까지 푸코는 고문서의 세계를 상대로 하여 돌아다녔는데, 사상사의 전범적인 위대한 텍스트들을 일부러 도외시하고 그보다는 벤담의 《원형 감옥》 같은 사회적 실천과 연결된 원고들을 우선시하였다. 그런데 고대 세계 내부로의 이와 같은 여행에서 이번에 그는 그가 작업하는 고문서의 범위를 규정하는 저서들을 남긴 대(大)저자들에 열중한다. 여기에는 어떤 이동이 있는데, 그것은 일반적인 고문서에 입각해 한 시대의 에피스테메를 파악하겠다는 생각의 단념을 말한다. 그리고 아마 고대의 가장 유명한 철학자들과 그 자신 사이의 대화적 관계를 바라는 욕망의 표현이 있을 터이다.

푸코는 신앙도 없고, 법도 없고, 터부도 없는 고대의 디오니소스적 · 이교적 비전을 배후에서 공격한다. 그가 이 비전에 대체하는 것은 성의 관행이 하나의 매우 구속적인 금욕론에 편입되는 그리스-로마의 비전이다. 이 금욕론은 기독교의 금욕론에 앞서는 전제 개념이다.

그러나 우리는 이 두 금욕론 사이에 어떤 연속성의 관계를 확립할 수 없다. 왜냐하면 우리가 두 경우에서 만날 수 있는 주제들은 동일한 가치들을 포함하지 않기 때문이다. 기독교의 명령적 규범이 보편적 차원을 주장하는 반면에, 고대의 도덕은 그것이 실행되는 고대 사회 내부에서조차도 일반화해야 할 규범으로 제시되지 않는다. 그리스인들에게는 **아프로디지아**(강력한 성욕)들 사이의 주요한 대조가 적극적 행위자들과 수동적 행위자들을 구분짓는다. 후자는 여자 · 소년 · 노예이다. 이 경우에 타자와의 관계가 적극적이기만 하다면 동성애는 억압되지 않는다.

이와 같은 구분은 남성성에 토대한 사회의 윤리를 성립시킨다. 쾌락의 사용에 있어서 미덕 있는 행위는 하나의 계급, 즉 자유로운 남자들에게만 해당된다. 그것은 자신의 육체·충동의 지배를 함축한다. 여기서 구분은 이런 저런 유형의 성관계 사이에 이루어지는 것보다 훨씬 더 절제와 무절제, **위브리스**('비정상')와 **디케**('균형') 사이에 이루어지고 있다. 자제의 가치와는 다른 가치인 "절도는 꽉 찬 의미에서 남자의 미덕이다."[33] 자신의 쾌락을 지운다는 것은 자신을 형성하고 자유로운 인간으로 남는 방법이다. 그것은 쾌락의 노예가 되는 것을 피하는 것이다. 그리스에서 결혼은 일부일처의 관계를 통해 두 배우자를 성적으로 결합시키는 것이 아니다. 결혼에 대한 고찰은 가족 구성원, 즉 **오이코스**(l'oïkos)에 관한 고찰과 연결된다. 우리는 크세노폰의 경우에서 남자와 여자의 두 보완적인 역할과 만난다. 남자는 밖에서 일을 하는 데 비해, 여자의 공간은 가족 구성원 내에서 전개되는 것이다. 남자에게 권고된 충실은 일부일처제의 요구에 속하는 것이 아니다. 현대의 도덕적 규범의 차원에서 흔히 방탕의 표시로 나타난 것, 소년들에 대한 사랑에 대해 말하자면, 그것은 반대로 **아프로디지아**에 관한 고찰의 중심적 대상이다. 가장 일반적인 비전과는 반대로 "바로 이 사랑과 관련해 그들은 가장 준엄한 엄격성의 요구를 표명했다."[34] 따라서 성적 활동은 존재의 진정한 미학의 중심에 붙들려 있다. 물론 이 미학은 그리스의 주민 가운데 특권적 소수, 즉 자유로운 남자 성인들에 한정되어 있다.

그러나 자기 자신과의 관계를 우선시하는 이러한 비전은 피에르 아도에 의해 비판받는다.[35] 그는 '자신의 가장 훌륭한 부분'에서 즐거움을 찾아내는 세네카의 논지를 받아들이지만, 이 즐거움을 자기 긴장과 관련시킨다. 이 긴장은 개인화의 과정으로 축소된 조화 속에 있는 것이 아니라 초월을 향하고 자신의 특이성을 넘어서는 극복으로 향한다. 하나의 대(大)전체에 속한다는 감정은 스토아학파 철학자들과 플라톤주의자들에게는 본질적인 것으로 남아 있다. 그리고 우주적 대전체에 참여한다는 것이 자제 훈련의 의미이다. 피에르 아도는 푸코가 자기 실천에 대해, 다시 말해 주체에 외부적인 모든 것으로부터 벗어나서 자기 자신의 지배를 확실히 하는 그 실천에 대해 제시하는 묘사를 매우 타당하다고 판단한다. 그러나 "이 내면화의 운동은 또 다른 운동, 즉 보다 우월한 신체적 차원으로 상승하는 운동과 불가분하게 결합되어 있다. 우리는 이 차원에서 다른 유형의 외면화를 만난다."[36]

한편 고대 세계를 전공한 여류 역사가 마리아 다라키는 푸코가 다음과 같은 2개의 서로 다른 모델을 하나로 혼합하고 있다고 간주한다. 하나는 자제를 확보해야 하는 시민의 모델이다. 왜냐하면 그것을 요구하는 것은 동일법 체계적 사회이고, 도시 국가를 방어하기 위해 완전 무장한 보병을 양성하는 데 함께해야 하는 동참이기 때문이다. 고대 그리스 세계의 두번째 모습은 순수한 남자의 모습이고, '신적인' 남자인 단념자(le renonçant)의 모습이다. "그[푸코]는 절제자로부터 쾌락을 사용할 권리를 압류하면서, 거기에다 오직 금욕자만이 누리는 우월성을 덧붙인다."[37]

마리아 다라키에 따르면 푸코는 그 자신이 《지식의 고고학》에서 이론화한 일련의 방법을 적용함으로써 고대 그리스를 **호모섹수알리스**라는 유일한 시각으로 읽는 경향이 지나치다. 그는 이러한 차원을 과대평가하고, 그것을 그 시대를 명료하게 읽는 열쇠로 만들고 있지만, 사실 성적 행실 뒤에서 문제가 되는 것은 여전히 근본적으로 종교적인 측면과 정치적 측면에 연결되어 있다는 것이다. 이와 같은 과대평가는 특히 푸코가 자성으로 이끄는 헬레니즘 시대에 나타난 불안의 이유들을 성의 병리화(pathologisation)로 돌리고 있을 때 분명하게 나타난다. 마리아 다라키는 고대의 텍스트들에서 그 반대를 확인한다. 반대로 그런 불안은 시민 세계가 무너짐으로써 야기된 드문 해방들 가운데 하나라는 것이다.

자기 양식론

《성의 역사》제3권《자신에 대한 배려》에서 푸코는 기원전 2세기에 위치한다. 그는 이 새로운 단계에서 윤리적 고찰이 규범들의 강화 쪽으로 분명히 변화되고 있음을 인식한다. 이 강화는 로마 세계에서 주체화의 위기와 연결되어 있다. 주체화는 기원전 4세기와는 달리 시민적인 궁극 목적들 내에 더 이상 편입되어 있지 않다. 그러나《자신에 대한 배려》라는 제목이 드러내듯이, 자제는 그 자체로 궁극 목적이 된다. 그리하여 주체는 주체로서 충만하게 형성되며, '**아프로디지아의 문제화**' [38]가 목격된다. 이 문제화는 쾌락의 사용과 관련된 위험들에 대한 점증하는 불신을 배경으로 주체가 자기 자신을 소유하는 모든 과정들이 더욱 정교화되는 현상으로 나타난다.

그리하여 결혼에 보다 높은 가치가 부여되고, 이제 결혼은 부부간의 보다 엄격한 의무들에 연결된다. 이러한 보다 엄격한 윤리의 근원은 도덕적 규범에 있는 것이 아니라 자기 자신에 대한 점증하는 관심에 있다. 그렇다고 이것이 고립으로 인도하는 것은 아니다. 자신에 대한 이와 같은 배려는 사회화하는 실천으로 열려 있다. 이러한 윤리는 육체와 정신의 금욕적인 관례에 순응해야 하는, 로마의 지배 계급 전체에 호소한다. 그것은 매우 엄격한 식이요법과 육체적 훈련을 따라야 하고, 획득한 것에 대한 회상·명상·독서의 순간을 가져야 한다. "자신에 대해 몰두하는 것은 쉬운 일이 아니다." [39] 푸코는 기독교적 실천과 성급한 비교를 야기할 수 있는 외관을 넘어서 로마 세계의 특이성을 확립하는 것이 무엇인지 식별해 내는 데 전념한다. 그가 자기 성찰의 실천을 환기할 때, 그는 그것을 주체가 죄의식을 느끼려는 의지와 동일시하지 않으려고 주의를 기울인다. 반면에 그는 이 의지를 지혜의 추구와 연결시킨다.

《자신에 대한 배려》에서 푸코는 자신에 대한 점점 더 불안한 문제화를 로마 제국에서 정치적·사회적 차원에서 진행중인 전복과 더 많이 관련시킨다. 헬레니즘 시대의 왕국들과 로마 제국에 의해 대체된 도시 국가들의 쇠퇴가 지방의 정치적 생명의 불꽃을 끄지는 않았다. 그러나 권력 행사의 조건들은 복잡화되었고, 행정은 매우 방대한 제국의 차원에서 전능하게 되었다. 배분된 임무들은 확실한 권력을 부여하지만, 제후의 재량에 따라 그것들을 회수할 수 있다. 이와 같은 새로운 정치적 게임에서 지배 계급의 상황은 더욱 불안정하게 된다. 권력의 실제적 행사와 다른 곳으로부터 추진되는 행정 장치의 전도(傳導) 벨트로서 권력의 역할 사이에 존재하는 술책의 여지는 규정하기가 어렵게 된다. "자기 행동의 윤리적 주체로서 자기 자신의 형성은 더욱 문제적이 된다."[40] 플루타르코스가 설명하듯이 이런 사실로 인해 다른 사람들을 다스린다는 것은 자기 자신의 지배를 거쳐 간다. 권력의 지위들이 안고 있는 불안정은 자신의 불안정화로 이끌고, 이것은 금욕적인 규범의 강화를 필요하게 만든다.

존재의 새로운 양식론은 특히 결혼 안에서 성적 독점의 독트린으로 표현된다. 그리하여 성적 관계는 순전히 부부적 존재 윤리의 틀 내에서 오로지 생식적 행위로서 목적화된다. 이와 같은 전복 속에서도 소년들에 대한 사랑은 현실적으로 계속된다. 그러나 그것은 전쟁 관계를 위해 그것에 기울여지는 관심 속으로 후퇴한다. "소년애는 사실상 품격을 박탈당하게 된다."[41]

푸코는 이와 같은 윤리적 전환을 흔히 이해되었듯이 사회적·정치적 변화의 단순한 반영으로 인식하지 않고, 자신에 대한 배려의 개발 속에서 이해한다. 이러한 배려는 전후 상황이 문제적일 때 새로운 실천을 유도한다. "오히려 주체의 위기나, 주체화의 위기에 대해 생각해야 한다. 다시 말해 개인이 자기 행실의 도덕적 주체로서 스스로를 형성할 수 있는 방법상의 어려움에 대해 생각해야 하고, 법칙들을 따르게 해주며 자신의 존재에 목적을 부여토록 해줄 수 있는 그 무엇을 자신에의 몰두 속에서 발견하려는 노력에 대해 생각해야 한다."[42] 따라서 주체의 내부로부터 주체가 그 자신 및 타자들과 맺는 관계가 포착될 수 있으며, 이 관계는 그에게 외부적이라 보여지는 변모의 단순한 집합소로서 이해될 수 없다. 내용을 빈곤화시키는 반영 이론과 철저하게 단절하는 장점이 있는 이와 같은 자율화에 입각해서 푸코는 특히 모든 체계가 어떤 면에서 임의적인지를 보여 주고자 한다. 그리스·로마, 기타 그 어떤 사회의 체계가 되었든 말이다. 이들 사회들에 대한 기술은 그것들의 역사성을 재추적하는 데 사용되는 것이 아니라 모든 시도에 기초가 되는 진정한 목표의 구실을 한다. 이 목표는 주체를 그의 욕망으로부터 떼어내고, 그를 자유롭게 하며, 이 영역에서 어떤 형태의 죄의식으로부터도 해방되어 그 자신과 화해를 이루도록 하는 것이다.

육체의 점진적인 병리화, 기독교의 교부학이 완성하게 되는 점증하는 죄의식화, 일부일처제로 역류하는 성관행에 침투하는 두려움, 이 모든 위기적 상황은 우리로 하여금 푸코가 자신의 동성애를 발견한 이래로 싸우는 대상으로 되돌아가게 만든다. 따라서 그리스와 로마를 통한 우회는 대부분 푸코 개인에 대해 언급되지 않은 것, 즉 그가 긴급하게 열정적으로 추구하고 있는 것으로 귀결된다. 그가 추구하는 대상은 자신의 육체로부터 조만간에 떨어져 나와야 한다는 비극을 보상해 주는 정신적 고행이나 윤리이고, 그 자신 안에 자리잡고 있는 치명적 죄의식으로부터의 해방이며, 그 자신과의 궁극적 화해이다. 이렇게 하여 확실하게 주체는 회귀했다.

33

자율적인 주체

    바르트 · 토도로프 · 푸코가 70년대 중반부터 주체의 문제화 쪽으로 길을 잡은 것은 사회과학을 그것의 과학성이 정착되리라 믿었던 해안, 즉 체계와 구조의 해안으로부터 멀리 끌고 가는 심층적 운동을 나타낸다. 그것은 우리가 피할 수 있으리라 믿었던 억압된 것, 즉 주체의 대회귀를 말한다. 구조가 이론적 지평으로부터 소멸하는 시점에 관심을 끄는 것은 다양한 방법론들을 지닌 다양한 이름들을 한 개인들 · 주체들(agents) · 행위자들이다.

    가장 눈부신 변화는 사회학의 변화이다. 그러나 프랑스에서 이 학문의 탄생 신고는 부분적으로 계몽주의 철학에 대한 반응에 부합한다. 로베르 A. 니스베[1]가 볼 때 사회학의 진정한 창시자들은 루소 · 몽테스키외 혹은 홉스가 아니라, 버크 · 메스트르 · 보날드이다. 이들은 계몽주의 세기의 개인주의적인 이데올로기에 반대하여 사회성(la socialité)의 확대된 구조들, 즉 촌락 공동체와 그것의 계층적 체계를 우선시했다.

    오귀스트 콩트와 캉길렘은 개인의 개념을 뛰어넘는 데서 출발해 사회학의 대상 자체를 식별해 내게 된다. 그들이 보기에 개인의 개념은 과학이 아니라 형이상학에 속하는 것이다. 오귀스트 콩트에 따르면 실증적 정신은 내생적인 법칙들에 의해 움직이는 사회적 현실의 차원에 단번에 위치한다는 조건이 충족될 때에만 과학자에게 온다. 프랑스에서 이와 같은 새로운 사회과학의 창시자인 뒤르켐의 사상에서 개인은 사회적 대존재(l'Être social)에 속하는 부분으로서가 아니고는 존재하지 않는다. 이 사회적 대존재는 개인적 차원에서 포착할 수 없는 독립적 현실에 속한다.

방법론적 개인주의

사회학적 방법의 근본 법칙들을 구성하는 것 같았던 이와 같은 전체 지향적(holiste) 방향에 반대하여, 특히 프랑스에서 70년대 중반부터 레이몽 부동에 의해 개발된 방법론적 개인주의는 규정된다. 이러한 사조는 그것이 한창 쇠퇴하고 있는 2개의 전체 지향적 패러다임, 즉 마르크시즘과 구조주의에 대한 철저한 비판에 토대하고 있기 때문에 그만큼 더 눈부신 성공을 거둔다. 전반적 상황은 그것에 유리했다. 그리하여 레이몽 부동은 20세기초의 독일 창시자들을 사회학에서 발굴해 낸다. 그는 자신의 《사회학 비평사전》의 제사(題辭)로 막스 베버의 글을 인용해 올려 놓는다. "사회학은 (…) 분리된 하나의, 몇몇 혹은 많은 개인들로부터만 비롯될 수 있다. 그렇기 때문에 그것은 엄밀하게 '개인주의적인' 방법들을 채택해야만 한다."[2] 개인주의라는 이 용어는 윤리적 의미에서도, 사회 속에서 개인에게 부여된 자율이라는 일반적 의미에서도 이해되어서는 안 되며, 대체적(代替的)이고 전체 지향적인 방법에 대립하는 방법론적 차원에서 이해되어야 한다. "어떤 사회적 현상을 설명하기 위해서 (…) 반드시 해야 할 작업은 관련된 개인들의 동기들을 재구축하고, (…) 이 현상을 그러한 동기들이 명령하는 개인적 행동들의 집성 결과로 이해하는 것이다."[3]

방법상의 두번째 독일 창시자는 레이몽 부동이 보다 최근에 소개했는데, 게오르크 지멜이다. 부동은 1982년 그의 《사회학과 인식론》(PUF)을 출간했고, 1985년 그의 《역사철학의 제 문제》(PUF)를 번역한다. 지멜을 뒤르켐과 강력하게 대립시키는 논쟁에서 이 학자의 논지는 프랑스 사회학파가 표명한 비판들을 통해서만 알려졌는데, 부동은 본질적으로 심리주의적인 이 논지의 측면에 반대하고 그의 입장을 알린다. 지멜은 한편으로 커다란 추세가 드러날 때 개입하는 역사적 여건들의 해석과, 다른 한편으로 이러한 여건들을 개인적인 원인들로 귀결시키는 설명 사이에 본질적인 구분을 도입했다.

그러나 이 개인적 원인들은 자의적일 수밖에 없는 일반화가 아니라 부분적인 결론들만을 허용하는 상황적 틀 속에 위치한다. 따라서 지멜은 개인적인 동기들을 고려하라고 권유한다. "완벽한 지식을 위해서는 개인들밖에 없다는 점을 받아들여야 한다."[4]

방법론적 개인주의는 지멜이 권유했듯이 보편적으로 적용되는 일반 법칙들의 추구를 단념한다. 부동은 개인을 짓누르는 구속들과 결정론들을 우선시하는 본질주의적인 모든 관점을 공격한다. 그가 이런 관점에 반대해 내세우는 것은 사회적 모든 현상을 설명하기 위해 개인적 행동들의 연구로부터 출발하는 정반대적 방식이다. 그러나 이와 같은 관점의 전복은 특수한 것으로부터 일반화할 수 있는 것, 개별적인 것으로부터 집단적인 것으로의 이동이라는 회피할 수 없는 문제를 해결해 주지 못한다.

방법론적 개인주의가 지멜로부터 차용하는 것은 사회적 현상이 개인적 관심들과 행동들의 집성 결과로서만 이해될 수 있다는 발상이다. 따라서 사회학자는 기술주의(記述主義)에 만족할 수 없고, 또한 개인들 사이에 가능하고 실현된 집성들의 모델화에 입각해 '이상적 유형들'을 구축해야 한다. 바로 대상을 구축하는 작업에서 방법론적 개인주의는 "구조적 영감에 근본적으로 대립한다."[5] 그것은 개인적 태도와 행동에 집착하면서 개인들의 선택을 탐구하고, 사회적 행위자/주체들에 남겨진 자유의 여지가 넓다는 점을 전제하면서 이들 개인에 대한 가정들을 표명한다.

이러한 개인주의적 방법은 특히 미국에서 **호모 에코노미쿠스**라는 패러다임을 중심으로 70-80년대에 개화했다. 나아가 그것은 사회학자로 하여금 경제학자와 동일시되도록 해주고, 이상적 유형들에 입각해 사회적 행위 주체들의 합리적 행동을 경제학자처럼 형식화하게 해준다. 그러나 레이몽 부동이 볼 때 방법론적 개인주의는 이와 같은 방향과 구분된다. 그는 파레토의 비판을 자기 것으로 삼는다. 이 비판에 따르면 **호모 소시올로지쿠스**는 **호모 에코노미쿠스**의 초월로 간주되어야 한다. 그렇지만 부동은 파레토가 논리적 행동과 비논리적 행동 사이에 확립한 구분을 받아들이지 않는다.

사회적 실천 행위를 복원시키게 해주는 것은 상호 작용 체계에 대한 분석이다.[6] 따라서 이 방법은 '특이한(개별적인) 것의 사회학'[7]으로 귀결되는데, 이 사회학은 사회학자가 '사회'·'민족' 나아가 '계급'의 추상적이고 전체론적인 개념들을 배제하면서 사회적 현상의 논리들을 분석하는 문맥적 상황을 우선시한다. 계급이라는 개념은 《사회학 비평사전》의 개념 목록에는 들어 있지조차 않다. 이와 같은 패러다임의 성공은 파산이 한창인 전체론적 정체성 기준의 전례 없는 위기를 통과하는 사회학의 변화 자체와 무관하지 않다. 이러한 변화는 개인들을 소속도 없이 그들 자신과 대면하게 만든다. 두번째로 자유주의적 주장에 대한 관심의 회복이 '자유주의적 이데올로기의 우월성'[8]을 전제하는 방법의 이론적 지평 속에서 재발견된다.

자아의 놀이

구조의 놀이를 대체한 것은 자아의 놀이이다. 모든 학문에서 사람들은 연구 대상 속에 자신의 개인적 삽입, 자신의 연루 방법을 탐색한다. 그리고 때로는 이 연구 대상은 '나의 동요'[9]를 탐구하는 '나' 자신에 다름 아니다. 구조주의 언어학자인 필리프 르죈은 벤베니스트의 노선 속에서 언술 행위에 관심을 표명하며, 자서전의 규약을 투명함의 약속으로 규정한다. 그러니까 그는 자아의 좋은 추억으로 방향을 설정하고 자서전, 즉 타자들의 자서전과 자신의 자서전에 대한 작업을 선택한다. "우리는 우리 자신에서 벗어나지 못한다."[10]

자기 자신으로 돌아가는 자성에 대한 이와 같은 새로운 실천은, 심지어 알튀세를 추종하는 구조-마르크스주의 인류학의 저명한 대표들 가운데 한 사람인 에마뉘엘 테레에 의해 시도되었다.[11] 테레는 자신의 어린 시절 이후로 아버지가 구현한 배신자의 모습과 영속적으로 대면한 결과로서 직업적이고 전투적인 이중적 참여를 밝힌다. 그의 아버지는 비시 정부에서 고위 행정직을 수행했던 것이다. 11세의 아이로서 그는 부모들이 1946년 자신을 데려다 놓았던 하숙집에서 심층적인 불편을 느낀다. 이 하숙집에서는 애국적인 분위기가 절정에 달했기 때문이다. "나는 그 열광으로부터 배제되어 있음을 느꼈다. 그 열광에 동참하는 것은 나의 아버지를 부정하는 일이었기 때문이다."[12] 테레는 결코 부정된 적이 없는 자신의 양심적인 성실 감각을 통해서, 그가 의미로 충만한 엄격하고 투명한 한 권의 책을 모델로 하여 자신의 삶을 생각했던 방식과 자신의 실존적 불안 사이에 필연적 관계를 확립한다. 이 불안은 그가 부정할 수 없었던 하나의 과거로 그를 되돌아가게 했던 것이다. 이러한 확립은 그에게 "나의 특이성을 통해서 나 자신을 확인하는 것을 단념하는"[13] 수단이다.

테레는 사르트르 · 레비 스트로스 · 알튀세에게 보냈던 자신의 열광을 결코 부인하지 않게 된다. 배신자의 모습과 대면해야 하지만, 그는 그가 옹호한 명분에 대해 변절자가 되지 않는다. 그에게 민족학은 그의 아버지가 벌이지 않은 투쟁이었다. 그는 현장에서 세심한 연구, 이론적 토론, 그리고 전투적인 반식민지 투쟁을 병행하면서 이 학문에 열정적으로 헌신했다. 그가 오늘날 계몽주의의 낙관주의로 회귀를 찬양하는 자가 되지 못하는 것은 "이 낙관주의가 아우슈비츠의 납골당에서, 그리고 히로시마의 폐허 속에서 소멸했기 때문이며, 그것을 복원하려는 어떠한 노력도 비웃음의 대상이자 모욕일 뿐이라고 생각되기 때문이다."[14] 따라서 이와 같은 자서전적 이야기가 우리에게 드러내는 것은 개인적이며 동시에 집단적인 역사성에 의해 엮어진 하나의 여정이며, 이 여정은 저자가 지닌 정직성의 몇몇 동기를 나타낸다.

이러한 자성은 집단적 현상이 되며, 역사학자 피에르 노라는 역사학자들의 협력하에 그것을 실험한다. 심지어 그는 1985년 이러한 현상 속에서 역사 의식의 새로운 시대를 위한 새로운 장르의 출현을 본다. 그리하여 이 역사학자는 현재에 투자된 주체로서의 자신의 상황을 전적으로 받아들이고, 이른바 과학적인 중립성 뒤로 더 이상 사라지지 않는다. "실존적 투자의 드러냄 혹은 분석은 고요한 탐구로부터 멀어지게 하는 것이 아니라 이해의 도구와 지렛대가 된다."[15] 심지어 자아의 즐거움은 피에르 노라로 하여금 한 권의 책을 내놓게 만든다. 여기서 그는 다른 사람들을 상대로 광범위하게 실험된 방법을 일정수의 역사가들에게 적용하면서 자아-역사들을 모아 놓는다. 이 적용은 "우리가 함께 만든 역사와, 당신을 만들어 준 역사 사이의 관계를 역사가로서"[16] 설명하기 위한 것이다. 그러나 자신에 대한 이와 같은 배려는 '자아 역사'로 변모하지 않으며, 한 세대가 지닌 역사 의식의 커다란 **일반적 주장(topoï)**을 부각시키게 해준다. 따라서 이와 같은 이야기들은 학자 공동체에, 그리고 시대를 문제화하는 방식에 동참함을 토대로 하여 열려지고 분절된다. 그것들은 유사한 상황들에 대해 상이한 인물들이 제공한 개별적 답변들의 다양성을 포착하게 해준다.

전기의 우상

뒤르켐학파가 영원히 묻어 버렸다고 생각되었던 전기적 장르는 또한 '기성 학문을 비판하는' 측면에서 사회학에도 회귀한다. 이 비판적 측면은 "투쟁적 경험과 대학 교육을 통해 수련을 쌓았던 사회학자들의 세대가 사회학에 진입함으로써 비롯되는 기계적 결과"[17]로서 나타난다. 그런데 이 새로운 진입자들은 70년대 후반기부터 사회학의 영역에 도착한다. 정치적 극좌 사상이 반문화적 극좌 사상으로 전환됨으로써, 그리고 구조-마르크시즘적 모델들의 비효율로부터 비롯되는 환멸이 나타남으로써 생긴 복합적 상황은 체험의 해안, '진정한 역사들'의 해안, '여기 사람들'의 해안으로 이끌게 된다. 70년대 《리베라시옹》지에서 언급되었듯이 사람들은 자신의 속내를 털어놓고, 그리하여 개별적 목소리들과 이야기들을 수집하는 일이 증가한다. 이런 수집은 '증언하기' · '증언' · '증인' · '그녀 자신이' · '직접적으로' 등의 표현을 달고 나온다. "나는 삶의 이야기들에 입각해 작업하는 사회학자들, 다시 말해 물론 자기 나름대로이지만 그들의 삶을 이야기해 주는 보통 사람들에게 귀를 기울이는 사회학자들에 속했다."[18]

전기의 우상은 또한 역사가들에게도 회귀했다. 물론 그것은 그것 덕분에 많은 독자를 간직할 수 있었던 일부 전통적인 역사적 이야기들에서 사라지지 않았다. 그러나 보다 놀라운 현상은 그것이 80년대에 이런 역사적 장르의 죽음을 공식적으로 인정했고 인론화시켰던 역사학파, 즉 아날학파를 유혹한다는 점이다. 따라서 이 학파의 저명한 대표들 가운데 한 사람으로 '부동의 역사'를 다루는 르 루아 라뒤리가 1987년 아셰트사에서 《프랑스 역사》를 출간하는 기회에, 프랑스 왕가를 이룩했던 왕들을 개괄적으로 검토하는 것을 볼 때 우리는 놀라지 않을 수 없다. 전기적 심리주의가 위세를 떨치고, 그리하여 르 루아 라뒤리는 앙리 2세의 '마음속'을 검토할 수 있으며, 잘못을 저지르지 않았던 이 민족적 영웅들의 결산을 전반적으로 긍정적으로 간주할 수 있게 된다. 《아날》지 편집위원회의 또 다른 멤버인 마르크 페로는 1987년 페탱에 대한 대단한 전기를 출간한다.[19] 브로델의 추종자들 가운데 추종자인 그는 브로델에게 이 책을 헌정한다. 그러나 이 책에서 우리는 이 스승의 가르침을 전혀 찾아낼 수 없다. 저자는 저서를 조직하는 자료들을 제시해 나가면서 페탱 원수의 영혼 상태들에 대한 자극적인 자세한 내용을 하나도 빼놓지 않으며, 그럼으로써 전통적인 전기의 장르에 전적으로 동조한다. 모든 전기들이 다 이와 같은 경우는 아니다. 예를 들면 조르주 뒤비와 이브 사시에의 전기들은 중세의 진정한 X선 투시처럼 이해된다.[20]

이와 같은 반전은 현저하게 나타난다. 그렇기 때문에 1989년 페로는 불과 얼마 전 1905년의 혁명을 주제로 개최된 커다란 국제학술대회에서 30명의 참여자들 가운데 어느 누구도 니콜라우스 2세에 대한 발표를 하겠다고 제안하지 않았음을 상기한다. 비시 정부에 대한 그 이전의 학술대회도 전형적인 예에 속한다. 왜냐하면 여기서도 페탱은 문제되지 않았기 때문이다. "이 두 학술대회 중 하나는 소르본대학교에 의해 개최되었고, 다른 하나는 국립정치과학재단에 의해 개최되었다."[21] 이 두 예는 전기 장르가 아날학파의 경계를 넘어서 얼마나 역사가의 글쓰기에서 추방되어 왔으며, 역에서 파는 대중 소설의 부차적 역할로 내쫓겨져 왔는지를 보여 준다. 그리하여 《아날》지가 깃발로 수용한 뒤르켐적 전통은 오랫동안 전기적 관점을 진지하고 과학적인 역사가의 관심 밖에 위치시키는 데 성공한 셈이 된다. 그러나 마르크 페로는 오늘날 이 장르의 옹호자 역할을 한다. "역사적 분석의 이 중요한 측면을 방치한다는 것은 안이한 해결책이다."[22]

주체성은 또한 민족학자들에게도 회귀한다. 그리하여 마르크 오제는 《룩셈부르크의 횡단》을 통해서 민족학 소설(l'ethno-roman)이라는 새로운 장르의 초석을 다졌다.[23] 그의 토대적 출발점은 관점의 전복인데, 이 전복이 이루어짐으로써 민족학자는 민족학적 시선의 주체가 더 이상 아니고, 일상적 경험 이야기에서 이 시선의 대상이 된다.

어빙 고프먼의 작품이 증언하는 상호 작용주의적인 사조에 의해 처음 영감을 받은 보다 덜 문학적인 또 다른 방향에서 새로운 사조가 60년대 미국에서, 그리고 80년대 프랑스에서 나타난다. 그것은 민족학 방법론으로서, 이것에 초석을 놓은 해럴드 가핀켈의 책은 1967년으로 거슬러 올라간다.[24] 목표는 어떻게 사회적 행위자들이 사회적 상황을 만들어 내는가를 분석하는 것이다. 따라서 이러한 패러다임 내에 사회적 행위자들 사이의 소통 활동이 위치한다. 사실이라는 개념은 사회적 행위자들이 행동들을 책임지는 무한한 과정 속에 역동화되어 있다. 이 경우 민족-사회학자는 이와 같은 사회적 실천들의 역학을 복원하기 위해서 그것들 속에 완전히 뛰어들어야 한다. "그것은 완전한 전복이다. 민족학 방법론과 더불어 매일같이 자신들의 민족학 방법을 고안해 내는 사람들, 행위자들만이 있다. 그들에게 이것은 일상의 창안을 통한 완벽한 전복이다. 항구적으로 말이다."[25] 특히 파리8대학교에 있는 조르주 라파사드는 이와 같은 새로운 연구 방향의 열렬한 지지자이다.[26]

인본주의적 지리학

지리학에서조차도 주체의 회귀는 아직은 부차적인 하나의 유파에서 감지된다. 그러나 이 유파는 전진하고 있으며, 미국의 서부에서 오고 있다. 그것은 영미계가 인본주의적 지리학이라 부르는 것이다. 이 사조는 특히 지리학 담론의 갱신에 적극적 역할을 했던 몇몇 프랑스어권 스위스 학자들에 의해 대표된다. 예컨대 제네바대학교 교수인 클로드 라페스탱이나 로잔대학교 교수인 장 베르나르 라신 같은 자들이다. 그들은 지리학자가 무엇보다도 매진해야 하는 것은 사실상 지리과학의 고유한 대상으로 간주되는 표상의 영역이라고 생각한다. 지리과학은 인간사를 조직하는 정서적 현상들과 가치들로 구성되는 그 대상을 보다 명확히 규정하기 위해 자연과학으로부터 해방되어야 한다.

그들에 따르면 지리학이 60년대에 저지른 과오는 경제과학을 주요한 이론적 준거체로 삼았고, 오직 **호모 에코노미쿠스**에 입각해 모델화를 확립했다는 것이다. "지리학자가 연구하는 공간은 존속하고, 스스로를 보호하며, 살아남아야 한다는 모든 사회의 중차대한 계획만을 나타내는 것이 아니라 이 사회의 동경과 믿음, 또 이 사회가 지닌 문화의 가장 내밀한 부분을 나타낸다."[27]

구조주의적 단계의 기호학적 고찰로부터 이탈하는 다른 학문들의 변화와는 반대로, 지리학이라는 후발 주자는 이러한 흐름을 업고 이와 같은 성격의 고찰에 개방되며, 표상 영역을 보다 가치화시키는 작업에서 바르트를 이용한다.

가필·수정해 아주 달라진 작품에 스스로를 비교하기 좋아하는 이 지리학은 연구 대상들의 의미화를 인정함으로써, "자크 뤼피에의 표현에 따르면 매우 분명하게 역시 의미론자 같은 존재가 된다."[28] 그리하여 주체와 공간의 관계 속에서 주체의 대면이라는 방대한 관점이 열린다. 이 관점은 체험된 경험의 관계적 지리학에 연결된 표상들과 형태의 지리학이라는 관점이다. 심지어 클로드 라페스탱은 지리학이 보조 학문의 차원으로 격하되고 분할된 학문으로서 경험하고 있는 표류를 피하기 위해 그것에 하나의 존재론을 부여하고자 한다. 그는 '지리성(géographicité)' 이론의 가능성에 대해 고찰할 것을 제안하면서 반응을 나타낸다. 이 지리성은 그것에 입각해 공간을 인간 존재의 방식과 운명으로서 재해석하고, 패러다임을 바꾸는 것을 필요로 한다. "그러나 우리가 지리학의 어떤 존재론에 대한 비용 지불을 싫어한다면, 동일한 악습에 떨어질 위험이 있다."[29]

사회적 행위자

우리가 사방에서 목격하는 행위자의 복귀가 그것이 거의 유행하지 않았던 시기 사회학 영역에서 그것의 선구자였던 인물인 알랭 투렌을 잊게 해서는 안 된다. 그는 구조주의가 파리의 무대에서 승리를 구가했던 시절에 사회적 행위자를 극히 중요시하는 주장을 용감하게 폈던 것이다. 그 당시에는 이런 분석 층위를 적합하지 않고 비과학적으로 간주하는 것이 올바른 태도에 속했다. 60년대 중반부터 더할나위없이 대단한 구조주의적 열기 속에서 알랭 투렌은 사회학의 대상을 사회적 행위와 사회적 운동이란 표현으로 규정하기 위해 자신의 첫 연구 사례들을 이론화한다.[30] "한 세기 이래로 이룩된 진보는 사회학의 고유한 대상의 발견과 직접적으로 연결되었다."[31]

투렌의 패러다임은 사회가 경험하는 변화, 사회를 하나의 산업 상태에서 포스트 산업 상태로 크게 전환시키는 그런 변화를 토대로 부각된다. 이러한 전환은 본질적으로 경제적 성격의 패러다임이 하나의 사회-문화적 패러다임, 즉 사회적 행위자들이 자신들의 실천에 부여하는 의미를 통합시키는 패러다임으로 이동하는 데 기초를 이룬다. 이 후자의 차원은 행위자들을 연구의 영역 내에 통합시키고, 구조주의가 가치를 부여한 정지 상태와 재생산 현상과는 반대로 사회적인 역동적 힘을 우선시한다.

구조적 접근이 역사의 정합성을 부정하는 경향을 드러냈고 변모의 과정을 설명하는 데 무능했던 반면에, 투렌은 역사성을 자신의 분석 방식의 중심에 위치시키게 된다. 그렇다고 그가 목적론적 역사를 부활시키는 것은 아니다. 그는 사회 자체에 대한 사회 작용을 사회의 갈등적 현실에 입각해 인식하게 해주는 개념으로 역사성을 생각한다. 분명 투렌에게는 역사성이 쟁점이 되는 대립, 즉 지배자들과 피지배자들 사이의 대립이 있다. 그러나 이러한 적대 관계는 포스트 산업 사회의 틀 속에서 생산 관계 내의 사회적 행위자들의 유일한 위치로 환원되지 않는다.

기술관료의 지배에 대한 기본적 저항은 문화적 차원에서 발휘된다. 바로 이러한 차원에서 사회학은 다양한 형태의 박탈과 이로부터 비롯되는 수동성에 대한 저항 방식이 되는 데 기여할 수 있고, 그리하여 사회적 행위자의 재탄생에 동참할 수 있다.[32]

구조주의 시대에 투렌의 주장에 귀를 기울이는 사람은 거의 없었다. 그러나 그는 구조들의 절대화와 주체들의 절대화를 다같이 단호하게 부정하면서 행위자와 체계 사이의 중간적 입장을 유지하는 것 같다. 그가 보기에 전체론자들과 개인주의자들 사이의 투쟁은 인위적이고 안이함이 원천이다. 왜냐하면 진정한 임무는 행위자가 작용하고 작용받는 체계와 행위자의 유기적 결합 속에 위치하기 때문이다. 그의 입장은 프랑스에서 너무도 자주 그랬듯이 이해받는 데 어려움이 있는 입장이다.

인본주의와 개인주의

텍스트를 읽는 데 있어서 스피노자 철학적 접근은 구조주의 시대를 지배했었다. 그것은 주체를 말소했고 추상적 보편 속에, 주체 없는 언술 작용 속에 자리잡게 해주었다. 탐구되었던 것은 텍스트의 진리가 아니었다. 연구자들은 텍스트 안에 있는 것을 복원하면 되었다. "이와 같은 스피노자 철학적 국면은 마감되고 있다."[33] 의미 쪽으로의 재굴절이 이루어짐으로써, 그리고 연구자들이 70년대 중반부터 의미의 도구들에 더 이상 배타적으로 전념하지 않게 되는 사실을 통해서 주체는 사유적 장치에서 중심적 위치를 되찾는다. 그리하여 이제 의미는 기호로, 저자는 필자로 환원되지 않는다. 그렇다고 절대적 지배력을 행사하는 최고의 주체에 대한 숭배로 되돌아가는 것은 아니다. 작금의 운동은 인간의 신격화를 함축하지 않는다.

제기되는 문제는 무의식과 역사적·사회적 결정 요인들의 발견 이후로 주체를 다시 생각하는 것인데, 위험을 무릅쓰고 이 결정 요인들을 고려하지 않으면 안 된다. "더 이상 어느 누구도 오늘날 역사를 초월하고, 자기 자신에 투명하며, 자신의 사고와 행동을 완벽하게 지배하는 본체적 주체를 설정하지 못할 것이다."[34]

인본주의에 대한 데리다의 비판은 이 사상이 본질의 사상이라는 확신에 토대한다. 이러한 이유로 이 사상은 나치즘과 관계가 있다는 것이다. 이 이데올로기가 아리안족에 의해 구현된 인간의 본질을 지지한다는 점 때문이다. "그런데 인본주의는 반드시 본질의 사상은 아니다. 이것은 절대적 오해이다."[35]

인본주의 철학자들이 인간의 인간성에 보다 가치를 부여하기는 하지만, 반대로 그들은 동물이나 사물과는 달리 인간의 어떤 속성이 있다면 그것은 바로 본질이 없다는 점이라고 주장한다. 우리는 사르트르가 이와 같은 계보에 들어가는 《존재와 무》에서 수행하는 문제의 입증을 환기할 필요가 있다. 그는 여기서 실존주의를 인본주의로 규정하고 인간, 즉 카페 보이에 페이퍼 나이프를 대립시킨다. 그리하여 그는 실존이 본질에 앞선다는 점을 입증한다. 이처럼 사르트르는 인본주의 철학의 오랜 전통을 수용한다. "다음과 같은 피히테의 매우 아름다운 문장이 있다. '동물은 그것의 현존재이다. 인간만이 아무것도 아니다.' 마찬가지로 칸트에게서도 이런 문장을 발견할 수 있다. '인간은 교육을 통해서만 인간이 된다.'"[36]

한편 알랭 르노는 자율과 책임의 개념에 보다 가치를 부여하는 주체 사상에 입각해 이 인본주의를 규정한다. 그리고 그는 독립성에 가치를 부여하는 쪽에 위치하는 개인 사상에 이 인본주의를 대립시킨다. 따라서 개인주의는 현대적 인본주의의 지평을 구성하지 않고, 다만 이 인본주의의 역사적 계기들의 하나를 구성하고, 이 계기 속에 그것은 해체된다. 일반적으로 이 두 개념이 동일한 차원에 위치되지만, 개인주의는 자아의 전능한 힘을 주장함으로써 사실상 인본주의에 고유한 자율성의 토대를 파괴한다. 알랭 르노에 따르면 개인주의에 대한 현대적 읽기는 라이프니츠에서 태어난다. "진정한 최초의 결정적 순간이 라이프니츠의 단자론 속에 위치하는 것은 분명하다."[37] 이 결정적 순간으로부터 하나의 온전한 개인 철학이 개화되게 되고, 점진적으로 주체와 주체의 자율성을 해체하게 된다. 헤겔, 그리고 그에 이어 하이데거는 이러한 대변화를 현대 철학의 기반으로 수용한다.

니체로 말하자면, 그는 단자론의 시대와 단절하겠다는 생각을 하면서 이와 같은 사상을 한계로 끌고 간다. 그러나 "그는 그것의 진정한 의미를 드러내게 할 뿐이었다. 즉 그것이 주체성의 원칙과 자율의 가치들이 다하는 가운데 현대성의 중심에서 떠오른 심층적 이동을 동반했다는 것이다."[38] 니체는 개인을 모든 사회적 구속을 넘어서 완전한 독립으로 끌고 간 운동을 확장했다. 이와 같은 추구는 개인으로 하여금 진리의 보편성이라는 관념을 부수게 이끌고, 이성의 근대적 지배를 개인적 차이와 특이성을 주장하는 데 장애물로 간주하도록 만든다. 반대로 자율성 원칙을 중심으로 한 하나의 분절에 입각해 알랭 르노는 주체가 다시 생각되어야 한다고 간주한다. 이러한 측면은 '현대 사상의 주요 지식과 관련해 어떠한 퇴행'[39]도 함축하지 않는다. 자율적 주체에 토대한 이와 같은 인본주의는 이타성·차이를 부인하지 않는다. 그렇다고 이 차이를 극대화시켜 절대화하지는 않는다. 그렇게 되면 '사람들은 그들의 교양 속에 가두게'[40] 될 테니까 말이다. 이 인본주의가 목표로 하는 바는 차이들이 나타나게 해주는 기반인 자기 동일성들을 토대로 이 차이들의 위상을 생각하는 것이다. 그러니까 이 인본주의는 구조주의 첫 세대의 야심, 즉 레비 스트로스에 의해 구현된 야심을 부활시킨다. 레비 스트로스의 목표는 특이한 측면 뒤에 있는 일반적 측면, 즉 인간 존재의 투명함을 되찾는 것이었다. 이 투명함은 어떤 가능한 본질로부터 유래한 것이 아니라, 인간 존재의 환원시킬 수 없는 다양한 양태들 뒤에 숨어 있는 것이다.

반대로 루이 뒤몽이 전체주의적(holiste) 인디언 사회와 개인주의적 서구 사회 사이에 식별되는 대립의 토대로 강조하는 것은 바로 이와 같은 비환원성이다. 그의 경우에 이 두 이데올로기는 배타적인 항으로 된 이원적이고 모순적인 대립을 구성한다. 따라서 죽음의 충동으로서가 아니고는 개인주의 사회에서 전체주의(holisme)나 전체주의 사회에서 개인주의는 있을 수 없다. 우선 루이 뒤몽은 1948년 이래로 인류학자로서의 자신의 저작을 그가 **호모 히에라르키쿠스**(homo hierarchicus)[41]의 문명이라 규정하는 인디언 문명의 연구에 바쳤다. 개인을 사회 전체에 종속시키는 전체주의적 이데올로기로서 이 문명은 계층적 사회, 다시 말해 세계의 단념에 토대하고 계급 체계에 의해 구현된 인간들 사이의 상호 종속에 토대하는 계층적 사회의 원리에 부합한다.

10년이 지난 1977년 루이 뒤몽은 인디언의 가치들과 조목조목 대립할 수 있는 이데올로기로서 서구 문명이 형성하는 이면, 즉 인디언 사회라는 거울의 이면에 관심을 기울인다. 《호모 아에칼리스》[42]는 서구 사회에서 개인의 현대적 창안을 기술한다. 이 개인은 사회적인 것, 집단의 명령, 그리고 개인과 개인의 특이성을 누르는 이 명령의 호소와 같은 것들이 지닌 존재론적 우위로부터 벗어난다. 이와 같은 해방은 정치적·종교적 층위들과 같은 다른 층위들과 구분되는 범주로서의 경제 부분 탄생의 필연적 귀결이다. 동산의 부가 신성시됨으로써 조상 전래의 전통으로부터 해방이 이루어지고, 개인은 자신의 역사성을 주관하는 주체로 스스로를 규정하게 된다. 이 주체는 전통으로부터 해방되지만 평등주의의 이상을 통해 사회적 측면을 되찾는다.

서구 현대성의 특이성에 토대를 이루는 개인주의적·인류학적 뿌리를 부각시키는 이 책이 1977년 출간됨에 함께 이루어지는 것은 이론적 차원에서

1975년부터 사회 내부에서 진행중인 운동, 사적인 것의 영역에 대한 성찰 운동이고, 집단주의적인 모든 종말론의 퇴각이며, 《텅 빔의 존재》[43]의 승리이다.

서양의 경우와 마찬가지로 인디언의 경우에서도 사회는 사회적 응집을 조직하는 강력한 이데올로기적 구조에 의해 움직인다. 서양에서 이 구조는 세계-속에-개인이라는 구조이고, 동양에서 그것은 세계-밖의-개인이라는 구조이다. 하나에서 다른 하나로의 이동은 루이 뒤몽이 기술하는 오랜 생성의 산물이다.[44] 세계에 대해 초연함을 내세우는 스토아학파의 단계는 기독교에 고유한 이원론에 자리를 내준다. 기독교는 세계의 가치를 평가절하함과 동시에 개인의 무한한 가치를 찬양하며, 그렇게 하여 이승 세계의 부정을 상대화할 수 있게 해주고 '대부분의 세상사에서 놀라운 정도의 자유'[45]를 가능하게 해준다. 콘스탄티누스 대제가 4세기에 기독교로 개종하고, 8세기 비잔틴에서 교회 분리가 이루어짐으로써 매번 세계-속에-기독교도들의 참여가 강화된다. 16세기에 이루어진 종교 개혁, 그리고 특히 그것의 칼뱅주의적 형태는 개인들의 운명이 더 이상 교회에 종속되지 않게 해주는 그 과정을 완성시킨다. 왜냐하면 선택된 자들은 전능한 하느님과 그 어떤 제도를 통해서도 매개되지 않는 직접적 관계를 유지하면서 영원히 종속되지 않기 때문이다. "칼뱅이 옴으로써, 국가를 포용하는 교회는 전체주의적 제도로서 사라졌다."[46] 개인주의적 가치들을 통제하는 새로운 질서를 확립하는 이와 같은 이데올로기적 대변화의 절정은 1789년 인권 선언 속에서 감지된다. 이 인권 선언은 자연의 지배자로서 개인의 프로메테우스적 계획이 표명될 수 있는 결과에 이르는 그 기나긴 과정의 화려한 피날레이다.

역사적으로 규정되고 균열된 개인

이처럼 대승을 거두며 의기양양한 개인주의는 80년대에 포스트모던 사상을 통해서 가장 극단적인 표현을 만난다. 포스트모던 사상은 덧없는 것을 즐기고, 개인을 조직망들과 연결된 단순한 입자로 간주함으로써 개인의 단자론적 성격을 더욱 강조한다. 예컨대 보드리야르의 경우가 그렇다. "일종의 중계 지점, 단말 장치밖에 없다. 그러나 개인은 존재하지 않는다. 그는 보상으로 나온 일종의 환각적인 재출현 같은 것이다. 하지만 이 점은 아마 실제로는 어떤 기능 작용 메커니즘에 해당할 터이다. 사람들은 분자들 속에 있는 원자들처럼, 입자들처럼 기능한다."[47] 보드리야르는 개인의 이러한 승리를 주체의 부정으로 분명하게 기술한다. 주체는 모든 자율과 모든 책임을 상실했고, 그에게 활기를 불어넣었던 망들을 통해서만 타당성을 지닌다는 것이다. 그리하여 종합의 단순한 장소인 개인은 모방에 토대한 체계에 의해 자동 조절되는 보철 기구에 불과하다.

알랭 르노가 주체와 개인 사이에 확립한 구분은 얼마나 포스트모더니즘이 주체의 사상과 완전히 반대되는 개인주의 사상의 계보 속에 포함되는지 이해하게 해준다. 그러나 이 주체의 사상은 다양한 형태로 된 주체의 조건화와 종속화에 대한 고려를 과감하게 제외시킬 수 없다. 특히 라캉에 의해 재해석된 프로이트 이론의 지식이 있다. 이 이론은 이제 더 이상 주체를 그 자체에 투명하고 분할될 수 없는 통일적 단위가 아니라 균열되고 불투명한 현실로 생각하게 만든다. 이 영역에서 라캉의 기여는 근본적인 것으로 남아 있다. "주체의 문제는 이미 욕망에 대한 그의 변증법에서 중심에 자리잡고 있다."[48] 따라서 우리는 주체가 욕망의 대상들 너머로 향하고 있고, 근본적으로 대문자 기표에 종속되어 있다는 점을 망각하면서 주체를 근거 없이 내세울 수 없다. "드골이 르카뉘에를 비웃으면서 유럽! 유럽!이라고 말했듯이 주체는? 주체는?이라고 말하는 모든 사람들은 내가 보기에 우스꽝스럽다. 왜냐하면 그런 말은 전혀 사유되지 않은 것이기 때문이다."[49] 프랑수아 발이 여기서 표적으로 삼는 자들은 그들이 주체로 회귀할 때, 충만한 주체와 주체의 본체적(nouménale) 견해를 위해서 주체의 기초적 분열과 균열된 구조의 부인에 의거하는 사람들이다. "주체의 미래는 사람들이 우리로 하여금

믿게 하려는 것과는 달리 내무부에 있지 않다."⁵⁰⁾

다른 한편으로 주체는 장 피에르 베르낭이 디디에 앙지외와의 논쟁에서 그리스 세계와 관련해 환기하듯이⁵¹⁾ 그것을 결정짓는 역사적 상황이 고려되지 않고는 사유될 수 없다. 과연 베르낭은 비극의 소재가 사회적 현실과 관련해 외재성의 관계 속에서 제시된 꿈이 아니라, 그 반대로 기원전 5세기의 그리스 도시국가의 사회적 사상을 분명하면서도 다의적으로 발현한 것이라는 점을 보여 준다. 이 그리스 문명 전문가는 앙지외가 시도하는 그리스 신화 재읽기를 인정하지 않는데, 후자는 오이디푸스의 환상적 측면에 입각해 그리스 신화를 그리스 비극이 지닌 의미의 반영으로 읽고 있다. "그리스 문명 전문가는 그에게 친근한 전설들을 더 이상 인정하지 않는다. 그것들은 그들의 모습, 관여적 속성들, 변별적 성격들, 특수한 적용 영역을 상실했다."⁵²⁾

그러나 베르낭은 분석적 읽기가 그리스 문명 전문가의 훌륭한 지식에 연결되기만 한다면 이 읽기는 여러 문제들을 밝히게 해준다는 점을 부인하지 않는다. "내가 비극의 마르크스주의적 읽기가 존재하지 않는다고 말하듯이, 단순히 나는 비극의 정신분석학적 읽기는 존재하지 않는다고 말하는 것이다. 비극에 대한 인식은 지적인 선택들에 의해 수월해질 수 있거나 막혀질 수 있다."⁵³⁾

베르낭의 탐구 영역이 정신분석학적 영역과 드러내는 인접성은 중단된 상태에 있는 이와 같은 논쟁에 다시 불을 지필 수 있을 뿐이었다. 왜냐하면 베르낭과 60년대 그가 소르본에서 가르쳤던 옛 제자들 가운데 한 사람인 피에르 칸과의 논의는 최근에 재개되었기 때문이다. 피에르 칸은 정신분석학자가 되었고, 알제리 전쟁 시기에 베르낭과 거리를 유지했었다. 그 당시에 베르낭은 프랑스 공산당에 의해 페스트처럼 고약한 열병에 걸린 것으로 간주되었다. 프랑스 공산당은 그를 따돌리고 소르본에서 그에게 말을 금지시키기 위해 필리프 로브리외 · 장 샬리 · 피에르 칸 등과 같은 투사들로 하여금 그를 지키게 했다. 추방의 시간은 마감된다. 피에르 칸이 베르낭의 저서 《눈 속의 죽음》⁵⁴⁾을 읽으면서 저자가 정신분석학과 끊임없이 인접하는 상황에 있다는 사실을 발견하고 열광할 때는 모두가 오래 전에 본거를 떠났던 것이다. 그리하여 그는 베르낭에게 편지를 쓰기로 결심하고, 어떤 면에서 역사인류학의 접근과 정신분석학적 접근 사이에 아직도 거리가 있다고 평가하는지 설명해 달라고 요청한다. 베르낭은 피에르 칸이 그에게 제시한 질문들에 답한다.[55]

그가 이를 기회로 상기시키는 점은 이렇다. 즉 역사학자는 원형들에 입각해 해석적 모델을 구축할 수 없으며, 그가 '하나의 의미적 전체로'[56] 유기적으로 연결시키기 위해 소유하고 있는 다양한 자료적 요소들에 입각해 구축된 모델을 각각의 경우마다 채택해야 한다는 것이다. 이와 같은 상대화는 특히 개인에 대한 시대착오적인 견해가 아니라 연구되는 문화에 대한 시대착오적 견해로부터 출발하지 않도록 이끈다. 그런데 고대 그리스에서 주체는 현대성의 주체가 아니다. "자기 경험의 방향은 안쪽으로 향하는 것이 아니라 바깥쪽으로 향한다. 개인은 타자 속에서 추구되고, 타자 속에서 발견된다."[57] 그 시대에 자기 의식은 내성(內省)을 거쳐 가는 것이 아니라 주체의 바깥을 거쳐 간다. 그것은 어떤 '그(Il)'에 대한 이해이지 아직 어떤 '나'에 대한 이해는 아니다. 따라서 주체에 대한 접근은 초역사적인 범주들에 입각해 실현될 수 없고, 반대로 주체의 분명한 역사적 맥락 속에서 이루어지는 그(주체)의 의미 작용에 의해 상대화되어야 한다. 베르낭의 저작은 일반적으로 구조주의 시대의 저작과 마찬가지로 본체적 주체의 역사적 조건화를 말소하는 순수하고 단순한 회귀, 이 본체적 주체로의 회귀가 무의함을 드러낸다.

루트비히 비트겐슈타인 또한 인문과학의 기존 지식과 화해할 수 있는 주체의 개념을 사용하는 데 기여할 수 있다. 왜냐하면 그는 "우리가 주체의 개념을 사용할 수 있는 권리가 있다고 해서 이 개념을 정당화하는 철학적 이론을 반드시 가져야 할 의무는 없다"[58]고 생각한다는 점 때문이다. 그러나 사회과학에 어떤 특권적 위상도 부여하지 않는 비트겐슈타인은 특유하게 철학적인 문제는 없으며, 그 대신 특히 일상 언어의 사용에서 축적된 오해와 몰

이해를 제거함으로써 해결될 수 있는 철학적 어려움들만이 있다고 가정함으로써 사회과학의 지식과 화해를 가능하게 한다.

34

역사성으로의 회귀

구조주의의 전성기에 역사주의는 악폐로 추적되었지만, 70년대 중반 이후로는 더 이상 그렇지 않게 된다. 역사학자 피에르 빌라르는 니코스 플란차스가 '역사주의에 빠졌다'고 자신을 비난한 일을 아직도 기억하고 있다. "나는 그에게 이렇게 말했다. '나는 역사주의에 빠질 필요가 없다. 나는 그 속에 있으며, 또 그 속에 있다는 점을 인정한다'"[1] 그러나 당시에 그는 역사적 변화들에 부여된 우선권에 대해 아무것도 양보하지 않으면서 구조주의와 대화를 받아들이는 역사가로서 다분히 예외적인 인물로 여겨졌다. 특히 가장 괄목할 만한 것은 역사성의 적합성을 물리쳤던 학문, 즉 언어학 혹은 기호학의 중심 자체에 역사성이 회귀한 점이다. 이와 관련해 의미심장한 것은 1966년에 간행되는 《코뮈니카시옹 8》의 야심적인 구조주의 프로그램을 받치는 지침서였던 블라디미르 프로프의 저서가, 1965년 프랑스에서 《민담형태론》이라는 제목으로 제1부만 번역 출간되었을 뿐이라는 점이고, 제2부가 《설화의 역사적 뿌리》라는 의미 있는 제목으로 출간되는 것을 보기 위해서는 1983년까지 기다려야 했다는 사실이다. 제2부가 소련에서는 1946년에 출간되었는데도 말이다. 역사적 실타래를 토대로 유기적으로 구성된 제2권은 그런 관점이 단순히 인정되지 않았던 시기에 의해 단순히 은폐되었던 것이다.

프로프의 저서가 지닌 역사적 차원의 이와 같은 말소가 그만큼 더 놀라운 것은 이 책이 많은 논쟁의 중심에 있었고, 한 세대 전체에게 이야기 연구를 모델화해 주는 토대였기 때문이다. 다른 한편 프로프는 러시아 민담의 생성이 지닌 시간적 차원을 고려하는 대작의 서막으로 자신의 방법론을 구상하고 있었다. 심지어 우리는 제2권에 나타난 프로프의 경우에서 역사에 대한 진화론적 견해를 식별해 낼 수 있다. "프로프의 주장은 특히 진화론적 학설이 배어 있다."[2] 프로프의 이 두번째 저서에 대해, 그리고 당시 소련에서 사용중인 독서틀에 관해 그가 하지 않으면 안 되었던 양보들에 대해 어떤 비판이 가해지든, 믿기지 않는 것은 프랑스 지식계가 그처럼 주요한 책 전체를 증거에 입각해 판단할 수 없었고, 합당한 견해를 갖기 위해서는 1983년에 또 다른 상황을 기다려야만 했다는 점이다.

물론 역사적 관점의 이와 같은 회귀는 구조주의 단계 이전의 역사성으로 되돌아가지 않는다. 주체는 현대 사상의 발견들 이전의 주체일 수 없다. 이 주체의 경우도 그렇듯이 문제의 역사성은 진보로 규정된 역사의 의미가 겪는 위기와 일치한다. 구조주의의 정복 이후로 이제 우리는 선행성의 도식에 따라, 즉 인류를 보다 높은 정도의 자기 실현으로 인도하는 단계들의 도식에 따라 인류를 생각할 수 없다. 이 점은 우리가 더 이상 생각할 필요조차 없을 정도로 동화된 지식이다. 그러나 이를 위해 지불해야 할 대가는 역사성에 대한 모든 관념과 단절하는 것이었다. 그런데 수평선처럼 되돌아와 공시적 모델화들의 중요성을 상대화시키는 것은 이 역사성이다.

역사성의 갈망

그리하여 실뱅 오루는 통시성의 차원과 계보들의 탐구를 재도입하는데, 이 탐구는 체계의 규정과 결합되어 있다. 그는 《백과전서파의 기호학》[3]을 집필할 때, 그가 역사적 상대주의라 부르는 것을 자신의 저서 서론에서 규정한다. 이 역사적 상대주의 때문에 그는 어떻게 하나의 체계가 움직이는지 아는 문제를 제기할 수 있다. 이어서 실뱅 오루는 역사가로서 기호학·언어학 그리고 철학적 개념들에 대해 작업하는 길로 점점 더 들어서게 된다.

한편 여류 언어학자인 클로딘 노르망은 1980년 낭테르대학교에서 과학들의 역사에 관해, 즉 "인문과학: 어떤 역사가 있는가?"라는 주제로 학술대회를 개최한다. 그녀는 지나간 열기를 결산할 필요성과 동시에 역사적 방법의 필요성을 느꼈던 것이다. 이러한 필요성은 다시 한 번 70년대 중반으로 거슬러 올라간다. "나는 1976년으로 거슬러 올라가는 연구 그룹, 많은 철학자들이 참여한 한 연구 그룹을 내세워 이 학술대회를 준비했다."⁴⁾

80년대 사회과학고등연구원의 몇몇 사회학자들, 예컨대 베르나르 피에르 레퀴예르·벵자맹 마탈롱과 같은 자들이 인간과학사를 위한 프랑스학회의 창립과 더불어 시작하는 학제간 시도가 이루어지게 된다. 이 학회는 사회과학의 방대한 연구 영역에서 모든 학문들의 많은 대표들을 규합하게 되는데, 이들은 역사학자적 관심을 기반으로 결집된다.

시학의 영역 또한 역사성에 개방된다. 필립 아몽의 작업이 그런 경우이다. 그는 최초의 구조적 야심의 아무것도 양보하지 않은 채 이야기 묘사의 기술(技術)을 역사화해야 할 필요성으로 향한다. 이런 관점에서 그가 보여 주는 것은 묘사가 하나의 구조적 구속, 다시 말해 세계를 묘사하기 위해 멈추어 세계를 관조하는 관찰자라는 인물을 설정하지 않을 수 없는 그런 구속을 겪는다는 점이다.⁵⁾ 필립 아몽은 자신의 관찰을 시대적으로 구분하면서 역사화하고, 일부 시대들이 묘사를 무시했다는 점을 보여 준다. 왜냐하면 묘사는 존재하지 않았던 개인의 특이성에 대한 어떤 관념을 전제하기 때문이다. 그렇게 하여 그는 정신 상태들의 역사 발견과 다시 만난다. 이 정신 상태들에 따라 개인화의 과정은 근대로부터 다만 서서히 드러나 19세기에 개화되는데, 이 세기는 사실주의 소설이 구현한 묘사적 기술(技術)이 가장 장황하게 드러나는 시점이다.

여전히 문학의 직역과 시학의 영역이지만, 제라르 주네트 역시 '소통 텍스트성(transtextualité)'의 개념을 받아들여 텍스트를 그것의 역사적 차원에 개방시킨다. 이 개념은 하나의 텍스트를 다른 텍스트들과 관련시키는 모든 것으로 규정된다. 이 관계가 분명히 드러나든 은밀하든 말이다.⁶⁾ 이 개념은 가장 광범위한 역사적 개방을 함축한다. 비록 그것이 문학의 영역에 국한되어 있지만 말이다. 주네트는 소통 텍스트적 관계의 유형들을 규정하면서 60년대 줄리아 크리스테바가 도입한 상호 텍스트성의 개념, 즉 단 하나의 텍스트에 여러 텍스트들의 공존을 넘어선다. 그는 여러 가지 다른 유형의 관계를 제안하는데, 예컨대 원텍스트성(architextualité) 같은 것인데, 이것은 후(後)텍스트와 하층 텍스트(hypotexte)라 불리는 전(前)텍스트 사이의 가장 암묵적인 무언의 관계에 속한다. 이 관계는 인용적 혹은 유사 텍스트적(paratextuel)방식으로 구체화되고 감지될 필요조차도 없다. 왜냐하면 그것은 새로운 텍스트의 생성에 기여할 수 있었던 이전의 모든 텍스트들 사이의 관계를 규정하기 때문이다. 이런 이유로 이 개념은 모든 문학사를 포함하는데, 이 문학사는 비워진 이후 이 개념에 의해 의미 작용적 입장에서 사실상 재도입된다. "독서에 따라 정도가 어떠하든, 어떤 다른 텍스트를 환기시키지 않는 문학 작품은 존재하지 않는다. 이런 의미에서 모든 작품은 하이퍼텍스트적이다."[7]

원텍스트성을 통해서 제라르 주네트는 새로운 영역을 열고 있는데, 이 영역은 구조주의의 유산이자 그것의 방향 이동이다. 왜냐하면 그는 60년대 그 타당성이 부정되었던 상당수의 범주들을 되찾고 있기 때문이다.[8] 원텍스트성은 문학의 문학성 표현으로 항상 규정되지만, 담화의 유형들, 언술 행위방식들, 각각의 개별적 텍스트가 속하는 문학 장르들 쪽으로 문학적 고찰의 영역을 개방시킨다. 따라서 원텍스트성은 비평 작업을 구조적 기술(記述)의 차원으로부터 모델들의 탐구로 이동시킨다. 이와 같은 모델화는 장르들의 역사화 내부에서 그것들의 변화를 고려해야 하고, 따라서 역사와의 강력한 새로운 연결을 함축한다. 장르의 개념에 관한 참신한 고찰에 최근 부여된 이와 같은 자극은 고전수사학의 재발견을 거쳐 간다. 그리하여 제라르 주네트는 이러한 새로운 탐구 영역을 규정하기 위해 아리스토텔레스에 여러 번 의거하고, 자신의 연구를 서구 시학의 계보 속에 위치시킨다. 이 시학은 플라톤과 아리스토텔레스 이래로 일련의 범주들을 문학 현상 전체를 포괄하는 통일된 체계로 구축하려고 노력해 왔다. "플라톤과 아리스토텔레스는 이미 '모방의 방식'에 따라 3개의 근본적인 장르를 구분했다."[9]

역사적 영역으로의 이와 같은 개방은 또 다른 시학 연구자이자 제라르 주네트의 동료인 츠베탕 토도로프의 경우 더욱더 철저하다. 토도로프는 자신의 관점을 역사적 측면에 개방시킬 뿐 아니라 이데올로기의 영역을 보다 폭넓게 고찰하기 위해 문학의 한계를 벗어나기 때문이다. 츠베탕 토도로프 역시 그가 바흐친으로부터 수용하는 상호 텍스트성의 옹호자가 된다. 이와 같은 차용은 그에게 러시아 형식주의자들의 견해를 뛰어넘는 데 지렛대 구실을 한다. 이 견해에 따르면 시적 언어는 순전히 자기 목적성을 지녔고, 다시 말해 자율적이고, 실용적 언어와는 단절되어 있으며, 따라서 내생적이지 않는 어떤 정당화와도 단절되어 있고, 모든 역사적 조건화로부터 전적으로 벗어나 있다는 것이다. 이와는 반대로 츠베탕 토도로프는 문학에 그것의 소통 기능을 복원시킨다. 따라서 그는 문학이 세계의 가치들과 비전들을 공감하게 만드는 특권적 매체들 가운데 하나가 될 수 있다는 진실을 문학에 복원시킨다. "문학이 외적 이데올로기의 반영이 아니라는 점은 그것이 이데올로기와 아무 관련이 없다는 것을 증명하지 못한다. 그것은 이데올로기를 반영하는 것이 아니라 하나의 이데올로기이다."[10]

발생론적 비평

뤼시앵 골드만처럼 역사적 관점의 단념을 거부했던 사람들이 제시한 발생론적 차원은 1982년 ITEM(근대 텍스트 및 원고연구소)의 창설로 귀결되면서 마침내 80년대 뒤늦게 부각되었다. 이 연구소는 문학 전문가들로 이루어진 점점 더 옹골찬 팀을 맞이하고, 문학 텍스트에 대한 내적·외적 비평, 이른바 발생론적 비평에 전념한다.

이 제도의 기원에는 60년대 브장송대학교에서 언어학 분야의 구조주의적 열기에 적극적으로 참여했던 루이 에라는 독문학 전공자가 있다. 그의 경우 역사 쪽으로의 방향 전환은 우연의 소산이다. "내가 독일 시인 하인리히 하이네에 대한 학위 논문을 그저 단순히 집필하고 있었을 때, 나는 거의 세계 도처에 흩어져 있는 하인리히 하이네의 원고 대부분과 만날 수 있는 행운을 잡았다."[11] 그리하여 루이 에는 프랑스 정부 쪽으로 시선을 돌려 이 자료들을 사도록 드골 장군을 설득시키는 데 성공한다. 이 자료들이 국립도서관에 도착할 때, 그것들을 분류할 수 있는 독문학 전공의 관리인이 없었다. 그래서 루이 에는 풀타임 작업이 되는 일을 떠맡게 되며, 1968년 소르본으로부터 국립과학연구센터에 파견되지 않을 수 없게 된다.

이 시점부터, 그리고 그를 중심으로 한 작은 팀이 형성됨으로써 하나의 새로운 연구 방향이 비약적 발전을 하게 된다. 그것은 한 사람의 문학역사가와 그가 국립도서관에서 발견하는 보물들과의 매혹적인 만남, 즉 원고 자체와의 대면에서 비롯된 결과이다. 그러나 이러한 역사학자적 방향 변화는 또한 "순전히 형식적인 구조주의의 어떤 고갈 상태"[12]가 이미 확인될 수 있는 시기에 연유한다. 이와 같은 발생론적 비평의 흐름은 구조주의와의 연속성과 동시에 단절을 나타낸다. 그것은 변형·변화·역사성을 고려함으로써 더할나위없이 폐쇄되고, 형식적인 구조적 사조와 다른 관점을 제시한다. 그러나 특히 텍스트의 개념을 주장함으로써 문학 연구에 보다 객관적 위상을 부여하였던 구조주의의 주요한 다른 측면에서 보면 연속성이 있다. "텍스트는 그 자체로서 연구되는 과학적 대상으로 제시되기 때문에 인간과 작품을 텍스트 연구로 대체하는 것은 우리가 버린 그 야심에 속한다."[13] 루이 에는 일파를 이루고, 60년대 문학 연구를 쇄신했던 자들(우리는 ITEM에서 특히 장 벨맹 노엘·장 르바이양·앙리 미트랑·레이몽 드브레 주네트 등을 다시 만난다)이 그와 합류한다.

1974년 프루스트와 졸라에 관해 연구하는 두 그룹이 형성되고, 이 두 그룹은 CAM(현대원고분석센터)을 만든다. "이 일은 작은 사건이었다. 왜냐하면 독일 문학 전공자들과 프랑스 문학 전공자들이 공통의 문제들을 가지고 함께 만났다는 점 때문이다."[14] 그리하여 다른 작가들의 전문가들로 이루어진 또 다른 그룹들이 이 기관에 합류하여 네르발·플로베르·졸라·발레리·프루스트·조이스·사르트르라는 7개의 자료체에 대해 작업을 한다. 이들의 작품들은 그것들의 생성과 구조에 입각해 연구된다. 1976년 이 연구는 아라공의 관심을 끌고, 아라공은 자신의 원고와 엘자 트리올레의 원고를 CAM에 유증하는데, 이 CAM이 1982년 ITEM이 되었다.

그런데 국립과학연구센터 내의 이 연구소는 여러 단으로 된 로켓처럼 기능한다. 텍스트의 발생론적 연구의 목표는 인쇄된 텍스트의 '세번째 차원,' 즉 글쓰기에 고유한 텍스트의 생성 및 동태적 측면의 과정이라는 차원을 복원시키는 것이다. 이 발생론적 연구는 초고나 참고 자료들과 같은 텍스트 이전의 것들과 텍스트들을 물질성의 측면에서 고찰하고, 그것들을 지수들에 입각해 분류하는 것이다. 그것은 분석의 '필사본학적' 층위, 즉 글쓰기의 매체들과 도구들에 대한 연구의 층위이다. 잉크에 대한 임상적 검토가 이루어지고, 베타 X선 촬영술이 함축적인 세밀한 부분들을 분석한다. 한편 정보처리 기술은 중요한 자료체들을 다루게 해주고, 추론들을 구조화시켜 형식화하게 해준다. ITEM의 상부 단계에서는 발견된 사실들을 독자에게 보급하기 위한 교정판들이 준비된다. 세번째 층위에서는 출판의 문학적 연구 및 이론적 문제들에 대한 이론적 갱신 작업이 이루어진다. 루이 에는 1979년《발생론적 비평의 시론》이라는 프로그램적 저서를 출간한다. 이 책에서 그는 원고라는 동일한 대상을 중심으로 시학연구자들·정신분석학자들·사회학적 비평가들로 이루어진 일련의 전문가들을 결집시킨다. "그 사이에 이런 측면은 다소 전복되었는데, 그 이유는 대상이 자율적인 이론적 고찰을 낳기 시작했고, 반면에 이 고찰은 다른 학문들과 창조적 활동들에 영향을 미쳤다는 점 때문이다."[15] 연구는 문학 연구의 범주를 벗어났고, 글쓰기라는 현상 자체에 대한 탐구로 개방되었으며, 이 탐구는 신경학자·신경심리학자·인지학자·고문서학자 등에 도움을 청한다. 이런 현상은 구조주의 시대와 함께한 이러한 연구 그룹들의 계보가 지닌 두번째 측면인데, 문학 비평을 고립 상태에서 벗어나게 하여 흔히 뜻밖의 다른 학문들과 소통케 하려는 그 의지를 수반하고 있다. "우리가 문학 연구를 시작했을 때 신경학에 대해서는 전혀 생각하지 못했었다."[16] 이와 같은 새로운 발생론적 비평은 텍스트들이 생성되는 과정을 복원시킴으로써 그것들의 읽기를 새롭게 해준다. 그러니까 그것은 텍스트 속에는 단일한 직선성의 논리 이외에 다른 논리들이 작용하고 있음을 복원시키고자 노력한 구조주의적 단절이 야기한 그 주요한 대변화에 동참하고 있는 것이다.

문학사의 회귀

　문학연구자들이 역사가적 관점을 재도입하는 현상은 도처에서 감지된다. 안 로슈와 제라르 델포는 1974년부터 이 관점의 계획을 규정했다.[17] 그리하여 그들은 귀스타브 랑송식의 고전적인 문학사와 '오직 텍스트에만 집중하는 근시안적 초점'에 대해 똑같이 불만을 나타내고, '역사를 직선적 길잡이'[18]로 삼을 것을 제안한다. 역사성으로의 이와 같은 회귀는 역사-와-문학(담론)이 역사(역사적 현실)의 가까스로 변질된 거울에 불과하다는 반영 이론의 회귀가 아니다. 그 반대로 두 저자들은 하나의 매개 이론의 구축을 권장하고 있는데, 이것은 이보다 몇 년 후 주느비에브 이드가 또한 규정하는 관점이다.[19] 이 이론은 상황적 문맥이라는 언어학적 개념, 담론들을 생산하고 수용하는 물질적 조건들, 담론적 실천, 대화 상대자들, 문학적 메시지의 독자와 같은 것들을 전제한다. 다시 말해 그것은 고찰되는 시대의 메시지가 지닌 코드들의 계층화, 그리고 그 이전의 메시지들에 대한 이 코드들의 암묵적이고 명료한 준거를 연구함으로써 사회사뿐 아니라 문화사와의 유기적 관계를 전제한다. 따라서 구조주의 시대에 획득된 지식을 반복하자는 것이 아니라, 이 지식을 역사적 차원에서 분절하고 형태에 대한 고찰을 형태의 목적 · 버팀목 · 내용에 개방시키자는 것이다. "우리의 기본 가정은 언제나 역사와 관련되어 있는데, 아마 역설적으로 보일 것이다. 왜냐하면 그것은 형태의 중요성을 강조하기 때문이다. 그런데 역사적 방식과 형식주의적 방식을 대립시키는 것은 전통에 속한다."[20]

또한 문학 비평은 글쓰기의 거울이 지닌 이면으로 넘어감으로써, 또 연구 영역에 독서의 분야를 포함함으로써 역사성을 되찾는다. 오늘날 문학적 수용의 미학이 점점 더 탐구되고 있다. 움베르토 에코가 1965년 《열려진 작품》에서 규정한 연구 방향을 연장하는 여전히 구조주의적 관점 속에서 독자의 기대 지평과, 독서상의 그의 가정들을 구조화시키는 것에 대한 관심이 표명되고 있다. 그리하여 한쪽의 로제 샤르티에, 그리고 다른 한쪽의 필리프 르죈처럼 역사가들과 문학비평가들은 협력하여 길을 나아갈 수 있는 것이다. 이러한 수용미학은 글쓰기/읽기의 가능한 모델화 작업들을 사회사라는 이질적 영역의 지형에 유기적으로 연결시키게 되어 있다.

연대기를 고려하는 것 이외에도 단절은 특히 지시 대상의 인정된 유효성 속에 위치한다. 지시 대상은 기호과학으로서 언어학이 구축될 때 말소되었던 것이다. "지시 대상의 회귀가 실현되어야 한다."[21] 이 지시 대상은 이중의 차원을 지니고 있다. 하나는 측정할 수 있는 사회적 차원이고, 다른 하나는 느껴지는 실존적 차원이다. 이 이중의 차원은 텍스트의 내재성과 폐쇄된 울타리라는 개념을 위해 오랫동안 모욕의 대상이었다. 그런데 그것이 문학 비평에서 진행중인 재역사화와 더불어 되돌아오고 있는 것이다.

문학을 접근하는 데 있어서 역사성의 이와 같은 회귀를 가장 괄목할 만하게 표명한 것은, 보르다스사에서 나오는 문제적 라가르드 · 미샤르 교재가 교육 분야에서 전적으로 지배하는 현상에 대항해 새로운 출판 시도들이 개시한 공격이다. 이 표명의 목표는 중요하다. 왜냐하면 그것은 젊은 세대가 문학에 접근하는 방식을 조건짓기 때문이다.

1948년부터 취학 청소년을 '위대한' 문학 작품들 및 '위대한' 작가들과 다소 인위적으로 친근하게 만들면서 매혹시켜 왔던 이 교재의 방법이 시험대에 오른다. 그것은 선택된 단편들의 선정이 연대기적으로 계속되는 방법이다. 이 교재는 1985년 약간의 쇄신을 빼면 별로 타격을 받지 않고 시간의 시련을 통과했고, 1988년에도 여전히 시장의 60퍼센트를 차지했다.[22] 그러나 이 표준적 교재는 특히 구조주의 물결이 절정에 달할 때 쇠퇴를 경험했다. 그것은 당시에 대부분의 경우 고물들의 차원에서 정리되었다. 왜냐하면 60년대의 반항과 이 반항이 가져온 과학적 프로그램은 바로 인간과 작품의 견해를 공격했고, 라가르드 및 미샤르 교재가 구현하고 있던 모든 것으로서 선택된 단편들을 연구하는 원칙을 비판했기 때문이다.

따라서 이 오래된 말[馬]이 전면에 되돌아온 것은 구조적 패러다임의 퇴조와 역사성의 회귀를 징후적으로 나타낸다. 문학 교육의 현대화는 완전히 실패한 것인가? 우리가 라가르드 및 미샤르 교재의 자리를 차지하려고 밀려드는 경쟁자들을 검토해 보면, 결과는 전통적 문학사의 처음 단계로 단순히 되돌아오는 것은 결코 아니다. 문학사로의 회귀가 있는 것은 분명하지만, 이 회귀는 60년대의 구조주의적 주장들에 의해 폭넓게 풍요로워진 것이다.[23]

분명한 사실이지만, 시장에 이와 같이 새롭게 진입한 출판사들의 책임자들은 자신들이 지닌 이론적 입장의 상당 부분을 버리지 않을 수 없었다. 때때로 이 입장은 선택된 단편들의 개념 자체와 전기적 혹은 연대기적 소개의 적합성에 매우 단호하게 반대했었지만 말이다. 1983년 알파벳 순서로 접근을 시도했던 마냐르사는 대부분의 학생들이 "코르네유나 라신을 시대적으로 위치시킬 줄 모른다"[24]는 사실을 확인함으로써 그런 접근을 취소했다. 작품들의 선택을 보면 "교사들이 기대하는 것은 대략적으로 모든 위대한 텍스트들이다."[25]

사람들은 라가르드 및 미샤르의 무거운 대포에 대항해 강철활을 가지고 싸우지만은 않았다. 이와 관련해 수훈은 나탕사의 앙리 미트랑이 주도한 작업으로 돌아간다. 이 작업의 결과는 약 3천2백 페이지에 달하는 다섯 권의 책으로 나왔던 것이다! 우리가 기억하다시피 앙리 미트랑은 60년대 구조주의의 혁신자들 가운데 한 사람이었고, 따라서 그가 주도한 저서들이 구조주의의 흔적을 지니고 있음은 분명하다. 물론 고전성이 승리를 거두지만, 그것은 부차적인 것으로 남아 있는 텍스트들과 규범화된 텍스트들을 대화하도록 하겠다는 한결같은 고심을 통해서 우선 구조적 현대성으로 점철된다. "일정한 문학적 시기 내에서 상이한 단계들과 차원들이 구분될 수 있다."[26] 한편 각각의 장(章)은 문제에 대한 새로운 비평의 관점에 제공하는 하나의 페이지로 마감된다. 그리하여 우리는 바르트 · 토도로프 · 그레마스 · 주네트 · 스타로빈스키 · 식수 등의 텍스트들에 의해 표지가 설치된 교재들과 다시 만난다. "1백20개의 장이 있으므로 우리는 현대적 비평과 이론이 담겨진 아름다운 1백20페이지를 갖게 되는 것이다."[27] 본질적으로 언어학적인 기여에 대해 말하자면, 그것은 수사학적 성격의 문제들이 매우 두드러지게 나타나는 교육적 장치들 속에 존재한다. 앙리 미트랑 역시 각각의 작품에 대한 전체적인 견해, 피라미드적 구조를 지닌 그 견해 속에서 구조주의적 유산을 본다. "그것은 교육학적 구조주의이다."[28] 그러나 우리는 이와 같은 평가에 대해 여전히 회의적일 수 있다. 왜냐하면 3천2백 페이지에 달하는 전체 저서의 편집자가 이와 같은 포괄적 비전을 지니고 있다는 점은 의심되지 않는다 할지라도, 그것은 이러한 백과사전을 발견하는 중고등학생들에게 아마 보다 어려울 것이기 때문이다. 비록 이 백과사전이 훌륭한 기능적 도구로서 구상되었다 할지라도 말이다.

매우 현대주의적인 프랑스어교육자협회(AFEF)——이 협회는 68년 5월 항의 이후에 전통적 교재들의 거부로부터 태어났다——의 회원인 알랭 부아시노가 20세기에 할애된 마지막권을 위해 아셰트사에서 크사비에 다르코가 주도하는 교재들의 착수에 협력한 사실 역시, 보다 고전적인 저서들의 요구에 부응하면서도 구조주의의 이론적 주장들을 재투자하려는 욕망을 징후적으로 나타낸다. 여기서도 현대성과 전통은 무엇보다도 방법론적 관점에서 차례로 이용된다. 이 관점은 장르들을 통해 구별을 보다 잘 밝히기 위해 구조주의적 고찰을 수용한다. 우리는 그 속에서 글쓰기 행위를 객관화시키려는 구조적 고심을 재발견한다. "문화적 공모가 아니라 지식의 객관화와 보급에 투자해야 한다. 그것은 민주적 교육의 목표이기 때문이다."[29]

사건의 회귀

언어학과 문학 접근으로 나타났던 선도학문들 이외에도 그 당시에 모든 사회과학들이 역사성, 사건의 중요성, 그리고 질서 뒤에 숨겨진 무질서를 재발견한다. 자연과학은 구조적 패러다임의 모델 역할을 했었는데, 다시 한 번 그것들이 발견한 것들을 통해서 인문과학의 패러다임을 변화시키는 데 주요한 역할을 한다.

1972년호의 《코뮈니카시옹》지는 사건에 할애되며, 에드거 모랭은 사건의 회귀를 알아차린다. 과학적 발견들은 이 잡지에 초대된다. 예컨대 끊임없이 진화와 확장을 계속하면서 우주를 생성시키는 폭발이 이루어진 **빅뱅**이라는 최초 사건을 1백50억 년 전에 위치시킴으로써 우주의 역사에 대한 비전을 전복시키는 천문학의 발견이 그것이다. "코스모스는 우주이면서 동시에 사건이다."[30] 비과학적인 차원으로 억제되었던 역사가 역설적이게도 불가역성, 무질서의 합리적 가능성, 비예측성이란 개념들을 중심으로 엄밀과학을 통해서 되돌아온다. 70년대 유전학 · 정보 이론 · 인공지능 기술, 그리고 르네 통의 것과 같은 일부 수학적 이론들 또한 같은 방향으로 변화한다. 르네 통의 주요 저서인 《구조적 안정성과 형태 발생》[31]은 1972년 프랑스에서 출간될 당시에는 주목받지 못하고 넘어갔다. 그러나 그의 주장은 1974년 《형태 발생의 수학적 모델》이 포켓판으로 출간될 때[32] 알려지고, 인문과학의 패러다임에 영향을 미치기 시작한다.

인문과학은 과학적 모델화에 대해 고심하다 보니, 교란을 야기하는 발현으로 무질서를 배척했었다. 이제 그것은 르네 통이 개발한 이른바 재앙의 수학적 이론의 변화 앞에서 그것 자체의 콩트적인 가설을 완전히 재해석하지 않을 수 없게 된 것이다. 미분 위상기하학에서 성과는 르네 통으로 하여금 위기적 현상들의 수확을 개발하고, 자연적 형태들을 해석하기 위한 질적 방법, 즉 이른바 재앙 이론을 구축하게 이끌었다. 이 이론은 광학 · 열역학 ·

유체역학에서 관찰된 매우 다양한 현상들을 동일한 이론적 틀 속에 결집시킬 수 있게 해준다. 예측할 수 없는 현상들의 기술(記述) 도구인 이른바 재앙이론은 사회과학에 적용됨으로써 신속하게 영향력을 발휘한다. 이 이론은 체계의 변화에서 나타나는 부수적 사건을 더할나위없이 합당한 층위로 규정한다. 왜냐하면 이 부수적 사건은 당시까지 유효했던 체계의 기술(記述) 방식을 무효화시키고, 이것을 다시 생각지 않을 수 없게 만든다는 점 때문이다.

이보다 조금 후인 1979년 일리야 프리고지네와 이자벨 스탕제르가 내놓은 《새로운 제휴》(갈리마르)는 전문가 집단을 넘어서 훨씬 더 큰 성공을 거두게 된다. 불가역적 과정들의 열역학에 대한 그들의 정의는 운동·불연속성·역사성의 복원 현상을 확장한다. 가장 현대적 과학들이 사건의 근본적 중요성을 인정하고 있는 이상, 사회과학이 그것을 더 이상 오랫동안 모른 체한다는 것은 생각될 수 없었다. 그리하여 이와 같은 발견들은 사건성의 제거·공시성·항구성을 우선시하는 것 같은 구조주의적 패러다임의 소멸을 그것들 자체 안에 지니고 있다. 따라서 우리가 일부 경제학자들에 해당하는 조정학파와 관련해 이미 본 바와 같이 역사성은 인문과학의 영역을 재투자하게 된다.

파리이공과대학교 출신인 마르크 기욤은 1978년 《무질서의 찬양》이라는 책을 써 그가 레비 스트로스에게 나타나는 질서의 상상력이라 간주했던 것에 반발하고, 조르주 바타유의 관념으로부터 영감을 받은 모델을 구축한다. 이 관념에 따르면 세계의 운명은 에너지 생상의 과잉 원칙을 따르지 않을 수 없다. 바타유가 볼 때 전통적 사회들은 그것들의 질서를 보호하기 위해 그것들을 위협하는 이 과잉을 조금씩 소산시키지 않을 수 없다. 반대로 현대적 사회는 바타유에 따르면 전환하면서 더 이상 과잉 에너지를 소산시키지 않고, 그것을 축적하며 결정화시킨다. 점점 더 황폐화시키는 전쟁과 파괴로 점철된 비극적 운명 속에서 점점 더 격렬한 위기가 닥칠 때까지 말이다. "이와 같은 종말론적 비전에 입각해 내가 관료주의에 대해 작업하면서 생각한 것은, 우리가 무질서를 숙명적인 종국을 소산시키고 늦추는 기막힌 수단으로 간주할 수 있다는 점이다. (…) 이러한 전망에서 무질서는 긍정적인 과도 단계로 인식될 수 있다."[33]

역사학자의 담론으로의 회귀는 한 문학 장르의 명료성을 선택하는 문체적 선택을 동반한다. 가장 괄목할 만하게 전환한 경우의 하나는 엘리자베트 루디네스코의 경우다. 그녀는 당시까지 매우 난해한 라캉-알튀세 추종자로 알려져 있었다. 그녀가 《백년 투쟁. 프랑스에서 정신분석학의 역사》를 출간한 것은[34] 이중의 사건이다. 한편으로 저자는 자신의 스승인 라캉의 비역사주의와 단절한다. "이 역사는 라캉에 반대해 씌어진 것이었다. 그것은 하나의 역사가 가능하다는 점과 동시에, 스스로를 탈역사화하는 데 자신의 삶을 보낸 라캉에게 하나의 역사를 복원시켜 주는 것이 가능하다는 점을 보여 주기 위한 것이었다. 이것은 내기였다."[35] 물론 이 역사는 과거를 망각 속에 던지지 않는다. 그것은 그것의 진정한 주인공 라캉에게 많은 할애를 하고 있다. 그것은 캉길렘과 푸코에게서 많은 것을 수용한다. "제1권은 캉길렘식으로 쓴 학문의 역사이다."[36] 다른 한편으로 문체가 변모했다. 저자는 거의 소설적인 고감도 천연색 초상화를 만들어 내는 서술, 고전적이 된 그런 서술을 예시한다. "나는 인물들의 초상화를 만들었다. 여기서 나는 문학에서 기법을 빌렸다."[37] 과학사와 문학으로부터 이와 같은 이중의 차용은 인문과학이 두 축 사이에 속함으로써 유발되는 한결같은 긴장을 잘 예시한다. 그러나 그 시대를 잘 드러내는 것은 여전히 글쓰기의 즐거움이고, 엘리자베트 루디네스코 텍스트의 즐거움이며, 당시까지 이런 유형의 지적 구축물에서 벗어나 있었던 것 같았던 하나의 영역을 역사화하려는 그녀의 고심이다.

다른 차원이지만 정신분석학이라는 동일한 영역에서 제라르 망델은 프로이트의 이론적 명제들이 태어난 분명한 역사적 시점에서 그것들을 복원시킴으로써 프로이트를 재해석한다. 그리하여 망델은 프로이트가 정신분석학 이론을 뒷받침하고자 했던 2개의 생물학적 토대——후천적인 심적 특성이 유전한다는 가설과 태어날 때부터 분명한 성적 화학 작용이 일어난다는 가설——가 오늘날 생물학에 의해 판단착오로 간주되며, 사실상 역사적으로 낡은 견해에 속한다는 점을 보여 준다. "그래서 프로이트의 생물학은 2개의 시대착오, 즉 심적인 신라마르크 학설과 성적인 신활력론을 결합하고 있다."[38] 프로이트를 재해석한다는 것은 그의 발견이 지닌 중요성을 상대화시킨다는 의미가 아니다. 그것은 역사성을 인간·사회적 측면, 그리고 학문들과 지속적으로 상호 관련시키는 가운데 어떤 재기반의 무한정한 영역을 연다는 의미이다.

시간성의 다양한 리듬·불연속성과 더불어 시간성에 대한 고찰과 역사성의 이러한 회귀는 또한 우리가 본 바와 같이(제III권 24장 참고 바람) 아날학파 역사가들의 황금시대를 보장해 주었다. 그러나 동시에 사건의 회귀는 이 역사학파의 뒤르켐-구조주의적 패러다임의 위기화를 야기시켰고, 급기야 이 패러다임의 기본적 방향을 문제삼게 되었다.[39] 역사와 사회과학의 관계가 '중대한 전환점'[40]에 와 있다는 점을 인정하면서 이 주제에 할애된 《아날》호의 사설은 과거의 종말을 고하며, 괄목할 만한 풍요성에도 불구하고 정체성의 중대한 위기를 드러낸다. 시간성의 부동화, 즉 불변수들의 탐구는 더 이상 현대적 감수성에 부합하지 않는다. 그리하여 조르주 뒤비는 1987년 다음과 같이 인정한다. "우리는 무언가의 끝에 와 있다. (…) 나는 어떤 헐떡거림을 느낀다."[41] 시기는 브로델의 후계자들에게 분열의 시대이다. 피에르 쇼뉘 같은 일부 사람들은 묵시록적 종말을 예고하는 주일 설교를 선택하고, 프랑수아 퓌레 같은 또 다른 이들은 개념적·정치적 역사의 지평을 면밀히 검토한다. 한편 피에르 노라는 《기억의 장소들》, 즉 역사적 표상의 장소들을 탐구한다. 그리고 또 다른 사람들은 《프랑스사》(아세트사)의 즐거움을 되찾는다. 이 책에서 프랑스 왕가는 오랜 스승 라비스의 사후 승리와 함께 되돌아온다. 라비스의 책은 역사적 차원에서 라가르드 및 미쇼 교재와 필적하는 짝을 이룬다. 이와 같은 분열에 직면하자 구조주의의 자양을 받았던 아날학파는 이렇게 자문한다. "오늘날 사건에 기울이는 관심과 어떤 역사주의의 재출현은 최초의 직관이 그 효력을 다해 가고 있음을 알려 준다."[42] 장기 지속의 계승자들은 장기 지속이 새로움이 도래하는 과정들을 망각하게 할 수 있었다는 점을 인정한다. 따라서 구조주의 패러다임의 비약이 역사학자의 담론에 자양을 주어 왔던 상황에서, 이 패러다임의 퇴조는 역사학자의 담론에 중대한 위기를 초래한다. 그것은 역사가 차례로 다른 인문과학들의 담론을 풍요롭게 하는 역설적 시점에서 역사학자들——이들은 구조주의의 트랙에서 인류학자들을 이어받았었다——의 지배에 종말을 가져온다. 이 시점은 전통의 낡은 의상을 다시 걸치는 안이한 해법이 역사가들과 문학자들에게 동일한 유혹을 나타내는 이상한 교차점이다.

35

대사상가들의 소멸

80년대 초기는 또한 60년대 대사상가들의 종말을 고한다. 흔히 영광의 절정에서 사랑을 받았던 그들 가운데 여러 사람이 한창 작업중에 죽음의 기습을 받게 되고, 그들의 메시지는 미완의 상태로 남는다. 잃어버린 환상의 상처를 이미 감싸야 했던 고아 같은 한 세대가 사유의 가장 까다로운 측면을 구현했던 사람들을 떠나보내는 필연적 장례 작업에 직면한다. 어떠한 어려운 일도 해내야 했던 야심찬 패러다임의 뒤를 이은 것은 어제의 영웅들을 묘지로 배웅하는 진정한 장례 행렬이다.

그러나 구조주의 패러다임의 소멸을 야기시키게 되는 것은 이와 같은 연쇄적 죽음이 아니다. 왜냐하면 이 패러다임은 1975년부터 이미 준엄한 쇠퇴의 국면에 있었기 때문이다. 구조주의적 태도의 주인공들은 이 시기부터 60년대 프로그램이 지닌 최초의 야심에서 그들을 점점 더 멀어지게 만들었던 변화를 경험했었다. 그러나 그들의 사라짐은 이 구조주의의 시기와 거리를 두고 멀어지는 현상을 가속화시키게 된다.

바르트의 죽음

롤랑 바르트는 1977년 10월 25일에 매우 두려워했던 드라마, 즉 그의 어머니 앙리에트의 죽음을 겪는다. 앙리에트는 그의 존재의 진정한 동반자였고, 그는 한번도 그녀 곁을 떠난 적이 없었다. 그의 친구 그레마스는 불안했고, 자신이 뉴욕에 있을 때 알았던 소식을 접하자 그에게 이렇게 답장한다. "롤랑, 당신은 이제 어떻게 되는가?"[1] 사실 이 죽음은 그에게 글쓰고 살아가는 욕망을 별안간 파괴한 그야말로 재앙이었다. "내가 상실한 것은 하나의 모습(어머니)이 아니라 하나의 존재이다. 하나의 존재가 아니라 하나의 품격(영혼)이다. 불가결한 것이 아니라 대체할 수 없는 것이었다. 나는 어머니 없이 살 수 있었다. (우리 모두는 다소 늦게 그렇게 한다.) 그러나 나에게 남은 인생은 틀림없이 끝까지 차마 말로 표현할 수 없을(품격이 없을) 것이다."[2]

바르트는 《사랑의 단상》이 대중적 성공을 거둔 이후 명성이 절정에 달한 상황에서 욕망의 심층적·실존적 위기에 직면한다. 그는 르네 포미에가 매우 폭력적인 문체로 내놓은 《지긋지긋한 해독》[3]을 통해 소르본이 가하는 공격을 극복해야 하지만, 분위기는 피카르와 논쟁했던 시기보다 덜 유리하다. 바르트는 같은 시기에 심술사납다기보다는 우스꽝스러운 모방 작품인 《고통 없는 롤랑 바르트》의 주인공이 된다.[4] 이 책의 저자들은 새로운 언어의 습득처럼 바르트의 담론 해독을 제안하는데, 이 언어의 어휘는 부분적으로만 프랑스어에서 왔다는 것이다.

교재의 문체를 사용하면서 이 저서는 직접적으로 R.-B.〔롤랑 바르트의 이니셜 약자〕로서 사유하고, 그의 담론을 프랑스어로 '번역하기' 위해서 요약된 몇몇 대화 요소들·연습들·규칙들·텍스트적 훈련을 제안한다. "1. ──자네는 어떻게 자네를 표명하는가? 프랑스어: 당신 이름은 무엇인가? (…) 3──어떤 '조항'이 자네 프라그마(pragma)의 경제를 자네 존재(ek-sistence)의 은폐와/혹은 활용으로서 차단하고, 둘러싸며, 조직하고 정돈하는가? 프랑스어: 당신은 직업이 무엇입니까? 4.──(나는) 조그만 코드 조각들을 배출한다. 프랑스어: 나는 타이피스트이다."[5] 사람들은 이런 내용을 보고 일소에 부칠 수 있고, 또 사람들은 기꺼이 그렇게 했다. 그러나 바르트는 깊은 충격을 받았다. 그가 유머 감각이 없기 때문이 아니라 이런 패러디가 매우 좋지 않은 때에 나왔기 때문이다. 바르트는 어머니의 죽음으로 극심한 고통을 겪었기 때문에 웃을 마음이 없었고, 이런 출판물들을 내키지 않는데도 계속해야 하는 끝나지 않은 싸움의 표시로 생각한다.

그러나 그는 다시 힘을 되찾아 《누벨 옵세르바퇴르》지에 시평란을 요구하기 위해 장 다니엘의 집을 방문한다. 시평란은 곧바로 진심으로 주어졌고, 바르트는 1978년 12월부터 1979년 3월까지 그것을 쓰게 된다. 그러나 그것은 그의 충실한 독자를 실망시킨다. 《신화지》에 나타나는 신랄한 비평은 더 이상 보이지 않는다. 바르트가 재능을 잃었기 때문이라기보다는 특히 시대가 같지 않고, 비판적 패러다임이 해가 거듭될수록 퇴조하기 때문이었다. 이와 같은 욕망의 위기 상황에서 글쓰기에 대한 단 하나의 진정한 충동밖에 남지 않는다. 바르트는 이 충동을 《누벨 옵세르바퇴르》지에서 일어난 운명적 사건이 일어나기 4일 전에 한 대담에서 내비친다. 그로 하여금 글을 쓰도록 부추기는 것이 무엇인지 알고 싶다는 질문에 그는 이렇게 대답한다. "그것은 다만 죽음 및 총체적 소멸의 감정과 싸우고, 이 감정을 지배하는 방식이다."[6]

바르트가 에콜 가(街)를 건너면서 세탁 트럭에 치여 쓰러진 것은, 프랑수아 미테랑을 중심으로 자크 랑·자크 베르크·다니엘 들로름·피에르 앙리·롤프 리베르만과 함께한 식사를 마치고 나온 때였다. 바르트는 곧바로 살페트리에르 병원에 옮겨졌다. 프랑스 통신 발표는 다소 안심을 주었으며, 작가의 상태가 불안하지는 않다는 정보를 제공했다. 그러나 바르트는 죽음에 대항한 자신의 마지막 투쟁에서 승리할 수 있는 생명력을 상실한 것 같았다. "그는 대단한 부상을 입은 것이 아니었다. 머리에 가벼운 상처를 입었다. 그런데 그는 병원에서 그냥 죽고 말았다."[7] 1980년 3월 26일 죽음을 확인한 법의학자의 결론에 따르면, 사고는 죽음의 직접적인 원인은 아니었지만 이런 측면에서 오랫동안 쇠약해진 환자에게 폐와 관련된 합병증을 유발했다는 것이다. 의학적 이유인가? 심리적 이유인가? 어느 누구도 진정으로 그 이유를 알 수 없지만, 이런 이유들은 구조주의의 서사적 장정에서 가장 사랑받았던 영웅의 죽음이 야기한 결핍을 메워 주지 못한다. 그는 많은 제자들을 남기지만 진정한 학파는 남기지 않는다. 루이 장 칼베가 규정하듯이 '바르트 체계'는 이론보다는 시선에 더 속한다. 바르트는 구조주의를 과학적 궁극 목적으로 체험하기보다는 자신의 문학적 직관들을 방어하기 위해 거쳐 갔다. 특히 바르트라는 인간, 그의 감정, 세계에 대한 그의 시선의 특이성은 80년대 그 무엇으로 대체할 수 없는 상실이었다. "내가 결코 들어 본 적이 없는 무언가를 그 누구보다 먼저 가져다 줄 수 있는 독창적인 목소리가 죽었다. 세계는 나에게 결정적으로 밋밋하게 보였다. 그 어떤 대상에 대한 것이 되었든 바르트의 말은 이제 다시 들리지 않을 것이다."[8]

반박되는 라캉

또한 1980년은 당시의 또 다른 위대한 스승, 자크 라캉이 사라진 해였다. 그러나 이번에는 정신분석학이라는 학문과 이 스승이 확립한 하나의 학파가 큰 소용돌이를 경험하게 된다. 라캉은 50년대에 소쉬르 언어학을 토대로 프로이트로의 회귀를 뒷받침한 후, 위상학·매듭·원환체 등의 방향으로 더욱 나아가기 위해 이러한 봉합점으로부터 멀어지면서 구조주의의 퇴조와 함께했다.

1972년 12월 그는 자신의 세미나를 야콥슨에게 할애하면서, 언어학자들의 제한된 영역인 언어학에 속하는 것과 '무의식 언어(lingusterie)'에 속하는 것을 구분한다. 이 신조어 사용은 로마 강연의 시대와는 달리 정신분석학적 담론의 과학성을 확립하겠다는 야심을 더 이상 전달하지 않는다. "나의 말, 즉 무의식이 언어처럼 구조화되어 있다는 것은 언어학의 영역에 속하지 않는다."[9]

위상기하학으로의 이와 같은 탈출은 당시까지 라캉에게 매혹되었던 많은 지식인들을 당황하게 만든다. 라캉은 주체에 대한 고찰의 영역이라는 자신의 영역에 특히 철학을 불러들이면서 큰 이론적인 논쟁들의 교차점에, 인문학의 중심에 정신분석학을 정착시키는 데 성공했던 것이다. 70년대 중반에 시작되면서 구조주의의 퇴조가 나타나는 시기는 라캉에게도 철저한 반박들이 나타나 자신의 아름다운 구축물을 뒤흔드는 데 기여하는 시점을 나타낸다. 물론 1972년부터 질 들뢰즈와 펠릭스 가타리는 《안티오이디푸스》를 통해서, 그리고 이보다 좀더 후에 푸코는 《앎에의 의지》를 통해서 이미 라캉 이론의 토대를 반박했었으며, 이 출판 사건들은 철학자들과의 점증하는 분열을 드러냈었다.

그러나 반박은 파리프로이트학파(EFP)라는 라캉학파 자체로부터 비롯될 때 보다 불안한 양상을 띠게 된다. 프랑수아 루스탕이 1976년 《매우 불길한 운명》을 출간한 것이 그 경우이다. 그는 정신분석학이 "하나의 종교, 서구에서 오늘날 유일한 종교가 되겠다며 위협하고"[10] 있음을 철저하게 고발한다. 과학적 구축물이라는 상징계·상상계[1]·실재계의 3요소는 루스탕에 따르면 삼위일체 신학으로, 아버지의 이름은 그리스도로, 그리고 성서에의 의존은 기독교 전통으로 귀결된다. 루스탕은 현동적인 이와 같은 종교성이 특히 전이 관계라는 정신분석의 그 강력한 시간에서 작용하고 있음을 본다. 프로이트의 경우에서 정신분석적 관계가 전이를 토대로 분명하게 확립된다면, 그것의 목표는 이 전이를 파기하는 것이다. 반면에 라캉은 전이의 영속화하는 놀이를 했다. 그리하여 그는 자신의 제자들을 완전한 종속 관계 속에 붙들 수 있었다. 이 종속 관계는 작업 전이 이론이나 또는 라캉의 잡지 《실리세》의 실제적 운영이 환기시키는데, 이 잡지에서는 오직 스승만이 자신의 이름으로 글들을 실을 수 있는 권리가 있다. "이 《매우 불길한 운명》은 《대조》가 끼어듦으로써 파리프로이트학파의 무대에 대단한 소란을 야기시켰는데, 저자는 기막힌 승리를 거둔다. 그것은 수학소에 의해 준비된 위기의 이미 존재함을 구현했다고 말해야 한다."[11]

샤를 멜만은 파리프로이트학파의 잡지 《오르니카르?》에서 그가 '정직하지 못한 향연'[12]이라고 규정하는 것을 스승의 이름으로 역공하고, 루스탕이

---

1) 그동안 본서에서 역자는 'l'imaginaire'를 영상계로 번역했으나, 한국의 정신분석학계가 일반적으로 상상계로 번역해 이에 따라 상상계로 바꾸어 번역하였다.

《에크리》의 껍데기에 의거함으로써 의도와 운명을 혼동했다고 비난한다. 차례로 데리다는 멜만을 우편배달부라 규정하면서 이렇게 응답한다. "영어에서, (…) 배달부는 메일맨이다."[13]

얼마 안 가서 파리프로이트학파의 한 본질적 실행, 즉 통과(la passe)[2]가 학파 내 논쟁의 중심에 자리한다. 1978년 1월 도빌에서 이 실행에 대한 고찰에 며칠 동안의 연구가 할애된다. 라캉도 여기에 참석하지만 기본적으로 침묵을 지키다가 논의중인 방식이 완전히 실패했다고 결론을 내린다. "나는 통과에 대해 비판적 입장을 취했지만, 라캉 자신이 도빌에서 통과는 완전한 실패라고 선언했던 때만큼 비판적이지는 않았다."[14] 통과는 교육적인 분석의 유효성이 평가되는 장소가 되도록 라캉이 설치한 것이다. 그러나 사실 그 승인 심사위원들은 자신들이 자신들의 목표로부터 빗나갔음을 알았다. 왜냐하면 지원자들은 이 기회를 이용해 자신들의 문제들에 초점을 맞추지 않고, 자신들의 교육법을 찬양했기 때문이다. 따라서 표명된 담론들은 전적으로 편향되어 그것들의 기능에서 벗어났다. "사람들은 그들의 분석자도, 물론 심사위원들도 지위를 박탈하지 않았다. 이 점은 상당히 인위적인 수련을 만들어 냈다."[15] 논쟁의 대상이 되는 통과 실행의 이 위기는 뱅센대학교에 단단하게 자리잡은 자크 알랭 밀러에게 라캉의 오랜 친위대를 몰아내게 해준다. "권력의 길은 이제 또 다른 라캉 추종 세대에게, 그리고 궁궐에 가장 잘 정착한 이 세대의 대표자 자크 알랭 밀러에게 열려졌다."[16]

70년대말 라캉학파는 내부 투쟁, 이론적 혼란, 그리고 수학소를 향해 달아나는 전진에 사로잡혀 있다. 황폐한 결과를 낳은 일련의 싸움이 늙은 스승의 그림자 속에서 전개된다. 바로 이러한 분위기 속에서 젊은 철학자 프랑수아 조르주의 소책자 《난로의 효과》가 나온다. 이 책에서 라캉 이론은 세

---

2) 통과는 파리프로이트학파가 설립된 지 3년 후 라캉이 설립한 제도로서 분석가(le passant), 피분석자이자 증인(le passeur), 그리고 심사위원들로 이루어진다. 분석가의 분석이 이 학파에서 인정받기 위해서는 분석의 종결이 심사위원회에서 통과되어야 한다. 그러나 이 통과가 의무는 아니었다.

기의 커다란 기만 가운데 하나로 조롱거리가 된다.[17] 《고통 없는 롤랑 바르트》처럼 프랑수아 조르주는 라캉화된 언어를 패러디하는데, 이 언어는 특정 마르크시즘과 똑같이 유사한 상투적 선전 구호에 갇히면서 더할나위없이 진부한 속물 근성의 표현 자체가 되어 버렸다는 것이다. 저자는 스승 라캉의 조작을 고발하고("라캉은 사실 마술사로서 자임한다"[18]), 라캉학파에게 소중한 언어 유희의 법칙을 존중하면서도 이 스승의 재치 있는 말들을 발송자에게 되돌려보내고, 전복된 방식으로 피부 마찰용 장갑 안으로 되돌려보낸다.

물론 프랑수아 조르주는 학설을 분석하는 것이 아니다. 그러나 그는 라캉의 말을 곧이곧대로 받아들인다. 예컨대 라캉이 코끼리라는 단어를 단순히 상기시킴으로써 자신의 세미나라는 눈부신 화단에 한 마리 코끼리를 나타낼 때이다. "코끼리가 없는데 코끼리를 보여 주는 것, 이것이 사실 그의 기법을 매우 잘 정의한다. 우리는 이 기법의 문체를 저버리지는 않는다 할지라도 이 기법이 코끼리 코의 기법이라고 말할 수 있을 것이다."[19] 프랑수아 조르주는 라캉이 육체와 육체의 기질에 거리를 두는 종교적 설계를 위해 인간을 비워냈다고 강조함으로써 빈정거림의 차원에서 루스탕의 비판과 합류한다. 라캉의 이론에서 정서적 측면은 거친 것이고, 육체는 '잔재에 불과'[20] 하다. 말소된(분리된) 주체 $에 관해서 말하자면, 그것은 분석자에게 달러를 환기시키게 되고, 피분석자에게는 정원사의 삽에 의해 둘로 잘려진 지렁이를 상기시킨다는 것이다. 이런 삽질은 안다고 가정되는 자(분석자)가 나누기(la scansion)를 행하고, '자신을 말소(분리)하라는(se barrer)' 명령을 통해서 환자에게 치료를 중단케 하도록 촉구할 때 반복하는 행동이다. 라캉이 설정한 그 문제적이고 매우 불가사의한 조그만 대상 (a)는 프랑수아 조르주에 따르면 조그만 똥 덩어리, 평범하고 경험적인 너절한 것(똥)에 불과하다. "그 작은 a, 혹은 그 대변(大便)은 육체에 연결된 모든 것을 포함하게 된다."[21] 절대적 대타자의 번호에 가입자가 없기 때문에 결코 대답하지 않는 대문자 기표를 찬양하고 육체를 비워냄으로써, 라캉은 "십자가의 신화를 주체 말소선(la Barre)의 신화로 대체하는"[22] 새로운 종교를 창조했다는 것이다. 우리가 판단할 수 있듯이 공격은 가혹하고, 책은 라캉학파에 익숙한 말투——동음이의어의 알아맞히기 놀이——를 사용하는 저자의 유머 재능에 걸맞은 성공을 거둔다. 물론 이 저서와 라캉 이론과의 관계는 졸병들의 희극과 정치와의 관계와 같다. 이 책은 라캉의 기여에 일격을 가하는 데 실패하지만, 이것이 그것의 목표가 아니다. 어쨌든 이 소책자가 일으키는 반향은 라캉학파에 타격을 가하기 시작하는 위기와 불신의 상태를 나타내는 징후이다.

《르 몽드》지에서 롤랑 자카르는 프랑수아 조르주의 저서를 진정으로 찬양하면서 환대한다. "세미나를 통해 얼간이·순진한 사람·속물들을 오랫동안 끌어들였던 라캉 (…) 라캉은 프랑스의 정신분석학을 그것을 잠복하여 노렸던 의학화로부터, 그리고 그것이 정체되어 있던 진부함으로부터 구하고자 하면서 임상적 차원——이것은 몇 분으로 축소된 치료의 자살적인 실천을 수반한다——과 지적인 차원에서 그것의 신용을 떨어뜨리는 어려운 일을 몇 년 동안에 성공시켰다."[23] 그러나 이러한 관점이 만장일치로 공감을 얻은 것은 아니다. 분노한 반응을 나타낸 많은 편지가《르 몽드》에 보내졌다. 이 신문은 기고자들의 논쟁적 열정보다는 그들의 신중함으로 더 정평이 나 있었던 것이다.《르 몽드》지는 이 편지들 가운데 몇 개를 발췌하여 실었고, 특히 한 면 전체가 세르주 르클레르에게 할애된다. 르클레르는 '자크 라캉이 주도한 운동'이라는 제목으로 자신의 글을 게재하는데, 이 글은 1979년 10월 무의식에 관해 개최된 트빌리시 국제학술대회에서 발표한 것을 상당 부분 옮긴 것이다.[24] 여기서 세르주 르클레르는 정신분석학이 혁신하는 데 라캉이 수행한 편력을 추적한다. 그러나 프랑수아 조르주의 에세이가 지닌 폭발적 성격은 소멸하지 않는다. 그리고 1979년 10월말 장 폴 앙토방이《누벨 옵세르바퇴르》지에 '동료 라캉에게 보내는 마지막 경의를 위하여'[25]라는 도발적인 제목으로 그의 저서를 다시 한 번 찬양하자고 제안한다. 앙토방은 이와 같은 풍자가 당연할 뿐이라고 생각한다. 왜냐하면 전의(轉義)에 대한 라캉의 선호와 내심의 감정에 대한 그의 멸시는, 자신의 담론을 지배하는 자리에 위치된 결여를 메우기 위해 모든 권리를 스스로에게 부여하는 한 스승에게 길을 열어 주면서 제도를 조롱했기 때문이다. "말하자면 그것[그의 담론]은 라캉의 사람들 사이에서 신용 화폐처럼 통용되는 '결여'의 교환 가치가 되어 버렸다."[26]

그럼에도 아쉬운 점은 정곡을 찌르는 일부 비평가들이 정신분석학을 통째로 거부하는 운동을 조장할 위험이 있으며, 특히 라캉의 결정적 기여를 망각하게 한다는 것이다. 오랫동안 회자되었듯이 갓난아기를 목욕통에 던져서는 안 되는 것이다. 그건 위험하고, 그렇기 때문에 세르주 르클레르는 그런 기도를 냉혹하게 심판한다. "그가 가져오고자 하는 한줄기 바람은 파시즘의 냄새가 난다."[27]

그러나 르클레르는 사원의 수호자로 자임하는 것이 아니다. 그런 만큼 그는 라캉 추종자로 남아 있지만, 전적으로 독립해 있다. 그는 라캉이 개척한 길에 장애물들이 있다는 점을 인정하고 라캉학파의 위상학적(topologique) 변화를 점점 더 받아들이지 않는다. 1977년부터 그는 자크 알랭 밀러가 이해하지 못하는 텍스트, 〈죽은 말의 제국〉을 통해 이런 변화를 공개적으로 비판하는 데 주저하지 않는다. "어색한 위풍을 상실하는 수학소는 그것이 지닌 낙서적 가치를 자유롭게 풀어 주는 게 바람직하다."[28] 그리하여 세르주 르클레르는 파리프로이트학파의 틀 내에서 앙투아네트 푸크와 공동으로 세미나를 열 계획에 몰두한다. 그는 이 계획을 허락받기 위해 라캉에게 전달한다. 그런데 초창기부터 지지한 이 라캉 추종자, 라캉 이론의 이 거물은 검열을 받아 금지당한다. "시마토스로부터 연락을 받았지만, 당신은 파리프로이트학파에서 세미나를 열어서는 안 된다."[29]

그러자 르클레르는 릴에서 열리는 프로이트학파 축제를 기회로 앙투아네트 푸크와 풍자적인 답변을 쓰기로 결심한다. 이 답변은 《아내들의 학교》[3]에 나오는 인물들의 촌극 형태를 띤다. 그것의 제목은 축제의 처음에 추는 '둘이서 하는 무용'이다. 그것은 "여기에 진실이 있지만 나는 금지시킨다"[30]

---

3) 몰리에르의 극작품이다.

라는 말로 끝난다.

르클레르는 라캉에 의해 기표와 상징계에 부여된 중요성에 동의하지만, 기표의 패권주의가 상상계를 악마적 차원으로 내쫓게 만드는 진행중인 변화(이 변화는 스승이 죽은 후에 확장된다)는 인정하지 않는다. "그런 측면은 모든 것을 통제하는 기표의 패권주의를 통해 어떤 전체주의로 귀결된다. 내가 동의할 수 없고, 종교적인 것의 회귀를 준비하는 무언가가 있다."[31] 그런데 상상계가 이와 같이 비워짐으로써 정신분석가에게 중대한 문제가 제기된다. 왜냐하면 그가 자신의 환자가 어떻게 현실을 감추고 회피했는지 알기 위해 기표의 도움을 받아 작업을 하지만, 그는 피분석자의 상상계에 입각해 자신의 가정들을 구상해 내기 때문이다. 다른 한편으로 분석가는 행해진 담화나 파롤과 비교하면서 언어적 표출을 거치지 않는 것의 정연한 논리를 복원해야 한다. 그러나 라캉은 처음부터 이러한 차원을 특히 거울 단계부터 본질적인 것으로 통합했다. 그러나 점점 더 형식화할 수 있는 과학적인 분석적 담론을 추구하는 방향으로의 변화는 이 차원을 과소평가하도록 만든다. "나는 라캉이 매듭 이론을 만들었을 때 대부분 그것이 그의 제자들에 대한 반발로 이루어진 것이라고 생각한다. 그의 제자들은 상상계 · 정서가 언어적 구조에서 일종의 부대 현상, 흥미없는 부대 현상이라고 간주하는 경향으로 기울었던 것이다. 상상계를 특수한 매듭 속에 위치하는 것은 상상계의 구조들이 지닌 고유한 자율성을 나타내는 수단이었다."[32]

이른바 해법

1979년 상호 모순적인 흐름들이 프랑수아즈 돌토의 떠남처럼 괄목할 만한 떠남들과 위기를 배경으로 파리프로이트학파를 뒤흔든다. 한편 암에 걸린 스승 라캉은 점점 더 그 자신의 그림자가 된다. 그리하여 그는 그가 더 이상 통제하지 못하는 파벌 싸움의 희생자가 된다. 바로 이같은 유독한 상황 속에서 라캉은 1980년 1월 15일 파리프로이트학파의 해체를 선언한다.

드골이 어느 날 프랑스국민연합당을 단념했듯이 라캉은 자신의 '물건'을 단념한다. 권위주의적은 아니라 할지라도 권위적인 이러한 행위는 자크 알랭 밀러의 승리를 인정한다. 밀러는 솔랑주 팔라데에 따르면 이른바 해법을 예고하는 문제적 편지의 당사자이다. "라캉은 더 이상 글을 쓸 수 없었다. 밀러가 편지를 쓰고, 라캉이 교정하기로 결정되었다."[33]

라캉은 이 편지에서 자신의 분산을 증명하기 위해 자신의 학파가 실패했음을 내세운다. "나는 더 이상 학파가 없다. 나는 모래알 같은 내 언술 행위로부터 얻은 의지점(언제나 아르키메데스)으로부터 학파를 일으켰다. 이제 나는 무리——내가 책임져 주기를 원하는 사람들의 무리——가 있다. 나는 그들을 하나의 전체로 만들지 않겠다. 전혀 그렇지 않다. (…) 따라서 나는 혁신을 일으켜야 한다. 왜냐하면 나는 이 학파에 실패했기 때문이다."[34] 이러한 결정은 제도의 모든 규칙을 위반하여 개입한다. 게다가 이 절대적 명령은 제자들이 스승에 대해 새로운 충성을 하라는 의무를 함축한다. 즉 제자들은 개인적이고 문서화된 후보 지원을 통해서 스승의 권위를 따라 자신들의 길을 계속하겠다는 욕망을 나타내야 한다는 것이다.

이 절대적 명령은 1901년의 학회에 대한 법을 원용함으로써 파리프로이트학파 회원들에 의해 즉각적으로 문제가 제기된다. 이들 가운데 22명이 라캉을 급속 심리에 소환한다.[35] 그러나 법률적 싸움은 미리 진 것이었다. 왜냐하면 정당성의 근거를 결코 법이 아니라 지도자의 카리스마에 두었던 제도에 마주하고 있기 때문이다. 마오쩌둥주의의 옛 지도자였고, 민주적 원리들의 형식적 성격을 고발하는 데 익숙한 자크 알랭 밀러는 1979년 11월 10일 항의자들에게 미리 이렇게 답변했다. "프로이트학파는 라캉, 라캉 혼자에 의해 오직 그의 교육 내용을 토대로 설립되었다. (…) 라캉의 위치는 우리의 그룹으로부터도, 그에 대한 투표로부터도 비롯되지 않는다. 반대로 우리의 실천이 그의 실천으로부터 나온다."[36] 우리가 헤아릴 수 있듯이 자크 알랭 밀러는 스탈린이라는 인물로부터만 정당성이 비롯되는 프롤레타리아 민주주의의 가르침에 기본적으로 충실한 채 남아 있었다.

따라서 학파의 분산된 무리들의 운명은 라캉에, 오직 라캉에 달려 있다. 그는 그와 함께 모험을 계속할 준비가 되어 있는 후보들이 보낸 수천 통의 편지를 받는다. 이 가운데 3백 통은 파리프로이트학파에서 온 것이다. 라캉은 이러한 지지에 힘을 얻고, 자신의 기대를 넘어서는 이와 같은 의견 조사에 의해 합당성을 확보한 2월에 프로이트신조(la Cause freudienne)라는 이름의 학파를 설립한다. "수천 통의 편지는 곧바로 반대자들에 의해 '수천의 떠돌이' 라 불리게 되고, 이 반대자들은 적들에 의해 '의견 조사쟁이' 로, '명백한 위작자' 로, '학파 회원' 을 원하지 않는 '거머리 동료' 로 규정된다."[37] 과학의 욕망이 지배하는 더할나위없이 진지한 분위기 속에서 시작했었던 것이 집단적 난파를 향해 준엄하게 끌고 가는 우스꽝스러운 분위기 속에서 마감한다.

이러한 조롱적 상태가 절정에 이르는 시점은, 마르크시즘의 구조주의적 혁신을 이룬 대사상가이자 프랑스 공산당 내에서 라캉에 대한 관심을 유입시킨 자인 루이 알튀세가 1980년 3월 15일 해체 지지자들이 소집한 파리프로이트학파 모임을 방문할 때이다. 정식으로 초대장을 받은 3백8명의 회원들이 알튀세가 나타날 때 참석하고 있었다. 그런데 생자크 페엘엠 호텔 오닉스실의 입구에서 검문책임자들이 그를 알아보지 못했다. "그는 초대장을 보여 달라고 요구받자 불쑥 이렇게 답한다. '그렇다, 사실 나는 리비도와 성신에 의해 소환받았다. 각자가 오래전부터 알고 있듯이 성신은 바로 리비도이다. 또한 당신들에게 사실을 말하자면, 성신은 리비도와는 아무 상관이 없다.'"[38] 라캉은 대소식을 알리면서 자신의 지지자들을 맞이한다. 마침내 그가 '라캉 상표(label Lacan)' 인 대문자 기표의 지위에 다다랐다는 것이다. 그러나 그는 참석한 사람들에게 '아름다운 라캉(la belle Lacan)' 은 그녀가 가지고 있는 것만을 줄 수 있다고 상기시킨다. 연설이 끝나자 알튀세가 일어서서 개입한다. "그는 하나의 단조로운 짧은 담화를 늘어놓으면서 이 스승을 훌륭하지만 가엾은 아를르캥으로 묘사한다. 그는 정신분석가들이 전쟁이 터졌는데 렌즈콩을 고르고 있는 여인처럼 혼란스러운 담론들 속에 발이 묶여 있다고 강조한다.[39] 알튀세 역시 1980년 그해에 완전히 위기 상태에 있었다. 그는 그가 열렬히 사랑했던 것을 불태운다. 해체가 한창 진행되던 시기에 알튀세는 지난날 자신의 언술들을 말소한다. 따라서 라캉의 이와 같은 부정은 분명 그 자신을 부인하고, 그가 다른 사람들에게 나타냈던 것을 부인하는 운동의 성격을 띠는 것 같다. 우리는 이 운동이 그의 자기 비판 시기부터 1980년의 그 비극적인 해까지 계속해 이루어지고 있음을 알 수 있다.

모두가 라캉을 내팽개치다

난파는 죽음이 대사상가들을 앗아갈 때 비극으로 바뀐다. 라캉은 복부 종양의 후유증으로 1981년 9월 9일 80세를 일기로 사망한다. 모든 사람이 이 부고를 주요 사건으로 인식하고, 《르 몽드》지는 1면에 기사를 내보낸다. 크리스티앙 들라캉파뉴는 이 기사에서 20세기에 그만큼 명성을 누린 사상가는 별로 없으며, 라캉의 메시지에서 유념해야 할 교훈은 하나의 본질적인 교육 속에 있음을 인정한다. 이 교육에 따르면 이론이 없는 실천은 맹목적이지만, 실천과 단절된 이론은 '공허한 담론이자 뻥튀긴 횡설수설'에 불과하다는 것이다. "우리가 언급해야 할 것은 라캉 자신이 양자를 결코 분리시킨 적이 없다는 점이다. 그리고 이 점이 그의 작품으로 하여금 오랫동안 계속해서 관심을 불러일으키게 할 것이다."[40] 라캉의 죽음은 유일자(l'Un seul)의 사라짐을 야기시키면서 구조주의 패러다임의 또 다른 주요 부분을 그의 무덤 속으로 가져가고, 방향을 상실한 제자들을 남겨 놓는다. 이들은 그야말로 분산을 겪게 된다.

스승은 그의 사위인 자크 알랭 밀러에게 권력을 남겨 준 뒤, 그를 계승자로 지목했었다. 그리하여 밀러는 유언집행자가 되며, 라캉이 남긴 말을 출간할 자격이 있는 유일한 인물이 된다. 이 계승자의 분석자였던 만큼 그를 보

다 잘 알고 있는 샤를 멜만은 빈정거리듯 이렇게 말한다. "유언집행자라니 멋진 말이군. 집행하라지!"⁴¹⁾

샤를 멜만은 라캉의 사상을 이 시대에서 가장 폭발적이고 가장 해방적인 업적으로 간주하는 열렬한 추종자였기에 "이 사상이 장차 상당수 사람들을 억압하는 압착기로 변모하는 것을 보고" 절망한다. "이들을 지도자의 화신이라 생각된 대사제 앞에 엎드려 궤변을 부리고 앵무새처럼 되풀이하는 순종적인 제자들로 만드는 압착기 말이다. (…) 그런데 이게 통하고 있으니!"⁴²⁾ 이제 파롤의 인물이 사라진 이상, 사실 세미나의 명칭은 '밀러'로 불릴 수 있다.

한편으로 우리가 목격하는 것은 라캉 운동의 기막힌 원자화이고, 라캉 이론의 대다수 거물들이 재정복하는 독자성이다. 다른 한편으로 자크 알랭 밀러는 프로이트신조학파(ECF)를 위해 신입회원들을 모집하고, 라캉 부흥의 적극적인 정치에 뛰어든다. 대량적인 회원 모집을 겨냥하는 전위대의 열성적 활동은 프롤레타리아 좌파 시기에 획득된 수완의 덕을 본다.

정신분석학의 식민화는 도시들을 포위하기 위해 시골들을 정복하는 마오쩌둥식 모델에 따라 잘 진행된다. 라틴아메리카는 특별한 목표가 되지만 배타적은 아니다. 전략은 지구적이다. "사람들은 터보 교수들(turbo-profs)에 대해 이야기했다. 이제 복음을 전파하기 위해 프랑스의 구석구석과 모든 나라들을 돌아다니는 터보 정신분석자들이 있다. 그들은 정신분석학을 팔고 다니는 진정한 외무사원들이다."⁴³⁾ 이들은 제국의 상관(商館)이 있는 관저 로비에 신속하게 임명된 도시지도자들과 지역책임자들을 자신들 뒤에 남겨 놓는다. 제도적인 구조는 오래 지속되기 위해 시장 법칙, 즉 인간·상품·사상이 로테이션하는 큰 속도 및 비디오 클럽의 법칙에 적응하지 않으면 안 되었다.

한편 라캉 이론의 거물들은 결국 이와 같은 학파적 제도를 벗어나 길을 가기로 선택했다. 그들은 이 제도 속에서 라캉의 가르침을 더 이상 알아보지 못하는 것이다. 80년대 중반에 엘리자베트 루디네스코는 1980-1981년의 일반화된 위기로부터 비롯된 상이한 그룹을 13개나 열거한다. 이 숫자는 라캉 이론에서 갈라져 나왔지만 어떠한 그룹에도 가담하지 않은 인물들은 계산하지 않은 것이다. 예컨대 프랑수아즈 돌토·자니 오브리·미셸 몽트르레·세르주 르클레르·피에르 르장드르 같은 이들이다. "나는 프로이트신조학파와 같은 유형의 제도에는 동조할 수 없다. 그러나 그것의 설립은 그것을 나의 자연적인 세계로 만들고 있다."[44] 그러나 라캉 이론의 또 다른 거물인 무스타파 사푸앙은 《들랑다》지에서 자크 알랭 밀러와 함께 작업을 한다. 하지만 그는 상당히 빨리 밀러와 분규를 일으키며, 결국 단절하기로 결심한다. "나는 한 사람의 지도자가 부재함으로써 야기된 균열의 힘을 높이 평가하지 않았다. 나는 다른 길을 기대했다. 그러나 추종자가 없었다."[45] 장 클라브뢸은 라캉과 결코 단절한 적이 없고, 1979년 가을에도 여전히 매주 그와 함께 저녁 식사를 하곤 했던 또 다른 거물이었는데, 1981년 1월의 해체 때부터 자크 알랭 밀러에게 분명하게 적대적인 입장을 취한다. 클로드 뒤메질·클로드 콩테 등 역시 학파를 떠난다. 그들에 보기에 이 학파는 더 이상 스승의 가르침을 대변하지 못하기 때문이다.

이와 같은 단교에는 집단의 정체성과 관련된 심각한 위기를 부추기는 수많은 지적·정서적 이유들이 뒤섞여 있다. 그런 만큼 가장 역동적인 정신분석학파의 균열 뒤에서 지적 지평으로부터 퇴조하는 것은 정신분석학의 담론이다. 60년대에는 이 담론이 인문과학의 탐구 중심에 위치했는데 말이다.

알튀세의 이중적 죽음

샤먼 라캉이 사라지기도 전에 비극이 알튀세를 덮친다. 알튀세는 당시의 또 다른 대스승으로서 한 세대의 철학자들을 양성했으며, 지진의 진앙을 언어학에서 철학으로 이동시키면서 구조주의의 중심축 역할을 했다. 철학은 인문과학들이 지닌 과학성의 정도를 판단하는 심판으로 여겨졌다.

그가 전쟁에서 돌아온 후 한번도 떠난 적이 없는 울름 가의 고등사범학교의 그 아파트에서 1980년 11월 16일 그의 아내는 교살되어 죽은 채로 발견된다. 철학자 알튀세는 자신이 그녀를 교살했다고 인정한다. 이 점은 사체 부검을 통해 확인된다. 알튀세는 즉각적으로 생트안 병원에 이송된다. 그의 상태는 법관 기 졸리에게조차도 의도적인 살인 혐의를 통고할 수 없게 만든다. 그리하여 정신의학적 감정이 이루어진 결과 루이 알튀세의 정신착란 상태가 고려되고, 그가 그의 행위에 책임이 없음이 인정되어 1981년 1월 23일 면소 판결이 나온다.

알튀세의 정신 건강은 항상 불안정했었다. 자신의 지위로부터 주기적으로 멀어지게 만들었던 조울증으로 괴로워했던 그는 전기 충격 요법을 받았고, 12년이나 지속된 마취 분석을 시도했었다. 따라서 그의 아내를 죽게 만든 행위는 특히 이런 종류의 정신의학적 치료가 지닌 한계를 입증하는 것이지, 일부 사람들이 바라듯이 인식론적 단절의 결과를 입증하는 것이 아니다. 그의 친구 K. S. 카롤이 이야기하는 바에 따르면, 1980년 7월초 알튀세는 이전에 겪었던 것들보다 훨씬 더 심각한 우울증에 빠졌다. 10월에 부인과 함께 남프랑스 지방으로 떠났지만 진정한 회복을 가져오지 못했다. "그는 거의 아무도 맞이하지 않았으며, 아무것도 읽지 않았고, 거의 말도 하지 않았으며, 병원으로 돌아갈 생각을 했다. 그의 상태는 마지막 주말 직전에 악화되어, 그의 아내 엘렌은 그를 위해 잡아 놓은 약속들을 취소하기로 결정해야 했다."[46] 그러니까 1980년 그 11월에 알튀세 역시 죽은 거나 마찬가지이다. 비록 그가 10여 년이나 산 자들과 함께 있지만 말이다. 이제 그는 살아 있는 죽은 자이며, 자신의 행위와 사유에 책임이 없다고 인정된 사상가이다. 그는 격리되어야 했고, 세계로부터 떨어져 제한된 추종자 그룹과 홀로 살아가야 했다.

우리가 이와 같은 비극과 알튀세 사상의 운명 사이에 어떠한 관계도 확립할 수 없다 할지라도, 인정하지 않을 수 없는 것은 개인적인 상황을 넘어서 어떤 정신적 혼란의 상황이 알튀세 사조에 심대한 타격을 가했고, 그들 가운데 어떤 이들을 최후의 극단적인 행동인 자살로 이끌었다는 점이다. "놀라운 일은 그처럼 많이 죽은 경우가 없었다는 것이다"[47]라고 피에르 마슈레는 확인한다. 그는 이런 비극적 사건들을 반마르크시즘적 폭력의 분위기 때문으로 돌린다. 이러한 분위기는 파리의 지식인 세계가 60년대 마르크시즘을 현대화하는 알튀세의 시도를 맞이했던 똑같은 속도로 이 지식인 세계에 확산되었다. 어제의 영웅들과 그들의 동지들은 불명예의 낙인이 찍혔고, 일부 인물들은 이것을 견디지 못했다. 배척하고 의심하는 이와 같은 분위기는 한 번도 문제화되지 않는다. 또한 원용해야 할 사항은 자신들의 지적·사회적 정체성을 확립해 주었던 지표들을 상실한 자들이 체험한 매우 극심한 정체성 위기이다. 이와 같은 비극적 운명은 여러 알튀세 추종자들에 타격을 가하게 된다. 뱅센대학교의 교수이자 사회학자인 니콜라 풀란차스는 1981년 창문으로 투신한다. "그때는 반마르크시즘적 담론이 성공하기 시작했던 시점이었다. 그는 이것을 별로 잘 견디지 못했고, 그래서 피폐해졌다."[48] 알랭 투렌이 내세우는 이유들은 성격이 다르다. 그에 따르면 그가 마지막 시기에 많이 만났던 풀란차스는 더 이상 뱅센을 견디지 못했다. "그는 나에게 고등사회과학원에서 자신을 받아들여 달라고 요구했었다. (…) 그는 자신의 가책을 자기 파괴로 변모시켰다. 알튀세에게도 이런 측면이 있다."[49]

다음으로 알튀세 추종자인 언어학자 미셸 페쇠가 1982년 생을 마감한다. 미셸 페쇠와 알고 지냈고 그를 높이 평가했던 클로딘 노르망이 볼 때, "많은 이유들 가운데 이론적인 궁지에 대한 의식과 매우 큰 정치적 실망이 있었음이 틀림없다. 그들은 이론의 전능한 힘을 너무 믿었기 때문에 그런 현상을 견딜 수가 없었다."[50]

알튀세를 침묵시킨 드라마가 있은 지 10년 후, 1990년 10월 22일 이 철학자는 라 베리에르의 노인병센터에서 심부전증으로 두번째 죽음을 맞이한다. 향년 72세. 수많은 철학 제자들이 그에게 마지막 경의를 표했다. 《르 몽드》지에서는 앙드레 콩트 스퐁빌이 '사라진 스승'을 찬양한다. "결산을 하기에는 너무 이르다. 스승이 우리에게 남긴 족적은 너무도 크다."[51] 한편 크리스티앙 들라캉파뉴는 알튀세의 업적을 마르크스와 스피노자의 계보 속에 위치시킨다. 에티엔 발리바르는 1990년 10월 25일 루이 알튀세의 장례식에서 마지막 경의를 표한다. 그는 알튀세가 다른 사람들에게 귀를 기울이고, 그들을 자신의 작업에 끌어들이는 탁월한 능력을 찬양한다. "그렇기 때문에 한 세대 전체가 그랬듯이, 그분으로부터는 아니라 할지라도 그분 덕분에 모든 것을 배웠던 나는 '스승'이라는 이름이 그분에게 잘 맞는다고 생각하지 않는다."[52] 당시에 마르크시즘의 상황은 뇌사 상태의 혼수 상황이었다. 그래서 알튀세라는 교육학자이자 친구인 인물에 경의가 다양하게 표현되었다 할지라도 마르크시즘을 혁신시키겠다는 그의 시도가 실패한 것은 명백하다. 그러나 그는 달리 행동할 수가 있었을까? 그의 시도는 더할나위 없이 훌륭한 엄격성과 정직성으로 이루어졌다. 그러나 로베르 마지오리와 함께 우리는 "그가 마르크시즘을 하나의 과학으로 만들고 인본주의를 죽이고자 함으로써, 또 윤리적 요구들을 무시함으로써 마르크시즘을 구하고자 했지만 죽이는 데 기여하지 않았나 자문할 수 있다."[53] 이는 이성이 내놓는 또 하나의 술책, 다시 말해 인식론적 단절의 개념에 반대해 변증법이 사후에 벌이는 복수라 할 술책이 아니라고 할 수 없다.

푸코의 죽음

정말이지 80년대의 그 초기는 구조주의 태도의 영웅들로 인해 잔인했다. 1984년 6월 25일 미셸 푸코가 갑자기 에이즈에 걸려 57세의 나이로 죽었다는 소식이 전해지자 사람들은 경악을 금치 못했다. 당시 그는《성의 역사》를 한창 집필하고 있었다.

한 세대 전체의 정치적 희망과 이론적 야심의 화신 자체가 푸코와 함께 사라졌다. 그는 학파의 수장도 아니었고, 어떤 개별 학문의 경계를 옹호하는 수호자도 아니었다. 이런 것보다 훨씬 더 그는 그의 시대를 담아낸 천재적 집성소였다. 그는 60년대는 구조주의자였고, 80년대는 개인주의자였던 것이다. 따라서 예외적인 통찰력을 지닌 하나의 시선이 지적 풍경에서 사라진 것이다. 그는 새로운 문제 제기 방식에 자신을 적응시킬 줄 알았기 때문에 언제나 시사적 문제의 중심에 있었는데 말이다. 이러한 새로운 방식은 구조주의의 프로그램이 지닌 논리적 궁지를 뛰어넘고 벗어나고자 했다. 그는 그가 무어라 말하든, 이 구조주의 프로그램의 주요한 인물들 가운데 하나로 남아 있었다. 편견과 기성 사고에 대한 비할 데 없는 비판자로서 그 역시 그 80년대에 말을 잃은 많은 추종자들을 남겼다. 그만큼 이들은 어떠한 협회에도 소속되지 않았던 것이다.

그의 사망 소식은 이 인물의 차원에 걸맞는 하나의 사건이었는데도 언론은 아직 무엇이 푸코를 앗아갔는지 알지 못했다. 《르 몽드》지는 이 철학자의 죽음을 1면에 커다란 제목으로 알리고, 피에르 부르디외는 '지식의 즐거움'을 나누게 할 줄 알았던 이 인물에게 경의를 표한다.[54] 이 신문의 2페이지 전체가 그에게 할애되었다. 로제 폴 드루아는 니체처럼 절대적 상대주의자였던 자의 죽음 앞에서 자신의 감동을 이렇게 표현한다. 즉 그의 역설적 작품은 분류를 우롱하면서 끊임없이 튀어오름으로써 어떠한 가두기에서도 벗어난다는 것이다. 이런 튀어오름 때문에 그는 사람들이 기다리지 않은 곳에서 나타나곤 했으며, 자신의 담론적 우회에서 자신의 모습이 사라지는 것을 보았던 것이다. 베르트랑 푸아로 델페슈는 푸코를 '방황의 고행자'라고 생각한다. 폴 베인 · 롤랑 자카르 · 필립 부셰 · 조르주 키에즈망은 감금 기구들에 대항한 모든 저항의 상징으로서 투쟁자이자 활동적인 시민이었던 이 인물의 행로를 복원한다.

《리베라시옹》지는 1면 전체에 이 철학자의 사진을 게재하면서 '푸코가 사망하다'라는 중립적 제목을 붙인다. 이런 제목은 어디서나 만나는 것이지만 억제된 감정, 즉 그 누구로도 대체할 수 없는 한 동료를 상실했다는 감정을 가장 잘 표현한다. 세르주 쥘리는 '내일의 지뢰 제거인'에게 경의를 표하며, 사유 방식들의 변화를 예감할 줄 알았고 그리하여 미래를 준비할 줄 알았던 인물을 찬양한다. 로베르 마지오리는 푸코의 죽음과 그의 마지막 저서들의 출간을 일치시키는 죽음의 아이러니를 지적한다. 이 책들에서 푸코는 쾌락의 새로운 사용을 설파하며 존재를 하나의 예술 작품으로 만들 것을 권유한다. 푸코가 많은 글을 기고했던 《리베라시옹》지는 그가 죽은 지 얼마 되지 않아 다양한 형태로 이 철학자에 대한 특집 기사를 내보낸다. 이 기사에서 이 인물의 굵직한 전기가 소개된 후 프랑수아 에발드 · 앙드레 글럭스만 · 로베르 마지오리 · 로제 샤르티에 · 제라르 프로망제 · 프랑수아즈 에드몽드 모랭이 푸코가 쓴 글들의 풍요로움과 다양성을 복원하면서 마지막 경의를 표시한다.

《누벨 옵세르바퇴르》지에서는 푸코의 친구 장 다니엘이 'M. 푸코의 열정'이란 제목으로 사설을 싣고,[55] 하나의 글을 통해서 조르주 뒤메질은 '삶의 장식물뿐 아니라 삶의 실체 자체'를 박탈당한 모습으로 그를 남겨 놓고 가버린 '이 행복한 인간'을 회상한다.[56] 로제 샤르티에는 역사학자의 영역에서 푸코의 행적을 회상하고, 그의 출판 담당자였던 피에르 노라는 '푸코와 함께한 세월'에 대해 이야기한다. "푸코가 죽었다. 이 나라에 이 말을 듣고 정신과 마음의 충격을 받지 않는 지식인은 없다. (…) 이 죽음은 약간은 우리의 죽음이며, 그와 함께 우리가 체험했던 것의 조종과 같다."[57]

이렇게 피에르 노라는 이 죽음에서 하나의 마감의 표시를 본다. 1984년 6월의 어느 날 아침 라 피티에 살페트리에르 병원의 뜰에서 푸코와 화해한 친구 질 들뢰즈가 그에게 최후의 경의를 보내면서 《쾌락의 사용》의 서문 가운데 한 대목을 읽었고, 그곳에 모인 소규모 군중은 경건하게 경청했다. 그렇게 사유의 위대한 순간은 떠나갔다.

36

보편주의적 모델들의 위기와 학문들의 자폐

특히 70년대 중반에 흔들리는 것은 보편주의적 계획들에 부여된 신뢰이다. 이 계획들의 위기는 구조주의와 마르크시즘의 이중적 붕괴를 가져온다. "좀 우스꽝스러운 말이지만, 나는 최후의 마르크스주의자이다."[1] 각각의 학문은 그것 자체의 세력권으로 되돌아가고, 그것의 이론적·제도적 정체성을 구성하는 확실한 것들·전통들·선배들과 다시 관계를 회복하면서 어떤 정적을 되찾는 경향을 보인다. 보편주의의 단념은 구조적 시대를 특징지었던 학제간 연구의 야심의 퇴조, 학문간의 분열과 맞물린다.

이제 사람들은 각각의 학문이 지닌 경계, 단단하게 지켜지는 그 경계를 넘어서는 것을 망설인다. 그리고 60년대에 현대성의 표현 자체로 인식되었던 한계로의 이동은 점점 더 실천에서 금지되고, 학문들의 자폐 움직임과 역행한다.

잃어버린 환상의 역사적 상황, 그리고 대학에 부여된 신뢰의 약화와 자리 부족의 사회학적 상황이라는 이중적 상황은 이와 같은 전반적 자폐에 강력하게 기여한 결과를 낳는다. "사라진 것은 우리 세대들의 역사적 환상이다. 사유의 도구들 역시 비판의 무기들이 될 수도 있고, 그리하여 현실과 현실의 변모를 생각하는 것은 동일한 역사적 운동 속에 연결될 수 있다는 관념 말이다. 이런 발상은 폭발해 버렸고, 이런 자기 환상, 그렇게 품어진 자기 도취는 분명히 끝났다. 비록 이것이 고통스럽다 할지라도 말이다. 왜냐하면 어떤 사람들은 그런 환상에 자신의 일생을 바쳤기 때문이다."[2] 이러한 자폐로부터 나올 수 있는 것이 적합성의 층위들을 복원하게 해주고, 또 60년대에 개화했던 절대적인 것들과 신화들로부터 정화된 과학적 관점에서 한계를 측정하게 해주는 탐구이다. 그러나 그것은 또한 관점들·패러다임들·대상들의 단순한 병치로, 절충주의로 귀결될 수 있다. 그것들 사이에 의미 작용적 상관 관계의 충위들을 찾으려고 하지 않고 말이다.

구조주의와 마르크시즘의 이중적 퇴조

1976년 클로드 메야수의 저서[3]가 출간되는 것을 기회로 인류학에서 구조주의자들과 마르크스주의자들 사이에 분위기가 험악해진다. 논쟁은 매우 격렬했다. 비록 그것의 주역들이 2개의 패러다임이 함께 쇠퇴로 끌려가고 있다는 사실을 깨닫지 못했지만 말이다. 클로드 메야수는 다양한 생산 방식들에서 영속화되는 하나의 근본적인 사회적 실체를 간파해 낸다. 그는 그것을 '가족 공동체' 라고 규정한다. 그에 따르면 이 공동체는 다양한 형태로 재생산을 보장해 준다는 것이다. 그렇게 하여 그는 이 실체로부터 아프리카의 전통 사회들에서 친족 관계를 파생시킨다. "생산 및 재생산 관계는 우리에게 법률적-이데올로기적 친족 관계의 기반처럼 나타났다."[4] 레비 스트로스가 연구한 친족의 기본 구조와 근친상간의 금지가 차지하는 중심적 위치를 이처럼 상대화시킴으로써, 메야수는 레비 스트로스가 창간한 《인간》이라는 잡지에서 '민족학 마르크시즘: 새로운 몽매주의로 향하는가?' 라는 제목으로 알프레드 아들러의 매우 신랄한 반응을 받게 되고, 고들리에와 피에르 봉트의 입장을 토대로 하고 있는 구조-마르크스주의 인류학으로부터도 역시 철저한 비판에 직면한다.[5]

따라서 알프레드 아들러는 메야수가 근친상간의 금지가 지닌 보편적 성격을 문제삼은 것에 대해 강력하게 반발한다. 그 속에서 메야수는 가족 중심적 사회들에서 재생산 메커니즘들의 지배와 연결된 이데올로기로부터 비롯되는 도덕적 개념을 본 것이다. 이러한 관점에서 그는 채집 및 수렵 사회들과 농업적 경제 체제들을 구분한다. "그의 주장에서 가장 분명한 것은 생태 정치체라는 허구(écopolit-fiction)를 완전하게 만들어 낸 다음에, 친족·관습·믿음·종교·마법 등을 형용할 수 없는 혼동 속에서 이 허구로 몰아간다는 점이다."[6]

논쟁의 톤은 《인간》지의 그 다음호에서 더욱 격렬하게 된다. 클로드 메야수는 '화씨 450.5도'[1]라는 도발적인 제목으로 비방자들에게 답변한다. 그러면서 그는 보수주의자들이 펜 대신에 횃불을 들고 이것을 궁극적 비판으로 삼고자 할 때 기존 학설들을 문제삼는 책들이 어떻게 될 것인지 자문한다. 알프레드 아들러는 그에게 이렇게 응대한다. "나는 그를 안심시킬 수 있다. 화재를 일으키는 어떠한 횃불도 그의 책을 위협하지 않는다. 그의 책은 기껏해야 한번 얻어맞을 정도밖에 가치가 없을 것이다. (…) 시간이 가면 그의 역사적 유물론은 아마 다소 먼지 속에 묻힐 것이다."[7]

사실 이러한 충격은 두 패러다임, 즉 상이한 가정과 모델화 작업에 입각하지만 둘 다 총체화시키는 성격을 지니고 있는 구조주의적 패러다임과 마르크시즘적 패러다임의 통분 가능성을 탐색케 한다. 이러한 논쟁의 저편에서는 보편적 방법의 야심 자체가 이론적 지평으로부터 조금씩 사라지게 된다.

《인간》지는 1986년 인류학의 현황서를 내놓는다.[8] 장 푸이용이 지적하듯이 일반적으로 파산 후에야 제출되는 결산을 하자는 것이 아니다. 인류학은 여전히 매우 생생한 풍요성을 드러내고 있기 때문이다. 비록 그것이 더 이상 사회과학을 쇄신시키는 도가니로서 인식되지는 않지만 말이다. (그것은 암묵적 발화 내용과 무의식이 현실의 열쇠로 제시되었던 구조적 시대에는 정신분석학과 함께 그런 쇄신의 도가니였다.) 다른 한편 인류학을 구성하는 대상들이 다양하게 증대되고 방법이 다원화됨으로써 이 학문 영역의 파열이 목격된다. 이번 호의 많은 기고자들, 즉 니콜 생드쟁그르·카르망 베르나르·장 피에르 디가르 같은 자들은 각각의 탐구 분야에 특유한 문제들의 다양성

---

1) 책이 금지된 사회를 그린 SF 소설 레이 브래드버리의 《화씨 451도》를 상기할 것.

과 관련된 세분화를 확인한다. 인류학의 활력은 여전히 대단하지만, 이 학문은 더 이상 다른 학문들에 종합적 사명을 지닌 사유 방식으로 제시되지 않는다. 그것은 그것의 모델화 체계를 중심으로 한 신속한 과학적 축적의 낙관론을 더 이상 지니지 못한다. 이론적 다양성은 현장의 명확한 기술(記述)인류학적 묘사로의 회귀를 함축하는 겸허의 교훈으로 인도한다. 그렇다고 이론적 차원을 단념하는 것은 아니다. 왜냐하면 장 푸이용이 환기하듯이 "보편적인 것은 특수한 것 속에서 발견되기 때문이다."[9] 인류학은 그것의 패러다임들과 대상들을 문제화하기 위해 탐구하면서 그것 자체로 되돌아간다. 이러한 자성은 이 학문의 역사에 대한 반성을 거쳐 가는데, 이와 같은 반성은 인류학의 역사 및 고문서 잡지로서 1986년에 새롭게 창간된 《그라디바》의 주요 관심사이다.[10]

인문과학에서 벗어난 철학

철학자들의 경우, 학문에 보다 특수한 것으로 간주된 탐구에 대한 반성은 더욱 분명하다. 불로뉴 비앙쿠르의 자크프레베고등학교 철학 교사인 프랑신 르 브레는 전통으로의 이와 같은 퇴각을 불안하게 확인하면서 진행중인 변화를 퇴보로 간주한다. "이것이 탈참여라는 것은 분명하다. 영원성에 관심을 둠으로써 사람들은 현재의 시사적인 문제에 관심을 두는 것을 스스로 금한다. 인문과학과 과학일반으로부터 단절된 철학을 하고자 하는 것은 추가적 후퇴이다. 철학은 그것이 제3공화국하에서 지녔던 존재의 모습으로 되돌아가는 경향이 있다."[11] 따라서 철학이라는 학문은 인문과학이 지엽성으로 퇴각하는 현상에 동참한다. 인문과학은 학문적 경계 뒤로 개별적 영역으로 후퇴하면서 60년대의 의기양양한 도전을 단념한다.

아비(Haby)의 개혁안으로 위협을 느낀 철학자들은 1975년 자크 데리다의 주도하에 GREPH(철학교육연구모임)을 설립함으로써 하나의 동원 장소를 만들어 낸다. 고등학교 교육 제도의 범주에서 볼 때, 철학 교육은 대학입학자격시험 응시자들에게 제시되는 주제들의 유형에 크게 종속되어 있다. 그런데 이러한 측면에서 우리가 확인할 수 있는 것은 이 시험의 주제들을 선택하는 데 있어서 현저한 변화가 있다는 점이고, 주제들의 가능한 폭이 축소되었다는 사실이다. 니체/마르크스/프로이트라는 3인조는 퇴조가 한창이다. 정신분석학에 도움을 청하는 주제들은 별로 없고, 그것에 의식의 철학이 대립된다. 한편 인문과학 일반은 비철학적인 것으로 다소간 철수된다. 다루어야 할 주제들을 선택하는 전반적 감독 기관의 지시는 프로이트보다는 베르그송, 마르크스보다는 홉스, 바슐라르보다는 알랭에 대해 이야기하라고 부추긴다. 고등학교 3학년의 교재들이 절충적이고, 푸코와 레비 스트로스의 텍스트들을 통해 현대성에 위치를 부여하고 있긴 하지만, 이 방대한 백과전서에서 중요한 것은 대학입학자격시험에서 시험 주제들이 나올 것이라고 생각되어 유념하게 되는 부분이다. 이러한 차원에서 예상 밖의 반응이 분명하게 나타난다. "1972년부터 1980년까지 대학입학자격시험에서 학문에 할애된 주제들은 전체 19.8퍼센트에서 12.6퍼센트로 내려갔다. 동시에 인식론과 자연과학에 속하는 저자들은 10.6퍼센트에서 1.1퍼센트로 하락했고, 인간과학의 집단에 속하는 저자들은 7.4퍼센트에서 2.2퍼센트로 내려갔다. 마지막으로 20세기의 저자들은 32.9퍼센트에서 18.1퍼센트로 떨어졌다."[12]

따라서 구조주의 시대를 특징지었던 인문과학과 인식론적 고찰에 대해 거리가 생긴 것은 분명하다. 1972년 대학입학자격시험 응시자들에게 제시된 4개의 텍스트가 나온 레비 스트로스의 작품은 다음해에 사라졌다. 마르크스/프로이트/레비 스트로스라는 3인조는 1972년 시험에 제시된 텍스트들의 6.6퍼센트를, 1975년에는 9퍼센트를 나타냈는데 1978년에는 3.7퍼센트로, 그리고 1987년에는 1.2퍼센트로 감소된다. 이와는 반대로 고전이 된 작가들은 지속적인 향상을 경험한다. 플라톤/데카르트/칸트라는 3인조는 1972년 시험에서 제시된 텍스트들의 12.3퍼센트를 나타냈다가 1975년에는 17.1퍼센트, 1985년에는 17.3퍼센트로 계속적으로 상승하며, 1987년에는

25.3퍼센트에 이르게 된다.[13]

80년대 중반 프랑신 르 브레는 철학 교육에서 인문과학의 이용을 주제로 한 PAF(인재 양성 교육 플랜)의 모임에 참석한 바 있는데, 진행중이었던 변화를 이렇게 증언한다. "내가 그때 참여한 토론에서 참석자들은 프로이트에 대해 이야기하지 않고도, 심지어 프로이트의 텍스트를 읽지 않고도 무의식에 대한 강의를 아주 잘할 수 있다고 말했다."[14] 교육자들은 무의식에 대해 강의를 하려면 피에르 자네와 같은 프랑스의 신칸트학파 철학자들을 통해서 프로이트를 피해 가라는 권유를 받는다.

그러니까 학문적 자폐가 퇴보의 커다란 위험을 띠게 되는 때는 철학이 **영원철학**에 대한 제한된 수의 문제들로 축소되고, 규범화된 저자들의 한정된 자료체로 축소되어야 한다고 교육자들이 성공적으로 설득되는 시점이다. 그 이유는 많은 중등 교육자들이 자신들이 비철학적 문제들 속에서 길을 잃었고, 실증주의를 통해 죄를 저질렀다고 생각함으로써 자신들의 **죄**를 인정하기 때문이다. 이로부터 마치 아무것도 일어나지 않은 것처럼 쇄신의 한 시대 전체를 은폐하면서 전통으로 무조건 회귀할 수 있는 높은 위험이 비롯된다. "오늘날 인문과학을 철학 교육의 지평으로부터 배제시키려는 지배적인 경향이 있다. 사람들은 그것이 철학에 속하지 않는다고 설득되고 있다."[15] 마르크스와 프로이트의 추정된 잔해 위에서 철학은 외생적인 모든 의존 관계에서 벗어나 최초의 순수성을 되찾는 것 같다. 그리하여 인문학 사이에서 그것의 재탄생을 완성하기 위해 필요한 대대적인 세척이 미디어적인 차원에서 선언된다.

바로 이러한 단절에 반대해서 실뱅 오루는 분기한다. 그는 철학적 개념들에 대해, 그리고 언어학적 관념들의 역사에 대해 방대한 백과전서적 작업을 지휘한 철학자이다.[16] 반대로 그는 철학 영역의 제한을 왜곡으로 인식하고 새로운 철학적 여건, 즉 철학자로 하여금 그가 동참하는 현대성의 과학적 발견들에 입각해 고찰하게 해주면서 지식의 통일성을 보존하려고 시도하는 여건을 권장한다.

우리가 보았듯이 실뱅 오루가 선택한 것은 언어과학의 인식론 영역에서 직업적 전문 자질을 획득하기 위해 철학의 고전적 영역을 떠나는 것이었다. 그런 만큼 바로 철학자로서 그는 철학적 문제들과 기술적 지식의 공유 지대에서 이 영역에 개입한다. 그는 기원으로 되돌아가는 철학과, 철학에 외부적인 것으로 간주되는 과학 일반의 영역을 단절시키는 발상에 경계를 나타낸다. "철학적 시도를 그 바탕에서 다시 시작하려 한다는 것은 몰상식하다 할 것이다. 강은 결코 그것의 근원으로 거슬러 올라가지 않는다. 그러나 그것은 죽은 지류들을 포함할 수 있다. 지혜는 고인 물을 빼내라고 명령한다."[17]

따라서 '철학적 철학'으로의 회귀는 상당수의 은폐 위험과 퇴보 위험을 나타낸다. 그러나 다른 한편으로 그것은 구조주의 시대의 선언들이 지닌 인위적 성격을 나타낸다. 그것들은 철학이 철학적 영역을 벗어난 문제 제기들에 자리를 내주지 않을 수 없다고 말하면서 철학의 가까운 종말을 예고했던 것이다. 이러한 차원에서 볼 때 현재의 현상이 표현하는 것은 보편적 사명을 띤 프로그램의 실패이고, 이 프로그램이 지닌 야심이 과도했다는 점이다. "나에게 충격을 주는 것은 후기 구조주의가 철학적인 것으로의 회귀에 의해, 다시 말해 철학적 방식에서 실현 가능한 것으로의 회귀에 의해 특징지어진다는 점이다. 이 철학적 방식은 해체주의적인 방식들 다음에 오거나, 혹은 이 방식들을 넘어서는 것이다."[18]

작은 학문적 섬들의 위험

80년대가 흐르는 동안 이와 같은 자폐 움직임, 횡단적인 학제간 방식의 이와 같은 단념은 철학에서뿐만 아니라 거의 어떤 학문에서나 감지된다. 파리7대학교의 사회학 교수인 피에르 앙사르는 각각의 작은 학문적 섬 속에 이처럼 갇히는 현상과, 통용중인 학문적 분할들의 정당성을 설정하는 것에 대한 탐구가 없음을 한탄한다. 반면 60년대에는 학생들이 풍요로운 길로서 체험된 학제간 연구 속에서 독창적인 길을 모색하려고 노력했던 것이다. "이제 조그만 동아리들이 안전한 장소들처럼 나타난다. 사회학에서 대학국가위원회 회장으로서 나는 어떻게 이런 일이 임명을 위해 일어나고 있는지 잘 알고 있다."[19]

종합적 야심과 보편 지향적 관심의 부재와 세분은 학생들에게 또 다른 역효과를 나타낸다. 그들은 여러 학문적 언어들(langages)을 획득하지만, 이 언어들은 소통시킬 수 없을 정도로 칸막이가 쳐진 것이다. 그들은 3년 동안의 학업을 마친 후 상이한 어휘들을 획득하지만 소통 언어를 획득하지 못한다. "학생들이 전문성은 있지만, 해석을 하려면 문제는 다르다. 그들은 완전히 이질적인 것들로 구성된 지식을 지니고 있기 때문이다."[20] 그리하여 피에르 앙사르는 구조주의적 패러다임에 대해 비판적이었지만, 오늘날 어떠한 인식론적 고찰도 없이 제시되는 작업의 엄밀하게 경험적인 성격을 유감스럽게 생각한다. 그는 젊은 학생들이 레비 스트로스의 작품을 전혀 모르고 있는 사태를 비극적이라고 간주한다. "그들은 레비 스트로스를 전혀 모르고 있다. 나는 나의 4학년 학생들에게 그에 대해 이야기하지만 제로에서 출발해야 한다. 그래도 이런 사실은 가슴 아픈 일이다."[21]

다른 한편으로 우리는 문학자들이 글쓰기의 모든 현상을 포괄하는 텍스트성에 그들의 관심을 집중시킨 이후 그들의 고유한 영역, 즉 문학의 영역으로 물러나는 것을 보았다. 우리는 역사가들이 라비스적 역사와 순전히 사건적인 이야기의 은밀한 매력을 되찾는 것을 본다. 이 이야기는 어떤 체계나 인과적 구조와 더 이상 연결되고자 하지 않는다.

이러한 회귀는 인문과학의 정체성 위기를 특징짓고 있다. 인문과학의 야심은 한때 이 인문과학 모두를 뒤흔들었던 구조주의적 패러다임에 의해 표현된 담론, 다시 말해 과학과 이론의 담론을 토대로 보편성을 확립하는 것이었다. 하지만 이 패러다임의 기교 아래 숨어 있는 보석을 망각한다는 것은 애석한 일이 될 것이다.

37

구조적 자연주의

　가능한 일반적 기호학으로서 구조적 패러다임이 쇠퇴하고 있지만, 그것은 새로운 제휴에 입각해 변모함으로써 스스로를 영속화시키는 수단을 찾아냈다. 50년대에 레비 스트로스가 표현한 야심, 즉 자연과학 가운데에 편입되겠다는 야심은 선도과학으로서 언어학을 버리고 그것을 생물학으로 대체하는 구조주의의 제2기에서 프로그램으로 확립된다. 한편으로 고전인문학과 다른 한편으로 이른바 정밀과학 사이에 붙들린 인문과학의 내적 갈등은 현실을 분석하는 틀의 차원에서 구조적인 것으로 제시되었던 엄격한 방법을 통해 1차적으로 표현된 바 있다.

자연에서 구조

　이 제2기에서 분명 우리는 어떤 점진적 변화를 목격하는 것 같다. 구조는 이제 의미를 복원시키는 접근 방법으로 단순하게 간주되지 않고, 그것 자체가 자연 속에 존재하기 때문이다. 따라서 희망은 정신적 울타리 안에서, 이 울타리의 기능 방식 안에서 자연적인 구조적 실재를 재발견함으로써 자연/문화라는 이원론을 뛰어넘는 것이다. 이때 구조적이란 동일한 이름의 방법은 이 자연적인 구조적 실재의 문화적 연장에 불과할 것이다.

　이와 같은 변화는 프랑스에서 가장 과학적인 목표를 세웠던 구조주의의 아버지인 레비 스트로스에게서 매우 현저하게 감지된다. 그는 오늘날 구조적 사회인류학을 통해서 인간 정신의 작용 방식을 발견할 수 있다는 가능성에 관한 자신의 야망을 상당 부분 상실했다. 그가 이 학문이 그러한 방향에서 부분적으로 중요한 기여를 했다고 생각하지만, 인류학자들이 "문제의 열쇠를 쥐고 있는 유일한 사람들도 아니고, 또 확실히 그렇지 않다"는 점을 인정한다. "열쇠를 쥐고 있는 자들은 신경학자들이다"[1]라는 것이다. 따라서 그가 《친족의 기본 구조》에서부터 제기했던 문제들에 대한 주요한 대답들은 생물학과 유전학 쪽으로의 탐구인 셈이다. 이들 학문들은 자연과학과 인간과학 사이의 경계, 다시 말해 그가 처음부터 뛰어넘고자 시도하고 있는 그 경계를 없애게 해주리라는 것이다. 인류학은 패러다임들의 도입에 의해 기능하고 있듯이 레비 스트로스는 인류학의 분석 영역에 음운론적 모델을 도입했다. 그는 이제 인지주의나 르네 통의 재앙 이론에 의해 실현된 진보에 훨씬 더 수용적이다. 그는 이러한 개념적 진전에서 자신의 구조주의를 자연주의적인 철학으로 방향을 재설정할 수 있는 수단을 본다. 이 철학에 따르면 "모델은 이미 육체 속에, 즉 유전 암호 속에 기록되어 있다"[2]는 것이다.

이 2차 시기의 레비 스트로스는 괴테가 제시한 자연적 현상의 과학적 관찰 이론에 접근한다. 괴테는 하나의 색깔 이론과 하나의 식물 구조 이론을 설명했었다. 그는 우리가 어디서나 만나지만 현실의 어디에도 존재하지 않는 다양한 지각의 실현을 조건짓는 모델-기층의 가설에서 출발했다. 색의 성격에 관한 연구에서 괴테는 뉴턴의 해석에 반박한다. "괴테가 뉴턴의 실험에 대립시키는 것은 모든 색채 지각이 물리적 현상들과 눈 사이의 상호 작용의 산물이다는 사실이다."[3]

이 시기에서 레비 스트로스의 구조주의는 존재론적 구조주의, 혹은 통합적인 구조적 실재론이 되는 경향을 보인다. 바로 이러한 전망에서 1983년 레비 스트로스는 그가 아메리카의 신화에 대해 작성한 조사 목록을 규정한다. "신화는 우리가 그 목록을 작성할 수 있는 중심축들에 따라 서로를 반영한다. 따라서 현상을 설명하기 위해서 우리는 정신 작용이 물리적 세계에서 말하는 의미에서 어떤 법칙들에 따른다고 가정하지 않을 수 없다."[4] 그는 여기서 관념적인 것과 현실적인 것, 추상적인 것과 구체적인 것을 분리하는 전통적인 형이상학적 이원론을 재검토한다. 그가 이와 같은 이원론에 대립시키는 것은 의식의 여건들이 '감각 기관들과 뇌에 의해 이미 코드화된'[5] 이러한 양극 사이의 중간에 있다는 사실이다. 그는 코드화 작용이 의지하는 물리-화학적 과정과, 정신이 코드화에서 따르는 절차 사이에 동형소(isomorphie)가 있음을 가정한다.

따라서 레비 스트로스에 따르면 구조주의는 정교해지고, 형식화의 시도에서 가장 극단적으로 나아간 상황에서 자연의 심층적 법칙들을 재발견토록 할 수밖에 없다. 그것은 육체의 원래 메커니즘들을 지적인 재구축의 논리 위에 떠오르게 해주고, 그럼으로써 과학적 지식과 유일하게 화해할 수 있는 철저한 유물론을 복원하게 해준다는 것이다. 따라서 마지막 단계의 레비 스트로스에게서 현실과 구조 사이의 일치는 완전하다. 왜냐하면 구조는 현실의 표현 자체이기 때문이다. 그것은 현실과 총체적 상동성의 관계에 있다. 이와 같은 자연주의적 목표는 레비 스트로스에게서 《친족의 기본 구조》부터 나타났다. 그러나 당시에 그는 자신의 구조주의가 지닌 방법론적·인식론적 차원에 더 중점을 두었다. 이 목표는 르네 통과 그의 제자들의 주장에 영향을 받아 더욱 확실하게 드러난다. "이 '두번째' 구조주의—— '첫번째'는 따라서 보다 도구적이었던 같다——는 감추어진 현실(정신·육체·사물의 상동적 구조들)에 대한 그것의 내기를 통해서, 르네 통이나 그를 추종하는 장 프티토 코코르다 같은 사람의 당혹스러운 '기호물리학(sémiophysiques)'과 근본에서 비교될 수 있음이 드러난다. (…) 이들은 이 기호물리학이 제시하는 로고스-기체의 동일성으로 귀결하고 있다."[6]

과연 장 프티토 코코르다는 모든 훌륭한 구조주의자들이 인식하는 정신과 인식할 수 있는 것의 동일성을 가정함으로써 구조를 현실의 완전한 부분으로 간주하는 실재론자라는 점을 보여 준다.[7] 르네 통의 제자인 프티토는 레비 스트로스의 목표와 합류한다. 왜냐하면 후자는 인류학이라는 '무른' 과학을 '단단하게' 하고 싶고, 프티토는 '단단한' 과학을 '다시 무르게' 하고 싶기 때문이다. 그들은 둘 다 오늘날까지 인문과학과 정밀과학 사이에 통용되고 있는 이원론을 뛰어넘게 해주는 공조 운동을 실현시키고자 희망한다.

구조적 자연주의 대(對) 문화적 구별주의

레비 스트로스의 경우에서 구조주의의 자연화가 두드러지는 현상은 이와는 반대처럼 보이는 움직임, 즉 문화적 차원에서 구별주의적 주장들에 대한 동조 움직임과 맞물린다. 이러한 동조는 1971년부터 '인종과 문화'[8]라는 주제로 발표된 새로운 강연에서 감지된다. 이 주제는 '인종과 역사'에 대한 1952년의 고찰을 다시 다루지만 관점은 현저하게 다르다. 1차적으로 레비 스트로스의 논고는 구별의 유일하게 적합한 층위로서 엄격한 문화적 층위에 위치했다. 그런데 그에게 양떼 속에 늑대를 들여놓는다고 비난하는 유네스코의 책임자들이 아연실색하게도 레비 스트로스는 '인류학의 무대에 주민유전학의 진입'을 다양한 이론적 귀결들을 지닌 근본적 반전의 원천으로 고려한다. 그리하여 문화적 태도들을 자연화함으로써, 그는 하나의 사회가 그 스스로를 다른 사회들보다 우수하다고 생각할 수 있고 자체의 가치 체계 내에 폐쇄될 수 있음을 합당하다고 인정한다. "이와 같은 통분 불가능성은 (…) 각각의 정신적 가계나, 각각의 공동체가 지닌 가치 체계들이 스스로를 보존하기 위해서 지불해야 할 대가를 나타낼 수조차 있다."[9]

따라서 레비 스트로스에 따르면 이와 같은 문화적 구별주의를 쳐부수지 않아야 한다. 왜냐하면 그것은 문화적 개화 가능성의 토대 자체를 지니고 있기 때문이다. 다른 한편으로 반인종주의적 투쟁은 문화적 비판의 무기들에 만족할 수 없다. 왜냐하면 근본적인 열쇠는 유전적 차원에 있기 때문이다. 바로 이러한 방향에서 레비 스트로스는 '유전학자들과 민족학자들 사이의 적극적인 협력'[10]을 호소한다. 그러나 레비 스트로스는 문화들 사이에 소통의 필요성을 부인하지 않으며, 자신이 유네스코에 기고한 두 논문——1952

년의 논문과 1971년의 논문——사이에 입장의 변화가 없다고 주장한다. "사실 '인종과 역사'에서 나는 두 가지를 언급했다. 다만 사람들이 그 반만을 받아들였던 것이다. 나는 달의 감추어진 부분에 대해 주의를 끌도록 해야 할 필요성을 느꼈다. 바로 이 '인종과 역사'에서 나는 인간 사회들에 불가결한 그 다양성의 최적 상태에 대해 이야기하고 있다."[11] 그러나 우리는 이 텍스트들 사이에서 이루어지는 점진적인 변화, 다시 말해 구조적 패러다임의 자연화로 이끄는 그 변화에 주목하지 않을 수 없다. 피에르 앙드레 타기에프가 지적하듯이 우리는 레비 스트로스가 인종 중심적인 태도들을 인류와 불가분한 것으로, 또 인간 조건의 진정한 선험적 요소와 보편적 실체로 간주하는 이러한 입장이 낳을 수 있는 결과를 우려할 만한 전적인 이유가 있다. "이 민족학자는 자폐, 자기 선호, 그리고 타자와의 대립과 같은 집단적인 태도와 성향들을 '자연화'함으로써 민족 중심주의와 외국인 혐오에 정당한 토대를 제공한다."[12]

　기본적으로 전반기의 레비 스트로스와 후반기의 레비 스트로스 사이에 본질적인 지속 요소는 구조적 패러다임에 특유한 이론적 반인본주의에 충실하다는 것이다. 이 반인본주의는 인간성을 확립할 수 없는 서구 인본주의의 결점들을 고발한다. 레비 스트로스가 서구 인본주의에 대항해 내세우는 것은 자연주의적 접근, 즉 '살아 있는 존재로서의 인간에의 접근'[13]이며, 이 인간은 윤리적 차원에서 도덕적 존재로서의 인간과 대조된다. 이러한 측면에서 민족학적 전통에 충실한 후반기의 레비 스트로스는 보편성을 희생시켜 차이들을 우선시하며, 뿌리 뽑기를 희생시켜 뿌리 내리기를 중시한다. "우리는 레비 스트로스에게서 두 유형의 상이한 보편주의를 발견한다. 하나는 그가 주저하지 않고 받아들이는 것으로 종의 생물-심리학적 동일성을 주장하는 보편주의이다. (…) 다른 한편으로 우리는 나쁜 보편주의, 아니 그보다는 가짜 보편주의를 만난다. 이것은 차이들을 인정하지 않으려 하고, 의지주의적인——따라서 불가피하게 통합적인 계획으로 이루어진 보편주의이다."[14] 레비 스트로스는 자신의 관점을 인간의 자연화에 토대하고 있는데, 이 자연화는 보편을 되찾게 해주는 유일한 과학적 차원으로 간주된다. 보편은 분명히 존재하지만 생물학적이고 유전학적인 차원에서만 존재한다는 것이다. 인간의 물리-화학적인 기반에 입각해 인간 문화의 토대를 재발견하는 것이 이미 레비 스트로스의 초기 작업에서 구조적 목표였다는 점은 분명하다. 그러나 인지적 매체는 초기 단계의 음운론적 모델보다 이 목표의 실현에 보다 적절한 관점을 제시한다.

인지주의: 급진적 자연주의

구조적 패러다임의 자연화를 진행시키는 데 있어서 단 스페르버는 레비 스트로스보다 더 멀리 나아간다. 이미 1968년 그는 레비 스트로스의 업적에서 일부분, 즉 정신적 울타리라는 인간 정신과 관련되는 부분만을 과학적으로 간주했고, 그리하여 촘스키의 생성주의와 합류하여 레비 스트로스의 발견들을 다시 읽었다. 촘스키가 가능하게 만든 쇄신은, 스페르버에 따르면 구조주의적 모델들을 이미 한물간 연구 단계로 돌려보낸다. 그것들은 작동적이 되기에는 너무 단순주의적이며, 지식의 모든 영역들에 수출될 수 있다는 지나친 야망을 드러낸다는 것이다. "어느 누구도 언어학에서 구조주의적 모델들을 더 이상 주장하지 않을 것이다. 이론으로서 그것들은 끝난 것이다. 철저하게 말이다."[15]

단 스페르버는 인류학자의 연구에서 경험주의적 혹은 문학적 요소와 과학적 업적을 철저하게 구분할 것을 권고한다. "사실 인류학의 이름 아래에는 그 어떤 것도 일부일처적으로 결합하게 만들지 않았던 매우 상이한 두 학문이 공존했다."[16] 한편으로 그는 자신의 독자성을 되찾는 민족학과, 다른 한편으로 진정한 과학으로서의 인류학을 분리하고자 한다. 민족학은 해석적 장르이며, 역사학처럼 개별적인 기술적(idiographique) 학문이고, 특수한 것에의 접근이어야 하며, 인류학은 그것의 진정한 대상, 즉 일반성으로서의 인간성을 대상으로 해야 한다는 것이다.

스페르버에 따르면 인류학의 과학적 성격을 지탱시키게 해주는 것은 생성주의와 인지주의가 만나는 접점 쪽에서 찾아져야 한다. 근본적으로 자연주의자인 단 스페르버가 중요하다고 판단하는 것은, 사회과학을 붙잡아 현재의 자연과학 안에 위치시키는 것이 아니라 자연과학의 영역을 확대하고, 따라서 그것의 성격을 수정해야 한다는 점이다. "물리학에 생물학이 추가되었던 날에 자연과학은 더 이상 동일한 것이 아니었다."[17]

단 스페르버는 인지과학을 '전후의 커다란 지적 운동'[18]으로 간주하고, 그것의 발전에 민감하다. 그리하여 그는 심리학·신경학·오토마타 이론에서 출발한 이 혁신 운동이 사회과학의 일부가 과학성에 도달토록 해주기를 많이 기대한다. 이와 같은 변모가 전제하는 것은 철저한 유물론적 접근에 머물러야 하고, 따라서 자연적인 것 이외에 다른 원인들은 없다고 생각해야 한다는 점이다.

분석은 물질인 단 하나(l'Un)에서 출발한다. "내가 보기에 뇌 속에는 레비스트로스가 생각하는 것보다 훨씬 더한 구조가 있다. 뇌의 이러한 구조는 매우 중요한 요소로서, 문화들의 내용에 상당히 강력한 구속력을 지니는 원천이다."[19] 또 다른 가설은 포퍼적인 것인데, 모든 과학적 이론은 가능한 한 가장 명료해야 하며, 따라서 그것의 가정들을 검증할 수 있어야 한다. 이러한 차원에서 단 스페르버는 어떠한 종류의 기계적 환원주의를 피하기 위해 이렇게 덧붙인다. "문화들을 만들어 내는 것은 뇌의 그런 구속 요소들이 아니라 복잡한 환경 속에 있는 뇌의 고리 집단들이다."[20] 이러한 관점에서 레비스트로스는 상징적 체계들의 구조가 보편적인 인간 적성들에 의해 결정되며, 신화들의 연구는 이런 구조의 인간 정신에 관해 더 많이 알게 해줄 수 있다고 생각함으로써 합리주의적이고 유물론적인 입장으로 한걸음 더 나아갔다. 그러나 단 스페르버는 그가 루비콘 강을 건너지 않고 신화들이 의미들을 실어나른다는 관념에 여전히 집착한다고 비난한다. "그런데 역설적이지만, 우리는 그의 커다란 공적 가운데 하나가 신화의 의미를 확립하겠다는 고심에서 신화 연구를 해방시켰다는 점이다라고 주장할 수 있다."[21] 따라서 단 스페르버는 레비 스트로스의 구조주의에서 특별한 측면, 즉 존재론적이고 자연주의적인 측면을 찬양하면서도 방법론적인 기호학적 측면을 비난한다. 그에 따르면 이 후자의 측면은 문학 장르에 속한다는 것이다.

생성주의처럼 인지주의도 대서양 건너편에서 오며, 스페르버는 이와 같은 새로운 패러다임에 입각해 인류학을 반석처럼 다지고자 기대한다. "모든 진정한 과학적 지식은 유물론적인 존재론의 범주 속에 위치한다."[22] 이 패러다임은 경험적 발견으로부터 비롯되는 것이 아니라, 수학자 앨런 튜링이 1936년에 물질이 어떻게 사유할 수 있는가를 이해하게 해준 이래로 순전히 논리학자적 발견으로부터 비롯된다. 그것은 인간과학과 자연과학을 대립시키는 경계의 파괴를 마침내 실현하게 해줄 것이다. 사회과학에서 패러다임의 자연화는 인지주의에 입각해 표상 개념에 대한 재정의를 거쳐 간다. 따라서 인류학은 기본적으로 심리학이며, 그런 만큼 단 스페르버는 "레비 스트로스의 방식을 탈기호학화하라"[23]고 권유한다. 그는 이 방식을 두 단계로 해체할 것을 제안한다. 즉 한편으로 정신 현상들에 접근하게 해주는 신경과학의 발견들에 의거하고, 다른 한편으로 사회-문화적 사실들은 '어떤 표상역학(épidémiologie)'[24]을 모델로 하여 분석되어야 한다는 것이다. 이때 이 역학의 대상은 1차적 층위에 속하는 표상 자체가 아니라 표상의 배분이다. 따라서 연쇄 작용과 변모 과정에 대한 설명은 심리학적 요소들과 생태학적 요소들에 동시에 관련된다.

그러나 우리는 뤼시앵 스퀴블라와 함께 오직 정신적 울타리에 입각해 사회적 현실을 설명한다는 방식이 진정으로 작동하는 것인지 자문할 수 있다. 왜냐하면 우리가 이런 차원에 위치하면 실제 의미·표상·법칙들이 이 설명을 벗어나기 때문이다. 뤼시앵 스퀴블라는 정신적 구조 및 인지적 과정의 연구를 문화인류학과 이처럼 동일시하는 것을 거부하는 데 적어도 2개의 이유가 있다고 본다.[25] 먼저 상징계의 자율성이 이 상징적 차원을 정신적 표상의 차원으로 끌어내리게 해주지 않는다는 것이다. 다음으로 문화적 현상들의 기술적(技術的) 차원에서 볼 때 이러한 분석 도식에서는 궁지에 빠지게 된다는 것이다.

인지주의적 패러다임은 다양한 기원을 지닌 한무리의 학문들(인공 지능, 60년대 행동주의에 반대해 미국에서 발전된 심리학·신경과학 등)을 결집시키고 있는데, 또한 언어학의 변화로부터 비롯된다. 실제로 노엄 촘스키는 심층적 구조, 언어 수행 모델로부터 분리된 언어 능력 모델을 연구함으로써 인지과학의 출현과 발전에 직접적이고 중요한 영향을 미쳤다. 생성주의 언어학자들 역시 인류학자 단 스페르버처럼 과학적 위상을 확보하기 위해 인지주의 쪽으로 시선을 돌리고, 인간성의 존재론적 문제에 집중하기 위해 기술적(記述的) 방식을 과학의 영역 밖으로 내쫓는다. "마르크시즘과 구조주의는 단순한 기술(記述)의 프로그램을 구비한 채 서로로부터 나왔다."[26]

촘스키 이론의 추종자들에 따르면 새로운 과학적 해석항은 소쉬르의 구분들을 낡은 것으로 만들어 버린다. "소쉬르로부터 비롯되는 개념들은 더 이상 별 소용이 없다."[27] 그리하여 기표와 기의의 구분, 메타포를 계열체적 관점으로 간주하는 현상, 심지어 통합체/계열체의 구분까지도 니콜라 뤼베에 따르면 현대 언어학에서 무의미하다고는 할 수 없지만 매우 제한적인 역할밖에 하지 않는다. 반면에 하나의 메타포를 설명하는 데 중요한 것은 메타포를 일련의 복잡한 연쇄 작용들과 연결시키는 것이다. 이미 정평 있는 엄격함으로 자연과학에 가장 근접한 것으로 간주된 비교 분법 이후로 언어학은 인지과학의 지형 안에 매우 잘 자리잡았다.

프랑스에서 인지과학의 연구가 진행되는 주요 기관의 하나는 파리이공과대학교의 **CREA**(용용인식론연구센터)이다. 이 센터의 소장 장 피에르 뒤퓌[28]는 복잡성에 대한 초학문적(transdisciplinaire) 접근을 설파하며, 현대 과학의 다양한 선구적 전선에 새로운 계통학을 모델화의 공통적 틀로서 제시한다. 그는 단 스페르버·다니엘 앙들러·프랑수아 레카나티·피에르 자코브 등이 참여하는 연구팀의 연구 작업을 이끈다. 장 피에르 뒤퓌 이전의 환원주의적 접근에 반대해 내놓는 것은 환원 불가능한 복잡성이다. 뿐만 아니라 그는 불변성을 우선시했던 이전의 경향과는 반대로 현실과 무질서 사이의 밀접한 관계를 우선토록 한다. "현재의 물리학에서 가장 중요한 문제들의 하나는 무질서한 체계들의 연구이다."[29] 뒤퓌에 따르면 하나의 새로운 역동적 힘이 복잡한 체계들을 다루는 물리학자들로 하여금 생물학·신경생물학·인공 지능을 연구토록 하게 한다. 이와 같은 탐구는 당시까지 반과학적으로 보였던 자율이라는 관념에 가치를 부여한다. 그러나 이 관념은 지배의 관념과 혼동되어서는 안 된다. "그것은 그것을 언제나 파괴할 수 있는 것, 다시 말해 전통적으로 타율이라 불리는 것과 공조하는 자율이다."[30] 장 피에르 뒤퓌가 이끄는 기관인 CREA의 사람들은 구조주의가 막다른 궁지로 끌고 갔으며, 따라서 인지주의에 입각해 사회과학의 자연화를 재확립할 필요가 있다고 생각한다. 인지주의는 CREA의 연구자들 모두를 나타내는 것은 아니지만 30명 가운데 12명으로 3분의 1 이상을 대변한다. "나의 생각은 다시 시작해야 한다는 것이었다. 그런데 에드거 모랭은 자연 및 생체과학의 지식들에 의존하면서 사회과학에서 나보다 앞서 나갔다."[31] 따라서 전통적 심리학 혹은 행동주의 심리학의 단순한 회귀를 토대로 하는 것이 아니라, 균형의 한계를 넘어선 열역학·양자역학·인공두뇌학·정보에 입각해 주체에 대한 새로운 고찰이 진행된다. "우리는 인간을 더 이상 분명하게 표명할 수 없다. 우리는 인간의 흔적을 추구할 수 있다."[32]

이 센터는 1981년초 장 마리 도므나크에 의해 인식론 및 자율연구센터라는 이름으로 설립되었다. 자율이라는 용어는 사회과학의 연구가 인간이 자신을 짓누르는 결정론을 부정하지 않고 스스로 결정하는 능력에 대한 연구의 틀 내에서 구상되었다는 것을 의미했는데, '자율적인' 무정부주의자들이 거리 데모를 넘어서 창문과 자동차를 부수는 상황에서 정치적 현상으로서의 자율과 혼동될 위험이 있었다.

도므나크가 볼 때 구조주의는 19세기의 직관이 다다른 귀결점으로 설정된다. 이 직관에 따르면 모든 과학을 단 하나의 과학으로 단순화해야 한다는 것인데, 오귀스트 콩트·뒤르켐·레비 스트로스의 노력을 결합시키는 야심이다. "내가 보기에 구조주의는 이러한 유토피아의 귀결점, 즉 끝을 나타 낸다."[33] 그러나 결국 인지주의는 자연과학이 사회과학에서 작동되도록 하기 위해 자연과학의 작동적 개념들을 사용하면서 이와 같은 야심을 수용한다. 이러한 의미에서 그것 역시 자연적인 것과 사회적인 것 사이의 다리를 놓겠다는 의지와 연속적인 입장에 있다. 그러나 구조주의와는 달리 도므나크는 자연/문화의 단절을 취소하기보다는 자동 지시적(autoréférentielle) 변증법 속에 위치한다. "문화는 인간이 자연에 젖어들고, 자연이 인간에 젖어들게 하는 동력이다. 나의 뇌리를 떠나지 않는 하나의 문제는 어찌하여 세계가 우리가 편애하는 개념들을 점점 더 닮아가는가이다. 복잡성의 그 모든 주제들에 대응하는 것은 유대 민족처럼 분산되고, 레바논처럼 내부 분규가 일어나며, 발칸 반도처럼 쪼개지는 세계이다."[34] 이러한 관점에서 볼 때 이원적 모델, 구조적 이원성은 패주하고 있다. 역설적 사고가 점증하는 복잡성을 보다 잘 설명하기 위해 이원적 사고를 대체한다. "왜냐하면 그것은 반대되는 것들을 상이한 층위들에 유지할 수 있기 때문이다."[35]

인지주의의 성공은 또한 공동 연구 프로그램에서 과학자들과 가까이할 수 있는 하나의 철학 사조를 끌어들이는데, 이러한 측면은 프랑스에서 철저하게 새로운 것이다. 이 철학 사조는 기본적으로 영미계에 속하는 것으로, 이미 오래전부터 사유의 문법에 관심을 기울인 분석철학이다. 바로 **CREA**는 이런 유형의 연구——아직 프랑스에서는 드물긴 하지만——가 전개되는 환경이다. 철학자 조엘 프루스트는 '프랑스에서 분석철학의 성소'[36]로 간주되는 이 센터에서 일한다. 그녀는 프랑스 철학의 영역에서 이와 같은 활동이 아직 너무 주변적인 성격을 지니고 있다고 불평한다. 프랑스 철학은 거의 배타적으로 철학사의 문제들에 관심을 기울이고, 그리하여 "살아 있는 철학을 발전시키는 데 실패하고 있다"[37]는 것이다.

그러나 국립과학연구센터는 1988년 인지적 학문들에 의해 대변되는 이러한 새로운 연구 영역에 대한 조사에 착수했다. 1989년 7월 장 피에르 샹괴는 인지과학의 발전을 위해 대대적 활동을 벌이기로 약속한 연구 부처에 보고서를 제출했다. 그러나 영미 세계와의 거리는 여전히 상당했다.

구조적 패러다임의 시기에 억제되었던 주체에 대한 고찰은 분석철학을 통해서 우선시되는 연구 대상이 다시 된다. 그러나 되돌아온 것은 전통적 심리학의 주체가 아니다. 이 주체는 비과학의 강력한 위치로서 간주되지 않으며, 의미가 객관화의 체계들로부터 안전하게 떠오르는 자유의 공간으로 고려되지 않는다. 반대로 그것은 당초의 유물론적 가설에 입각해 자연화되고, 설명해야 할 규칙의 장소로서 인식된다. "오늘날 시각 · 언어 활동 · 개념 · 추리에 대한 흥미진진한 업적들이 있으며, 이것들은 우리에게 정신 활동의 산정적(算定的) 측면에 대한 엄청난 요소들을 가져다 주고 있다."[38]

인공 지능에 대한 작업과 철학 사이의 이와 같은 연계는 역사적 선례로부터도 연구되고 있다. 그렇기 때문에 위베르 드레퓌스는 칸트의 철학이 인공 지능에 영역을 준비했다고 시사한다.[39] 한편 조엘 프루스트 역시 인지과학의 이론적 지평인 상징적 활동을 가능하게 하는 조건들의 연구에서 칸트의 계획을 수용했음을 인정한다. "첫번째 범례를 제공한 것은 칸트의 초월적 탐구이다."[40] 폴 리쾨르는 이미 60년대에 레비 스트로스가 초월적 주체가 없는 하나의 칸트 철학을 제시하고 있다고 말했다. 분명한 것은 상이한 실현 매체들을 토대로 하고 있지만, 구조적 계획과 인지적 계획 사이에는 어떤 식으로든 야심의 연속성이 있다는 점이다.

뉴런 인간?

1차적인 구조적 단계에서 기본적으로 문화적 매체, 즉 언어 활동의 법칙에 의존하고자 했던 사유의 이와 같은 자연화에서 본질적인 기반의 하나는 오늘날 신경과학이 최근에 이룩한 주요한 발전에 의거한다. 콜레주 드 프랑스의 교수이자 파스퇴르연구소의 분자신경생물학 연구실장인 장 피에르 샹괴는 1983년에 간행된 저서 《신경 인간》[41] 덕분에 프랑스에서 가장 유명한 대표자 가운데 하나가 되었다. 신경생물학자인 그는 반성적이든 감정적이든 모든 정신 활동을 신경 임펄스의 단순한 결과로 생각한다. 따라서 사유 활동을 이해하기 위해서는 중대한 인식론적 반전을 실현시켜야 한다. 이 반전은 자연을 인간 정신이 변형시킨 것으로, 인간 정신의 지각적 틀에 사로잡혀 있는 것으로 더 이상 생각하지 않고, 그 반대로 인간 정신을 자연 법칙들의 단순한 표현으로, 그것도 오로지 그렇게만 간주해야 한다는 것이다. "뇌라는 기구는 뉴런의 조립체이며, 따라서 이제 우리의 문제는 하나의 층위에서 다른 하나의 층위로 넘어가게 해주는 세포적 메커니즘들을 탐구하는 것이다."[42] 그리하여 복잡한 정신적 활동은 뇌의 신경적 구축물에 대한 지식을 통해서 단순화되고 설명될 수 있다. 1백억 개에 달하는 뉴런의 각각은 10만 개의 다른 뉴런과 연결되어 있다. 따라서 하나의 복잡한 망이 돌고 있으며 치아의 무감각 상태, 축색 돌기의 오르가슴, 피질 파열, 생명공학적 촉진, 그리고 생화학적인 대혼란을 야기한다. 물론 이러한 장치는 조합 가능성이 복잡하고 무한하지만, 샹괴는 뉴런들 사이 각각의 연결망에 개별적인 정신적 대상을 연결시키고자 기대한다. 따라서 그는 의식과 사유 일반의 수수께끼를 잠재적으로 해결할 수 있는 과학의 운반자로 나타난다. 사유 일반은 "물질의 특별한 상태를 표현하는 것에 지나지 않는다"라고 그는 자신에게 반대하는 수학자 알랭 콘에게 답한다.[43]

우리는 생물학적 환원주의를 거부하는 가운데 자연과 문화 사이의 공유 지점에서 확립된 인문과학에 던진 도전의 중요성을 이해할 수 있다. 예컨대 심리학의 다양한 사조들, 특히 정신분석학이 그런 경우였는데, 샹괴의 결론은 이 학문을 정면으로 반박한다. 샹괴가 볼 때 "인간은 이제 정신을 가지고 할 게 아무것도 없으며, 신경 인간이 되는 것으로 족하다는 것이다."[44] 정신 활동 전체를 그것의 심적 기반에 입각해 재통합시키는 것은 유물론적 존재론의 도전이며, 따라서 정신분석학자들은 이와 같은 물리주의적이고 환원주의적인 비전에 가장 적대적이다.

그렇기 때문에 정신분석학자 앙드레 그린은 샹괴의 주장이 지닌 합당성을 철저하게 인정하지 않는다. 그는 이 주장을 '전혀 받아들일 수 없는' [45] 것으로 간주한다. 그러나 그는 이와 같은 신경적 차원을 부인하지 않으며, 신경 내분비학자인 장 디디에 뱅상이 개진한 주장을 선호한다. 뱅상에 따르면 내분비샘들은 호르몬들을 분비하는데, 오래 전부터 사람들이 알고 있듯이 이것들이 개인의 성장과 기본적 욕구들에 개입한다는 것이다. 그러나 뱅상은 인간의 정열들과 기질들에 대한 그것들의 효과를 식별해 냄으로써 그것들이 미치는 영향의 영역을 확장한다. 그러나 "결코 그는 사랑이 오직 호르몬적 산물이라고 주장하지 않는다." [46]

반대로 앙드레 그린에 따르면 상괴를 통해서 나타나는 것은 "구조주의 안에 머무는 하나의 방식이다." [47] 우리가 그 속에서 다시 만나는 것은 구조주의와 동일한 야심이다. 이 야심은 복잡한 현실을 단순한 체계로, 고정시키기만 하면 되는 일정 수의 제한된 변수들로 환원시키는 것이고, 신경과학의 예에서 보여지는 이점을 통해 구체적인 것과 입증할 수 있는 것을 조립하고 조작하여 그것들로부터 인간의 동질성을 도출해 내는 것이다. "그러나 반대로 복잡성·이질성의 문제는 소통 및 분배의 여러 체계들을 고려하지 않을 수 없게 만든다. 신경의 인접을 통해서 기능하는 체계들이 있다. 반면에 호르몬의 분배를 기반으로 기능하는 체계들도 있다. 이것은 동일한 것이 아니다. 여기에 덧붙여야 할 것은 시냅스(신경세포의 연접부)들을 통한 인접의 차원에서 화학적 매개체들에 의한 복잡화이다. 앙드레 그린은 어떠한 형태의 환원주의에도 저항할 수 있는 자율성을 갖춘 정신분석학 영역의 구축 방식에 여전히 충실하다. 지난날에 그는 무의식을 언어 유희로 환원시키고자 할 때 정서의 차원을 제거하는 데 반대했고, 오늘날에는 무의식을 뉴런들의 유희로 환원시키고자 하면서 그것을 자연화시키려는 입장에도 이의를 제기한다.

요컨대 인문과학은 그것의 특수성과 자율성을 방어하는 데 다소 어려움이 있다. 왜냐하면 그것은 과학주의적인 시도들이 몰아넣는 환원적 곤경에 주기적으로 처하기 때문이다. 구조주의적 자연주의는 여기서 인간을 물질 속에 해체하려는 기획의 실현으로 제시되며, 이러한 이유로 그것은 '기표의 이질성'[48]이 고려됨으로써만 비롯되는 심적 활동의 복잡성에 결정적인 대답을 제시하지 못한다.

38
프로그램의 동화

  구조주의가 1975년 이래로 이론적 지평으로부터 지속적으로 퇴각하고 있긴 하지만, 그렇다고 그것이 60년대 누렸던 매체적 각광의 감소가 뇌사 상태의 혼수로 진단케 한다고 믿어서는 안 된다. 또한 지나간 과거를 일소하기 위해서는 '대대적 세탁' 을 하면 충분하다고 믿어서도 안 된다. 물론 주요한 변화들이 구조적 패러다임을 변모시켰거나 강하게 뒤흔들었다. 지나친 야심은 더 이상 통하지 않으며, 겸허함이 필요하다. 새로운 역사적 상황과 과학적 주장들에서 오는 이중적 명령에 따라 새로운 제휴들이 이루어진다.

  그러나 획득된 본질적 지식들은 그대로 있다. 그것들을 평가하기 위해서 중요한 것은 상황적인 것, 다시 말해 일정한 명시적 시기에 과학적 소명을 지녔던 낡은 대답에 속하는 것과, 이 구조주의 시기의 이론 개발적 열풍 때문에 실현된 고려하지 않을 수 없는 주장들을 구분하는 일이다. 개인으로서 인간의 역사와 마찬가지로 하나의 정복적 패러다임의 역사는 이 패러다임을 정상으로 이끌어 가는 시간의 흐름을 따라가고, 이어서 결실이 감소하는 시기를 경험하며, 마침내는 완만하고 조용한 흐름의 보다 조용한 하상을 되찾는다. 그러므로 그 모든 동요가 헛된 것이었고, 불꽃은 함정에 불과했다고 생각해서는 안 될 것이다.

지속적 정신 상태

이제 남은 것은 매우 풍요롭고 유익한 한 시기이며, 우리의 세계관과 독서의 틀을 지속적으로 변화시켰던 지식이다. 이러한 차원은 기본적으로 선정주의의 범주에 속하지 않고, 사회과학 발전의 틀 내에서 '소화하고' 동화시키는 기능에 속한다. 이러한 관점에서 구조주의로의 회귀는 레닌의 권고에 따라 알튀세가 권장했던 것을 피해야 한다. 알튀세는 극단들을 생각해야 한다고 말했던 것이다. 그 반대로 한쪽(구조)이나 다른 한쪽(개인)만을 고려하는 그런 교대는 본질, 즉 양자 사이의 상호 작용을 파악하지 못하는 좋지 못한 결과를 낳는다. 그것은 이전 시기의 주장들을 모호하며 혼탁하고 고의적이지만 인정받지 못하는 지대로 생각해 인정하기를 피하는 것이다. 이는 보다 확실하게 이 시기에 망각의 납덩이를 덮어씌워서 보다 자유롭게 반대 방향으로 출발하기 위한 것이다. 하지만 그것이 이전 시기에서와 똑같은 지적 테러리즘을 수반하는 것은 매우 분명하다.

그렇기 때문에 마르크 기욤과 함께 희망해야 할 것은 우리가 '정밀과학이 익숙한 사회과학의 지질학적 시대에'[1] 진입할 수 있어야 한다는 점이다. 이러한 시각에서 사회과학은 구조주의를 통해서 오귀스트 콩트 이후로 축적된 1차적 지층을 경험했다 할 것이다. 이런 성과는 이미 적지않은 것이다. 우리가 80년대 구조주의 활동을 유행 효과 안에서 검토한다면, 실제 우리는 이 활동이 적극적으로 계속되고 있으며 모든 학문들에서 아직도 많은 연구에 영감을 불어넣고 있다는 사실을 알아차릴 수 있다. 마르셀 고세에 따르면 "이것은 다단계 현상이다."[2]

실제로 우리는 구조주의 현상에서 인문과학 영역의 통합을 약속하는 프로그램에 대한 매혹과 개별적 방법론들을 구분해야 한다. 이 방법론들은 대학 및 연구의 전반적 영역에서 각 학문의 개별적 위치와 고유한 연구 대상에 따라 이 개별 학문 속에 자리한 이러한 통합 희망을 이어받은 것이다. 이 과정에는 학문들 사이의 경쟁 현상, 리더십의 위치를 확보하기 위한 투쟁, 일시적인 패권주의, 선도적 입장, 전통과 현대성을 내걸고 고전인문학과 사회과학이 벌인 싸움을 중심으로 대학의 영역을 달구었던 전략적 제휴들이 수반되었다. 이러한 관점에서 볼 때 구조주의는 그것이 구현했던 투쟁을 통해서 20세기 후반기 프랑스 지성계의 역사 전체와 동일시되었다. "나에게 하나의 지속적인 후천적 지식으로 나타나고, 내가 볼 때 세기의 후천적 지식과 혼동되는 구조주의적 정신이 있다. 그것은 개별 학문들에서 기능했던 구조주의 모델들의 고갈이나 지엽적인 실패와는 아무 관계가 없다."[3]

엄격함에 대한 고심이, 또 의미 작용적 전체들을 포착하려는 의지가 현대의 지적 작업을 심층적이면서도 확산된 방식으로 이끌고 있다. 그리고 이것은 구조적 요구를 확실하게 동화시키고 있다는 구체적인 증거이다. 이 구조적 시기를 내쫓고, 그것의 결정적 소멸을 선언해야 할 필요성을 느끼는 사람들 조차도 이러한 동화 작업을 하고 있다. 이러한 측면은 새로운 세대에게도 맞는 말이다. 이들은 구조주의라는 용어의 의미조차도 모르지만, 주르댕씨처럼[1] 부지불식간에 구조주의적 작업을 하고 있기 때문이다. 마르셀 고세는 구조주의가 대변했던 것에 대해 매우 비판적이지만 다음과 같은 점을 인정한다. 즉 "구조적 유형의 요구가 도입되었기 때문에 오늘날 어느 누구도 이제 어떤 종류의 텍스트도 동일한 방식으로 읽지 않는다. 어디서나 사람들은 논리적 정연함을 재구축해야 한다는 생각을 하면서 의미 작용적 총체들에 대해 작업을 해왔다."[4]

에드거 모랭 역시 구조주의가 이른바 과학적 범주들 속에 인간을 해체하려는 몰상식한 의도를 드러냈다고 말하면서 그가 환상이라고 규정한 구조주의적 성공에 대항해 처음부터 싸워 왔다. 그러나 그는 일부 차원에서 구

---

1) 몰리에르의 희극 《서민 귀족》에 나오는 상인 주르댕 씨이다. 그가 사교계에 진출하기 위해 철학 교육을 받는 과정에서 철학 스승에게 자신이 산문이 무엇인지 전혀 모르고 40년 이상 산문을 사용해 왔다고 말하는 대목을 상기시킨다.

조-인식론적 패러다임에 몇몇 공적을 인정한다. 이 패러다임이 세 가지 기여를 했다는 것이다. 즉 구조라는 관념을 강조했고, 서구적 **로고스**에 대해 철저히 비판했으며, 마지막으로 상징계를 아주 중요한 심급으로 확립시켰다는 것이다. 이렇게 하여 구조주의자들이 우선시하는 연구 대상인 방식들은 사라지지만, 구조주의는 많은 사람들에게 여전히 주요한 이론적 지평으로 남는다.

정신분석학자 장 알루슈는 일부 사람들이 묻어 버렸다고 믿었던 것 뒤에 남아 있는 이와 같은 항구성을 잘 표현하고 있다. "나는 우리가 구조주의자 이외의 다른 무엇이 될 수 있을지 모르겠다. 나는 여전히 절대적으로 구조주의자이다. 왜냐하면 우리는 정신분석학의 관점에서 주체를 구조로밖에 생각할 수 없기 때문이다. 주체의 구조가 없다면 임상 진단도 가능하지 않다."[5]

구조를 사용하는 이러한 실제적 차원이 또한 설명하는 것은 오늘날 '언어 산업' · 정보과학 · 전문 프로그램 시스템의 발전에 의해 언어학에 제공된 돌파구들의 중요성이다. 이러한 관점에서 볼 때 고전적인 대학 교육과 문학적인 고전학으로부터 **IBM**에서 일하는 엔지니어들의 양성으로의 이동은 60년대 구조주의적 현대성의 깃발 아래 전개된 싸움의 진정한 의미를 드러낸다.

그것은 문학자들이 현대 과학의 첨단 기술과 작동적 과학에 접근하는 것을 나타낸다. 도전에 응한 것은 구조주의이다. 심지어 실뱅 오루는 수학적 형식화의 방향으로 더욱 멀리 나아가야 한다고 생각하고, **MAS**(수학과 인문과학)라는 전문 과정을 설립하는 것이 좋은 길이라고 간주한다. 비록 현재로선 이 길이 기대에 못미치고 있지만 말이다. 전통적 인문학이 전복되는 시기, 다시 말해 옛날 방법들을 무너뜨리겠다는 의지와 헛헛증에 걸린 이론적 욕구에 의해 특징지어진 시기가 지나자, 방법들을 이용하고 새로운 작동적 체계들을 구축하는 보다 실용적인 시대가 왔다. "이제 진정한 문제들, 즉 장르의 문제들이 제기되고 있다. 비서를 위해 철자법을 검사하는 사전을 하나 나에게 만들어 주시오. 그러면 당신은 단어들의 구조들로서 무엇을 선택해야 할 것인지 생각할 것이오."[6] 여기에는 세대의 단절이 있다. 새로운 세대는 60년대에 구조주의 세대가 벌인 투쟁이 끝났다고 생각한다. 왜냐하면 그들은 전통이 무너진 사실을 이미 획득된 것으로 생각한다는 점 때문이다. 따라서 그들은 이제 현대 기술공학 안에 통합된 새로운 목표들의 연구에 착수할 수 있다.

그러나 일부 야심들은 포기된다. 구조주의의 가장 과학주의적인 사조, 즉 유일한 기호 사각형에 입각해 모든 언어 활동의 의미가 지닌 진실을 발견하고자 열망했던 그레마스 기호학의 사조는 오늘날 종교적 담론을 다루는 기호학의 측면으로 퇴각한 언어학적 활동의 한 지류이다.

기호학이 되고자 하는 과학은 이 영역에서 종교적 주해들과 사이가 좋다. "프랑스에서 기호학을 모르는 성직자는 없다. 왜냐하면 그들은 지시 대상에 대해 언급하지 않는 유희의 법칙을 아직도 약간의 믿음을 가지고 받아들이기 때문이다."[7] 그렇기 때문에 퀘벡에서는 기호학적 고찰의 퇴조에서 살아남은 유일한 그룹이 성서의 텍스트들을 분석하는 그룹이다.

예수회파의 잡지인 《연구》지의 옛 편집장 폴 발라디에는, 구조주의의 크나큰 공적들 가운데 하나가 '성서의 텍스트들에 대한 새로운 해석'[8]을 도입한 것이라고 인정한다. 성서의 텍스트들을 해체하는 작업은 1960-1965년의 기간 동안에 구조적 유행에 전적으로 동참했다. 폴 발라디에는 이 기간 동안에 성서의 기호학적 접근을 주제로 열린 도덕주의 신학자들과 주석주의 신학자들의 대규모 학술대회에 참가한 적이 있다고 회상한다. 여타 연구들의 경우에서도 그렇듯이 역사주의적 모델은 시공간 속에 명확하게 위치된 분명한 문화적 환경에 텍스트를 결부시키는 체계적 연구를 하는 데 생명력을 다한 것처럼 보였다. 이러한 노력은 텍스트의 설명을 그것을 낳은 환경에 기계주의적으로 환원시키는 경향을 드러냈던 것이다. "구조주의는 이야기 자체로서 가치가 있는 이야기를 지니고 있다는 사실을 중시하도록 도움을 주었다."[9]

이야기에 대한 이와 같은 관심은 그리스도의 삶에 관한 유사한 에피소드들이 마태오 · 마르코 · 누가 등에 의해 이야기됨에 따라 드러내는 다양한 변주들과 창의력을 복원하게 해주었다. 그러나 폴 발라디에는 이제 이런 방법이 효용성이 떨어졌다는 것을 확인한다. 왜냐하면 그것은 반복적인 결과들을 생산하는 경향이 있기 때문이다. 그러나 성서에 관한 이 기호학적 구조주의는 계속된다. 특히 리옹의 가톨릭대학교에서 루이 파니에가 이끄는 연구 그룹 내에서 그렇다.[10]

프랑수아즈 에리티에 오제: 레비 스트로스를 넘어서

《르 몽드》지는 1983년 《먼 시선》이 출간되었을 때, 이 책에 관해 '이제부터 고려하지 않을 수 없는 작품'[11]이라는 제목을 달았다. 사실 구조주의적 방식의 후퇴 움직임이 이 사조의 스승이자 선도자를 끌고 가지는 않는다. 그의 방법은 인류학의 상당 부분에 계속해서 영감을 불어넣기 때문이다. 사회인류학연구소는 레비 스트로스가 이룬 업적의 직접적인 연장선에서 그를 따라서 과학적 연구를 계속한다. 이러한 차원에서 레비 스트로스로부터 받은 영감 · 절차 · 방법의 내면화가 젊은 인류학 연구자들에 나타난다. 비록 이로부터 나온 현대화된 버전이 인지인류학과 보다 유사하다 할지라도 말이다. 이 인지인류학은 우리가 보았듯이 레비 스트로스 자신이 자연주의적 구조주의로 이동한 변화에 잘 부합하는 경향이다.

프랑수아즈 에리티에 오제는 1982년 사회인류학연구소 소장직을 맡게 되는데, 바로 그녀에게서 레비 스트로스는 대단한 재능을 지닌 후계자를 찾아낸 것이다. 1984년 그녀는 콜레주 드 프랑스에 입성하여 아프리카 사회를 비교 연구하는 교수직에 임명된다. 오마하족에 나타나는 친족 · 동맹 · 혈통의 법칙에 대한 그녀의 업적은 레비 스트로스의 구조주의를 직접적으로 연장하고 있다.[12]

그러나 그녀의 콜레주 드 프랑스 취임 강연은 그녀가 유산을 관리하는 데 만족하지 않고, 그것의 과학적 흥미를 새롭게 촉발시키는 새로운 방향들과 문제 제기들로 그것을 끊임없이 풍요롭게 한다는 점을 드러낸다. 그렇기 때문에 그녀는 구조적 정지 상태와 우발적인 역사적 동요들 사이의 대립을 더 이상 적절한 것으로 간주하지 않는다. "모든 체계는 그것이 아무리 분명하다 할지라도 입구들, 모호한 경계들, 균열들을 만들어 내며, 이것들은 역사의 충격을 받아 혁신의 실마리를 제공한다."[13] 다른 한편으로 그녀는 문화적 실체들만이 아니라 전체적 입장에서 사회를 고찰한다. 왜냐하면 아프리카 사회들은 동일한 의미 작용적 총체성을 드러내면서 3개의 범주(기후적·생물학적·사회적 범주) 사이의 복잡한 관계를 확립하고 있기 때문이다.

프랑수아즈 에리티에 오제는 근본적으로 레비 스트로스의 정신에 충실하게 남아 있다. 이런 점은 그녀가 2개의 모순적인 인류학적 사고 방식을 대립시킬 때 나타난다. 하나는 다수의 인간 문화들이 드러내는 소통 불가능한 다양성을 이 다양성이 해체되는 보편소들로 귀결시킨다. 반면에 다른 하나는 그녀가 지지하는 것인데, "사회들의 가변적인 현상학적 여건을 숨겨진 불변적인 메커니즘들에 연결시킨다. 이 메커니즘들은 그 수가 적으며, 이 현상학적 여건을 조정하고, 그것에 의미를 부여한다."[14]

프랑수아즈 에리티에 오제의 업적에서 레비 스트로스와 다른 주요한 점은 연구와 상징적 표상에서 육체와 육체의 기질에 중심적 위치를 부여한다는 것이다. 그녀는 문화 중심적이고 상대주의적인 견해에 동조하는 것을 거부하면서 자신의 연구를 구조주의적 야심 내에 위치시킨다. 이는 인간 정신에 고유한 불변수들, 보편적 문법을 복원시키게 해줄 수 있는 그 불변수들을 분명히 밝히기 위한 것이다. 그렇다고 그녀가 인간 정신에 대한 신경적 견해에 동조하는 것은 아니다. 그보다 그녀는 사회적·문화적 차이들을 넘어서, 성(性)의 차이와 육체에 각인된 오래된 **테마타**(themata)[2]에 입각해 인간 정신의 기능 방식을 탐구한다. "나는 정신의 어떤 통일성이 있으며, 제한

---

2) '경험적 관찰로 환원시킬 수 없는 과학적 활동에 기초가 되는 이론적 이미지들'을 말한다.

된 가능성들이 있고, 인간 정신의 관찰에 속한다고 생각한다."[15] 그녀가 복원하고자 하는 문법은 보편적 성격을 띠며 레비 스트로스의 틀을 벗어나겠다는 의지에 속한다. 레비 스트로스의 틀은 특히 《신화학》에서 기본적으로 아메리카 인디언의 문화적 영역에 고정되어 있기 때문이다.

레비 스트로스와 다른 두번째 변화는 육체로서의 인간이 지닌 속성으로부터 출발하고, 모든 표상 체계들이 이 속성으로부터 비롯된다고 생각한다는 점이다. 그런데 "인간의 지성이 부딪치는 가장 기본적인 것은 성의 차이이다."[16] 친족 관계에서 모든 가능성들이 다 실현되지는 않는다는 점을 이해하게 해주는 것은 이와 같은 대립이다. 왜냐하면 우리가 아무곳에도 발견하지는 못하지만 어떤 체계들은 형제/자매라는 근본적 커플에서 남자보다 여자의 능력이 우월함을 도입할 수도 있는 것이기 때문이다. "따라서 세계의 모든 사회들에는 남성 지배라는 불변 요소가 있다."[17] 이것이 프랑수아즈 에리티에 오제가 성의 차별적 유발성(valence)이라 부르는 것이다. 이 유발성이 특정 친족 체계들의 선택을 이해하게 해주고, 이 친족 체계들이 육체 속에, 다시 말해 사회적 측면과 유기적으로 연결된 생물학적 측면 속에 뿌리 내리고 있음을 이해하게 해준다는 것이다.

프랑수아즈 에리티에 오제가 그녀가 보기에 엉뚱하다고 생각되는 친족 체계를 만나는 것은 부르키나파소(옛 오트볼타)의 사모족 지방을 발견할 때이다. "나는 그것을 암탉이 칼을 바라보듯이 질겁하여 바라보기 시작했다."[18] 그녀는 자신이 인척 관계의 다소 복잡한 체계들이 지닌 고전적 법칙과 마주하고 있다는 점을 아직은 깨닫지 못했던 것이다. 그리하여 그녀는 일련의 사모족 마을들에서 다양한 정보를 입수하면서 가계 계보들을 수집하고, 이 마을들에 대한 세밀한 조사를 벌인다. 한편으로 그녀는 자신에게 정보를 제공하는 자들의 도움을 받아 가능한 친족 체계와 인척 체계를 구축하며 상상할 수 있는 친족의 모든 해법들을 검토한다. 주민들과 현장에서 이루어진 이와 같은 조사 작업은 그렇게 쉬운 것이 아니다. 왜냐하면 "세계에서 가장 숙련된 사람도 '당신은 당신 어머니의 아버지의 누이의 딸의 딸을 어떻게 부릅니까? 당신은 그 애와 결혼할 권리가 있습니까?'라는 질문에 즉각적으로 대답할 수 없기 때문이다. 우선 이것을 하나의 도표로 나타내야 한다."[19] 그래서 그녀는 10세대가 이어진 8개의 가족에 대한 도표들을 만들게 해주는 단순한 상징화 수단들을 창안해 낸다. 즉 작은 조가비는 여성을 나타내고, 자갈이나 유리 조각은 남성을, 조그만 막대나 성냥개비는 관계나 혈통을 나타내도록 하는 것이다. 이렇게 하여 가능성들의 영역과 경계, 즉 이 영역으로부터 벗어나는 한계로의 이동이 결정되었다.

 분석의 두번째 단계는 이러한 자료체를 정보화하는 것이다. 이 작업은 오마하 체계에 속하는 것으로서 통용중인 관습을 특징짓게 해준다. 이 체계에 따르면 동일한 커플에서 나온 동일한 성의 두 개인은 같으나, 그들이 성이 다르다면 그들의 차이는 절대적이다. 따라서 성의 차별적 유발성은 주요한 역할을 수행한다. 그렇기 때문에 하나의 커플에서 나온 아이가 자기 아버지의 형제 역시 자신의 아버지이고 자기 어머니의 자매 역시 자신의 어머니라고 간주할 수 있다면, 반면에 아버지의 누이는 그녀가 누나이든 여동생이든 언제나 아버지의 딸로 간주된다. "그녀는 아랫세대에 속한다. 따라서 아메리카에서 인디언들을 발견했고, 90세의 남자들이 5세의 소녀에 말을 걸어 '나의 어머니'라고 부르는 것을 본 최초 여행자들은 이렇게 생각했다. 저들이 구분을 못하는 것을 보니 정말 야만인임에 틀림없다고 말이다."[20]

 이와 같은 친족 관계의 영역에 입각해 프랑수아즈 에리티에 오제는 육체의 모든 기질(체액)들이 사회적인 측면과 맺는 관계를 중심으로 이 기질들의 영역에 접근하게 되고, 한 사회의 특수성을 넘어서 구조적 차원에서 사유체계들의 정연한 일관성을 포착하기에 이른다. 또한 그녀는 다산성/불임성의 대립과 관련된 문제들과 육체를 근본 요소로 간주하면서 인류학의 영역에 적용할 수 있는 보편적 문법의 토대를 탐구한다. 인간 정신은 연상 관계를 통해 기능하기 때문에 프랑수아즈 에리티에 오제는 생물학적 영역에서 빌린 메타포, 즉 자동 구조화된 연쇄들이란 메타포를 사용한다. "당신이 다산성을 생각한다면, 당신은 반드시 불임성을 생각한다. 이 점은 당신으로 하여금 육체의 체액들, 즉 젖 · 정액 · 혈액과 같은 것들을 생각하도록 만든다. 발상은 이런 개념들이 자동 구조화되는 연쇄들에 의해 작용한다는 점이다."[21] 우리는 일반적으로 연쇄의 모든 요소들을 다시 만난다. 비록 경우에 따라서는 그것들 가운데 어떤 것들이 빠질 수 있다거나, 일부 요소들은 중심점의 역할을 하면서 다양한 잠재적 방향들로 향하거나 특별한 봉쇄들로 귀결된다 할지라도 말이다. "그리하여 우리는 체형의 점진적 변화들뿐 아니라 동시에 포착된 단층들을 기술할 수 있다. 다시 말해 잠재적 선택들의 총체가 되는 개념적 영역을 기술하게 해주는 절단면들과 경로들을 기술할 수 있다."[22]

따라서 레비 스트로스의 구조주의가 지닌 풍요성은 과실을 맺는 것이 끝나지 않았다. 비록 우리가 초창기에서 억제되고 거리가 두어졌던 것의 재출현을 가능하게 하는 주제들의 눈에 띄는 변화가 주목되긴 하지만 말이다. 예컨대 프랑수아즈 에리티에 오제의 경우 육체적 지시 대상과, 레비 스트로스의 또 다른 제자인 필리프 데스콜라의 경우 자연적 지시 대상이 그런 열매들이다. 후자는 1983년 학위 논문을 발표하고 곧이어 이 논문을 출간했다.[23] 그는 적도 아마존의 지바로 집단, 즉 아슈아르족의 생태계에서 상징 체계와 실천을 탐사하고, 이 집단이 자연을 사회화하는 다양한 형태들을 연구한다.

그의 관점은 자연/문화, 현실계/상징계, 신화/기술 사이의 단절을 뛰어넘겠다는 레비 스트로스의 기획을 받아들인다. 그러나 자연의 사회화 형태들, 자연의 표상 체계들을 다루는 이와 같은 비교신화학에서 필리프 데스콜라는 "발견적 차원에서 볼 때 《신화학》에 나타나는 매우 풍요로운 발상, 즉 자연/문화의 절대적 구분의 발상을 문제삼음으로써"[24] 레비 스트로스의 관점을 이동시킨다. 지바로족이라는 구체적 사회의 연구가 보여 주는 점은 이 주민들이 사용하는 구분들이 매우 상이한 통로를 거치며, 따라서 인간과 자연 사이의 구분을 중심으로 일관성 있게 조직화되지 않는다는 것이다.

그러므로 필리프 데스콜라는 분석의 중심으로 자연을 다시 갖다 놓는다. 반면에 레비 스트로스의 경우 자연은 자연적 대상들의 총람이나 총체적 어휘라는 부수적 역할만을 담당하며, 이 어휘 속에서 인간 집단들은 제한된 수의 의미 있는 요소들을 끌어내 선택한다. 데스콜라의 경우 자연은 분석의 중심에서 집합소의 지위, 즉 거리가 유지되고 수동적 역할에 한정된 지시 대상의 지위를 지닌다. "이 경우 자연은 매우 종속적인 역할을 지닌다. 반면에 인간성, 혹은 언어 및 정신의 구조, 즉 뇌의 구조는 자연으로 방향이 잡힌 물뿌리개이다."[25] 길들여진 자연과 육체가 의미 작용적 중심축들로서 이중적으로 회귀한 점은 기호 이외의 것(le hors-signe)으로 간주된 것, 즉 지시적 범주를 배제했던 당초의 가설들 이후로 걸어온 길을 잘 드러내 준다.

새로운 기호학적 활력

물론 오늘날 기호학 프로그램이 1966년만큼 야심적인 것은 아니다. 그러나 그것은 계속 추구되고 있고, 심지어 그것의 적용에 저항하는 것 같았던 새로운 영역까지 정복하고 있다. 그리하여 정의해야 할 것으로 남아 있는 대상으로 간주되고 버려졌던 기술적(記述的) 수준은 필립 아몽을 통해서 기호학적 분석의 영역에 진입하는데, 이는 그것을 '방법론적 영도'[26]로부터 벗어나게 하기 위한 것이다. 기술적 장르를 다양한 형태(시간 기술(記述), 지형 기술, 용모 기술, 습성 서사, 인물 서사)로 이처럼 수용하는 것은 필립 아몽의 경우 기술적 위상의 역사적 변화를 고려하는 분석과 맞물려 돌아간다. 중세까지만 해도 이 장르는 "사실 사회적으로 특별한 기념물들이나 대상들을, 특히 찬양의 형태로 체계적으로 기술할 것을 요구하는 찬양 기술적(épidictique) 장르에 주로 속한다."[27] 따라서 문학은 사회적인 엄격한 기능성 속에 한정된 기술적인 측면의 회피로 인식되고, 명시적으로 목적화된 활동의 표현으로 인식된다. 처부숴야 할 진정한 위험으로서 묘사는 문학 작품의 동질성에 대한 위협으로 이해되는 것이다.

묘사적 장르가 텍스트의 다른 방법들에 대한 종속적 상태로부터 벗어나는 것을 보기 위해서는 18세기말과 19세기 초엽을 기다려야 한다. 그렇게 하여 새로운 미학이 인물/배경/독자라는 3요소를 중심으로 탄생하는데, 이때 "묘사는 독자에 의한 텍스트의 소비 방향을 동질성의 총체적 미학의 내부로 잡아 주는 일종의 작동체가 되는 것이다."[28] 이 경우에 필립 아몽은 문학적 표현의 형태 층위에서 가능성의 영역을 문학적 표현의 내적 구조를 위해서뿐 아니라 역사화시켜야 하는 특별한 에피스테메에 참여하는 것으로서 연구한다. 구조주의 프로그램을 동화시키는 작업은 또한 이 경우 변화중에 있는 하나의 미학을 지닌 역사적 윤리학의 존재를 유발한다고 보여지는 지시적·문맥적 범주의 고려를 받아들인다.

소쉬르의 구분들, 프라하학파·야콥슨·트루베츠코이의 음운론적 업적은 여전히 많은 사람들에게 언어학에서 과학적 연구의 조건이다. 비록 베르나르 락스가 촘스키 이론을 이 학문에서 과학의 표현 자체로 간주한다 할지라도 그는 특히 구조주의 프로그램을 그것의 연속성 속에서 고려하며, 과학적 차원에서 보다 강력한 프로그램인 촘스키 이론 내부로 이 유산을 받아들이는 것이 필요하다고 판단한다. 그러니까 다른 사람들과 마찬가지로 그도 역시 기반적 가설들의 동화 작업을 하고 있으며, 선구자들인 선배들이 수행한 주요 역할을 인정하고 있는 셈이다. 비록 이런 측면이 이 시기의 몇몇 방향들과의 거리두기를 수반하고 있긴 하지만 말이다.

니콜라 뤼베는 언어학자들과 문학자들 사이의 협력에 건 희망의 시기 상조적 성격을 분석하는데, 그는 여기서 그야말로 극히 지각없는 기대를 구현했던 인물 로만 야콥슨이 이 기대로부터 비롯된 실망에 아무 책임이 없다고 생각한다. '언어학과 시학'에서 야콥슨이 규정한 프로그램은, 뤼베에 따르면 합리적이지만 "야콥슨이 그것을 표현하는 방식은 혼란을 야기하게 되어 있었다."[29] 그는 이 방식에서 4개의 이유를 본다. 우선 입증의 기능을 지닌 권위주의적인 단언과 논지들을 대신하는 가정들을 불분명하게 다루는 야콥슨의 문체 자체이다. 다음으로 그가 시학(시학은 "메시지를 위한 메시지 자체의 (⋯) 목표로서, 메시지에 주어진 강조로서"[30] 고려된다)의 언어학적 측면들에 대해 제시하는 정의가 메시지의 성격을 중심으로 한 가능한 온갖 혼란을 야기하게 했다. 그리하여 그것은 하나의 터무니없는 발상으로 이끌었는데, 이 발상에 따르면 시적 언어는 그것 자체에게 그것의 준거이다라는 것이다. 비유의 사용이라는 차원에서 볼 때, 야콥슨은 뤼베에 따르면 시의 영역을 이원적 대립으로 귀결시키는 잘못을 범했다는 것이다. 이 대립에서 "그는 은유를 등가의 원리와, 환유를 인접의 원리와 동일시한다."[31] 세번째로 야콥슨은 시적 언어의 중추이자 촘스키 추종자들이 선호하는 영역인 통사법의 역할을 과소평가했다는 것이다. 마지막으로 니콜라 뤼베는 야콥슨의 이론적 명제들과 실제적 적용 사이의 괴리를 식별해 낸다. "흔히 실제는 이론을 앞서 나간다. 구체적 묘사들은 분명한 이론적 명제들보다 더 풍요롭다. (…) 약간 과장해 말한다면, 야콥슨의 경우 적어도 시학에서는 그 반대이다."[32]

영화의 영역에서는 대학 차원의 영화기호학 연구가 크리스티앙 메츠가 열어 놓은 관점에서 계속 추구된다. 물론 그것은 그날그날 시사적 문제에 대한 비평들만큼 반향을 불러일으키지 못하며, 60년대의 기대를 더 이상 받지 못한다. 그럼에도 그것은 영화 생산의 분석에서 중요한 차원이다. 이 연구 영역에서 또한 구조적 틀의 동화 작업에 입각한 모종의 변화가 주목된다. 그렇게 해서 마르크 베르네는 의미 작용이 구조적으로 조직된다고 생각하지만, 한편으로 영화의 이야기와 관련해서는 구조가 관객을 위해 기능할 수 있도록 이데올로기적 차원을 고려해야 한다고 평가한다. "접촉, 즉 파토스는 기본적으로 감성적 성격보다는 훨씬 더 가치들의 갈등으로부터 비롯된다."[33]

전통적 비평은 영화인들이 가속화된 리듬으로 계속 이어지는 가운데 유동적이면서도 분명한 역사적 상황의 표현으로서 영화 장르가 새로워지고 있다고 보는 경향을 드러낸다. 반면에 마르크 베르네는 흥행 성적을 우선시한다. 그리하여 그는 미국 영화를 주민들이 신화 자체로 소비하는 지속적인 신화로 간주한다. 주민들은 지속되는 가치 체계를 자신들에게 공급하는 종교 속에 강하게 뿌리 내린 자신들의 이데올로기를 이 신화 속에 쏟아넣는다. 그렇게 뤼베는 미국 영화의 서술적 이야기에서 영화의 상이한 장르들을 가로지르는 유사한 긴장의 반영을 포착한다. 이 긴장은 동질성에 대한 염려와, 이민자들로 이루어진 젊은 연방국가라는 현실을 대립시킨다. 영화는 엘리즈 마리앙스트라가 1976년 마스페로사에서 내놓은 책 제목을 빌리면, '미국이란 국가의 창설 신화'로서의 그 수준에 몰두한다. 그것은 시대들간의 차이를 상대화시키고, 하나의 대륙이란 규모를 지닌 영토의 어려운 응집력을 확보하려는 야심을 매번 반복하여 화면에 표현한다. 그리하여 그것은 미국의 문화 생활에서 활동적인 중심축들, 즉 뉴욕·시카고·샌프란시스코 등으로부터 제외되고 벗어난 상황에서 느껴질 수 있는 주민들을 통합시키도록 해준다. "그렇기 때문에 나는 서부 영화와 탐정 영화 사이에 차이가 있다고 생각지 않는다."[34]

　두 경우에서 전개되는 것은 지방 권력과 연방 권력 사이의 유사한 긴장이고, 이 두 층위 사이의 어려운 권력 배분이다. 서부 영화는 철도를 중심으로 조직되는 전반적 체계와 지역 집단의 응집력이라는 지역적 논리 사이의 갈들을 등장시킨다. 한편 탐정 영화는 FBI에 사설 탐정을 대립시키고, 두 논리, 즉 이웃 사람들을 보호해야 한다는 논리와 국가적 차원의 질서 유지를 옹호하는 논리 사이의 필요한 유기적 결합의 문제를 제기한다. "형태들의 항구성, 구조들의 항구성이 나를 아연실색케 한다. 미국인들이 할리우드는 1917년에서 1960년 사이에 아무런 변화가 없다고 말할 때, 나는 이 말에 전적으로 찬성한다."[35]

　이와 같은 접근은 여전히 구조주의적 전제들에 충실하며, 작품과 영화인 사이의 결합에 관여성을 부여하지 않는다. 그렇기 때문에 이런 분석들은 영화에 대한 현대적 담론의 전기적 방식에 역행한다. 사실 책으로 읽는 독자가 자신이 영화인의 작품 전체를 파악한다고 느끼는 일은 보다 어려운 것 같다. 그런데 "영화애호가들은 하나의 책의 형태로 대상을 소유한다는 매우 물신 숭배적 감정을 지닌다. 하지만 일반적으로 보면 책으로 읽는 독자에게는 대상을 상실하고 도달 불가능하다는 감정이 있다. 게다가 이것이 이 대상의 매력에 속한다."[36]

따라서 영화기호학은 계속 추구된다. 비록 그것이 전보다 덜 소란스럽고 보다 은밀하게 되었으며, 더 이상 모든 것을 흡수하겠다고 기대하지는 않지만 말이다. 그것은 모든 것을 다루는 멋진 기계, 다시 말해 어떤 것이나 집어넣기만 하면 그것의 궁극적 의미가 나오는 일종의 만능 로봇으로 스스로를 생각하는 것을 단념했다. 이 기호학은 마르크 베르네의 경우에서 보듯이 이데올로기의 형태가 되었든, 크리스티앙 메츠의 경우에서 보듯이 정신분석학의 형태가 되었든 지시 대상을 도입하지 않을 수 없었다. 메츠는 영화의 이야기 구조들에 대한 연구로부터 관객의 메타심리학에 대한 연구로 이동했다. "나는 메시지로부터 수용자로 이동했다."[37] 유행과 거리를 두는 이와 같은 기호학적 작업은 영화 읽기를 현저히 풍요롭게 했으며, 이제 비평계의 많은 사람들이 동화한 상당수의 분석 도구들을 보급하게 해주었다. 그리하여 오늘날 각자는 영화가 코드화되어 있다는 점을 인정하게 된 것이다. 비록 그가 그 자신이 설명해야 하는 영화에 대한 체계적 분석을 시도하지 않을지라도 말이다. 그런데 "10년 전만 해도 이런 생각은 훨씬 덜 받아들여졌으며, 심지어 거의 받아들여지지 않았다."[38]

프랑수아 에발드와 푸코의 유산

푸코는 학파도 정통성도 남기지 않았다. 그러나 그는 한 세대에게 깊은 영향을 주었기 때문에 그의 풍부한 사상적 기여로부터 영감을 얻고자 하는 자들이 많다. 그렇다고 이들이 성인전 연구와 같은 관계를 그의 작품과 유지하고자 하는 것은 아니다. 바로 이와 같은 정신 속에서 미셸 푸코와 관련해 연구를 해온 30여 명의 대학교수들이 1986년 5월 31일 미셸푸코센터를 발족시키기 위해 협회를 결성했고, 프랑수아 에발드가 이 협회의 회장을 맡았다. 이 센터는 푸코에 관한 연구나 그의 작품으로부터 영감을 받은 작업 모두가 합류하는 장소가 되고자 하고, 구입할 수 있는 고문서들로 된 가장 완벽한 장서를 수집하고자 한다.[39] 국제학회가 1988년 1월 11일 롱푸앵 극장에서 열렸는데, 많은 나라에서 온 30여 명의 연구자들이 논문을 발표했으며, 이 논문들은 쇠이유사에서 출간되었다.[40] 이 학회는 푸코의 작품에 대한 다면적이고 다양한 시각들이 나타나게 했고, 이것들의 윤리적·정치적 결과를 여러 찬양적 혹은 비판적 관점에 입각해 평가하면서 그것들을 철학사 속에서 복원시키게 해주었다.

따라서 푸코의 직관들은 사유를 여전히 역동적으로 만들고 있으며, 이제 프랑수아 에발드를 후계자로 만났다. 법에 관한 에발드의 작업이 푸코의 해체로부터 영감을 얻은 것은 분명하다. 《복지국가》[41]의 저자인 그는 법철학을 표적으로 삼고 있다. 그는 푸코가 정신의학적 담론을 공격했듯이 법철학의 명백한 것들을 뒤흔들어 놓고자 한다.

프랑수아 에발드가 법철학에 반대해 내세우는 것은 법이 그 자체로서 존재하지 않고, 다만 법의 실천을 통해 존재한다는 생각이다. 그에 따르면 현재 통용중인 개념들은 이러한 실천의 반영에 지나지 않으며, 이 실천의 계보를 만들어야 한다는 것이다. 푸코의 역사화 작업은 결국 대상의 단일성을 균열시키고, 대상이 그것의 분산 공간 내에서 다원성과 균열을 드러내면서 기능하는 것을 보게 된다. 그런데 에발드는 이와 같은 역사화를 법에 적용시킨다. "어떤 것을 환원시킨다는 것, 일반화시킨다는 것은 허위이다. 법철학은 언제나 동화를 통해 작용한다."[42] 푸코를 따라서 에발드는 법률적 이론이 아니라 실천으로부터 출발하는 실증주의를 권유한다.

에발드에 따르면 푸코의 두번째 전복은 기본적으로 민법으로 이루어진 법이 진정으로 처벌 행위에 토대하는 것이 아니라, 금액의 배분 행위에 토대한다는 점이다. 따라서 법은 그것의 억압적 성격보다는 그것의 실증성 속에서 이해되어야 한다. "전적으로 푸코적인 또 다른 문제는 진(眞)으로 간주되는 객관성, 하나의 과학이나 지식이 구성되는 방식이다."[43]

법의 분야에서 에발드는 권력과 지식 사이의 이러한 변증법적 전개에 직면한다. 이 변증법적 전개는 푸코의 전작품을 관통하고 있는데, 법의 경우 발견에 엄청난 도움을 주는 가치를 지닌다. 왜냐하면 법률적 판단을 특징짓는 것은 판단의 유효성이 자의적 결정이 아니라 판단의 객관성에 기인한다는 사실이기 때문이다. 이와 같은 객관성은 변하며, 따라서 푸코가 행한 것처럼 또한 역사화되어야 한다. "법은 매우 푸코적인 대상이다. 왜냐하면 그것은 동시에 전적으로 역사적 대상이기 때문이다."[44]

법은 끊임없이 변화하지만, 사람들은 민법이 1804년 이래로 불변한 것으로 간주하는 경향이 있다. 그러나 실제로는 오늘날 민법의 단 한 조항도 그것이 구성될 때와 같지 않다. 따라서 다양하게 이루어지는 법의 실천들을 역사화하면서 이것들을 명료하게 상호 연관시키는 작업은 연구자가 할 일이다. 여기서도 우리는 푸코와 다시 만난다. 그에게 "법은 하나의 기술(技術)이기 때문이다."[45] 법률적 실천을 이끌어 내게 해주는 어떤 기본적 공리 체계로부터 법을 고찰하지 말고, 반대의 방식을 시도해야 한다. 이 방식은 이러한 실천들의 이질성을 드러내 주고, 각각의 법률가를 그의 개별적 분야에 한정시키는 분할을 밝혀 준다. "실제 업무에서 법률 실무가들은 법과 전혀 관계가 없다."[46] 보험법 전문가는 일반적으로 다른 분야들을 제외한 그 분야만 알고 있으며, 헌법 전문가는 민법에 대해 아무것도 모른다. 우리는 프랑수아 에발드의 경우에 선택된 대상과 연구 방법 때문에 푸코의 직관들이 얼마나 여전히 풍요로운 결실을 가져오는지 헤아릴 수 있다.

인식론적 계보

질 가스통 그랑제가 콜레주 드 프랑스에서 푸코의 비교인식론 교수직을 계승한 사실[47]은 또한 구조주의의 전성 시대에 지배적이었던 인식론적 문제 제기가 연속되고 있음을 증언한다. 가스통 그랑제는 자신의 연구를 자신의 스승인 게루로부터 이폴리트를 거쳐 푸코로 이어지는 계보 속에 위치시킨다. 그러나 그는 지식을 역사화시키는 방향에서 푸코만큼 멀리 나아가지 않는다. 그는 이 점을 역사라는 용어를 버리는 교수직 명칭의 선택에서 드러낸다. "과학철학은 내가 오래 전부터 실천하려고 했듯이 역사를 강조하지 않는다."[48] 그는 푸코보다 덜 상대주의적인 관점을 채택하며, 쿤처럼 지식의 변화에서 2개의 체제를 구분한다. 하나는 지식의 사회화 체제이며, 이 체제 속에서 다양한 패러다임이 서로 경쟁한다. (이 체제는 여전히 이데올로기의 영향을 강하게 받는 원시과학(proto-science)의 단계이다.) 다른 하나는 지식이 진정으로 과학적이 되게 해주는 단절을 함축하는 체계이다. 따라서 바슐라르와 푸코의 가르침에 충실한 그랑제는 불연속성들(단절이라는 본질적인 인식론적 사실)을 우선시하지만, 이러한 확인이 과학의 누적적 진보의 부재를 함축하고, 따라서 새로운 과학적 언어의 다음 단계에 단절 이전의 지식을 이용한다는 것을 함축하는 것은 아니다. "진정한 진보를 가능하게 만드는 것은 이론적 체계들의 이와 같은 계속적 파편화이다."[49]

따라서 많은 연속성이 있는 것이지, 단절들 뒤에 있는 전진들을 식별하지 못하게 하면서 인식론적 기반을 무중력 상태로 무너뜨리는 수수께끼 같은 전복이 있는 것이 아니다. 가스통 그랑제에 따르면 지식과 지식의 외인적 요인들 사이의 다음과 같은 두 관계 체계를 구분하는 것 역시 인식론 학자가 해야 할 일이다. 하나는 1차적 단계인 원시과학의 체계이며, 이 단계에서 상황은 주요한 역할을 한다. 다른 하나는 인식론적 단절 이후에 형성된 과학적 지식의 체계로서, 이 단계에서 "외인적 결정들은 지식의 내적 발전에서 동력의 역할을 더 이상 하지 않는다."[50]

그랑제는 연속주의와 불연속주의 사이의 허위적 양자택일에 갇히는 것을 거부하면서, 인식론학자의 작업을 역동적인 불균형들을 식별하는 작업으로 규정한다. 이 식별 작업만이 과학의 창조적 발견과 그 이전의 활동 환경, 즉 이 창조적 발견이 흔적을 남기는 환경을 화해시킬 수 있다는 것이다.

자유주의적 계보

구조적 프로그램을 동화시키는 또 다른 진영은 누구보다도 《구조적 혁명》의 저자인 장 마리 브누아에 의해 대변되는 자유주의적 사조 속에 나타난다. 구조주의는 다양한 방향에서 그의 작업의 핵심에 영감을 불어넣었다. 실제로 우리는 장 마리 브누아가 죽을 때까지(1990년 7월) PUF사에서 편집책임을 맡았던 총서의 성격 자체에서 이러한 유산과 만난다. 이 총서의 제목 '교차점' 은 학제간 연구의 야심과 본질적으로 인식론적인 관심을 환기시켜 준다. 예컨대 그가 1982년 이 총서 속에 출간시킨 제라르 올통의 저서 《과학적 발견》은 바슐라르와 구조주의에 의해 열린 고찰에 동참하고 있다. 물리학자이자 과학사가인 올통은 과학적 창의성에서 **테마타**(themata)의 근본적 역할을 강조하는데, 테마타는 경험적 관찰로 환원시킬 수 없는 과학적 활동에 기초가 되는 이론적 이미지들을 말한다. 다른 분야이지만 같은 총서 속에 존 라주슈만의 저서 《푸코 혹은 지식의 자유》가 포함되어 출간된 것은 구조주의적 통과의 풍요로움을 보여 주고, 모든 형태의 실증주의에 대항한 논쟁이 지속되고 있음을 예시한다. "이 연구는 기본적 상상계들과 에피스테메들에 대한 탐구이고, 이것들이 간직한 풍요로운 것이지만 아직 실증주의적인 초자아에 의해 검토되거나 정화되지 않은 것 속에서 인식론적 지형들에 대한 탐구이다. 이것이 내가 구조적 지성에 빚진 내용이다."[51]

그러나 장 마리 브누아는 인식론의 분야만에 머물지 않았다. 그는 또한 구조주의를 정치철학의 분야에서 매우 풍요로운 발견을 가져다 주는 도구로 이해한다. 그리하여 《자유의 도구들》[52]에서 그는 '통치하는 국가' 에 대립하는 '보장하는 국가' 의 토대를 세우기 위해 권력들의 분리와 사회 계약에 근거한 자유로운 국가와 시민 사회의 기반 탐구를 제안한다. 여기서 주요한 영감은 자유주의적 이성의 비판으로서 제시되는 것을 구상하기 위한 어떤 칸트 학설, 초월적 주체가 없는 그런 칸트 학설이다. 문제는 자유의지론자

(libertarien)[3]와 자유주의자[4]가 대화하는 시민 사회의 다극적인 조화를 생각하는 것이다. "구조주의는 우리로 하여금 정치적인 면이 지닌 무의식의 문제들, 그리고 '탈이데올로기화해야' 하고 '탈존재론화해야(désontologiser)' 하는 일정수의 도식들이나 실체들의 다원적 결정의 문제들을 보다 잘 생각하도록 이중적으로 도와 준다."[53]

생의 말년에 장 마리 브누아는 전쟁학·방어·전략의 연구에서 구조적 명료함을 지닌 새로운 결과를 찾아냈다. 그 방법은 현재 진행중인 전선이라는 개념의 상대화를, 기본적으로 상징계와 이른바 간접적 전략들에서 작용하는 절차들을 통해서 받아들인 것이다. "전쟁의 최고 기술은 적을 싸우지 않고 굴복시키는 것이다. 이 경우 중요한 것은 전쟁 억제의 이론을 상호 의존들의 전체로 이해하고, 전쟁 억제를 그것의 구조적 풍요성 속에서 제시하는 것이다."[54]

마르크스주의적 계보

마르크스주의적 진영 역시 구조적 방법으로부터 계속적으로 영감을 받는다. 모리스 고들리에는 두 방식의 화해를 시도함으로써 구조적 방법의 훌륭한 대변자가 된다. 그는 알튀세의 주장과 가까우면서도 동시에 거리를 두는 입장에 있으면서 결코 마르크시즘의 기계주의적인 접근을 옹호하지 않았다. 점점 더 그는 물질적인 것과 관념적인 것 사이의 경계를 없애는 구상을 한다. "인간이 자연과 맺는 관계의 중심에 관념적인 부분이 나타난다."[55]

이러한 견해는 마르크스주의적 사상에서 통용중인 단순한 인과론과 단절하며 경제적인 면, 즉 사회적 생산 관계에 인류학적 탐구 영역을 열어 주는

---

3) 사상·종교·표현의 의미에서 자유의지론자이다.
4) 주로 정치·경제적 의미에서 자유론자이다.

데, 이런 측면은 레비 스트로스의 구조주의에 결여된 차원이다. 고들리에는 재생산의 역동적 힘과 사회적 총체성이란 관념을 통해서, 그리고 "이러한 재생산을 가능하게 해주는 구속 요인들과 기능들의 계층 체계"[56)]를 탐구하겠다는 고심 속에서 마르크스를 재발견한다. 고들리에에게서 환경은 구속 요인들과 기술들의 단순한 목록이 아니다. 왜냐하면 그것은 또한 그것의 상상적 차원들에 의해 규정되기 때문이다. 생산력에 대한 그의 견해는 사유와 언어 활동을 본질적인 차원으로 구조적 지평에 포함시킴으로써 확대된다.

그리하여 친족 관계와 상징계에 대한 레비 스트로스의 탐사는 고들리에가 생각하는 마르크스주의적 인류학으로 하여금 현실에서 관념적인 것의 중요성과, 가치 판단에서 통용중인 행위 규범에서 관념적인 것의 주요한 역할을 중시하도록 이끌게 된다. 가치 판단은 현실의 단순한 반영이 더 이상 아니라 현실의 재생산에서 적극적 해석으로 간주된다.

매우 다양한 연구 대상들을 지닌 학문들과, 이데올로기적 차원에서 전적으로 대립되는 극단들에 위치한 연구자들이 구조적 방법을 다양하게 사용하는 현상이 보여 주는 것은 구조주의의 장중한 종말이 왔다 해서 그처럼 마감된 혁명으로부터 남아 있는 숨겨진 풍요성을 결코 잊어서는 안 된다는 점이다.

시스템공학에의 영향

자동 조직의 이론들에 입각해 체계들의 학문인 시스템공학을 중심으로 진행중인 접근들은 60년대 10년 동안 지배했던 구조주의와 상관 관계가 없지 않다. 물론 새로운 패러다임은 현저하게 이동했지만, 우리는 상당수의 공통점들을 만난다. 우선 시스템주의는 그것의 대상이 아니라 그것의 기획에 의해 무엇보다도 구조주의로 규정된다. 우리는 과학성의 가장 현대적인 주장들에 대한 동일한 강조, 경계를 이동시키는 다차원적인 학제간 연구에 대한 동일한 관심을 만난다. 언어학/인류학/정신분석학이라는 구조적 삼각축의 궁극 목적은 인간을 해체시키는 것이었는데, 일련의 통신 · 정보 · 산정(算定) · 인지 · 조직 등의 학문들로 대체되었다. 두 경우에 인공두뇌학의 모델은 구조의 기능에 고유한 자동 조절의 개념을 통해서, 그리고 그것(모델)이 지닌 기능적인 검은 상자 · 행동(운동) · 목적화된 하부 체계의 개념들과 자연적 · 인공적 체계들을 연결시킴으로써 주요한 역할을 수행했다. 수학자 노버트 위너가 1948년 정의한 인공두뇌학은 생물학 · 전자공학 · 경제학 · 심리학 등을 투입하여 모델화할 수 있었다. 구조주의에서 시스템주의로 가면서 우리는 전체는 부분들의 총합 이상이다라는 동일한 총체주의적 가설과 보편에 대한 동일한 관심을 만난다. 따라서 시스템과학은 부분적으로 볼 때, 인공두뇌학과 구조주의라는 2개의 기본적 패러다임의 이중적 결과물로 이해될 수 있다.

그러나 상당수의 주요한 이동들을 고려하면, 시스템과학은 구조주의적 유산의 단순한 수용으로 환원되지 않는다. 구조주의 시대에 질서, 질서의 재생산, 불변성에 부여된 우선권은 소음과 무질서로부터 탄생하는 질서와 분출의 이론들에 조금씩 조금씩 자리를 내준다. 이러한 새로운 방향들은 결코 인간을 사물화시키지도, 과학의 대상이 되도록 검시(檢屍) 준비가 된 시체의 상태로 화하지도 않는다. 그 반대로 그것들은 생물학적 · 인류학적 · 사회적 등의 다양한 수준들 사이의 대화 · 상호 작용 · 자율의 개념들을 구상하게 해준다. 조엘 드 로즈네는 시스템공학적 혁명을 새로운 문화의 도래로 제시한다.[57] 이와 같은 시스템적 접근은 무한히 작은 것을 위한 현미경의 개념과 무한히 큰 것을 위한 망원경의 개념 다음으로 새로운 개념까지 구비하는데, 다름 아닌 무한히 복잡한 것을 위한 도구로서 이용해야 하는 거시경(macroscope)의 개념이다. 이 개념은 세세한 것들을 여과시키게 해주고, 현실의 다양한 심급들을 연결시키는 것을 확장하게 해준다. "조직된 복잡성을 보다 잘 이해하게 해주고 보다 잘 기술하게 해주는 공통적 접근이 존재한다."[58] 실제 학자들의 업적은 우리를 사건들 · 불가역성 · 애매함으로 구성된 뜨거운 세계 속에 다시 빠뜨리는데, 이 뜨거운 세계는 구조주의의 투명한 야심 및 차가운 시간성과는 매우 거리가 멀다.

콩트·뒤르켐·구조주의 계보가 제안했던 것은 선택된 모델에 고유한 변수들에 입각한 분석의 국지적 울타리이고, 주관성의 부정이며, 관찰자의 사물화이고, 법칙들을 모델의 유일한 불변수들로부터 비롯된 결과물로 한정하는 것이다. 그런데 이 모든 것은 오늘날 반대로 구조화된 장치들의 예측 불가능하고 불가역적인 출현 과정들을 강조하는 학자들의 발견들에 의해 강한 타격을 입는다. 그리하여 노벨 화학상을 받았던 일리야 프리고지네는 무질서로부터 질서의 창조를 이해하게 해주는 '산일(散逸) 구조' 이론을 개발했다. "지난 몇십 년의 근본적 발견들 가운데 하나는 바로 소립자들의 불안정성을 발견한 점이다."[59] 고전물리학의 수준들은 다원화되고, 불확실성은 점증하는 역할을 하고 있다.

물질에 대한 이와 같은 새로운 접근에서 과학적 정신을 교란시키는 요소로 체험되었던 시간성은 과학·문화, 그리고 사회 사이의 대화적 과정에서 중심적인 위치를 되찾는다. "지난날 과학은 우리에게 영원한 법칙들에 대해 이야기했다. 오늘날 그것은 우리에게 우주나 물질의 역사에 대해 이야기하는데, 이로부터 인문과학과의 분명한 접근이 비롯된다."[60] 하인츠 폰 포어스터를 중심으로 1950년대 개발된 자동 조직 시스템 이론은 생물학자이자 철학자인 앙리 아틀랑에 의해 1972년 수용되어 생명 체계들에 적용되었고, 광범위하게 보급되었다.[61] 그는 소리를 통해서 질서의 형태로 조직하는 우연의 원리를 대중화했다.

구조주의와의 또 다른 큰 단절은 이와 같은 일단의 시스템공학 속에 주체를 재통합한 것이다. 관찰자는 자신의 관찰에 완전히 통합되고 투입된다. 심지어 에드거 모랭은 이러한 차원을 본질적이라고 규정한다. 이러한 측면은 모든 객관성을 단념해야 한다는 것은 아니지만, 어쨌든 다양한 과학주의적인 환상을 단념해야 한다는 것을 의미한다. 학자는 세계 밖의 위치에 굽어보는 것이 아니라, 그가 모델화하는 영역 속에 전적으로 뿌리 내리고 있으며,

그가 설파하는 과학은 의식과 불가분의 관계에 있다.[62] 주체를 재도입하는데 있어서 가장 앞서가는 인물은 물리학자 베르나르 데스파냐이다. 왜냐하면 그는 하나의 세계가 그것을 연구하는 인간과 독립적인 현실을 지닌다는 관념이 최근의 발견들이 지닌 시선에 더 이상 기인하지 않는다고 생각하기 때문이다. "내가 볼 때 진정한 객관성은 존재하나, 그것은 취약하다. 이것이 내가 명시적으로 상호 주관성이라 부르는 것이다."[63]

주체의 회귀, 역사성의 회귀, 의미의 회귀인가? '물렁해지고' 있는 이른바 '견고한' 과학(정밀과학)은 구조적 전성기의 것들과는 매우 다른 방향들을 인문과학에 제시한다. 인문과학에서 [주체와 역사성 같은 것들을] 비워내는 데 있어서 발견에 도움을 주는 모델 역할을 한 것은 이 '견고한' 과학이다. 이 정밀과학은 오늘날 인간에 대한 하나의 총체적 과학을 구축하려는 전망으로 볼 때, 이처럼 비워진 것들을 복원하는 데 기초를 이루고 있다.

V

시간, 공간, 대화주의

39

유배된 역사의 여신 클리오

구조주의는 본질적으로 역사적·어원적 설명에 도움을 청했던 고전적 문헌학과 단절하기 위해 자신의 영역으로부터 역사의 여신을 일시적으로 내쫓은 셈이다. 공시성에 부여된 우선권은 언어의 내적 논리를 탐구하는 데 부합했다. 왜냐하면 소쉬르 덕분에 언어의 묘사에서 실현된 진보가 구어들, 즉 활어(活語)들에 대한 새로운 관심의 단계를 태어나게 했기 때문이다. 당시까지 언어학자들은 글로 씌어진 텍스트들, 즉 역사적으로 확인된 사어(死語)들에 대해 연구했다. 따라서 그들은 그들을 비교 연구 내에, 그리고 통시성 속에 위치시키게 해준 언어의 상태들을 탐구했던 것이다.

이와 같은 역사의 뿌리 뽑기는 언어학이 현대의 유럽 지방어들과 방언들 및 사투리, 그리고 식민지 세계의 여타 구어들, 특히 아프리카 구어들에 접근할 수 있는 방법으로 확립되기 위해서 치러야 할 대가였다. 이러한 단절의 철저성과 풍요성은 이어서 사회과학의 과학성을 성립시키기 위한 모델의 역할을 했다.

따라서 20세기초는 19세기의 역사주의로부터 벗어나며, 그리하여 시간에 대한 사유의 진정한 위기가 열린다. 이 위기는 인간에 대한 사유의 다양한 분야들을 끌고 간다. 왜냐하면 20세기에서 역사의 요동은 역사성으로부터 물러나는 현상을 확대시키게 되기 때문이다. 이러한 퇴조 현상은 이번에는 세계에 대한 환멸, 매 단계마다 보다 심층적인 그런 환멸에 의해 고양된다.

역사의 종말?

역사철학을 대체하는 것은 자연과학과 인간과학의 이중적 도박이 수반된 현대성의 지평으로서의 과학이다. 우리는 역사의 종말을 예고하는 헤겔의 분석이 실현되었다고 생각할 수 있었다. "이것은 역사가 멈추었다는 것이 아니라, 우리가 아마 수천 년이 지속될 역사의 종말이라는 기나긴 과정에 진입했다는 것을 의미한다."[1] 무한한 현재 속에서만 전개되는 시간의 이와 같은 부동화의 척도에 따라 구조주의는 통시성보다는 공시성에 더 많이 적용되는 방법에 초점을 맞추는 것을 넘어서 역사적 무중력 상태를 표현하게 할 뿐이다. 따라서 언어학의 구조주의가, 사회과학의 모든 학문들 쪽에서 철학적 사유를 함축하는 사변적 구조주의에 역시 커다란 반향을 일으키는 것은 당연하다. 이런 관점에서 우리는 불변수들을 우선시하는 사유와, 단절을 가능하거나 바람직한 변전 생성에 더 이상 속하지 않는다고 보는 사회 사이의 상호 관련을 발견할 수 있다. "나는 그 어떤 것도 프랑스 혁명과 독일의 관념론이 요구했던 것, 즉 지상의 모든 인간들에게 주자는 자유·평등·박애 없이 이루어질 수 없다고 생각한다."[2] 20세기의 모든 사건적인 것은 이러한 계보 속에 위치하며, 이와 같은 기본적 원리들과 관련해 의미 있는 새로움을 가져오지 못한다. 그것은 19세기 역사 속에 구현된 합리적 낙관주의를 매번 보다 심각하게 균열시키는 결과를 낳는 재앙의 범람만을 제공하며, 복고적이든 혁명적이든 모든 목적을 파괴시킨다.

역사의 과정은 가치론적으로 방향이 정해진 것으로 더 이상 생각될 수 없다. 20세기가 경험하는 상흔들에 직면하여, 구조주의적 사유는 이전 시대의 진보에 대한 믿음을 대체할 수 있었을 쇠퇴의 목적론을 탄생시키지 않았다. 구조주의자들에 따르면 지식은 역사의 어떠한 의미도 더 이상 정당화시키지 못한다. 이 점에서 그들은 스피노자의 가르침을 수용한다. 스피노자는 이미 역사의 의미에 대한 어떠한 관념도 부정했던 것이다. "내가 보기에 알튀세가 스피노자를 찬양하는 이유는 훌륭하다. 스피노자 철학 추종자가 되는 가장 강력한 이유는 역사의 의미가 없다는 것이다."[3] 그러나 레비 스트로스의 경우에 우리는 역사성을 부정하는 내용을 간파할 수 있는데, 이 내용은 역사성이 점진적으로 퇴락하고 사회성의 진정한 고리들과 매개적 망들이 계속해서 보다 전진적으로 부식되어 간다는 관념과 맞물리고 있다.

역사의 이와 같은 이중적 위기 상황은 발견에 도움을 주는 정치적 이유들로 해서 하나의 사조가 성공하게 해주었는데, 이 사조는 안정성과 부동성·불변수들의 탐구를 우선시했을 뿐 아니라 우선적으로 단순한 연구 방법으로 제시되었던 것을 신속하게 세계관으로 뛰어넘는 것을 우선시했다. 따라서 역사는 구조주의의 그 초창기에 구조적 결정체로 응결되었다. 그러나 구조주의는 변화해 나아갔고, 대상의 고정성을 위하여 역사의 의미 작용을 철저하게 배제한 후, 두번째 시기에는 내부로부터 역사성을 보다 잘 해체하기 위해 그것을 고려하게 된다. 이 점은 특히 니체적인 관점에서는 푸코가, 하이데거적 관점에서는 데리다가 맡는 과제이다. 1차적 단계에서 레비 스트로스와 피아제는 구조주의를 그들의 과학적 실험 영역의 독자성과 자율성을 희석시키는 총합적 담론으로 제시되었던 철학으로부터 해방되는 도구로 이해했다. 이 과학적 실험 영역은 피아제의 경우 심리학이고, 레비 스트로스의 경우는 인류학이다. 그러나 그들은 곧바로 철학자들에 의해 붙잡혔다. 철학자들은 이 두 사람이 나타냈던 도전에 대응하여, 이들의 인식론적 입장을 철학으로 변모시키면서 그들의 프로그램을 수용하였기 때문이다. 그래서 당시까지 가능성의 영역으로 간주되었던 역사는 하이데거적 관점에서 존재의 점진적 망각으로 체험되는 것은 아닐지라도 폐쇄로 체험된다.

사회과학의 콩트주의

역사의 여신 클리오는 인문학과 자연과학 사이에서 제3의 담론으로 자처하겠다는 사회과학의 야심에 자리를 내주기 위해 물러났다. 그렇게 사회 과학은 그것에 새로운 실증적 시대의 첨병 역할을 부여한 오귀스트 콩트의 가르침을 따랐다. 콩트에게 진보는 철학적 의미에서 질서의 진보로서만 실현된다. 이로부터 균형을 교란시키러 올 수 있는 모든 무질서 요소에 대한 불신이 비롯된다. 그리하여 차가운 사회는 본래 변화를 견디지 못하는 신화처럼 이상적 대상의 구현 자체가 된다. 물론 레비 스트로스가 볼 때 차가운 사회와 뜨거운 사회 사이의 대립에 대한 이와 같은 준거는 많은 오해들을 낳았다. "그것들은 발견에 도움이 되는 가치만을 지닌 개념들이다. 언제 어디서나 뜨거운 것 속에는 많은 차가운 것이 있고, 차가운 것 속에는 많은 뜨거운 것이 있다. 두번째로 사회들이 스스로를 생각하는 방식에 보다 관련되는 것은 사회에 내재하는 속성들이 아니라 구분들이다."[4] 그러나 분명 탐구된 구조는 시간을 부동화시키고, 이 구조의 재생산에서 시간을 정지시키는 그 규범적 계층화이다.

앙리 아틀랑의 표현에 따르면 크리스털과 연기 사이에 붙들린 사회과학은 연기·비구조·무정형을 희생시키고 크리스털, 즉 구조를 우선시하기로 결정했다. 현미경 아래에서 살아 있는 세포를 연구할 때 환영과 시체 사이에 붙들려 있는 생물학자들처럼 인간과학은 죽은 인간을 연구하기로 선택했다. 인간은 환영, 움직이는 것, 포착할 수 없는 것 쪽에 더욱더 위치하는데도 시체처럼 해부된다. "조르주 슈타이너의 다음과 같은 매우 멋진 말이 있다. '나무는 뿌리가 있고, 인간은 사지가 있다.' 이것이 문제의 전부이다."[5]

그런데 우선시되는 구조적 대상은 레비 스트로스가 기술한 대로 영원성 속에 고정된 사회인 보로로족의 사회처럼 작은 폐쇄된 사회들로 이루어졌다. 이 사회들은 변화를 물리치고, 어떤 형태의 타율도 배격하며, 완전히 독립적으로 살기 위해 매우 복잡한 장치를 설치했다. 이런 유형의 사회가 인류학적 접근을 규정하는 데 패러다임의 역할을 했다는 점은 명백하다. 그것은 동시에 마르크스주의적 목적론으로부터 벗어나려고 혈안이 된 한 세대

전체에게 이것을 가능하게 해준 셈이다.

휴식이 주어진 시간에 대한 이와 같은 비전은 공시성을 위해 통시성을 부정하는 언어학의 변화에 전적으로 부합했다. "나는 역사를 부정했다. 우리가 공시적 구조들을 고찰하는 순간부터 그것은 지배적이다."[6] 그러니까 다른 길들을 통해서 카를 포퍼가 밝힌 입장("우리의 방식은 (…) 역사주의를 반박하는 데 목적이 있다"[7])과 일치하는 구조적 패러다임을 구성하는 반역사주의가 존재한다. 또한 포퍼는 이론적 역사의 어떠한 가능성도 부정함으로써 역사학자의 보호로부터 사회과학을 해방시킬 것을 제안한다.

이와 같은 부정은 공시적인 조직들의 복잡성에 개방되면서, 또 단순한 묘사적 분석 수준을 뛰어넘게 해줌으로써 상당수의 다소 기계적인 발생적 인과론을 뒤흔들게 해주었다. 이러한 차원에서 19세기 지배적이었던 역사주의에 대한 반작용은 일단 단절이 실현되자 유리하게 작용했다. 물론 구조의 운동 방향을 수용한다는 조건이 따른다.

라캉의 반역사주의

라캉이 재해석한 프로이트 이론은 그것의 역사적 구성 요소로부터 다소 벗어났는데, 이는 정신분석학이 과학적 위상을 획득하게 하기 위한 것이었다. 라캉이 볼 때 역사는 "(그가) 아주 훌륭한 이유들로 해서 싫어하는 것"[8]이다. 그러나 라캉은 그가 코제브에서 헤겔의 가르침에 의해 아직 영향을 받고 있던 시점인 1945년 시간성에 대한 고찰을 시도했었다. 그의 《에크리》는 1945년에 쓴 〈논리적 시간과 예상되는 확신에 찬 단언〉이라는 논문을 포함하고 있는데, 여기서 이와 같은 고찰의 흔적을 드러내고 있다.

라캉은 3명의 죄수들에 대한 우화를 통해서 시간의 본질적 가치를 복원한다. 교도소의 소장은 정선된 3명의 죄수를 자신 앞에 불러오게 하여, 논리적 정신으로 볼 때 다른 사람들과 구분되는 1명을 석방하기로 결정한다.

세 장은 하얗고 두 장은 검은 다섯 장의 디스크를 갖춘 교도소 소장은 그 가운데 하나씩을 죄수 각자의 등에 고정시킨다. 자신이 지닌 디스크의 색깔을 논리적으로 결론짓는 첫번째 죄수가 석방 조치의 혜택을 입게 될 것이다. 그렇게 하여 라캉은 죄수들이 할 수 있는 논리적 가정들을 대조하고, '논리적 과정의 공간적이 아니라 시간적 구조' [9]의 우위를 확인한다. 그는 매우 헤겔적인 방식으로 3개의 시간으로 구조화된 시간성을 구분해 낸다. 이 3개의 시간은 시선의 시간, 이해하기 위한 시간, 그리고 계속적인 조절 속에서 결론을 내리는 순간이다. 여기서 시간성은 이중적으로 결정적이다. 우선 그것은 순간들의 필연적인 연속으로서 시간성이다. "본다는 것은 라캉이 말하듯이 신속하게 보여지는 것이고, 공시적이다. 그것은 구조이다. 두번째 시간은 아리스토텔레스의 경우 숙고에 해당하는 시간이다. 그것은 이미 타자들을 고려하게 하지만, 타자들의 시간은 아니다. 결정으로 넘어가기 위해서는 단절, 즉 예상되는 결정이 필요하다. 왜냐하면 긴급성이 있고, 타자들이 있기 때문이다." [10] 다음으로 시간성은 주체가 신속하게 행동해야 하는 긴급성의 결정적 요인으로 제시된다. 주체는 "그가 주관적으로 느끼는 시간적 긴장 때문에" [11] 자신의 확신에 대해 예상을 해야 하는 것이다.

그러나 라캉은 매우 신속하게 헤겔로부터 하이데거로, 그리고 변증법으로부터 정신분석학적 담론을 뒷받침하는 수단인 레비 스트로스의 음운론적 구조주의로 넘어가면서 그가 역사성에 부여했던 특권적 지위를 배격하며, 특히 역사에서 어떤 의미를 되찾으려는 모든 발상을 부인하게 된다. 이와 같은 배척은 '역사를 함축하는' [12] 무의식을 연구 대상으로 하는 정신분석학자에게는 최소한 역설적이다. 현실의 실험으로서, 가능성들의 열림으로서 정신분석학적 실천은 역사성이 통과하며 주체에게는 사건이 된다. 라캉이 이해하는 역사적 세계의 구조는 4개의 존재적 방식, 즉 4개의 담론에 의해 규정되는데, 이 담론들의 논리는 하나의 담론에서 다른 하나의 담론으로 이동하는 순환성이라는 어원적 의미에서 회전(révolution)으로 귀결된다. 그런데 그것들은 기본적으로 그것들의 상황적 조건들로부터 추출된다. 형이상학적인 담론인 지배자의 담론은 본래 아무런 역사가 없다. 과학의 담론인 히스테릭한 담론은 역사를 환상으로 간주한다. 대학의 강단 담론, 즉 철학적 담론은 해석학적 담론으로서 "충만함을 기원에 위치시킴으로써 다시 한 번 역사를 부정한다. 이 충만함은 최상의 경우에 매번 위대한 작가에 의해 재도달되며, 최악의 경우 돌이킬 수 없는 타락 속에 상실된다는 것이다."[13] 유일하게 무의식을 말할 수 있는 정신분석학적 담론인 네번째 담론만이 행위로서 역사적이 될 수 있지만, '무의식이 내놓는 담화들을 진술의 통시성에' 따르도록 한다는 조건이 전제된다.

라캉에게 시간성이 있다면, 그것은 대상을 상실해 온 역사로서의 역사성에 대한 비극적이고 하이데거적인 견해를 더 많이 포함한다. 이 상실은 존재가 존재자 속에 나날이 더욱 심층적으로 사라지는 것이거나, 제1의 기표에 대한 욕망의 주체가 사라지는 것을 말한다. 이와 같은 시간성은 주체의 특이한 역사로 귀결되는 것이 아니라 인류에게 특수한 기반적이고 본원적인 결여로, 다시 말해 초개인적인 현실을 지녔다 할 위상학적 모습들이나 언어의 어떤 무의식으로 귀결된다. 바로 이러한 의미에서 라캉은 탈육화된 (désincarnés) 조합들로서의 정신적 울타리들에 대한 초기 레비 스트로스의 입장과 합류한다. 물론 이러한 입장은 특정 심리주의와 단절을 하게 만들었고, 정신분석학의 토대를 보다 견고히 확립하게 해주었다. 그러나 생성 변전을 더 이상 통하지 않은 지평으로 삼지 않는다는 조건이 따른다. 그런데 라캉의 주체는 자신의 구조에 갇혀 있기 때문에, 그의 미래는 공시적인 세계 속에서 과거를 단순히 반복하는 것밖에 없다. "효율성도 없고, 순전히 추상적인 빈 시간만이 남는다."[14]

엘리자베트 루디네스코는 열렬한 라캉 추종자였지만, 그가 역사를 부정하는 점이 제기하는 문제로 인해 그로부터 부분적으로 벗어난다. 순환하는 네 담론의 모델은 "하나의 전체처럼 주어진 라캉의 개념들을 역사화하는 것을 막게 했다."[15] 이와 같은 탈역사화는 라캉의 개념들에 입각해 프로이트로의 회귀를 가능하게 해주었다. 그렇게 해서 라캉 추종자들은 프로이트의 사상 속에서 대문자 기표의 이론이나, 실재계/상징계/상상계 이론을 탐구하면서 역사의 행진을 뒤집을 수 있었다. 엘리자베트 루디네스코는 《정신분석학의 역사》에서, 정신분석학을 그것의 맥락적 상황을 벗어나 고찰하는 이와 같은 경향에 대해 반대하게 된다. 이 책은 1936년의 라캉이 어떤 면에서 1950년의 라캉, 혹은 1970년의 라캉이 아닌지 보다 잘 이해하게 해준다. 이와 같은 탈역사화는 지식의 한 영역에서 다른 한 영역으로 패러다임들의 흐름을 복원시켜 주고, 그렇게 하여 개념들의 중요성을 상대화할 수 있게 해준다. 이 개념들은 주체─라캉이 그것들의 일시적인 특권적 장소가 되자마자 비시간적인 것으로 제시되었다.

한편 르네 마조르는 포의 《《도둑맞은 편지》에 관한 세미나》(1955)와 동일한 시기의 텍스트인 〈치료의 방향〉 사이에 유사한 구조를 식별해 내는데, 이 유사한 구조로 인해 정신분석학의 역사에서 라캉의 위치와 관련될 뿐 아니라, 프로이트 이론의 역사적 체험과 관련되는 매우 상황적인 암묵적 발화 내용을 드러낸다. 두 경우에서 라캉은 화자의 위치를 중립화시키는 배제를 실행한다. 이러한 배제에 대해 데리다는 이미 《진실의 배달부》(1975)에서 비판을 개진한 바 있다.

라캉이 《도둑맞은 편지》에서 뒤팽의 자리에 해설자를 위치시키듯이, 그는 치료의 방향에서 분석자를 외재성의 상황에 위치시킨다. 한편으로 르네 마조르는 라캉이 사실상 에드거 포의 단편에 나오는 주역들 가운데 한 사람과 자신을 동일시하게 되고, 돌출적 입장의 가능성은 없다고 생각한다. "나는 해석자가 상이한 위치들을 계속적으로 차지함으로써, 주역들 각자와 자신을 동일화함으로써, 그리고 탈동일화함으로써만 해석할 수 있다는 점을 보여 주려 했다. (…) 나는 이야기의 어법 일탈에 대해, 화자나 해설자의 위치에 대해 말했다."[16]

르네 마조르가 실행한 드러내기는 이론의 개발에서 주요한 역할을 수행하는 역사적 맥락의 재도입을 거쳐 간다.[17] 라캉의 구조주의적 관점은 편지의 순환적인 놀이에 숨겨진 실제적 목적들을 은폐하려 시도했었다. 그러나 그것은 르네 마조르가 라캉의 텍스트에 대해 실행한 해체를 통해 복원시키는 동질적 구조를 감추면서 동시에 드러낸다. 이와 같은 복원이 이루어지는 때는 그가 다음과 같은 사실을 밝혀내는 시점이다. 즉 추적되는 편지의 행방을 나타내는 징후들의 모든 역(逆)징조들에도 불구하고, 뒤팽이 편지를 찾아내는 것은 무언가가 그로 하여금 그것을 찾아내게 해주기 때문이라는 점 말이다. 열쇠는 D 장관과 뒤팽 사이에 하나의 여인이 있다는 사실 속에 있다. 프로이트의 작품에 대한 해설에는 50년대의 분명한 상황 속에서 라캉과 나슈트[1] 사이의 한 여인이 있듯이 말이다. 이 여인은 프로이트의 편지를 공식적으로 간직한 마리 보나파르트인데, 프랑스에서 이 편지의 해석을 제안할 수 있는 유일한 자격이 있었다. "실제 생활의 사건들, 일련의 격자형 읽기, 그리고 정신분석 치료 이론 사이의 유사성은 아마 에드거 포의 글쓰기 및 3개의 이야기와 가장 '유사한' 것이리라."[18]

그리하여 르네 마조르는 어떻게 해체적 방식이 구조적 틀로부터 배제된 것을 되찾게 해주는지를 보여 준다. 기의는 의미 작용적 연쇄와 분리되어 저항선 아래 은폐되었는데, 마조르는 이 기의를 텍스트 조직 방식의 역사화를 통해서 다시 나타나게 한다. 라캉이 편지는 중간에 차단될지라도 언제나 목적지에 도달한다고 단언할 때, 그가 사실상 의미하고자 하는 바는 이런 것이다. 즉 프로이트의 가르침이 마리 보나파르트의 소독적인 권위 때문에 잿더미에 묻혀 꺼져 가고 있지만, 그것은 이 잿더미 속에서 부활할 수 있는 가능성을 그것 자체 안에서 찾아내고 있다는 점이다.

비목적론적 역사성

그러나 역사성의 필연적인 재도입이 19세기에 팽배했던 역사주의로의 회

---

1) 나슈트는 52년까지 파리정신분석학회장을 네 차례나 역임한 대임상의학자이다.

귀를 의미하는 것은 아니다. 이제 역사는 구조적 단절 때문에 더 이상 목적론적이 될 수 없고, 보편주의적 야심을 간직하게 된다. 구조주의의 가르침은 동일한 것을 통해서 역사주의의 한계를, 예전의 범주들을 통한 사유의 불가능성을 식별하게 해준다. 이타성의 인정은 과학적 지식을 상대화시키게 해주고, 역사적 맥락에서 복원시키게 해준다. 그러나 순전히 상대주의적인 어떠한 표류도 회피하기 위해서는 현실에 어떤 안정성을 부여하여 과학적 방식의 가능성을 생각해야 하는데, 이 점은 지시 대상의 회귀를 함축한다.

그리하여 실뱅 오루는 언어과학의 역사적 인식론이 지닌 과제를 '정확한 **데이터**의 진정한 이론'[19]을 확립하는 것이라고 규정한다. 그가 권장하는 것은 **데이터**의 단순한 계속과 묘사가 아니라 복잡한 가정망(假定網)들의 재구축이며, 진리의 가치를 지니고 지식의 개별적 영역들에 할당할 수 있는 명제들의 개발이다. 그래서 체계들과 이것들의 연결에 대한 공시적 연구는 1차적 시기로, 즉 역사화된 구조주의적 사고에서 하나의 단계로 분명하게 나타난다. "체계들의 연구는 그것들의 변화에 대한 연구에 선결 조건으로 나타난다. 그러나 여기서 멈추는 한 우리는 지식의 생산이 무엇인지에 대한 아주 명확한 관념을 얻을 수 없을 것이다."[20] 연구 방식에서 이와 같은 두 시기는 목적론적 연속주의와 상대주의적인 불연속주의 사이의 허위적 양자 택일을 피하게 해준다.

그리하여 초기 구조주의의 정체 상태나 신구조주의의 불연속주의는 구조적 방법의 기여를 보존함으로써, 또 체계의 변화에 작용하는 내생적·외생적 논리들을 배제하는 것을 피함으로써 극복될 수 있으며, 새로운 조직 속에 옛 체계의 상당 부분을 간직하면서 질적인 도약에 입각해 새로움을 창조토록 해주게 된다. 이것이 파트릭 토르가 《분류적 이성》[21]에 대한 비판에서 옹호하는 방향이다. 그는 여기서 과학적 변화, 이 변화에서 혁신에 내재하는 단절들, 그리고 균형에 문제를 일으키는 외재적 현상들과의 필연적 관계를 고려한다.

역사적인 역동적 힘을 복원시킬 수 있는 모델, 발견에 도움이 되는 모델을 추구하는 파트릭 토르는 다양한 대립적 전략들과 유기적으로 관련된 중심적 개념으로 쟁점의 개념을 제안한다. 그리하여 그가 식별해 내는 것은 푸코처럼 부동의 담론적 토대가 아니라, 내적 양립 불가능성에서 비롯되고 외생적 쟁점들에 투입된 담론적 단위들의 모순에 고유한 긴장에서 비롯되는 담론적 위기의 시대들이다. '아가시'[2]에게서 나타나는 생물불변설의 위기, 드 카트르파주에게서 나타나는 '인간계' 구분의 위기, 아당송에게서 나타나는 '자연적 방법'에 대한 분류학적 대계획의 최종적인 '변이설적' 전복, 콩트와 스펜서의 학문 분류에 나타나는 외적 대립 및 내적 비논리, 슐라이허의 진화론적 언어학에서 헤겔적 모델과 다윈적 모델 사이의 갈등 등"[22] 말이다.

정지된 시간에서 되찾은 시간으로

이와 같은 전망에서 볼 때 역사는 외생적인 단순한 우발의 역할로 격하될 수 없다. 예컨대 레비 스트로스가 그리스에서 신화로부터 철학으로의 이동은 다른 곳 어디에서도 일어날 수 있었으며, 사실 순전히 우연한 기적의 결과라고 생각하듯이 말이다.

반대로 장 피에르 베르낭의 인류학파는 이와 같은 단절이 철학적 담론의 탄생과, 평등한 사람들로 이루어진 도시국가 세계의 형성 사이의 상동 관계를 알아차리게 해준다는 점을 분명히 보여 주었다. 이와 같은 상동 관계는 시민적 규범의 형성이 씨족적 전통과 철저하게 단절되는 시점에서 이루어졌다는 것이다. 따라서 역사성을 부정하거나, 역사성을 순전한 우발성으로 격하하는 행위는 상이한 층위들 사이의 일정 수의 긴밀한 본질적 결합을 파악하지 못하게 만든다. 그러나 이와 같은 부정은 모리스 고들리에에 따르면 가

---

2) 아가시(Agassiz Alexandre, 1835-1910)는 스위스의 자연학자로서, 그의 아버지 루이 아가시의 생물불변설에 반대해 변이설을 옹호했다.

계 · 국가 · 소유권 등의 기원에 대한 다양한 탐구와 19세기의 역사주의를 무너뜨리는 데 필요했다. 이러한 함정과 단절해야만 했다. "우리는 구조 이전에다 생성을 갖다 놓지 않는다. 과학의 고전적 방법은 대상의 기원을 이해하기 전에 그것의 구조 연구로부터 시작하는 것이다."[23] 그러나 이것은 연구 방식의 1차적 단계이다. 이어서 연구 방식은 변화를 그것이 지닌 창조적 · 혁신적 능력으로 파악해야 할 뿐 아니라, 흔히 구조를 채택해 유지시켜 주는 의미를 지닌 발현으로 파악해야 한다. 최근에 사람들은 동일한 것을 보존하기 위해서, 즉 구조를 재생산하기 위해서 끊임없는 변화를 실천해야 한다는 점을 알아차렸다. 우리가 보았듯이 수학자들 · 물리학자들 · 생물학자들은 그들의 분석 영역 속에, 그들의 방정식 속에 시간적 변수를 점점 더 통합시키고 있다. 오늘날 미국에서 지식의 첨단은 가장 정묘한 인간들의 수학–논리–상징적 지원, 그리고 거대한 정보 처리 기술의 뒷받침을 통한 '카오스 이론'에 의해, 다시 말해 우주의 주요한 모습으로 인식되는 카오스의 해독에 의해 대변된다. 따라서 역동주의적 인류학과 사회학을 언제나 옹호해 왔던 조르주 발랑디에가 만족해하듯이[24] 오늘날 구조적 정체 상태를 대체하는 경향을 보이는 것은 현상의 역동주의적 해석이다.

사실 인문과학의 최근 변화에도 역시 적용될 수 있었을 내용을 생물학자 필리프 쿠릴스키의 글에서 읽을 수 있다는 것은 시사하는 바가 적지않다. "사실인즉 오늘날 분자생물학은 특히 정적인 표상들을 사용한다. 나는 이 표상들이 역동적인 표상들에 자리를 내주게 되어야 한다고 생각한다."[25]

인문과학에서 구조주의가 역사를 그처럼 배제한 것은 70년대 제라르 주네트를 포함한 일부 인물들에 의해 '일시적인 차치(且置)나 방법론적 정지'[26]로 이해된다. 제라르 주네트는 또한 연구 방식의 두번째 단계, 즉 역사성을 고려하는 단계로 넘어갈 것을 권장하나, 그렇다고 전통적 역사주의로의 회귀를 설파하는 것은 아니다. 실제로 그는 한편으로 전문적 연구들의 단순한 연속으로서의 문학사와, 다른 한편으로 20세기초 귀스타브 랑송이 규정한 문학사, 즉 문학적 생산과 수용의 사회적 조건들의 복원을 구분한다. 이 복원은 실현되지 못한 프로그램이나 훗날 1941년 뤼시앵 페브르가, 그리고 1960년 롤랑 바르트가 단호하게 옹호한 프로그램이다.

세번째 형태의 문학사는 작품들을 한 시기의 역사적 자료로서, 감성의 예시로서 연구함으로써 나타났다. 그것은 특히 뤼시앵 골드만에 의해 실천된다. 그러나 제라르 주네트는 이런 유형의 역사가 반영에 대한 매우 고전적 개념을 불만족스럽게 사용하고, 문학의 외부에 머물면서 문학을 관통한다고 비난한다. 따라서 그는 다른 형태의 역사성을 권장한다. 즉 "문학을 근본적인 (최후의) 대상으로 삼는 역사성: 문학사 자체로서, 문학사 자체를 위해 받아들인 문학사"[27]를 말이다. 작품이나 저자는 계속의 과학이 아니라 변모의 과학으로 인식된 그런 역사에 도움이 될 수 있기에는 너무나 특이한 대상으로서 배척된다. 따라서 제라르 주네트는 이와 같은 새로운 문학사보다는 형태의 변화들, 즉 수사학적 코드들, 서술적 기술들, 시적 구조들을 보다 선호하면서 구조주의적 방향에 여전히 충실하다. "요컨대 이 역사는 써야 할 것으로 남아 있다."[28]

그것은 공시적 분석과 통시적 분석을 양립 불가능한 것으로 대립시키는 편견을 뛰어넘을 필요가 있다. 제라르 주네트는 '구조적 역사'의 견해를 옹호할 뿐 아니라, 이 구조적 역사를 단 하나의 진정한 역사로 규정한다. 분석의 두번째 단계에 가서야 이 역사는 일반적 역사와 타당하게 관련을 맺을 수 있게 된다.

40

하나의 지형-논리학

구조주의는 통시적 연구가 개화되도록 하기 위해서 역사성과 거리를 두어 왔다. 그 모든 시기 동안 우리는 철저한 대변화를 목격해 왔는데, 이 변화는 당시까지 시간성들의 변증법, 기원들의 탐구를 우선시했다. 그러나 그것은 이제부터 공간적 논리들의 드러내기와 위치들의 다양한 게임 쪽으로, 공간 속에서 가능한 관계들이 지닌 한계의 식별 쪽으로 방향을 잡는다.

'안쪽'과 '바깥쪽,' '지평'과 '한계' 혹은 '경계'를 결정하는 지리학적 술어들의 풍부한 사용은 거의 연극적인 하나의 온전한 장식술을 제공하는데, 롤랑 바르트는 이 장식술을 라신의 극작품을 분석하기 위해 훌륭하게 이용할 줄 알게 된다. 그렇다고 구조주의적 풍경이 지리학자의 풍경은 아니다. 그것은 정의상 내용과 의미가 비어 있다. 그것은 레비 스트로스에 따르면 구조를 구성하는 요소들의 위치로 오로지 이루어진다. 구체적 장소들이 비어 있고 순전히 추상적인 이 세계는 사실 '특유하게 구조적인, 다시 말해 위상적인'[1] 공간이다.

이와 같은 공간적 논리들의 결합은 미셸 푸코 · 롤랑 바르트 혹은 클로드 레비 스트로스에게서 나타나는 지리적 담론과 보다 가까운데, 자크 라캉을 통해서 보다 수학적인 형태, 프레게로부터 영감을 얻은 그런 형태를 띤다. 라캉은 정신분석학을 예컨대 뫼비우스의 띠 조작을 통해서 미분 위상기하학에 접근함으로써 과학의 위상에 도달케 하고자 열망한다. 실제로 라캉은 리스만으로부터 나온 수학의 이와 같은 분야로부터 영감을 받는데, 이 분야의 목표는 불변적인 기하학적 모습들의 속성들의 연구를 통해 한계 · 연속성의 개념들을 확립하는 것이다.

결여의 장소

구조주의의 위상(기하)학은 공간의 초월적 내용들을 마비시키지 않고 그것들의 신경을 제거하는 작업을 실시하는데, 이는 이 요소들을 장소들과 장소들의 가능한 조합들의 논리로 대체하기 위한 것이다. 구조의 요소들은 개별적 모든 의미를 상실하고 조합적 유희로부터만 의미를 부여받는다. 여기서 구조주의가 실행하는 이동은 관찰로부터 관찰을 가능하게 해주는 영역으로, 관찰의 조건들로 넘어가게 해주는데, 이 영역과 조건들의 의미 작용적 논리를 재구성해야 한다. 그러나 이 논리는 결코 포착되지도 가시적이지도 않고, 어떤 대상으로 환원되지도 않는다. 구조는 존재하지 않는 그 결여이고, 그 구멍이며, 그 벌어진 틈이나 대문자 사물(la Chose)[1]이고, 그 근본적 제1의 기의이며, 시선에 결코 현전하지 않는 그 영도이고, 단순한 잠재성인 존재자를 벗어나는 그 존재이다. 현상성을 칸트적인 구조적 본체성(nouménalité)으로 대체하면서 구조주의는 이 본체성의 논리를 어떤 불가능한 생성의 수직적 깊이 속에서 찾지 않고 일반화된 교환의 일정 수 조작자들, 즉 음소·근친상간·대상 (a)와 같은 것들을 활성화시키는 다양한 가능성들의 지평 속에서 찾는다. 바로 공간적 간격(espacement) 속에서 구조적 논리가 구축된다. 그런데 "공간적 간격은 아무것도, 존재하는 그 어떤 것도 지칭하지 않고, 거리를 지닌 그 어떤 현존도 지시하지 않는다. 그것은 비환원적인 어떤 바깥쪽의 지표이고, 비환원적인 이타성을 지시하는 어떤 운동, 어떤 이동의 지표이다."[2]

---

1) 대문자 사물은 주체에게 절대적이고 영원한 충족을 준다고 생각되지만 '영원히 상실된 대상'을 가리킨다. 라캉 정신분석학에서 그것은 어머니의 육체이다.

구조주의의 공간은 바깥의 공간이고, 현동화로 환원될 수 없는 어떤 다른 곳이다. 그것은 구분해야 할 모체이며, 우리는 이 모체의 부수적 결과만을 포착할 수 있다. 그리하여 우리는 왜 구조주의가 대대적으로 유행하는 동안 무의식이 그것의 언어학적·인류학적 혹은 정신분석학적 해석들을 통해 우선시되었는지 이해하게 된다. 바로 최초의 미분화 상태 속에서 이해된 어떤 무의식에 입각해 구조적 논리들이 전개되고, 알튀세의 경우 구조적 인과 관계, 자크 알랭 밀러의 경우 환유적 인과 관계, 혹은 야콥슨이나 레비 스트로스의 경우 차이들의 이원 체계에 대한 탐구가 정당화된다. "구조들은 무의식적이다."[3] 바로 이 결여, 이 포착 불가능한 것, 데리다가 사용하는 의미에서 그 차연이 갑자기 구조적 공간의 중심에 투영되어 있는 것이다.

우리가 구조주의자들 각각의 경우에서 보았듯이 "이러한 영도 없는 구조는 없다."[4] 음운론의 영도, 혹은 친족 관계의 영도, 혹은 신화의 영도, 혹은 상징 체계 등의 영도가 되었든 말이다. 바로 이와 같은 영도의 입장으로부터 구조적 분석은 출발한다. 그것은 그것이 결코 개별적 정체성과 동일시되지 않는다는 사실을 통해서, 구조주의의 계열적 논리가 전개되는 가능성 자체를 조건짓는다.

바로 이와 같은 최초의 텅 빔으로부터 공간에 대한 사유가 그것의 한계·기복·연결 장소들과 함께 전개된다. 그러면서 이 사유는 하나의 구조로부터 다른 하나의 구조로, 한순간으로부터 다른 한순간으로 이동이 아니라 구조와 그것의 현동화 사이의 관계를 설정한다. "우리는 사라진 인간의 텅 빈 공백 속에서만 사유할 수 있다. 왜냐하면 이 텅 빈 공백은 어떤 결여의 구덩이를 파지 않기 때문이다. 그것은 채워야 할 공백을 명령하지 않는다. 그것은 한 공간의 펼쳐짐 그 이상도 그 이하도 아니며, 이 공간에서 생각하는 것이 말하자면 다시 가능한 것이다."[5] 최초의 모든 내용이 비워진 이 공간에서는 어떤 본원적 의미의 탐구를 정당화시키는 어떠한 합당성도 배제되는데, 이것은 기호의 무한한 논리들을 위해서이다.

푸코의 지질학: 시선의 기술

이브 라코스트가 1976년에 내놓은 지리학 잡지 《헤로도토스》의 창간호가 미셸 푸코에게 편집진 지리학자들의 질문들에 답하도록 요청하고 있는 점은 대단한 의미를 지니고 있다. 우리는 흔히 사유의 영도로 제시되는 지리학에 미셸 푸코의 권위를 동원하는 것이 주는 전략적 이득을 이해한다. 그러나 이러한 만남은 특히 넓은 의미에서 지리적 성격을 미셸 푸코의 작품에 인정함으로써 설명된다. 푸코의 작품에 나타나는 몇몇 개념들은 지정학으로의 개방을 가능하게 해준다. 이와 관련해 《헤로도토스》지는 푸코의 저술들에 공간적 은유들이 풍부하다는 점을 지적한다. 예컨대 '위치' · '이동' · '장소' · '장(場)' 혹은 본질적으로 지리적인 '영토' · '영역' · '땅' · '지평' · '군도' · '지정학' · '지역' · '풍경' 등이 그런 것들이다. 잡지는 또한 푸코가 자신의 분석들에서 어떤 문화권을 참조할 때 그것들을 명시적으로 정당화하지도 않고, 진정으로 한계를 설정하지도 않고 있다는 점에 놀라움을 나타낸다.

푸코는 우선 다소 방어적 자세를 취하면서 답변하는데, 이는 지리학자들 집단에 의해 자신이 회유되지 않을까 하는 염려 때문이다. 그는 문제의 개념들이 법-정치적 · 경제-법률적 · 군사적 등의 영역에 관련된다는 점을 강조하지만, 자신의 작업에 공간적 은유들이 매우 뚜렷하게 나타난다는 점을 인정한다. "나는 이러한 공간적 강박 관념들 때문에 비난을 상당히 받았다. 사실 그것들은 나의 뇌리를 떠나지 않았다."[6] 푸코는 그가 어떤 면에서 시간적 측면에 부여된 우선권에 대한 진행중인 이의 제기에 동참하고 있는지 분명하게 설명한다. 왜냐하면 시간적 측면은 개인적 의식으로 귀결되기 때문이다. 공간성 쪽으로의 대변화는 그 어떤 지향성에도 준거를 피함으로써, 또 담론적 공간에서 권력의 구체적 효과 쪽에 분석의 시각을 위치시킴으로써 권력 관계의 차원에 위치하도록 주체를 비켜 가게 해준다.

《헤로도토스》같은 잡지는 당시까지 지리학에 의해 방치된 지정학을 활성화시키고자 하는 만큼 푸코와 같은 철학자가 지리학적 개념들을 은유로서 사용하는 데 만족하지 않고, 그것들을 진정한 분석 도구가 되도록 했다는 점을 알았을 때 기뻐할 수밖에 없다. 예컨대 푸코가 벤담의 원형 형무소를 《감시와 처벌》에서 사회적 모델로 제시할 때가 그렇다. "심지어 당신은 결론에서 감옥 같은 형태의 도시의 '상상적 지정학'을 환기시킨다."[7] 푸코는 자신의 작업을 시작할 때부터 지식과 권력 사이의 변증법, 전략·전술의 개념들에 토대한 그런 변증법을 중시했었다. 지리학이 "우선적으로 전쟁을 하는 데 소용된다"는 사실을 강조하는 지리학자들과의 만남은 유익할 수밖에 없고, 따라서 학문 사이의 장벽은 푸코가 자신의 대화 상대자들 앞에서 다음과 같이 동의할 때 다시 한 번 무너진다. "나는 당신들이 지리학과 관련해 제기하는 문제들이 나에게 아주 중요하다는 점을 깨닫는다. (…) 분명 지리학은 내가 관심을 기울이는 대상의 중심에 있을 수밖에 없다."[8]

실제로 푸코는 시선의 유희를 우선시하면서, 지질학자와 유사한 방식을 실행한다. 지질학자는 수평적 절단면들에 입각해 분석된 지층학적 단층들 사이의 다양한 경계들·부정합들·간극들을 식별하는 데 전념한다. 따라서 푸코의 고고학을 받치는 토대는 담론적 지질학 속에 뿌리 내리고 있는 셈이다. 지질학자가 땅의 지형학적 조직의 결정 인자들을 연구하듯이, 푸코는 자신의 연구 대상들을 직접성의 관계로 파악하지 않고, 그것들을 가능하게 만드는 조건들을 연구한다. 그리하여 진료소·감옥·광기·성은 그에게 역사성과 조직이 드러나야 하는 대상들이 아니라, 이 대상들을 생각할 수 있게 해주는 조건들을 파악하는 수단들이다. 이 대상들은 어떤 초월적인 깊이로부터가 아니라 '언어에 밀착된'[9] 가시적인 것과 비가시적인 것의 최초 배분을 탐구함으로써 사유될 수 있다. 그래서 기표와 기의 관계의 다양한 배분들이 조명된다.

공간들의 유희, 시선의 유희로서 의학은 징후들에 대한 관심에서 기관들에 집중된 관심으로 갑자기 이동한다. "임상적 실험은 새로운 공간, 즉 육체의 구체적 공간을 탐사하기 위해 무장한다."[10] 의학적 관찰 방법들의 급진적 변모와 비샤[2]는 가시성의 형태들과 반대쪽에 위치한다. "근본적으로 비가시적이었던 것이 갑자기 눈앞에 훤히 제시된다."[11] 그래서 해부임상학이 탄생될 수 있고, 질병은 아픔의 형이상학으로부터 벗어날 수 있다. 형무공간에서 주요한 조작자로서 기능하는 것 또한 가시적인 것과 비가시적인 것의 놀이이다. 감옥은 투명한 것으로 구상된 하나의 사회적 공간을 유심히 살피려는 고심으로부터 태어난다. 처벌적 권력은 "그것이 복종시키는 자들에게 의무적인 가시성의 원칙"[12]을 강제한다.

구제도하에서 권력은 단죄된 자에게 가해지는 체형의 행위를 통해서 구경거리가 되는데, 이 구제도의 정상에 위치한 최대한의 개인화와 시각화를 근대에 대체하는 것은 개인화와 가시성이 줄어드는 현상을 동반한 전혀 다른 모습이다. 왜냐하면 권력은 스스로 기능적이 되면서 동시에 익명적·비가시적이 되기 때문이다. 모델은 원형 형무소인데, 이 형무소는 스스로는 보이지 않으면서 중심탑에서 굽어볼 수 있게 해주기 때문에 다양한 응용에 이용된다. "그것은 공간 속에 육체들을 고정시키는 유형이다."[13] 이미 푸코가 《말과 사물》에서 이용한 벨라스케스의 그림은 그가 시선에, 그리고 관객과 모델, 주체와 대상의 무한한 뒤바뀜에 부여한 중요성을 드러내고 있었다. 모든 것은 화가의 화폭 표면에서 이루어지는데, 이것은 유한한 공간에 배치된 소재들을 드러내지 않게 하는 단순한 놀이이다.

담론성을 그것의 불연속성들 속에서 다루는 지층학자로서 푸코는 또한 지질학의 어휘를 빌린다. 《말과 사물》에서는 '침식'·'해안'·'층'·'지진'·'단층'이 문제된다. "바로 우리의 침묵하고 순진하게 움직이지 않는 땅에 우리는 그것의 단절들, 그것의 불안정성, 그것의 균열들을 돌려 준다. 그리고 우리의 발 아래서 불안해하고 있는 것은 이 땅이다."[14] 에피스테메의 개

---

2) 비샤(Bichat, Marie François Xavier, 1771-1802)는 프랑스의 의사이자 해부학자이며 생리학자로서, 특히 세포 조직의 개념을 밝힌 《일반해부학》을 남겼다.

념 자체도 방대한 횡단적 기반(基盤), 다시 말해 변화할 수 없고 다만 지진의 영향을 받아 기울 수 있거나, 혹은 첫번째 단층과 겹쳐 침전되는 다른 단층에 자리를 내주는 방대한 횡단적 기반으로 간주됨으로써 지질학자의 방식에서 유사한 대응 개념을 만난다. 게다가 우리가 기억하다시피 레비 스트로스가 《슬픈 열대》에서 자신에게 '세 스승,' 즉 마르크스 · 프로이트 · 지질학이 있음을 인정한다고 단언한 것을 볼 때, 그는 지질학을 구조인류학의 주요한 영감적 원천으로 삼았던 것이다. 물론 레비 스트로스와 마찬가지로 푸코의 경우도 문화를 자연화하자는 것이 아니라 발생적 · 역사적 방식을 수평적 · 동시적 · 공간적 방향으로 대체하자는 것이다.

안쪽과 바깥쪽의 놀이

안쪽과 바깥쪽의 놀이와, 공간의 다양한 장소들의 결합은 새로운 관심의 대상이 된다. 그리하여 장 피에르 베르낭은 그리스인들의 공간을 두 중심점 사이의 긴장을 통해 규정한다. 하나는 안쪽과 인간 집단의 자폐를 나타내는 **헤스티아**(Hestia)이다. 다른 하나는 바깥쪽 · 운동성 · 개방성을 나타내는 **헤르메스**이다. 이와 같은 공간적 양극성은 남성/여성의 대립을 조직화하고, 이 두 축에 따른 일의 분할을 생각하도록 해준다. **헤스티아**는 자급자족적이고 동족 결혼적인 가치들을 나타내며, "경제적 활동의 차원에서 여자는 자본 축적을, 남자는 획득을 나타낸다."[15]

롤랑 바르트가 설명하는 라신의 인류학 역시 기본적으로 공간적이다. 라신의 극 무대에서 바르트는 하나의 중심점 · 외곽들 그리고 무대 바깥, 즉 외부를 중심으로 분절되는 지형학적 논리를 감지해 낸다. 역사는 무대 밖으로 쫓겨나 있다. 반면에 비극은 가시적인 무대 공간에서 전개된다. "(…) 외부는 3개의 공간, 즉 죽음의 공간, 도주의 공간, 그리고 사건의 공간을 포함한다."[16] 시간 · 장소의 비극적 통일성은 비극의 관객들이 직접적으로 접할 수 있는 것의 윤곽 자체에 의해 공간적으로 제한된다. 비극적 주인공의 정의 자체가 이 무대적 공간 속에 갇혀 있다는 것이다. "그는 벗어나면 죽을 수밖에 없는 인물이다. 그의 한계는 그의 특권이고, 갇힌 상태는 그의 차별성이다."[17]

역사적 사건은 배경으로, 바깥으로 억압된다. 그것은 무대에서 유지되는 언어적 효과에 의해서만 개입한다. 거리가 유지됨으로써 그것은 효율성을 상실하고, 그리하여 기본적으로 공간적인 틀 내에서 빛과 어둠의 투쟁이라는 준엄한 비극적 논리가 전개되도록 만든다. "비극적 갈등은 공간의 위기이다."[18] 바로 이와 같은 울타리가 역사의 무게를 상대화시키고, 시간을 부동의 시간으로 변모시킨다. 시간성은 반복의 강박 속에서 이해될 수 있을 뿐이다. 왜냐하면 공간적 울타리 속에 갇힌 비극적 세계로부터 벗어나기 위해 변증법적으로 넘어설 수 있는 가능성은 전혀 없기 때문이다. 바르트는 비극을 반신화적인 무대술로 포착한다. 그는 신화가 제시하는 모든 매개들을 제로화시켜 갈등이 거칢 속에서, 비통한 폭발 속에서 나타나도록 하는 경향을 드러낸다.

로브 그리예의 글쓰기에서 바르트를 유혹하는 것 또한 이와 같은 공간의 논리이다. 여기서도 오직 시선만이 하나의 미학을 탄생하게 해준다. "로브 그리예의 글쓰기는 알리바이도 두께도 깊이도 없다. 그것은 대상의 표면에 남아 있다."[19] 로브 그리예에 따르면 오직 시각적 편력만이 실제적이다. 그는 본질적인 것인 '여기 있는 존재'와 사라지지 않을 수 없는 '무언가로서의 존재' 사이의 하이데거적 구분을 수용한다. 로브 그리예의 누보 로망에서 대상들의 규정은 '공간적·상황적' 형태로만 존재해야 하며, '어떠한 경우에도 유추적'[20] 형태로 존재해서는 안 된다. 그리하여 누보 로망은 내면성이라는 관념을 억제하고, 공간 속에서 대상들의 순환적 논리가 전개되도록 하기 위해 표면에서 확립된다.

구조주의의 모든 작업들이 광범위하게 전개한 이와 같은 지형-논리학(topo-logique)은 이미 레비 스트로스에 의해 우선시된 바 있다. 친족 관계의 기본 구조들은 원시 사회들의 공간적 장치 속에 분명하게 새겨져 있다. 그래서 레비 스트로스가 《슬픈 열대》에서 보로로족의 마을 구조를 복원할 때, 그는 마을의 매우 고심하여 구상된 조직에 특별한 관심을 기울인다. 이 조직에서 주민들은 그들을 2개의 집단——세라(cera)라 불리는 사람들의 집단과 투가레(tugaré)라 불리는 사람들의 집단——으로 양분하는 대각선을 통해 나뉘어져 있다. 이와 같은 분할은 엄격하게 친족 관계를 조건짓는다. 왜냐하면 하나의 개인은 언제나 자신의 어머니가 속한 동일한 반쪽에 속하고, 다른 반쪽의 구성원과만 결혼할 수 있기 때문이다. "나의 어머니가 세라이면 나 역시 세라이고, 나의 아내는 투가레가 된다."[21] 모든 것은 이원적 구조에 따라 보로로족의 주민들 속에 조직화된 이와 같은 울타리에 입각해 조직화된다.

우리는 신화에 대한 레비 스트로스의 접근에서도 동일한 울타리를 만난다. 《신화학》에서 개진되는 그 세밀한 탐사의 의미에 대해 사용된 메타포는 공간적 우위를 시사한다. 왜냐하면 재구성해야 할 하나의 '퍼즐'[22]이 문제되기 때문이다. 레비 스트로스에 따르면 탐사된 문화권이 어떠하든, 신화들은 모두가 동일한 것을 표현한다. 이것이 그가 "신화의 지구는 둥글다"[23] 라고 간주하면서 의미하는 바이다. 실제로 그는 사회 공동체들의 다양성을 넘어서 발견해야 할 시원적인 이중적 단일성을 가정하는데, 다름 아닌 체계의 단일성과 메시지의 단일성이다.

신경 회로의 지형

레비 스트로스가 커다란 횡단적 · 공시적 단면들에, **지형들**(les topos)에 부여한 우선권은 그의 경우 문화를 자연화하겠다는 의지에 부합한다. 게다가 구조주의적 계획의 주요한 야심은 본질적으로 서구 사상의 변화에서 점진적으로 분리되었던 것, 즉 감각적인 것(le sensible)의 영역과 예지적인 것(l'intelligible)의 영역을 화해시키려는 고심 속에 담겨 있다. 이와 같은 분리의 거부는 레비 스트로스를 자신의 원래 학문, 즉 철학과 단절하게 만들었다. 또한 그것은 그로 하여금 매번 자연과 문화의 봉합점 자체에 분명하게 위치하면서, 세계의 그와 같은 분할이 지닌 자의적 성격을 입증하는 수단들을 인류학 쪽에서 찾도록 유도했다. "구조주의는 (…) 물질적인 것과 심적인 것, 자연과 인간, 세계와 정신을 화해시킨다."[24]

　바로 자연과 문화의 이와 같은 경계선에서, 그 통로에서 레비 스트로스는 최초의 상징화 형태들과 일치하는 이원적 논리의 출현을 식별해 낸다. 그리하여 토테미즘은 이와 같은 통로를 나타내며, 레비 스트로스가 동식물의 자연적 종들의 토템적 이용 속에서 보다 많이 보게 되는 것은 사유 거리(재료)를 제공하는 그것들의 힘에 따라 고심하여 선택들이 이루어졌다는 점이다. 심지어 레비 스트로스는 "작용중인 인간의 사유와 이 사고가 적용되는 인간적 대상 사이의 구조상의 상동"[25]을 가정한다. 구조주의가 사실로 인증하게 해주는 것은 이러한 상동이다.

　레비 스트로스는 자연과학의 최근 변화와 인지과학의 진보를 등에 업고 구조적 틀을 자연화하는 방향으로 점점 더 나아갔다. 오늘날 그는 열쇠가 인간 두뇌에 내재하는 모종의 위상(기하)학 쪽에 있다고 생각한다. 따라서 인문과학의 발전에 의해 제기된 수수께끼에 답하고, 레비 스트로스의 전작품을 관통하고 있는 긴장을 해결해야 하는 것처럼 보이는 것은 생물학이다. 이긴장은 세계를 읽는 틀로서 제시된 구조적 방법과 자연 안에 있는 구조의 법칙들에 궁극적으로 도달하리라 기대되는 지평 사이에 있다. 레비 스트로스의 구조주의는 문화를 탈자연화하고 형질인류학과 거리를 두겠다는 열망을 최초의 프로그램에 담아냈다. 그런데 이성의 이상한 계략을 통해서, 그것은 문화의 자연화를 외치면서 이 프로그램과 반대로 돌아서며, 신경 회로의 **지형**(topos) 속에서 문화의 열쇠를 찾아야 한다고 주장하고 있는 것이다.

41

대화주의를 위하여

구조주의에서 억압된 것, 즉 주체는 사람들이 20여 년 동안 주체 없이도 해낼 수 있다고 믿었기 때문에 그만큼 더 요란스럽게 회귀했다. 신격화와 해체 사이에서 끊임없는 긴장 속에 붙들린 주체는 사유의 영역을 자신의 복잡성 속에 재통합시키는 데 많은 어려움을 겪는다. 그는 힘의 자율성과 힘을 조건짓는 종속망들 사이에서 이도저도 못하는 상태에 있기 때문이다. 전능한 주체와 주체의 죽음 사이에 불가피한 것으로 오랫동안 제시되었던 허위적 양자택일에 직면하자 하나의 현대 사조가 대화주의, 즉 소통 행위의 패러다임을 중심으로 전개되었다. 그리하여 그것은 사회과학 분야에서 사회적 계획으로서의 진정한 해방의 길이자 풍요로운 패러다임을 나타낼 수 있게 된다.

상호 텍스트성에서 대화주의로

우리가 기억하듯이 줄리아 크리스테바와 츠베탕 토도로프는 문학 비평의 영역에서 이미 미하일 바흐친의 견해를 도입했었다. 이 견해에 따르면 상호 텍스트성과 문학의 대화적 접근에 우선권이 주어져야 한다는 것이다. 이와 같은 새로운 방향은, 관여적 차원에서 우선적으로 부정되었던 저자에 대한 참조를 점차적으로 부활시키게 해주었다. 문학의 창조자가 표준화되고 완전히 객관화되며, 방법이나 절차의 단순한 대상으로 변모됨으로써 하나의 근본적 차원이 부정되었던 것이다. 작가는 하나의 주체이며, 소통의 방식을 통해서 타자에게 말을 건넨다는 사실 말이다. 이 소통 방식이 없다면 그의 작품은 의미가 없을 것이다.

80년대 초반의 상황에서 토도로프는 비평적 연구를 하는 데 있어서 바흐친으로부터 직접적으로 영감을 받으며, 대화적 차원을 분석의 첫 단계와 마지막 단계 사이의 주요한 매개적 차원으로 생각한다. 여기서 첫 단계는 자료들을 결정하는 것이고, 마지막 단계는 사회학적·심리학적 메커니즘들과 상관 관계를 확립하는 것이다. 바로 이 두 층위 사이에 "인문과학에서 비평가와 연구자의 가장 특수하고 가장 중요한 활동이 위치한다. 이 활동은 대화로서의 해석이다."[1]

대화주의를 통해서 글쓰기의 방법들에 오로지 집중된 관심은 문학 비평의 새로운 방법으로 대체될 뿐 아니라 자연과학에 대해 인문과학의 특수성을 설정해 주는 것, 즉 자유 그리고 해석을 통한 이 자유의 실천이라는 본질적 차원의 고려로 대체된다. 바로 작가·독자·비평가로 이루어진 그 다음성 현상 속에서 이러한 자유는 실천의 장소를 발견할 수 있다. 작품에 대해서 이야기하는 것이 아니라 '작품을 통해'[2] 이야기하는 일 말이다.

대화주의에 대한 이와 같은 개념은 문학의 분야에서 태어났지만 다른 많은 분야들, 무엇보다도 언어학에서 풍요로운 결실을 맺게 된다. 영미 계통의 모델을 따라서 프랑스의 화용론학파 전체가 이 방식을 수용했고, 당시까지 프랑스에서 무시되었던 언어철학의 발전을 가능하게 해주었다. 예컨대 프랑시 자크가 그런 경우인데,[3] 그는 철학만큼이나 오래된 대화의 개념을 쇄신하고자 한다. 왜냐하면 플라톤은 이미 철학 교육에서 대화의 사용을 고무시켰기 때문이다. 프랑시 자크는 현대 사상의 지식을 고려하지 않는 접근 방식으로 결코 되돌아가지 않고, 현재의 다중심주의(le polycentrisme)로부터, 보편성의 불변적 범주를 결정적으로 문제삼는 작업으로부터 출발한다. 이 범주는 차이와 통분 불가능성의 경험을 통해 반박된다. 그러나 그는 상호 관련성이 없고 새로운 황금빛 감옥들로 귀결될 수밖에 없는 군도들의 포스트모던한 찬양을 비판한다. 그러면서 그가 이런 찬양에 반대해 내세우는 것은 '유일한 **로고스**에 대한 확신을 상실한 시대를 위한 언어적이고 소통적인 합리성의 관념' [4]이다.

한편으로 벤베니스트의 제자로서 보다 본질적으로 언어학적 계보 속에 있고, 다른 한편으로 야콥슨과 마르티네의 제자로서 비교주의적 계보 속에 있으면서 콜레주 드 프랑스의 교수로 있는 클로드 아제주는 자신의 이론적 계획을 '이른바 여기서 대화주의적이라는 상호 작용적 구상' [5]의 계획으로 규정한다. 그에 따르면 언어학은 역사적인 것 · 사회적인 것을 비워내고, 인간적인 것을 모든 의미 작용과 단절된 추상화(抽象化)로 변모시킬 정도로 형식주의자들에 의해 매혹되었다. 그렇기 때문에 아제주는 대화주의적 인간으로부터 언어학의 필요한 개선을 기대한다. "대화적 인간은 미래에 어떤 형태를 띨지 알 수 없는 구속과 자유, 다시 말해 자신의 지평 위에 늘어선 도전들에 대한 응전에 따라 그 크기가 달려 있는 자유 사이의 변증법으로부터 늘 새로워져 나오는 산물이다. 그런데 이 대화적 인간은 그의 마스크들에 대해서가 아니라, 그에 대해 모두 다 이야기할 줄 아는 하나의 담론에 대한 몇몇 지표들을 그의 본성 자체를 통해서 암시한다." [6] 언어의 대화적 차원이 지닌 이와 같은 중요성은 아제주의 경우 기본적으로 현장에서의 연구로부터 비롯되었다. "바로 현장으로부터 그것이 나에게 왔다. 내가 볼 때 우리가 상호 대화적인 상황에 있는 한 개인 안에서 일어나는 것을 중심에 놓지 않는다면, 언어 활동의 80퍼센트를 놓친다는 점은 명백했다." [7] 아제주에 따르면, 보편소들이 있다면 그것들은 어떤 형식적인 추상체들이 아니다. 이 추상체들이 언어학의 개화에 유리한 조건들로서 유용하다 할지라도 말이다. 비사교적인 어린아이들의 경험이 보여 주듯이 진정한 보편소들은 '대화적 심급들' [8]이다. 따라서 아제주는 언어의 연구를 사회적 측면 속에 집어넣고 있으며, 사회에 대한 촘스키적인 울타리 · 폐쇄를 비판하면서 사회언어학을 옹호한다.

아제주에 따르면 언어학자는 촘스키식으로 언어 능력의 모델을 통해 보편적인 자연적 질서를 추구해서는 안 되고, 언어들의 구조화에서 단계들을 파악하는 역사가가 되어야 한다. 물론 역사성으로의 이와 같은 회귀는 어떤 반영 이론으로 되돌아가는 것을 전제하는 것이 아니다. 사실 중요한 것은 아제주가 '이중 구조화의 원리'[9]라고 부르는 것을 환기하는 것이다. 즉 한편으로 세계를 말하는 언어들이 추상화를 통해 범주들을 창조하면서 세계에 새로운 의미를 부여한다. 다른 한편으로 언어들은 그것들의 통시성 속에서 스스로 조직화된다. 이러한 구조화 단계는 "여러 층위에서 언어들 자체를 결속망들로 조직화한다."[10] 이 이중의 구조화는 의미 생산의 모델들로서의 언어들이 지닌 자율성을 만들어 낸다. "바로 이것이 그것들로 하여금 분류적 원리들로 된 개념적 탱크들로 기능하게 한다. 그리고 언어학과 자연과학 사이의 인식론적 경계를 설정하는 것은 이러한 기능 작용이다."[11]

아제주는 마르티네와 벤베니스트의 제자로서 구조주의의 계보에 위치하면서도, 랑그와 파롤 사이에 소쉬르가 확립한 최초의 단절에 대해 거리를 유지한다. 소쉬르는 이 단절을 현대언어학에 과학적 성격을 가져다 주는 조건 자체로 설정했다. 현대언어학은 랑그의 규칙들과 보편소들에 전념하기 위해 우발적인 것, 개별적인 것, 따라서 파롤로부터 벗어나야 했던 것이다. 아제주는 이러한 구분의 정당성과, 그것이 야기한 허위적 양자택일을 인정하지 않는다. "고전적 구조주의자들은 랑그를 우선시하고 화용론자들은 파롤을 정착시키듯이 양극단에서 랑그와 파롤을 지나치게 분리시킴으로써 랑그가 강제하는 구속들, 혹은 파롤이 확립하는 대화적 관계가 무시된다."[12] 이와 같은 대화주의의 지평에는 주체가 있으며, 주체를 조건짓는 것이 무엇이며 주체의 자유 부분을 설정해 주는 것이 무엇인지를 동시에 이해하려는 탐구가 자리잡고 있다. 이 주체는 전능한 주체가 아니고 발화자로서 나타날 수 있는 자이며, 이 발화자의 구축은 그를 랑그에 연결시키는 구속들과 자유들 사이의 변증법이 낳은 산물이다. 구조적 필연성과 인간의 자유 사이의 이와 같은 변증법적 전개는 역사의 시기들마다 변화할 수 있는데, 바로 이러한 변증법적 전개에서 출발해 메시지들의 다양성과 상황에 따른 그것들의 가변성이 복원될 수 있고, 그리하여 상호 텍스트성이 전달하는 그것들의 감추어진 의미가 얻어질 수 있다. "그 희미한 텍스트들을 코드화한 장인이며, 또한 그것들을 해독할 수 있는 장인은 끈기 있는 암호해독자인 심리사회적 발화자이다."[13] 따라서 아제주는 구조적 기존 지식을 보존하고자 여전히 고심하는 언어학의 지평에 주체가 되돌아오게 하며, 그리하여 오랫동안 모순적인 것들로 제시되어 왔던 항들, 즉 운동과 구조, 역사와 불변수를 화해하게 해준다. 물론 사회적 시간성과 언어학적 시간성 사이에는 괴리와 불균형이 있다. 그러나 "변화는 언어 활동에 내재적이라는 점"[14]을 상기해야 한다. 주체와 역사는 확실하게 회귀했고, 대화주의는 구조주의 시기와 단절하는 패러다임의 전망을 분명하게 제시한다. 비록 이 패러다임이 급진적 배척의 움직임보다는 이 구조주의 시대를 뛰어넘는 관점 속에 보다 위치하게 해주고 있긴 하지만 말이다.

대화주의적 패러다임은 조작적 기술로서 전문 언어학자들에게만 가치가 있는 것이 아니다. 또한 그것은 프랑크푸르트학파의 현재 계승자로서 프랑크푸르트의 괴테대학교 교수인 위르겐 하버마스의 철학이 지닌 이론적 지평이다. 그렇다고 포스트모던적 주장들과 이 주장들의 감추어진 허무주의에 대해 비판적인 하버마스가 전능한 주체의 발상으로 되돌아가는 것은 아니다. 그는 사회적 측면의 이론 토대로서 소통적 합리성의 가능한 길들을 제시한다.[15] 하버마스에 따르면 철학자의 임무는 합리성을 토대로 하여 사회 구성원들 사이에 재확립된 진정한 소통과 민주적 야망을 되찾음으로써 사회적 관계를 재구성하고, 개인과 체계 사이의, 또 과학적 활동의 통제와 민주적 의지 사이의 점증하는 분리를 막아 주는 수단들을 찾아내는 것이다. 이성의 보편성과 민주적 이상을 화해시키려는 이와 같은 욕망이 요구하는 것은 계몽 시대의 야망과 프랑스 혁명의 이상을 되찾는 것이다. 이것들은 2백 년의 독일 철학에서 잠식되었다는 것이다. 현대의 사상은 도덕적 보편주의의 이상을 재수용해야 하며, 이상은 개인들·문화들·차이들이 상호적으로 이해하는 관계 속에서 추구되어야 한다. 이와 같은 상호 이해의 관계는 자기 자신을 완벽하게 의식하고 지배한다는 환상적 주체에 더 이상 근거하는 것이 아니다. "규범들 역시 진리의 협동적 탐구를 벗어난 어떠한 동기도 무력화시키는 조건들 속에서, 합리적 근거를 바탕으로 한 모든 관련 당사자들의 동의를 근본적으로 얻을 수 있어야 한다."[16]

대화주의의 패러다임은 구조주의의 초창기 때부터 적대적이었던 프랑스의 사회학자 에드거 모랭을 유혹할 수밖에 없었다. 그의 한결같은 관심은 분산된 것으로 제시되는 모든 것을 소통하게 해주는 방법을 구축하는 것이었다. 그에게 소통은 생물학·심리학·사회학·인류학을 연합하는 어떤 일반과학의 내부로 환원되거나 통합시키는 것을 의미하지 않는다. 에드거 모랭에 따르면 문제는 쪼갤 수 없는 복잡한 현실을 구성하는 불가분의 분야들을 소통하게 하는 것이다. 이러한 관점에서 대화주의는 이 분야들의 유기적 연관을 생각하는 데 매우 적합한 도구로 생각된다. 그리고 그것은 동시에 어떠한 환원주의도 피할 수 있게 해주는 세계관이다. "바로 이와 같은 대화주의를 통해서 세계는 구축되고, 전개되며, 파괴되고, 변화한다."[17] 뿐만 아니라 에드거 모랭의 경우 대화주의의 개념은 모순적인 실체들 사이의 돌이킬 수 없는 대립보다는 상호 보완성의 역할을 하는 이점이 있다. "이 개념은 나로 하여금 변증법이란 낱말을 사용하지 않게 해주기 위해 왔다."[18] 대화주의는 그에게 통일성의 균열로부터 비롯되는 필연적 지양을 생각하지 않고도 모순에 대한 사유를 계속할 수 있게 해준다. 반대로 그는 이 통일성이 이원성으로부터, 논리적으로 서로 이질적인 두 원리들의 결합으로부터 나타날 수 있다는 가설로부터 출발한다.

모랭은 자연과학과 인문과학 사이의 구분을 인정하지 않으면서, 이 두 영역을 유기적 관계로 파악하기 위해 그것들 사이에 다리를 놓으려 한다. 현실로부터 도출한 형식화된 몇몇 변수들로 환원시키는 환원주의와 칸막이의 이와 같은 거부, 그리고 생물과학과 사회과학의 교차점에 위치한 이러한 야심은 무엇보다도 1968년 5월 이후부터 모랭이 자크 로뱅의 권유로 인공두뇌학자들·생물학자들·의사들을 포함한 '10 그룹'에 참여함으로써 유리하게 되었다. 1969년에 모랭은 살트생물학연구소에, 자콥 브로노프스키가 이끄는 인간학과에 초대되어 이를 기회로 생물학의 사회적 중요성을 높이 평가한다. 따라서 그가 볼 때 중요한 것은 구조주의가 그것의 어떤 신격화를 내세워 찬양한 인간 해체를 비판하자는 것이 아니라, 무질서와 끊임없는 변화에 의해 움직이는 다중심적이고 복잡한 세계의 시대에 대해 생각해서 '인간화(hominisation)의 미완성된 과정 속에 인본주의의 각인'[19]이 도래하게 하자는 것이다.

의미와 기호

폴 리쾨르가 보여 주고 있듯이[20] 사유의 역사는 언제나 의미 이론들과 기호 이론들 사이의 긴장과 교차에 의해 지배되어 왔다. 이미 《클라틸로스》에서 플라톤은 헤라클레이토스의 제자인 헤르모게네스와 클라틸로스라는 두 주역을 무승부로 판정했었다. 전자는 말의 기원이 규약이라 보고, 후자는 말의 의미가 말이 자연과 지속적으로 갖는 관계로부터 온다고 생각한다.

구조주의는 후설의 현상학에 대한 반작용이라고 할 수도 있었다. 왜냐하면 후설은 기호의 사용을 의미 논리들에 종속시켰기 때문이다. 그러니까 구조주의를 통해서 우리는 의미의 개념이 다시 한 번 기호의 지배하에 놓이는 결정적 반전을 목격하는 것이다. 이런 점에서 볼 때 구조주의는 오랜 아리스토텔레스의 전통을 되살리고 있다. 이 전통은 형태들의 개념을 우선시했으며, 중세에는 수사학·명목론의 발전과 더불어 결정적으로 우세를 떨쳤고, 그후에는 촘스키가 명시적으로 원용한 포르 루아얄의 문법을 통해 승리를 구가한 바 있었다.

구조주의의 패러다임이 흩어짐과 더불어 우리는 그 반대로 의미가 힘 있게 회귀함을 목도한다. 조르주 슈타이너의 《실제적인 현전》[21] 같은 저서의 성공은 새로운 시대, 다시 말해 의미에 열중하고 기호학적 탐구나 신비평으로부터 결정적으로 벗어날 태세를 갖춘 새로운 시대를 징후적으로 잘 나타내 준다. 이는 예술 작품과 감동적인 측면에 직접적으로 다다르고자 하는 길들을 되찾고자 함이다. 한쪽으로 기우는 추(錘)의 이와 같은 회귀는 새로운 시대의 여명을 드러내게 할 뿐이지만, 동시에 이와 같은 대변화가 이전 시대의 모든 조명 작업을 부정하는 대가를 치러야 한다면 엄청난 후퇴를 가져올 위험이 있다. 당시까지 창조의 모든 형식화 시도들은 기호의 무의식적 논리들이 보다 잘 전개되도록 하기 위해 내용에 대한 모든 참조를 제쳐놓고 이루어졌다. 조르주 슈타이너는 이러한 시도들로부터 비롯되는 결여 · 불만족을 잘 표현하고 있다 할지라도, 그가 '비평이 추방된'[22] 이상적 성(城)을 꿈꾸고 있다는 점을 고려할 때 우리는 불안할 수밖에 없다. 예술 작품이란 스스로 충분하다고 생각해 어떤 형태의 해설도 금지해 버린 그런 성 말이다. "나무는 탐욕적인 송악의 무게를 못 이겨 죽어간다."[23]

우리가 이와 같은 예상 외의 반작용 뒤에서 쉽게 간파할 수 있는 것은, 구조주의가 짊어지고자 했던 민주주의적 계약과 단절하는 엘리트주의적 입장의 표현이다. 조르주 슈타이너가 좋아하는 바는 엘리트들이 그들만이 얻을수 있는 직접성의 관계 속에서 한가롭게 아이스킬로스를 원작으로 읽는 즐거움을 누릴 수 있는 동안, 대중은 텔레비전 연속극이나 복권 추첨 앞에서 즐기도록 내버려두어야 한다는 것이다. 의미의 회귀가 필요하다 할지라도, 그리고 논리-수학적인 측면과 예술 사이의 혼동에 대한 일부 비판들이 정당화된다 할지라도 이전의 모든 것을 무(無)로 귀결시키는 추의 지나친 기울기를 통해 사유가 작동하고 있음을 목도하는 것은 유감스러운 일이다.

우리가 무차별적으로 구조주의적 혹은 비평적이라고 규정할 수 있는 패러다임을 통해 실현된 주목할 만한 모든 진전들이 밀려오는 오감의 물결에 잠기지 않도록 해주는 유일한 입장은, 폴 리쾨르가 의미의 두 층위로 규정하는 것들 사이의 대화주의적 관계를 증진시키는 일이다. 이 두 층위의 하나는 텍스트의 구조적 종속 요소들 사이의 내적 유희라는 설명적 층위이다. 다른 하나는 해석적 층위로서, 정의상 의미에 대한 참조로 개방되고 언어의 바깥쪽으로 열려져 있다. 그런데 기호학적이고 해석학적인 이 두 층위는 제라르 주네트가 60년대에 이미 생각한 바와 같이 서로를 배제하지 않으며, 그 반대로 서로를 보완한다.

　해석학적 층위는 비판적 작업의 관점을 언제나 개방시켜 놓도록 해주며, 시간적·공간적 거리를 넘어서 상호 주관성 속에서 매번 나타나는 새로운 추진을 고무시킨다. 그것은 고립된 집단들의 상황에서 되는 대로 끌려가는 것을 거부하는 세계들 사이의 대화주의적 소통을 증진시키게 해준다. 상대적인 것의 시대에 보편적인 것을 체험하는 방식으로서의 대화, 혹은 근본주의가 힘 있게 회귀하는 시대에 이성의 표현으로서의 대화주의는 사회적이면서도 과학적인 프로그램이다. 이러한 프로그램은 다음과 같은 점을 망각하지 않으면서도 구조주의로부터 벗어나는 것을 실현하게 해줄 것이다. 즉 구조주의는 소통이 그것 자체에 결코 전적으로는 투명하지 않다는 것을 우리에게 결정적으로 가르쳐 주었다는 점 말이다. 투명하다는 그런 환상으로 되돌아가는 것은 《화씨 451도》[1]를 준비하는 가장 좋은 방법일 것이다.

---

1) 레이 브래드버리의 작품으로 서적이 금지된 미래 사회를 그린 SF 소설이다.

원 주

25. 잃어버린 환상/I 강제노동수용소의 파장

1) C. 르포르, 〈솔제니친〉, 《텍스튀르 *Textures*》, 13, 1975. 《잉여적 인간. 수용소 군도에 관한 에세이》, 쇠이유, 1975에 재수록됨.

2) 마르셀 고셰, 필자와의 대담.

3) 알랭 르노, 필자와의 대담.

4) 로제 폴 드루아, in 《정신의 자유》, 앞의 책, p.24.

5) 로제 폴 드루아, 필자와의 대담.

6) 같은 대담.

7) P. 비앙송 퐁테, in 《길 잃은 세대》, 포강, R. 라퐁, 1977, p.15-16.

8) F. 오브랄 및 X. 델쿠르, 《새로운 철학에의 반대》, 갈리마르, 1977. 질 들뢰즈, 《새로운 철학자들에 대하여》, 미뉘, 1977.

9) 앙드레 글럭스만, 《요리 화덕과 식인자》, 쇠이유, 1975.

10) B.-H. 레비, 《인간의 얼굴을 한 야만》, 그라세, 1977.

11) J.-F. 비조, 《낙오자들》, 그라세, 1976. 《백색 시대》, 그라세, 1979.

12) J.-F. 르 당텍, 《태양의 위험》, 프레스 도주르뒤, 1978.

13) 같은 책, p.279.

14) M. 르 브리, 《길 잃은 세대》, 포강, R. 라퐁, 1977, p.81.

15) B.-H. 앙리 레비, 앞의 책, p.170.

16) J. 부베레스, 《자식자(自食者)들에게서 철학자 *Le Philosophe chez autophages*》, 미뉘, 1984, p.44.

17) 같은 책, p.89.

18) G. 라르도 및 C. 장베, 《천사》, 그라세, 1976, p.18.

19) 같은 책, p.71.

20) F. 마스페로, 《누벨 옵세르바퇴르》, 1976년 9월 27일.

21) B.-H. 레비, 《누벨 옵세르바퇴르》, 1975년 6월 30일.

22) M. 클라벨, 《누벨 옵세르바퇴르》, 1975년 3월 23일.

26. 잃어버린 환상/II 탈진한 과학주의

1) J.-M. 브누아, 《구조적 혁명》, 앞의 책.

2) 피에르 앙사르, 필자와의 대담.

3) 앙드레 니콜라이, 필자와의 대담.

4) 에마뉘엘 테레, 《미셸 이자르의 세미나》, 사회인류학연구소, 콜레주 드 프랑스, 1989, 1월 12일.

5) 같은 세미나.

6) 필립 아몽, 필자와의 대담.

7) 마르슬랭 플레네, 필자와의 대담.

8) 《토론 *Le Débat*》, nº 1, 논설, 1980년 5월, 편집장: 피에르 노라.

9) P. 노라, 〈지식인들은 무엇을 할 수 있는가?〉, 《토론》, 1980년 5월, nº 1, p.17.

10) 프랑수아 에발드, 필자와의 대담.

11) 마르크 아벨레스, 〈사막 속의 인류학〉, 《정치 일간지》, nº 286, 1977년 10월 24일.

12) 에마뉘엘 테레, 필자와의 대담.

13) M. 아벨레스, 〈사막 속의 인류학〉, 앞의 책.

14) R. 카스텔, 《정신분석주의》, 마스페로, 1973.

15) 장 뒤부아, 필자와의 대담.

16) 같은 대담.

27. 잃어버린 환상/III 윤리의 회귀

1) 《비평》, 특집호, 1978년 2월, J. 부베레스 · F. 샤틀레 · E. 마르티노 · V. 데콩브 · J. 랑시에르의 글이 실렸다.

2) 알랭 르노, 필자와의 대담.

3) 미셸 푸코, 〈이란인들은 무엇을 꿈꾸는가?〉, 《누벨 옵세르바퇴르》, 1978년 10월 16일.

4) 자크 부베레스, 필자와의 대담.

5) Ph. 네모, 《구조적 인간》, 그라세, 1975.

6) 같은 책, p.234.

7) V. 장켈레비치, 《엄격함과 도덕적 삶》, 플라마리옹, 1956. 《도덕적 삶의 역설》, 쇠이유, 1981.

8) E. 레비나스, 《신성한 것으로부터 성인으로》, 미뉘, 1977, p.20.

9) E. 레비나스, 〈철학자들은 무엇에 대해 생각하는가?〉, 《오트르망》, nº 102, 1988년 11월, p.58.

10) 조르주 엘리아 사르파티, 필자와의 대담.

11) P. 리쾨르, 《해석에 대하여》, 앞의 책.

12) P. 리쾨르, 《해석들의 대립》, 쇠이유, 1969.

13) P. 리쾨르, 《살아 있는 은유》, 쇠이유, 1975.

14) P. 리쾨르, 《텍스트에서 행동으로》, 앞의 책.

15) P. 리쾨르, 《타자로서 자기 자신》, 쇠이유, 1990.

16) P. 리쾨르, 《해석학적 이성의 변모》, 세르, 1991.

17) J. 프로인트, 《인문과학의 이론》, PUF, 1973. 《정치란 무엇인가?》, 쇠이유, 1978. 《막스 베버의 사회학》, PUF, 1983. 《갈등의 사회학》, PUF, 1983.

18) J. 프로인트, 《철학적 철학》, 라 데쿠베르트, 1990.

19) 같은 책, p.53.

20) 같은 책, p.108.

21) J. 부베레스, 《비트겐슈타인: 각운과 이성》, 앞의 책. 《열등의 신화》, 앞의 책.

22) J. 부베레스, 《자식자(自食者)들에게서 철학자》, 앞의 책.

23) 같은 책, p.71-72.

24) 같은 책, p.96.

25) 같은 책, p.166.

28. 재생산에서 조정으로

1) 알랭 리피에츠, 필자와의 대담.

2) A. 리피에츠, 〈알튀세 이론에서 조정 이론으로〉, CEPREMAP(계획 경제에 적용된 수리 경제 미래연구센터). '알튀세의 유산, 파산'이란 주제의 포럼, 뉴욕주립대학, 1988년 9월 23-24일에 발표한 글이다.

3) A. 리피에츠, 《역사적 유물론의 실천과 전망적 개념들》, 고등 교육 수료 논문(DES), 파리 1대학.

4) A. 리피에츠, 〈알튀세 이론에서 조정 이론으로〉, 앞의 책, p.12.

5) 같은 책, p.33.

6) 같은 책, p.49.

7) 미셸 아글리에타, 필자와의 대담.

8) 같은 대담.

9) M. 아글리에타, 《자본주의의 조정과 위기. 미국의 경험》, 칼만 레비, 1976.

10) 미셸 아글리에타, 필자와의 대담.

11) 같은 대담.

12) 같은 대담.

13) 같은 대담.

14) 같은 대담.

15) 같은 대담.

16) 같은 대담.

17) GREEC(정신 및 육체를 위한 에너지 연구 그룹), 《위기와 조정》, PUG, 그르노블, 1981.

18) CEPREMAP: 계획 경제에 적용된 수리 경제 미래연구센터.

19) M. 아글리에타, 《자본주의의 조정과 위기……》, 앞의 책, p.14.

20) M. 아글리에타, 〈브로델의 모든 단계〉, 《시공간》, n° 34-35, 1987.

21) R. 부아예, 《조정의 이론……》, 앞의 책, p.47.

22) 같은 책, p.43.

23) M. 아글리에타, 《장기적 주기로 본 자본주의의 축적과 조정. 미국의 예》(1870-1970), 박사학위 논문, 파리1대학.

24) A. 리피에츠, 〈조직, 연쇄고리, 그리고 조정: 사회과학을 위한 도구〉, CEPREMAP, 조정 이론에 관한 국제학술대회 발표 논문, 1988년 6월 16-17일, p.2. 알랭 리피에츠가 환기한 팀 작업은 1977년에 《인플레이션의 접근: 프랑스의 예》라는 제목으로 CEPREMAP에서 나왔다. CORDES(경제·사회발전연구조직위원회)에서 J.-P. 브나시·R. 부아예·R.-M. 젤피·A. 리피에츠·J. 미스트랄·J. 뮈노·C. 오미나미의 보고.

25) 특히 B. 코리아, 《작업장과 크로노미터. 테일러 시스템, 포드 시스템, 그리고 대량 생산에 관한 에세이》, C. 부르주아, 1979 참조.

26) A. 리피에츠, 《매혹의 세계. 가격으로부터 인플레이션 폭등으로》, 라 데쿠베르트, 1983, p.14-15.

27) M. 아글리에타 및 앙드레 오를레앙, 《통화의 폭력》, PUF, 1982, p.12.

28) M. 아글리에타, 필자와의 대담.

29) M. 아글리에타 및 앙드레 오를레앙, 《통화의 폭력》, 앞의 책, p.15.

30) 같은 책, p.17.

31) M. 아글리에타, 필자와의 대담.

32) M. 아글리에타 및 앙드레 오를레앙, 《통화의 폭력》, 앞의 책, p.21.

33) 알랭 리피에츠, 필자와의 대담.

34) 마르크 기욤, 필자와의 대담.

35) CORDES는 경제·사회발전연구조직위원회이다.

36) 알랭 리피에츠, 필자와의 대담.

37) B. 길베르, 《프랑스의 산업적 변모, 로마 협정에서 석유 위기까지》, '국립통계경제연구소총서,' 1975년 11월, 프랑스 자료.

38) M. 아글리에타, 필자와의 대담.

39) 같은 대담.

40) 같은 대담.

41) 응용경제학연구소는 1944년에 프랑수아 페루에 의해 설립되었다.

42) M. 아글리에타, 필자와의 대담.

43) 위베르 브로쉬에, 필자와의 대담.

44) A. 니콜라이, 〈조정으로서 인플레이션〉,《경제학 잡지》, nº 4, 1962년 7월, p.522-547.

45) 앙드레 니콜라이, 필자와의 대담.

46) 같은 대담.

47) 같은 대담.

48) 모스(MAUSS)는 사회과학에서 반공리주의 운동이다.

49) 제롬 랄르망, 필자와의 대담.

50) 같은 대담.

51) 같은 대담.

52) J. 랄르망, 〈사상의 역사 혹은 지식의 고고학?〉, in《경제적 모델과 사회과학》, 외코노미아, ISEA(응용경제학연구소) 연구지, 시리즈: P.E, nº 2, 1984, p.91.

29. 중도: 아비투스

1) P. 부르디외,《사회과학 연구 논문집》, 1975년 1월, nº 1, p.2.

2) P. 부르디외,《말해진 것》, 앞의 책, p.19.

3) P. 부르디외, 〈마르크스 읽기〉,《사회과학 연구 논문집》, 1975년 11월, p.69. 에티엔 발리바르에 관해서는 〈역사적 변증법에 대하여.《자본론 읽기》에 대한 몇몇 비판적 고찰〉,《라 팡세》, nº 170, 1973년 8월, p.27-47 참조.

4) 같은 책, p.70.

5) 같은 책, p.73.

6) P. 부르디외,《호모 아카데미쿠스》, 앞의 책.

7) 에티엔 발리바르, 필자와의 대담.

8) P. 부르디외,《말해진 것》, 앞의 책, p.78.

9) P. 부르디외,《실천 이론 개괄》,《세 편의 카빌리아 인종학 연구》의 후편, 드로즈, 1972.

10) 같은 책, p.178.

11) P. 부르디외,《말해진 것》, 앞의 책, p.23.

12) P. 부르디외,《말해진 것》, 앞의 책, p.40.

13) 같은 책, p.61.

14) 같은 책, p.129.

15) 레이몽 부동, 필자와의 대담.

16) 같은 대담.

17) P. 부르디외,《실천 감각》, 앞의 책, p.88-89.

18) P. 부르디외, J.-C. 파스롱, J.-C. 샹보레동 공저,《사회학자라는 직업》, 무통 보다스 (1968), 1983.

19) P. 앙사르,《현대의 사회학》, 푸앵-쇠이유, 1990, p.241.

20) P. 부르디외, 《강의에 대한 강의》, 미뉘, 1982.

21) P. 부르디외, 《디스탱숑》, 앞의 책.

22) 같은 책, p.9.

23) 같은 책, p.29.

24) 같은 책, p.574.

25) 같은 책, p.191.

26) 같은 책, p.130.

27) 같은 책, p.390.

28) J.-P. 앙토방, 《부르디외에 따른 인간 희극》, 《누벨 옵세르바퇴르》, 1979년 11월 5일.

29) P. 부르디외, '유쾌한 즐거움'(라디오 프로), P. 카사노바와의 대담, 프랑스 퀼튀르 방송, 1990년 6월 23일.

30) P. 앙크르베, 《르 몽드》, 1979년 10월 12일.

31) F. 샤틀레, 같은 신문.

32) P. 부르디외, 《실천 감각》, 앞의 책.

33) 같은 책, p.55.

34) 같은 책, p.55.

35) 같은 책, p.88.

36) P. 부르디외, 《르 몽드》, 1980년 5월 4일.

37) P. 부르디외, 《말해진 것》, 앞의 책, p.80.

38) A. 카이예, 《부르디외 비판》, 앞의 책, p.126.

39) 같은 책, p.132.

40) J. 랑시에르, 《철학자와 그의 빈자(貧者)들》, 앞의 책, p.271.

41) 제6장, 〈뒤르켐 추종자들의 두번째 바람: 부르디외〉, p.115 참조.

30. 마지막에 초대받은 학문: 인식론에 깨어나는 지리학

1) 다니엘 도리, 필자와의 대담.

2) P. 비달 드 라 블라슈, 《프랑스의 지리학적 일람》, 아셰트, 1911.

3) 바첼리 장군, Ph. 팽슈멜, 《프랑스 지리학 연구》, 국립프랑스지리학위원회, 1984, p.11.

4) L. 페브르, 《지구와 인간 진화》, A. 콜랭, 1922.

5) F. 도스, 《파편화된 역사》, 앞의 책, 참조.

6) J. 트리카르, 〈지형학과 마르크스주의 사상에 대한 1차 에세이〉, 《라 팡세》, n° 47, 1953년 3-4월, p.62-72.

7) J. 쉬레 카날, 〈지리학자, 마르크스주의자〉, in 《시공간》, 부제: 〈공간/마르크시즘〉, n° 18-19- 20, 1981, p.15 참조.

8) P. 클라벨, 〈프랑스에서 현대 인문지리학〉, 《지리학의 진보》, n° 7, p.250-279.

9) P. 클라벨, 《새로운 지리학》, '크세주' 문고, n° 1693, PUF, 1977

10) P. 클라벨, 〈변화와 영속성〉, 《시공간》, n° 40-41, 부제: 〈지리학, 장소들의 상태, 대륙 간 토론〉, 1989.

11) R. 브뤼네, 1972, Ph. 팽슈멜, 《프랑스 지리학 연구》, 국립프랑스지리학위원회, 1984, p.16에서 재인용.

12) Ch. 지라탈루, 《시공간》, n° 4, 1976, p.49.

13) 《현대지리학 사상》, 메이니에 교수 퇴임 기념 논문집, 브르타뉴대학출판부, 1972.

14) 자크 레비, 필자와의 대담.

15) Y. 라코스트, 〈지리학〉, in 프랑수아 샤틀레, 《철학사, 사회과학의 철학》, 아셰트, 1973, p.247.

16) A. 메이니에, 《프랑스에서 지리학 사상의 역사》, PUF, 1969.

17) G. 바슐라르, 《과학적 정신의 형성》, PUF(1938), p.213.

18) Y. 라코스트, 〈지리학〉, 앞의 책, p.282.

19) 이 학회는 다음과 같은 4개의 발표를 중심으로 진행된다. S. 그레고리: 〈지리학 이론과 통계적 방법론〉, C. 트리코: 〈지리학에서 수학: 정연한 기술적(記述的) 구조의 연구〉, C. 라페스탱: 〈지리학에서 문제 제기와 설명〉, 그리고 J.-B. 라신: 〈이데올로기적 담론과 지리학적 담론: 새로운 토론〉.

20) 자크 레비, 필자와의 대담.

21) L. 폰 베르탈란피, 《체계의 일반 이론》, 뒤노(1954), 1973.

22) 다니엘 도리, 필자와의 대담.

23) Y. 라코스트, 《지리학, 그것은 우선 전쟁하는 데 소용된다》, PCM, 마스페로, 1976.

24) 《헤로도토스》, 편집장: 이브 라코스트, 편집위원: 미셸 아브에르베 · 올리비에 베르나르 · 장 미셸 브라방 · 베아트리스 기블랭 · 모리스 로날.

25) M. 로내, 〈풍경〉, 《헤로도토스》, n° 1, 1976.

26) 〈지리학에 대해 미셸 푸코에게 제기하는 질문들〉, 《헤로도토스》, n° 1, 1976, p.71.

27) ENSET: 기술교육고등사범학교.

28) 자크 레비, 필자와의 대담.

29) 《시공간》, n° 1, 편집위원: J.-P. 뷔르디 · A. 비도 · Ch. 그라탈루 · M. 우르 · B. 쥐딕 · J. 레비 · Y. 레비 피아루 · J.-L. 마르골랭 · J.-F. 마르티니 · C. 비롤.

30) M. 르 라누, 《르 몽드》, 1976년 2월 8-9일.

31) J. 레비, 《시공간》, n° 2, 1976, p.22.

32) 선언서, 《시공간》, n° 4, 1976, p.3.

33) 같은 책, p.5.

34) 같은 책, p.7.

35) 같은 책, p.8.

36) 자크 레비, 필자와의 대담.

37) 같은 대담.

38) P. 레이몽, 《유물론으로의 이동》, 앞의 책. 《변증법적 · 논리적 유물론》, 앞의 책.

39) J. 베르탱, 《그래픽 기호학》, 무통, 1967.

40) 같은 책, p.8.

41) Ch. 그라탈루, 〈탐험자와 전도자〉, 《인간과 사회》, n° 95-96, 1960, p.14.

31. 억압된 것의 회귀: 주체

1) T. 토도로프, 《미하일 바흐친, 대화주의 원칙》, 쇠이유, 1981.

2) T. 토도로프, 필자와의 대담.

3) 같은 대담.

4) 같은 대담.

5) T. 토도로프, 《아메리카의 정복》, 쇠이유, 1982. 《우리와 타자들》, 쇠이유, 1989.

6) T. 토도로프, 《아메리카의 정복》, 앞의 책, p.11.

7) 같은 책, p.81.

8) 같은 책, p.102.

9) 같은 책, p.163.

10) 츠베탕 토도로프, 필자와의 대담.

11) 알랭 부아시노, 필자와의 대담.

12) O. 뒤크로, 《담화의 말》, 미뉘, 1980.

13) O. 뒤크로, 《말한다는 것과 말해진 것》, 앞의 책.

14) 특히 오스발트 뒤크로, 〈언술 행위의 다성적 이론 개요〉, 같은 책, p.171-233 참조.

15) 오스발트 뒤크로, 필자와의 대담.

16) M. 야겔로, 《말과 여성》, 페이요(1978), 1987.

17) M. 페로, 필자와의 대담.

18) 마리나 야겔로, 필자와의 대담.

19) 니콜라 뤼베, 필자와의 대담

20) 필자와의 대담.

21) 같은 대담.

22) J.-Cl. 코케, 〈언어학과 기호학〉, 《기호학 논총》, IX, 88, 1987.

23) A.-J. 그레마스 및 J. 쿠르테스, 《기호학. 체계적 언어 이론 사전》, 아셰트, 1979.

24) A.-J. 그레마스, 〈생애 연구〉, 《A.-J. 그레마스 기념 논문집》, 암스테르담, 1985, p.LX-VIII에서 재인용.

25) J.-Cl. 코케, 〈언어학과 기호학〉, 앞의 책, p.13.

26) J.-Cl. 코케, 《담화와 주체》, 클랭크시에크, 1984.

27) E. 벤베니스트, 《인도유럽어에서 동작주의 이름과 행위의 이름》, 메조뇌브, 1948.

28) J.-Cl. 코케, 〈언어학과 기호학〉, 앞의 책, p.20.

29) M. 게루, 《피히테 연구》, 오비에 몽테뉴, 1977, A. 필로넨코, 《피히테 전집》, 브랭, 1984.

30) 장 크리스토프 고다르, 필자와의 대담.

31) 조엘 프루스트, 필자와의 대담.

32) 같은 대담.

33) J. 프루스트, 〈철학사의 문제들: 비교 논증의 관념〉, in 《프랑스 철학회지》, 1988, 7-9월, p.92.

34) 같은 책, p.98.

35) R. 바르트, 《텔켈》, n° 47, 1971, p.89.

36) R. 바르트, 《롤랑 바르트가 쓴 롤랑 바르트》, 쇠이유, 1975, p.121.

37) 같은 책, p.128.

38) 같은 책, p.164.

39) R. 바르트, 〈바르트 힘 셋〉, 《라 캥잰 리테레르》, 1975년 3월 1-15일.

40) J. 베르사니, 《르 몽드》, 1975년 2월 14일.

41) R. 바르트, J. 앙릭이 《아르-프레스》(1977년 5월)지에 모은 언급, 《목소리의 씨앗》, 앞의 책, p.266에 재수록됨.

42) 같은 책, p.266.

43) 같은 책, p.267.

44) 같은 책, p.270.

45) R. 바르트, 《콜레주 드 프랑스 취임 강의》, 1977년 1월 7일.

46) L.-J. 칼베, 《롤랑 바르트》, 앞의 책, p.262.

47) J. 크리스테바, 《사무라이》, 페이야르, 1990.

48) 앙드레 그린, 필자와의 대담.

49) 마르크 오제, 필자와의 대담.

50) 같은 대담.

51) 같은 대담.

32. 미셸 푸코: 생체 권력에서 자기 미학으로

1) 1984년 6월 30일자 《리베라시옹》지에 게재된 텍스트.

2) 프랑수와 에발드, 필자와의 대담.

3) J.-A. 밀러, 《철학자 미셸 푸코》, 쇠이유, 1989, p.81.

4) 피에르 노라, 필자와의 대담.

5) 프랑수와 에발드, 필자와의 대담.

6) 같은 대담.

7) M. 푸코, 《앎의 의지》, 갈리마르, 1976, p.92.

8) 같은 책, p.21.

9) 같은 책, p.19.

10) H.-L. 드레퓌스 및 P. 라비노우, 《미셸 푸코, 철학적 도정》, 앞의 책, p.195.

11) 같은 책, p.204.

12) 미셸 푸코, 《앎의 의지》, 앞의 책, p.181.

13) H.-L. 드레퓌스 및 P. 라비노우, 《미셸 푸코, 철학적 도정》, 앞의 책, p.266.

14) 표지 뒷면에는 제2권:《살과 육체》, 제3권:《어린이 십자군》, 제4권:《여자, 어머니, 그리고 히스테리 환자》, 제5권:《변태성욕자》, 제6권:《주민과 인종》이 앞으로 나올 예정임이라고 씌어 있다.

15) M. 푸코, 《누벨 옵세르바퇴르》, 1977년 3월 12일.

16) J.-P. 아롱 및 R. 켐프트, 《페니스 혹은 서양의 탈도덕화》, 그라세, 1977.

17) J. 보드리야르, 《푸코 잊기》, 갈릴레, 1977.

18) M. 푸코, D. 에리봉, 《미셸 푸코》, 앞의 책, p.292에서 재인용.

19) 같은 책, p.292-293.

20) 다니엘 드페르, 프랑스 퀼튀르, 1988년 7월 7일.

21) 폴 베인, 프랑스 퀼튀르, 1988년 7월 2일.

22) M. 푸코, 《문학 소식》, 1984년 6월 8일 대담.

23) M. 푸코, 《쾌락의 사용》, 갈리마르, 1984, p.14.

24) 같은 책, p.9.

25) 같은 책, p.16.

26) 같은 책, p.19.

27) 크리스티앙 장베, 프랑스 퀼튀르, 1988년 7월 7일.

28) M. 푸코, 〈주체와 권력에 대한 두 에세이〉, in H.-L. 드레퓌스 및 P. 라비노우, 《푸코, 철학적 도정》, 앞의 책, p.297.

29) M. 푸코, 《리베라시옹》, 1981년 5월 30일.

30) P. 마슈레, 〈철학자들은 무엇에 대해 생각하는가〉, 《오트르망》, p.92-103.

31) M. 푸코, 《누벨 옵세르바퇴르》와의 대담, 1984년 6월 1일.

32) R. 로슈리츠, 〈존재의 미학〉, in 《철학자 푸코》, 앞의 책, p.296.

33) 같은 책, p.96.

34) 같은 책, p.269.

35) P. 아도, 〈자기 도야의 개념에 관한 고찰〉, in 《철학자 푸코》, 앞의 책, p.261-268.

36) 같은 책, p.267.

37) M. 다라키, 〈푸코의 그리스 여행〉, 《에스프리》, 1985년 4월. 《20세기의 횡단》, 라 데쿠베르트, 1988에 재수록, p.280.

38) M. 푸코, 《자신에 대한 배려》, 갈리마르, 1984, p.53.

39) 같은 책, p.66.

40) 같은 책, p.105.

41) 같은 책, p.230.

42) 같은 책, p.117.

33. 자율적인 주체

1) R. A. 니스베, 《사회학의 전통》, PUF, 1985.

2) R. 부동 및 F. 부리코, 《사회학 비평 사전》, PUF, 1982, p.V.

3) R. 부동, 〈사회과학에서 개인주의와 전체론〉, in 《개인주의에 대하여. 이론과 방법》, P. 비르느바움 및 J. 레카 편집책임, FNSP, 1986, p.46.

4) G. 지멜, 《사회학과 인식론》, PUF, 1981.

5) P. 앙사르, 《현대의 사회학》, 앞의 책, p.89.

6) E. 고프만, 《상호 작용의 의식(儀式)》(1967), 미뉘, 1974.

7) P. 앙사르, 《현대의 사회학》, 앞의 책, p.285.

8) R. 부동, 《이데올로기 혹은 통념의 기원》, 페이야르, 1986, p.287.

9) 특집 자료 〈나와 자아, 나의 동요. 개인주의에 관한 문제들〉, 《시공간》, nº 37, 1988.

10) Ph. 르죈, 《나 역시》, 쇠이유, 1986, p.33. 또한 《자서전의 규약》, 쇠이유, 1975, 《나는 타자이다. 매체에서 문학의 자서전》, 쇠이유, 1980 참조.

11) E. 테레, 《탈주녀에게 보내는 편지》, O. 자코브, 1988.

12) 같은 책, p.19.

13) 같은 책, p.33.

14) 같은 책, p.182.

15) P. 노라, 〈자아-역사〉, 《논쟁》, nº 37, 1985년 11월, p.118.

16) P. 노라, 《자아-역사의 에세이》, 갈리마르, 1987, p.7.

17) G. 모제, 〈68년 5월과 사회과학〉, 《현대역사연구소 연구지》, nº 11, 1989년 4월, 국립과학연구센터, p.91.

18) D. 베르토, 〈나와 자아, 나의 동요……〉, 앞의 책, p.20. 《삶의 이야기인가, 혹은 실천의 이야기인가? 사회학에서 전기적 접근의 방법론》(경제·사회 발전 연구조직위원회편, 1976년 3월)의 저자.

19) M. 페로, 《페탱》, 페이야르, 1987.

20) G. 뒤비, 《기욤 원수》, 페이야르, 1984. Y. 사시에, 《위그 카페》. 페이야르, 1987.

21) M. 페로, 〈전기, 역사의 불구〉, 《마가진 리테레르》, nº 264, 1989년 4월, p.85.

22) 같은 책, p.86.

23) M. 오제, 《룩셈부르크의 횡단》, 아셰트, 1985.

24) H. 가핀켈, 《민족학 방법론에서 연구》, 잉글우드 클리프스, 프렌티스 홀, 1967.

25) 르네 루로, 필자와의 대담.

26) A. 쿨롱, 《민족학 방법론》, '크세주' 문고, PUF, 1987.

27) J.-B. 라신, 〈지리학, 그 현황〉, 《시공간》, nº 40-41, 1989, p.38.

28) 같은 책, p.39.

29) Cl. 라페스탱, 같은 책, p.30.

30) A. 투렌, 《르노 공장에서 노동의 변화》, 국립과학연구센터출판부, 1955. 《농업적 기원의 노동자들》, 쇠이유, 1961, O. 라가치와 공저.

31) A. 투렌, 《행동의 사회학》, 쇠이유, 1965, p.7.

32) A. 투렌, 《행위자의 회귀》, 페이야르, 1984.

33) 츠베탕 토도로프, 필자와의 대담.

34) 알랭 르노, 필자와의 대담.

35) 같은 대담.

36) 같은 대담.

37) A. 르노, 《개인의 시대》, 갈리마르, 1989, p.31.

38) 같은 책, p.221.

39) 같은 책, p.296.

40) 알랭 르노, 필자와의 대담.

41) L. 뒤몽, 《호모 히에라르키쿠스. 계급 체계와 그 결과》, 갈리마르, 1967.

42) L. 뒤몽, 《호모 아에칼리스(평등한 인간)》, 갈리마르, 1977.

43) G. 리포페트스키, 《텅 빔의 존재》, 갈리마르, 1983.

44) L. 뒤몽, 《개인주의에 대한 에세이: 근대적 이데올로기에 대한 인류학적 관점》, 쇠이유, 1983.

45) 같은 책, p.46.

46) 같은 책, p.67.

47) J. 보드리야르, F. 에발드와의 대담, 《마가진 리테레르》, nº 264, 1989년 4월, p.19.

48) 프랑수아 발, 필자와의 대담.

49) 같은 대담.

50) F. 발, 《누벨 옵세르바퇴르》, 1986년 6월 13일.

51) D. 앙지외, 《현대》, nº 245, 1966년 10월, p.675-715. J.-P. 베르낭의 답변: 〈콤플렉스 없는 오이디푸스〉, 《현(現)이성》, 4, 1967, p.3-20. 《오이디푸스와 그의 신화들》, 콤플렉스

(1967), 1988, p.1-22에 재수록됨.

52) J.-P. 베르낭, 〈고대 그리스에서 신화와 비극〉, t. 1, 마스페로, 1972, 라 데쿠베르트, 1986, 《오이디푸스와 그의 신화들》, 앞의 책, p.8.

53) 장 피에르 베르낭, 필자와의 대담.

54) J.-P. 베르낭, 《눈 속의 죽음 *La Mort dans les yeux*》, 아셰트, 1985.

55) J.-P. 베르낭, 〈환상들 가운데 환상에 대하여〉, 《공간》, 정신분석학자들의 잡지 , 1986년 봄, p.75-83.

56) 같은 책, p.79.

57) 같은 책, p.82.

58) 자크 부베레스, 필자와의 대담.

34. 역사성으로의 회귀

1) 피에르 빌라르, 필자와의 대담.

2) V. 프로프, 《설화의 역사적 기원》, D. 파르 및 J.-C. 슈미트의 서문, 갈리마르, 1983, p.XII.

3) S. 오루, 《백과전서파의 기호학》, 페이요, 1979.

4) 클로딘 노르망, 필자와의 대담.

5) Ph. 아몽, 《묘사적 측면의 분석》, 아셰트, 1981.

6) G. 주네트, 《팔랭프세스트 *Palimpsestes*》, 쇠이유, 1982, p.7.

7) 같은 책, p.16.

8) G. 주네트, 《원텍스트 서설》, 쇠이유, 1979.

9) 같은 책, p.9.

10) T. 토도로프, 《비평의 비평》, 쇠이유, 1984, p.189.

11) 루이 에, 필자와의 대담.

12) 같은 대담.

13) 같은 대담.

14) 같은 대담.

15) 루이 에, 필자와의 대담.

16) 같은 대담.

17) A. 로슈 및 G. 델포, 〈역사-와-문학 : 하나의 계획〉, 《문학》, n° 13, 1974년 2월.

18) 같은 책, p.16.

19) G. 이드, 〈그래도 하나의 문학사를 위하여〉, 《시학》, n° 30, 1977년 4월, p.167-174.

20) A. 로슈 및 G. 델포, 앞의 책, p.21.

21) 피에르 바르베리, 《논쟁》, 1985년 3월, pp.184-186.

22) T. 빌라르, 《르 몽드》, 1988년 9월 8일.

23) C. 비에트 · J.-P. 브리겔리 · J.-L. 리스파일, 《텍스트와 컨텍스트》, 마냐르. X. 다르코 · B. 타르타이레 · B. 아가르 · M.-F. 부아로 · A. 부아시노, 《관점과 대조》, 아셰트. 《문학》, H. 미트랑 책임 편집, 나탕. 《문학적 여정들》, G. 데고트 책임 편집, 아티에.

24) J.-P. 브리겔리, T. 비야르, 《르 몽드》, 1988년 9월 8일자에서 재인용.

25) 앙리 미트랑, 필자와의 대담.

26) 같은 대담.

27) 같은 대담.

28) 같은 대담.

29) 알랭 부아시노, 필자와의 대담.

30) E. 모랭, 《코뮈니카시옹》, n° 18, 1972, p.6.

31) R. 통 《구조적 안정성과 형태 발생》, 에드시앙스, 1972.

32) R. 통, 《형태 발생의 수학적 모델》, C. 부르주아, 10/18, 1974.

33) 마르크 기욤, 필자와의 대담.

34) É. 루디네스코, 《백년 투쟁. 프랑스에서 정신분석학의 역사》, 람세, 1982.

35) 엘리자베트 루디네스코, 필자와의 대담.

36) 같은 대담.

37) 같은 대담.

38) G. 망델, 《재해석된 정신분석학》, 라 데쿠베르트, 1988, p.10.

39) F. 도스, 《파편화된 역사》, 앞의 책.

40) 《아날》, ESC(경제 · 사회 · 문명), 1988년 3-4월.

41) G. 뒤비, 《마가진 리테레르》, n° 248, 1987년 12월.

42) 《아날》, ESC, 1989년 11-12월, 사설: 〈역사와 사회과학. 경험을 시도하자〉, p.1318.

35. 대사상가들의 소멸

1) A.-J. 그레마스, L.-J. 칼베, 《롤랑 바르트》, 앞의 책, p.271에서 재인용.

2) R. 바르트, 《밝은 방》, 쇠이유 영화 총서, p.118.

3) R. 포미에, 《지긋지긋한 해독 Assez décodé》, 로블로, 1978.

4) M.-A. 뷔르니에 및 P. 랑보, 《고통 없는 롤랑 바르트》, 발랑, 1978.

5) 같은 책, p.17-18.

6) R. 바르트, Ph. 브룩스와의 대담, 《누벨 옵세르바퇴르》, 1980년 4월 14일.

7) 루이 장 칼베, 필자와의 대담.

8) O. 뷔르즐랭, L.-J. 칼베, 《롤랑 바르트》, 앞의 책, p.315에서 재인용.

9) J. 라캉, 《세미나 제20권, 앙코르》, 앞의 책, p.20.

10) F. 루스탕, 《매우 불길한 운명》, 미뉘, 1976, p.41.

11) É. 루디네스코, 《정신분석학의 역사》, t. 2, 앞의 책, p.636.

12) Ch. 멜만, 《오르니카르?》, nº 10, 1977.

13) J. 데리다, 《우편엽서》, 앞의 책, p.543.

14) 장 클라브뢸, 필자와의 대담.

15) 같은 대담.

16) É. 루디네스코, 《정신분석학의 역사》, t. 2, 앞의 책, p.641.

17) F. 조르주, 《난로의 효과》, 아셰트, 1979.

18) 같은 책, p.49.

19) 같은 책, p.48-49.

20) 같은 책, p.52.

21) 같은 책, p.54.

22) 같은 책, p.87.

23) R. 자카르, 《르 몽드》, 1979년 9월 21일.

24) S. 르클레르, 《르 몽드》, 1979년 10월 2일.

25) J.-P. 앙토방, 《누벨 옵세르바퇴르》, 1979년 10월 29일.

26) 같은 신문.

27) S. 르클레르, 1979년 11월 7일, in 《매력 끊기》, 앵테르에디시옹, 1981, p.204.

28) S. 르클레르, 〈죽은 말의 제국〉, 1977, in 《매력 끊기》, 앞의 책, p.196.

29) J. 라캉, 1977년 9월 15일. S. 르클레르, 앞의 책, p.197에서 재인용.

30) S. 르클레르, 〈죽은 말의 제국〉, 앞의 책, p.200.

31) 세르주 르클레르, 필자와의 대담.

32) 장 샤브뢸, 필자와의 대담.

33) S. 팔라데, É. 루디네스코, 《정신분석학의 역사》, t. 2, 앞의 책, p.654.

34) J. 라캉, 1980년 1월 15일자 세미나 텍스트, 《르 몽드》지 1980년 1월 26일자에 게재됨.

35) 서명자들 가운데는 미셸 몽트르레·프랑수아 루스탕·미셸 드 세르토·클로드 라방·크사비에 오두아르·안 르발루아·테무라 아브두첼리·뤼시앵 멜레즈·라드밀라 지구리가 들어 있다.

36) J.-A. 밀러, J. 노베쿠르, 《르 몽드》, 1980년 1월 11일자에서 재인용.

37) É. 루디네스코, 《정신분석학의 역사》, t. 2, 앞의 책, p.658.

38) L. 알튀세, É. 루디네스코, 같은 책, p.659-660에서 재인용.

39) É. 루디네스코, 같은 책, p.660.

40) C. 들라캉파뉴, 《르 몽드》, 1981년 9월 11일.

41) 샤를 멜만, 필자와의 대담.

42) 같은 대담.

43) 조엘 도르, 필자와의 대담.

44) 세르주 르클레르, 필자와의 대담.

45) 무스타파 사푸앙, 필자와의 대담.

46) K. S. 카롤, 《누벨 옵세르바퇴르》, 1980년 11월 24일.

47) 피에르 마슈레, 필자와의 대담.

48) 같은 대담.

49) 알랭 투렌, 필자와의 대담.

50) 클로딘 노르망, 필자와의 대담.

51) A. 콩트 스퐁빌, 《르 몽드》, 1990년 10월 24일.

52) É. 발리바르, 《알튀세 추모 모음집》, 앞의 책, p.120-121.

53) R. 마지오리, 《리베라시옹》, 1990년 10월 24일.

54) P. 부르디외, 《르 몽드》, 1984년 6월 27일.

55) J. 다니엘, 《누벨 옵세르바퇴르》, 1984년 6월 29일.

56) G. 뒤메질, 《누벨 옵세르바퇴르》, 1984년 6월 29일.

57) P. 노라, 《누벨 옵세르바퇴르》, 1984년 6월 29일.

36. 보편주의적 모델들의 위기와 학문들의 자폐

1) 알지르다스 쥘리앵 그레마스, 필자와의 대담.

2) 모리스 고들리에, 필자와의 대담.

3) Cl. 메야수, 《여자, 곳간, 자본》, 마스페로, 1975.

4) 같은 책, p.77.

5) P. 봉트, 〈마르크시즘과 인류학: 한 경험주의자의 불행〉, 《인간》, 1976년 10-12월.

6) A. 아들러, 〈민족학 마르크시즘: 새로운 몽매주의로 향하는가?〉, 같은 책, p.126.

7) A. 아들러, 《인간》, 1977년 1월-3월, p.129.

8) 《인간, 인류학 : 현황》, 리브르 드 포슈, 1986.

9) 장 푸이용, 같은 책, p.21.

10) 《그라디바》, nº 1, 1986, 편집진: M. 이자르 · J. 자맹 · M. 레리스.

11) 프랑신 르 브레, 필자와의 대담.

12) L. 핀토, 《고등학교와 전위 사이에 있는 철학자들》, 라르마탕, 1987, p.157.

13) 대학입학 자격시험 주제들을 토대로 필자가 작성한 통계임.

14) 프랑신 르 브레, 필자와의 대담.

15) 같은 대담.

16) S. 오루(《백과전서파의 기호학》, 앞의 책)는 《세계철학백과사전》의 제2권인 《철학적 개념》, 사전, PUF, 1990의 편집책임자였다.

17) S. 오루, 《야만과 철학》, PUF, 1990, p.23.

18) 로제 폴 드루아, 필자와의 대담.

19) 피에르 앙사르, 필자와의 대담.

20) 같은 대담.

21) 같은 대담.

37. 구조적 자연주의

1) 클로드 레비 스트로스, 필자와의 대담.

2) 장 뤽 자마르, 필자와의 대담.

3) C. 세브리, 《인류학의 관념들》, A. 콜랭, 1988, p.131.

4) Cl. 레비 스트로스, 〈구조주의와 생태학〉, in 《먼 시선》, 플롱, 1983, p.152.

5) 같은 책, p.164.

6) J.-L. 자마르, 〈파르메니데스, 헤라클레이토스, 그리고 프랑스의 인류학〉, 《그라디바》, n° 7, 1989년 겨울, p.48.

7) J. 프티토 코코르다, 《감각의 형태 발생》, 제1권: 《구조의 도식론을 위하여》, PUF, 1985.

8) Cl. 레비 스트로스, 〈인종과 문화〉, in 《먼 시선》, 앞의 책.

9) 같은 책, 〈인종과 문화〉라는 제목의 강연에 관해, p.15.

10) 같은 책, p.42.

11) 클로드 레비 스트로스, 필자와의 대담.

12) P.-A. 타기에프, 《편견의 힘》, 라 데쿠베르트, 1988, p.247.

13) Cl. 레비 스트로스, 《먼 시선》, 앞의 책, p.374.

14) T. 토도로프, 《우리와 타자들》, 앞의 책, p.94.

15) D. 스페르버, 필자와의 대담.

16) D. 스페르버, 《인류학자의 지식》, 에르만, 1982, p.16.

17) D. 스페르버, 필자와의 대담.

18) 같은 대담.

19) 같은 대담.

20) 같은 대담.

21) D. 스페르버, 《인류학자의 지식》, 앞의 책, p.114.

22) D. 스페르버, 〈인지과학, 사회과학, 그리고 유물론〉, in 《논쟁》, n° 47, 1987년 11-12월, p.104.

23) 같은 책, p.112.

24) 같은 책, p.113.

25) L. 스퀴블라, 〈문화의 다양성과 초문화적인 불변수들〉, 《MAUSS(사회과학에서 반공리주의 운동) 학술지》, n° 1, 라 데쿠베르트, 3분기, 1988, p.105.

26) 베르나르 락스, 필자와의 대담.

27) 니콜라 뤼베, 필자와의 대담.

28) J.-P. 뒤피, 《질서와 무질서. 새로운 패러다임에 대한 에세이》, 쇠이유, 1982.

29) J.-P. 뒤퓌, 대담, in G. 페시 파스테르나크, 《데카르트를 불태워야 하는가?》, 라 데쿠베르트, 1991, p.107.

30) 같은 책, p.113.

31) 장 마리 도므나크, 필자와의 대담.

32) 같은 대담.

33) 같은 대담.

34) 같은 대담.

35) 같은 대담.

36) 조엘 프루스트, 필자와의 대담.

37) 같은 대담.

38) 같은 대담.

39) H. L. 드레퓌스, 《인공 지능, 신화, 그리고 한계》, 플라마리옹, 1984.

40) J. 프루스트, 〈철학으로서 인공 지능〉, 《논쟁》, n° 47, 1987년 11-12월, p.91.

41) J.-P. 샹괴, 《신경 인간》, 페이야르, 1983.

42) 같은 책, 플뤼리엘사, p.170. J.-F. 도르티에, 《인문과학》, n° 4, 1989년 6-7월, p.7에서 재인용.

43) J.-P. 샹괴 및 A. 콘, 《사고하는 물질》, O. 자코브, 1989.

44) J.-P. 샹괴, 《신경 인간》, 앞의 책, p.237.

45) 앙드레 그린, 필자와의 대담.

46) J.-F. 도르티에, 《인문과학》, n° 4, 1989년 6-7월, p.7.

47) 앙드레 그린, 필자와의 대담.

48) 같은 대담.

38. 프로그램의 동화

1) 마르크 기욤, 필자와의 대담.

2) 마르셀 고셰, 필자와의 대담.

3) 같은 대담.

4) 같은 대담.

5) 장 알루슈, 필자와의 대담.

6) 실뱅 오루, 필자와의 대담.

7) 알지르다스 쥘리앵 그레마스, 필자와의 대담.

8) 폴 발라디에, 필자와의 대담.

9) 같은 대담.

10) L. 파니에, 《성서 · 신앙 · 계시: 계시에서 성서의 위상》, 프로팍, 리옹, 1973. 《사막에서 그리스도의 유혹에 대한 이야기와 해설: 해석적 담화의 기호학적 접근》, 세르, 1974.

11) J. 뫼니에, 〈클로드 레비 스트로스의 성공과 인내〉, 《르 몽드》, 1983년 5월 27일.

12) F. 에리티에 오제, 《친족 관계의 실천》, 앞의 책, p.1981.

13) F. 에리티에 오제, 《콜레주 드 프랑스 취임 강의》, 콜레주 드 프랑스, 1984, p.30

14) 같은 책, p.32.

15) 프랑수아즈 에리티에 오제, 필자와의 대담.

16) 같은 대담.

17) 같은 대담.

18) 같은 대담.

19) 같은 대담.

20) 같은 대담.

21) 같은 대담.

22) 같은 대담.

23) Ph. 데스콜라, 《가정적(家庭的)인 자연》, MSH, 1986.

24) 필리프 데스콜라, 필자와의 대담.

25) 같은 대담.

26) P. 아몽, 《기술적(記述的) 측면의 분석 서설》, 앞의 책, p.7.

27) 같은 책, p.9.

28) 같은 책, p.20.

29) N. 뤼베, 〈25년이 지난 R. 야콥슨의 〈언어학과 시학〉〉, in M. 도미니시, 《외양에 대한 배려》, 브뤼셀대학교출판부, 1989, p.12.

30) R. 야콥슨, 〈언어학과 시학〉, in 《일반언어학 시론》, 쇠이유, p.218.

31) N. 뤼베, 〈25년이 지난 로만 야콥슨의 〈언어학과 시학〉〉, 앞의 책, p.14.

32) 같은 책, p.18.

33) 마르크 베르네, 필자와의 대담.

34) 같은 대담.

35) 같은 대담.

36) 같은 대담.

37) C. 메츠, D. 페르슈롱 및 M. 베르네와의 대담, 앞의 책, p.37.

38) 같은 대담, 같은 책, p.40.

39) 푸코 관련 장서는 75013, 파리, 글라시에르 가(街) 43-2번지에 있는 솔슈아르 도서관에 있다.

40) 《철학자 미셸 푸코》, 쇠이유, 1989.

41) F. 에발드, 《복지 국가》, 그라세, 1986.

42) 프랑수아 에발드, 필자와의 대담.

43) 같은 대담.

44) 같은 대담.

45) 같은 대담.

46) 같은 대담.

47) 본서 제II권 참조.

48) G. 가스통 그랑제, 〈콜레주 드 프랑스 취임 강의〉, 1987년 3월 6일, p.7.

49) 같은 취임 강의.

50) 같은 취임 강의.

51) 장 마리 브누아, 필자와의 대담.

52) J.-M. 브누아, 《자유의 도구들》, 라퐁, 1985.

53) 장 마르 브누아, 필자와의 대담.

54) 같은 대담.

55) M. 고들리에, 《관념적인 것과 물질적인 것》, 앞의 책, p.21.

56) 같은 책, p.47.

57) J. 드 로즈네, 《거시경 Le Macroscope》, 쇠이유, 1975.

58) 같은 책, p.85.

59) I. 프리고지네, G. 페시 파스테르나크와의 대담, in 《데카르트를 불태워야 하는가?》, 앞의 책, p.33.

60) 같은 책, p.37.

61) H. 아틀랑, 《생체 조직과 정보 이론》, 에르만, 1972.

62) E. 모랭, 《의식이 있는 과학》, 쇠이유, 1982.

63) B. 데스파냐, 대담, in G. 페시 파스테르나크, 《데카르트를 불태워야 하는가?》, 앞의 책, p.119.

39. 유배된 역사의 여신 클리오

1) 코스타스 악셀로스, 필자와의 대담.

2) 같은 대담.

3) 에티엔 발리바르, 필자와의 대담.

4) 클로드 레비 스트로스, 필자와의 대담.

5) 세르주 비데르만, 필자와의 대담.

6) 장 뒤부아, 필자와의 대담.

7) K. 포퍼, 《역사주의의 비참》, 플롱(1945), 1956, p.47.

8) J. 라캉, 《세미나, 앙코르》, 앞의 책, p.45.

9) J. 라캉, 〈논리적 시간과 예상되는 확신에 찬 단언〉, 《에크리》, 쇠이유, 1966, p.203.

10) 자니 르무안, 필자와의 대담.

11) J. 라캉, 《에크리》, 앞의 책, p.209.

12) A. 쥐랑빌, 《라캉과 철학》, 앞의 책(1984), p.441.

13) 같은 책, p.472.

14) 세르주 비데르만, 필자와의 대담.

15) 엘리자베트 루디네스코, 필자와의 대담.

16) 르네 마조르, 필자와의 대담.

17) R. 마조르, 〈도둑맞은 편지의 우의〉, in 《프로이트 연구》, nº 30, 1987년 10월.

18) 같은 책, p.125.

19) S. 오루, 《백과전서파의 기호학》, 앞의 책, p.11.

20) 같은 책, p.17.

21) P. 토르, 《분류적 이성》, 오비에, 1989.

22) P. 토르, 베르트랑 메츠와의 대담. 《공산주의 비평》, 1989년 9월, p.24.

23) 모리스 고들리에, 필자와의 대담.

24) G. 발랑디에, 《무질서. 운동의 찬양》, 페이야르, 1988.

25) Ph. 쿠릴스키 · J.-F. 리요타르 · J.-Cl. 페케르 · J. 프티토 · K. 포미앙과의 토론, 진행: M. 아르보니 · F. 보트 · 로제 폴 드루아, 《르 몽드》, 1988년 4월 15일.

26) G. 주네트, 〈시학과 역사〉, 《수사학 III》, 쇠이유, 1972, p.13.

27) 같은 책, p.17.

28) 같은 책, p.18.

40. 하나의 지형-논리학

1) G. 들뢰즈, 〈우리는 무엇으로 구조주의를 알아볼 수 있는가?〉, in 《철학의 역사. 20세기에서 철학》, F. 샤틀레 편집책임, 앞의 책, p.299.

2) J. 데리다, 《입장들》, 앞의 책, p.107.

3) G. 들뢰즈, 〈무엇으로 우리는 구조주의를 알아볼 수 있는가?〉, 앞의 책, p.310.

4) 같은 책, p.318.

5) M. 푸코, 《말과 사물》, 앞의 책, p.353.

6) M. 푸코, 《헤로도토스》, nº 1, 1976, p.71-85.

7) 《헤로도토스》, 〈푸코에게 보내는 질문들〉, 같은 곳.

8) M. 푸코, 《헤로도토스》, 같은 곳.

9) M. 푸코, 《임상의학의 탄생》, PUF(1963), 1972, p.Ⅶ.

10) 같은 책, p.123.

11) 같은 책, p.199.

12) M. 푸코, 《감시와 처벌》, 앞의 책, p.189.

13) 같은 책, p.207.

14) M. 푸코, 《말과 사물》, 앞의 책, p.16.

15) J.-P. 베르낭, 《그리스인들의 신화와 사유》, t. 1, 앞의 책, p.153.

16) R. 바르트, 《라신에 관하여》, 쇠이유, 1963, p.11.

17) 같은 책, p.14.

18) 같은 책, p.30.

19) R. 바르트, 〈객관적 문학〉, 《비평》, 1954. 《비평적 에세이》, 앞의 책에 재수록됨, p.30.

20) 같은 책, p.33.

21) Cl. 레비 스트로스, 《슬픈 열대》, 플롱, 1955, p.230.

22) Cl. 레비 스트로스, 《꿀에서 재까지》, 앞의 책, p.395.

23) 같은 책. p.201.

24) Cl. 레비 스트로스, 〈구조주의와 생태학〉, 앞의 책, p.165.

25) Cl. 레비 스트로스, 《오늘날의 토테미즘》, PUF, 1962, p.130.

41. 대화주의를 위하여

1) T. 토도로프, 《비평의 비평》, 앞의 책, p.103.

2) 같은 책, 185.

3) F. 자크, 《차이과 주관성》, 오비에, 1982. 《대화의 논리적 공간》, PUF, 1985.

4) F. 자크, 〈갈등과 대화 사이에서?〉, in 《철학자들은 무엇에 대해 생각하는가?》, 《오트르망》, n° 102, 1988년 11월.

5) Cl. 아제주, 《파롤의 인간》, 앞의 책, p.9.

6) 같은 책, p.396-397.

7) Cl. 아제주, 필자와의 대담.

8) Cl. 아제주, 《파롤의 인간》, 앞의 책, p.88.

9) 같은 책, p.170.

10) 같은 책, p.171.

11) 같은 책, p.171.

12) 같은 책, p.312.

13) 같은 책, p.336.

14) 같은 책, p.370.

15) J. 하버마스, 《소통 행위의 이론》, 페이야르, 1988. 《현대성의 철학적 담론》, 앞의 책.

16) J. 하버마스, 《소통 행위의 이론》, t. 1, 앞의 책, p.36.

17) E. 모랭, 〈프랑스인의 지적 삶에서 변화한 것〉, 앞의 글, p.72-84.

18) E. 모랭, 《인문과학》지가 마련한 강연, 오세르, 1991년 11월 9일.

19) E. 모랭, 〈프랑스인 지적 삶에서 변화한 것〉, 앞의 책, p.72-84.

20) P. 리쾨르, 〈기호〉, in 《세계대백과사전, 자료집》, vol. 20, 1989, p.1075-1079.

21) G. 슈타이너, 《실제적인 현전》, 갈리마르, 1991.

22) 같은 책, p.23.

23) 같은 책, p.71.

참고 문헌

Marc ABÉLÈS, anthropologue, chercheur au laboratoire d'anthropologie sociale, EHESS.

Alfred ADLER, anthropologue, chercheur au laboratoire d'anthropologie sociale, EHESS.

Michel AGLIETTA, économiste, professeur d'économie à l'université Paris-X.

Jean ALLOUCH, psychanalyste, directeur de la revue *Littoral*.

Pierre ANSART, sociologue, professeur à l'université Paris-VII.

Michel ARRIVÉ, linguiste, professeur à l'université Paris-X.

Marc AUGÉ, anthropologue, directeur d'études à l'EHESS, président de l'EHESS.

Sylvain AUROUX, philosophe et lunguiste, directeur de recherche au CNRS.

Kostas AXELOS, philosophe, ancien rédacteur en chef de la revue *Arguments*, enseigne à la Sorbonne.

Georges BALANDIER, anthropologue, professeur à la Sorbonne, directeur d'études à l'EHESS.

Étienne BALIBAR, philosophe, maître de conférences à l'université Paris-I.

Henri BARTOLI, économiste, professeur à l'université Paris-I.

Michel BEAUD, économiste, professeur à l'université Paris-VIII.

Daniel BECQUEMONT, angliciste et anthropologue, professeur à l'université de Lille.

Jean-Marie BENOIST, philosophe, sous-directeur de la chaire d'histoire de la civilisation moderne au Collège de France, décédé en 1990.

Alain BOISSINOT, littéraire, professeur de lettres en classe préparatoire au lycée Louis-le-Grand.

Raymond BOUDON, sociologue, professeur à l'université Paris-IV, directeur du groupe d'études des méthodes de l'analyse sociologique(GEMAS).

Jacques BOUVERESSE, philosophe, professeur à l'université Paris-I.

Claude BRÉMOND, linguiste, directeur d'études à l'EHESS.

Hubert BROCHIER, économiste, professeur à l'université Paris-I.

Louis-Jean CALVET, linguiste, professeur à la Sorbonne.

Jean-Claude CHEVALIER, linguiste, professeur à l'université Paris-VII, secrétaire général de la revue *Langue française*.

Jean CLAVREUL, psychanalyste.

Claude CONTÉ, psychanalyste, ancien chef de clinique à la faculté de médecine de Paris.

Jean-Claude COQUET, linguiste, professeur à l'université Paris-VIII.

Maria DARAKI, historienne, professeur à l'université Paris-VIII.

Jean−Toussaint DESANTI, philosophe, a enseigné à l'université Paris−I et à l'ENS de Saint−Cloud.

Philippe DESCOLA, anthoropologue, directeur adjoint du laboratoire d'anthropologie sociale.

Vincent DESCOMBES, Philosophe, professeur à la John Hopkins University.

Jean−Marie DOMENACH, Philosophe, ancien directeur de la revue *Esprit*, créateur de CREA.

Joël DOR, psychanalyste, directeur de la revue *Esquisses psychanalytiques*, professeur à l'université Paris−VII.

Daniel DORY, géographe, chercheur au CNRS, à Paris−I.

Roger−Pol DROIT, philosophe, éditorialiste au *Monde*.

Jean DUBOIS, linguiste, professeur à l'université Paris−X, revue *Langages*.

Georges DUBY, historien, professeur au Collège de France.

Oswald DUCROT, linguiste, directeur d'études à l'EHESS.

Claude DUMÉZIL, psychanalyste.

Jean DUVIGNAUD, sociologue, professeur à l'université Paris−VII.

Roger ESTABLET, sociologue, membre du CERCOM(EHESS), maître de conférences à l'université d'Aix−Marseille.

François EWALD, philosophe, président de l'association pour le centre Michel−Foucault.

Arlette FARGE, historienne, directeur de recherches à l'EHESS.

Jean−Pierre FAYE, philosophe, linguiste, professeur à l'Université philosophique européenne.

Pierre FOUGEYROLLAS, sociologue, professeur à l'université Paris−VII.

Fran oise GADET, linguiste, professeur à l'université Paris−X.

Gilles GASTON−GRANGER, philosophe, professeur au Collège de France.

Marcel GAUCHET, historien, responsable de la rédaction à la revue *Le Débat*.

Gérard GENETTE, linguiste, sémiologue, directeur d'études à l'EHESS.

Jean−Christophe GODDARD, philosophe, professeur en classe préparatoire HEC.

Maurice GODELIER, anthropologue, directeur scientifique au CNRS, directeur d'études à l'EHESS.

Wladimir GRANOFF, psychanalyste, médecin−chef du centre médico−psychologique de Nanterre.

André GREEN, psychanalyste, ancien directeur l'Institut de psychanalyse de Paris.

Algirdas−Julien GREIMAS, linguiste, directeur d'études honoraire à l'EHESS.

Marc GUILLAUME, économiste, professeur à l'université de Paris−Dauphinc, maître de conférences à l'École polytechnique, directeur de l'IRIS.

Claude HAGÈGE, linguiste, professeur au Collège de France.

Philippe HAMON, linguiste, professeur à l'université Paris−III.

André-Georges HAUDRICOURT, anthropologue et linguiste.

Louis HAY, littéraire, fondateur de l'ITEM.

Paul HENRY, linguiste, chercheur au CNRS.

Françoise HÉRITIER-AUGÉ, anthropologue, professeur au Collège de France, directrice du laboratoire d'anthropologie sociale.

Jacques HOARAU, philosophe, professeur au centre de formation des professeurs de Monlignon.

Michel IZARD, anthropologue, directeur de recherches au CNRS, codirecteur de la revue *Gradhiva*.

Jean-Luc JAMARD, anthropologue, chercheur au CNRS.

Jean JAMIN, anthropologue, chercheur au laboratoire d'ethnologie du musée de l'Homme, codirecteur de la revue *Gradhuva*.

Julia KRISTEVA, linguiste, professeur à l'université Paris-VII.

Bernard LAKS, linguiste, chercheur au CNRS.

Jérôme LALLEMENT, économiste, maître de conférences à l'université Paris-I.

Jean LAPLANCHE, psychanalyste, professeur à l'université Paris-VII, directeur de la revue *Psychanalyse à l'Université*.

Francine LE BRET, philosophe, professeur au lycée Jaques-Prévert de Boulogne-Billancourt.

Serge LECLAIRE, psychanalyste.

Dominique LECOURT, philosophe, professeur à l'université Paris-VII.

Henri LEFEBVRE, philosophe, ancien professeur aux universités de Strasbourg, Nanterre, Paris-VIII, Californie.

Pierre LEGENDRE, philosophe, Professeur à l'université Paris-I.

Gennie LEMOINE, psychanalyste.

Claude LÉVI-STRAUSS, anthropologue, professeur au Collège de France.

Jacques LÉVY, géographe, chercheur au CNRS, coanimateur de la revue *Espaces-Temps*.

Alain LIPIETZ, économiste, chargé de recherche au CRNS et au CEPREMAP.

René LOURAU, sociologue, professeur à l'université Paris-VIII.

Pierre MACHEREY, philosophe, maître de conférences à Paris-I.

René MAJOR, psychanalyste, enseigne au Collège international de philosophie, directeur des *Cahiers Confrontations*.

Serge MARTIN, philosophe, professeur au lycée de Pontoise.

André MARTINET, linguiste, professeur émerite à l'université René-Descartes, et à la IVᵉ section de l'EPHE.

Claude MEILLASSOUX, anthropologue, directeur de recherche au CNRS.

Charles MELMAN, psychanalyste, directeur de la revue *Discours psychanalytique*.

Gérard MENDEL, psychanalyste, ancien interne de l'hôpital psychiatrique de la Seine.

Henri MITTERAND, linguiste, professeur à la Sorbonne nouvelle.

Juan-David NASIO, psychanalyste, anime le séminaire de psychanalyse de Paris.

André NICOLAÏ, économiste, professeur à l'université Paris-X.

Pierre NORA, historien, directeur d'études à l'EHESS, directeur de la revue *Le Débat*, éditeur chez Gallimard.

Claudine NORMAND, linguiste, professeur à l'université Paris-X.

Bertrand OGILVIE, philosophe, professeur à l'école normale de Cergy-Pontoise.

Michelle PERROT, historienne, professeur à l'université Paris-VII.

Marcelin PLEYNET, écrivain, ancien secrétaire de la revue *Tel Quel*.

Jean POUILLON, philosophe et anthropologue, chercheur au laboratoire d'anthropologie social, EHESS.

Jöelle PROUST, philosophe, groupe de recherche sur la cognition, CREA, CNRS.

Jacques RANCIÈRE, philosophe, enseignant à l'université Paris-VIII.

Alain RENAUT, philosophe, professeur à l'université de Caen, fondateur du Collège de philosophie.

Olivier REVAULTD'ALLONNES, philosophe, professeur à l'université Paris-I.

Élisabeth ROUDINESCO, écrivain et psychanalyste.

Nicolas RUWET, linguiste, professeur à l'université Paris-VIII.

Moustafa SAFOUAN, psychanalyste.

Georges-Elia SARFATI, linguiste, enseignant à l'université Paris-III.

Bernard SICHÈRE, philosophe, professeur à l'université de Caen, ancien membre de l'équipe *Tel Quel*.

Dan SPERBER, anthropologue, chercheur au CNRS.

Joseph SUMPF, sociologue et linguiste, professeur à l'université Paris-VIII.

Emmanuel TERRAY, anthropologue, directeur d'études à l'EHESS.

Tzvetan TODOROV, linguiste, sémiologue, chercheur au CNRS.

Alain TOURAINE, sociologue directeur de recherche à l'EHESS.

Paul VALADIER, philosophe, ancien rédacteur en chef de la revue *Études*, professeur au Centre Sèvres à Paris.

Jean-Pierre VERNANT, helléniste, professeur honoraire au Collège de France.

Marc VERNET, sémiologue du cinéma, professeur à l'université Paris-III.

Serge VIDERMAN, psychanalyste, docteur en médecine.

Pierre VILAR, historien, professeur honoraire à la Sorbonne.

François WAHL, philosophe, éditeur au Seuil.

Marina YAGUELLO, linguiste, professeur à l'université Paris–VII.

역자 후기

　　역자는 구조주의가 쇠퇴기에 접어들던 80년대 프랑스에서 문학을 공부했으며, 프랑수아 도스의 역작인 《구조주의의 역사》가 나오기 직전인 90년말 귀국했다. 따라서 프랑수아 도스가 본서에서 밝히고 있듯이, 구조주의가 배척한 의미 · 주체 · 역사 · 시간성 · 인본주의 등이 힘 있게 회귀하는 시대에 공부를 했다. 그런 만큼 역자는 구조주의에 대해 그렇게 많은 관심을 기울이지 않았으며, 구조주의적 비평도 여러 비평들 가운데 하나로 이해하면서 작품 접근에 대한 나름대로 새로운 모색을 하려고 노력한 바 있다.

　　그러나 귀국해 보니 한국의 비평계에서는 구조주의가 위세를 떨치고 있었으며, 구조주의에 기울어진 이른바 방법론을 공부한 사람들이 각광을 받고 있었다. 물론 지금도 그런 현상이 상당 부분 지속되고 있음을 부인할 수 없다. 그러니까 프랑스와 한국 사이의 시대적 격차가 최소한 20년은 된다는 셈이다. 그러나 일본은 좀 다르다고 생각된다. 예를 들어 보자. 자크 데리다의 명저로 꼽히는 《그라마톨로지에 대하여 *De la grammatologie*》가 일본에서는 1972년 데리다 전문가에 의해 번역되어 나왔는데, 한국에서 이 책이 고려대 김성도 교수에 의해 《그라마톨로지》라는 제목으로 번역되어 나온 것은 1995년(민음사)이다. 일본의 번역자가 기울인 노력과 그 결과는 번역본 뒤에 붙은 1백50여 쪽에 달하는 역자 주(註)의 양이 웅변해 주고 있다. 이런 노력을 감안할 때, 아마 그는 데리다의 작품이 프랑스에서 나오자마자 이 책을 읽어 번역에 착수했다는 추측이 가능하다. 그렇다면 일본의 지성계는 프랑스의 지성계와 시대적 격차가 없다는 말이 된다. 일본과 한국의 문화 인프라 차이를 실감하게 하는 단적인 예이다.

　　한국이 이런 시대적 격차를 드러내고 있는 이유는 정치적 · 경제적 후진성 등을 들 수도 있고, 한국의 시대적 상황이 구조주의의 역사적 배경과 맞지 않았다는 점을 들 수도 있을 것이다. 어쨌거나 구조주의의 무대가 프랑스임에도 불구하고 주로 미국을 통해서 수입되었다는 사실은 불문학계의 태만적 일면을 드러낸다고 생각된다. 한국의 불어불문학과가 70여 개나 된다는 점을 상기할 때, 이런 사실은 역자를 포함해 프랑스 문학과 철학을 공부하는 학자들이 자성해야 될 부분일 것이다.

서구에서는 구조주의가 큰 퇴적층을 남기며 이미 퇴조했다고 간주되는데도, 한국에서는 90년대 이후 이 사조에 대한 많은 책자들과 번역서들이 쏟아져 나왔다. 서양 학문을 수용하는 데 구조주의를 거쳐 가지 않을 수 없다면 마땅히 그래야 할 것이다. 그러나 문제는 주로 해석의 방법론적 틀로 활용되는 구조주의가 적용자들에 따라 빈곤성을 드러낸다는 점이다. 구조주의의 다양한 방법론들과 개념들을 개발한 프랑스의 대가들이 작품 해석에 새로운 지평을 열면서 인문과학 연구에 획기적 전기를 마련했음은 이론의 여지가 없다. 하지만 이런 대가들도 자신이 개발한 구조적 틀에다가 억지로 작품을 끼워맞춤으로써 작품 해석에 많은 한계를 노출하는 경우들이 있다. 특히 방법론을 검증하는 데 있어서 그것을 개발한 학자의 교양과 사상이 중요한 역할을 한다. 그렇기 때문에 굳이 구조주의적 방법론을 도입하지 않고도 독창적인 해석을 얼마든지 내놓을 수 있고, 이 해석을 하나의 구조주의적 방법에다 쉽게 집어넣을 수 있다. 방법론은 새로운 해석과 읽기를 위한 수단이다. 방법론 창시자들이 성공을 거두었던 것은 방법론 자체 때문이 아니라 그것을 통해 작품에 새로운 빛을 던져 주면서 독창적인 해석을 제시했기 때문이다. 방법론을 배울 필요가 있고, 그것을 적용하는 것도 중요하지만 그보다 더 중요한 것은 그것을 문제삼는 것이다. 그래야만 학문의 발전과 선진화를 가져올 수 있기 때문이다. 진부한 소리이지만 소개하고 베껴 써먹는 것을 뛰어넘어 새로운 것을 내놓는 것, 이것이 한국의 인문과학이 나아가야 할 진정한 길이다.

《구조주의의 역사》를 읽는 것은 20세기 후반기의 프랑스 지성계를 읽는 것이고, 프랑스 지식인들의 영광과 좌절이 힘의 게임 속에서 펼쳐지는 풍경을 관조하는 것이다. 그것은 그들의 치열한 지적 여정 속에 드러나는 '힘에의 의지'를 바라보면서 지식과 인간에 대해 성찰하는 것이며, 서구 인문과학의 변증법적 전개 과정이 재현되고 반복되는 현상을 따라가는 것이다. 독자는 상대적 인간 세계를 움직이는 이원적 요소들, 즉 감성과 이성, 미토스와 로고스, 의미와 기호, 내용과 형태, 주체(개인)와 전체(구조), 인본주의와 자연주의, 주관성과 객관성, 의식과 무의식, 시간과 공간, 역사와 현재, 진보와 순환, 역동성과 정체성, 연속과 불연속 등의 이항 대립에서 후자가 전자를 압도하는 시대적 사조의 탄생과 전개, 변화와 쇠퇴를 목도하게 된다. 그러면서 우리는 양자가 대화하는 결합의 지평에서 구조주의가 시대적 소명을 다하고 후퇴하는 것을 보게 된다.

일반적으로 말한다면 구조주의, 더 나아가 서구 인문과학은 절대적인 초월적 기원을 거부하는 상대적 세계에서 끊임없이 변화하는 실존적 현상들을 전제로 한다. 이 현상들이 이루는 세계는 환상의 세계이다. 상대적인 세계에서 완전성과 절대성을 담을 수 있는 사상적 그릇은 절대로 불가능하다. 인간은 상대적 존재이기 때문에 상대적 사상만을 내놓을 수밖에 없고, 그렇기 때문에 그것은 환상에 속한다. 이 환상이 없다면 변화의 유희는 불가능하다. 그리하여 이념들과 이론들이 끊임없이 서로를 대체하면서 쏟아져 나온다. 그것들을 넘어서는 초월로 가지 않고 초월을 유보시킨 채 '반복과 차이'의 연속 속에서 상대적인 것의 유희를 즐기는 것, 이것이 혼돈의 다양성과 풍요로움을 낳는 서구 문화의 풍경이다. 생성과 소멸을 뛰어넘는 초월을 이야기하는 담론은 모순과 대립이 소멸하는 지평에 자리잡지만, 그것은 사유 불가능과 침묵으로 이끈다. 그것은 변화의 상대적 세계를 뛰어넘기 때문이다. 그러기에 구조주의는 최초의 '근본적 기표'이자 기의인 초월과의 접점에서 멈추고 있다. 라캉의 이론을 빌리자면 '실재계'에 도달 불가능한 인간은 '상징계'에 살면서 환상의 세계인 '상상계' 안에서 끊임없이 자기를 재생산해야 하는 숙명을 벗어날 수 없다. 종교적 초월을 꿈꾸지 않는다면 말이다.

《구조주의의 역사》는 프랑스의 지성계가 펼쳐낸 반세기의 지적 작업을 압축하고 있기 때문에 수많은 대가들의 개별적 사유 체계들과 개념들이 추상화되어 나타난다. 그렇기 때문에 그것들을 제대로 소화하는 데는 상당한 노력이 필요하다. 그럼에도 이 책만큼 구조주의의 과거와 오늘 그리고 미래를 전체적으로 탁월하게 조망하는 책은 없다고 생각된다. 특히 저자가 한 시대의 사유 무대에서 명멸한 스타들의 사상을 그들의 삶과 밀착시켜 전개하는 '구조주의의 역사'는 새로운 창조적 지식인들의 생존 전략, 변방으로부터 중심을 포위해 가는 그 치열한 도정이 잘 드러나 있다. 신구의 갈등과 투쟁을 야기시키면서 기득권에 도전하는 그들의 험난한 여정을 따라가다 보면, 새로운 사상이 태어나 정착되는 데 극복해야 할 역경의 무게를 실감한다. 프랑스처럼 개방되고 민주화되고 다원화된 사회에서조차 이런 어려움이 현실적 상황이라는 점은 지식인의 초상에 대해 다시 한 번 생각할 기회를 제공한다. 니체는 이미 존재는 극복해야 할 대상이라고 말했던가…….

본서는 원래 네 권으로 번역되어 나오게 되어 있었는데, 우여곡절 끝에 I권을 제외한 나머지 세 권을 본 역자가 번역하게 되었다. I권에서 여러 학자들이 공부하고 협력하여 훌륭한 번역을 선보였기 때문에 나머지도 그들이 번역해 내놓았으면

좋았으리라. 본서가 워낙 방대한 분야를 다루고 있다 보니, 혼자서 번역 작업을 하는 데 무거운 중압감을 느꼈다. 나름대로 공부해 가면서 작업을 했으나 미진한 부분이 있으리라 생각된다. 독자들의 질책을 바라며 이 책이 한국의 학문 발전에 다소나마 도움이 되길 기대해 본다.

역자 김 웅 권

총색인

가데 Gadet, F. [I] 4,84,86 [II] 14,167 [III] 20,27, 186,187

가로디 Garaudy [II] 126,137,138,147,148,149

가르댕 Gardin, J. -C. [II] 31

가르보 Garbo, G. [I] 130

가스통 그랑제 Gaston-Granger, G. [I] 4,136, 263,266

가제 Gagey, J. [III] 189

가타리 Guattari, F. [III] 283,284,285 [IV] 158

가타리 Guattari, P. [I] 221

가핀켈 Garfinkel, H. [IV] 126

갈릴레오 Galileo [I] 17 [II] 67,233,255 [III] 19, 144,237 [IV] 106

강디약 Gandillac, Maurice de [I] 221,240,269, 272

게랭 Guérin, D. [II] 114

게루 Guéroult, M. [I] 134,135,136,137,138,142, 234 [II] 135,165 [III] 100,114 [IV] 89,90,91,213

고다르 Goddard, J. -C. [I] 4 [III] 162

고델 Gödel, K. [II] 50,97

고들리에 Godelier, M. [I] 4 [II] 117,184,212,213, 256 [III] 137,138,179,228,232,233,234,293,306 [IV] 19,175,216,217,233

고르즈 Gorz, A. [III] 156

고리키 Gorky, M. [I] 100

고무카 Gomutka, W. [I] 254

고셰 Gauchet, M. [I] 4,248,249 [II] 269 [IV] 22,198,199

고프먼 Goffman, E. [IV] 126

골드만 Goldmann, L. [I] 29,269,271,272 [II] 56, 62,189,207 [III] 51,112,169,235 [IV] 52,142,235

골드만 Goldmann, P. [I] 11

골드스타인 Goldstein, K. [I] 162

골트슈미트 Goldschmidt, V. [I] 136 [III] 114 [IV] 91

곰브로비치 Gombrowicz, W. [II] 128

괴테 Goethe, J. W. [I] 88 [II] 81 [IV] 94,183

구겐하임 Gougenheim, G. [I] 107,109

구루 Gourou, P. [I] 288 [II] 19 [IV] 69

구베르 Goubert, P. [II] 177 [III] 307,354 [IV] 67

구이에 Gouhier, H. [I] 240

귀르비치 Gurvitch, G. [I] 57,58,64,266 [II] 59, 60,61,62,63,106,115

그라나이 Granai, G. [I] 218

그라노프 Granoff, W. [I] 4,158,165

그라네 Granet, M. [I] 67,68

그라몽 Grammont, M. [I] 106

그라브너 Gräbner [III] 137

그라크 Gracq, J. [I] 127

그라탈루 Grataloup, C. [IV] 76

그람시 Gramsci, A. [III] 226,235

그랑제 Granger, G. -G. [II] 31,60,61,166,177, 254 [III] 71,179,267 [IV] 213,214

그레마스 Greimas, A. -J. [I] 4,15,58,80,85,110, 116,117,118,119,123,125,128,319 [II] 17,18,19,21, 24,35,36,37,38,39,40,41,42,43,46,51,56,120,121,146, 175,179,180,183,184,263 [III] 71,128,158,159,160, 161,184,258,260,261 [IV] 75,88,89,148,154,201

그로리샤르 Grosrichard, A. [II] 130

그로스 Gross, M. [II] 19,35,120 [III] 197,199, 200,201 [IV] 25,87

그뤼종 Gruson, C. [I] 263

그리올 Griaule, M. [I] 44,79,219,225 [II] 116, 176

그리티 Gritti, J. [II] 179

그린 Green, A. [I] 4,131,186,198,246 [II] 72,80, 81,83,84,86 [III] 55,221 [IV] 97,194,195

글럭스만 Glucksmann, A. [III] 139,166,204,221 [IV] 14,173

기로 Guiraud, P. [I] 111

기베르 Guibert, B. [IV] 45,48

기욤 Guillaume, M. [I] 4,107 [IV] 44,45,150,198

기통 Guitton, J. [I] 11 [II] 144,145

길로무 Guihaumou, J. [III] 225

길베르 Guilbert, L. [I] 110 [II] 21,24,148
  [III] 139,185

길베르 Guilbert, M. [III] 341

나델 Nadel, S. −F. [II] 109

나도 Nadeau, M. [I] 125,128,129 [III] 156
  [IV] 93

나빌 Naville, P. [II] 25,114

나슈트 Nacht, S. [IV] 231

나시프 Nassif, J. [III] 203

나지오 Nasio, J. −D. [I] 4 [II] 76 [III] 178

나폴레옹 Napoléon [I] 31 [II] 122

낙트 Nacht, S. [I] 166

네르발 Nerval, G. de [III] 261 [IV] 144

네모 Némo, P. [IV] 28

노라 Nara, P. [I] 5,228,287 [II] 176,177,191
  [III] 240,346,347,348,349,351,352,355 [IV] 21,22,
  104,123,124,152,173

노르망 Normand, C. [I] 5,87 [II] 25,167 [III] 70,
  185,241 [IV] 140,170

노이라트 Neurath, O. [II] 270

뉴턴 Newton, I. [I] 53,93 [II] 155 [IV] 183

니덤 Needham, R. [I] 59 [II] 113

니스베 Nisbet, R. A. [IV] 119

니체 Nietzsche, F. [I] 145,229,234,237,238,246,
  251 [II] 122,139,195,206,233,234,235,236,237,239,
  240,242,243,244,245,246,247,248,253,263 [III] 54,
  71,135,183,279,280,287,290,291,315,319,320,321,
  331,341,354 [IV] 31,93,106,131,172,178,225

니콜라우스 2세 Nicolaus II [IV] 125

니콜라이 Nicolai, A. [I] 4,51,98,101,103,266
  [III] 207 [IV] 19,47,48

다니엘 Daniel, J. [III] 167 [IV] 156,173

다라키 Daraki, M. [I] 4 [IV] 115

다르벨 Darbel, A. [II] 177

다르코 Darcos, X. [IV] 148

다비 Davy, G. [I] 44 [II] 62

다빌라 d'Avilla, T. [II] 145

다얀 Dayan, S. [II] 63

다윈 Dawin, C. R. [II] 27,196,233 [III] 322
  [IV] 233

단테 Dante, A. [III] 215

달랑베르 d'Alembert, Jean Le Rond [I] 147

달리 Dalí, S. [I] 152 [III] 205,278

당통 Danton, G. −J. [I] 31

당피에르 Dampierre, É. de [III] 14

데데얀 Dédéyan [II] 14

데리다 Derrida, J. [I] 5,15,319,320 [II] 78,79,124,
  150,173,189,245,250,252,253,258,269 [III] 31,32,33,
  34,35,36,37,38,39,40,41,42,43,44,45,46,47,48,49,50,
  51,52,53,54,55,56,57,58,59,60,61,62,63,64,79,84,85,
  88,89,94,112,113,115,130,164,174,191,196,199,200,
  203,214,215,220,222,246,265,280,281,283,290,333
  [IV] 12,130,159,177,225,230,238

데샹 Deschamps, J. [III] 138

데스콜라 Descola, P. [I] 4 [III] 292,293
  [IV] 206,207

데스파냐 d'Espagnat, B. [IV] 220

데용 Deyon, P. [I] 282

데카르트 Descartes, R. [I] 136,137,138,202,214,
  242 [II] 11,50,138,148,195,198,202,211,241,243,244,
  256 [III] 19,21,40,41,42,48,74,112,114 [IV] 30,31,
  54,178

데콩브 Descombes, V. [I] 4,78,84 [II] 146
  [III] 291

데티엔 Détienne, M. [I] 73 [II] 97 [III] 302,303,
  304 [IV] 97

덱스 Daix, P. [II] 125 [III] 136,139,140,177

델쿠르 Delcourt, X. [IV] 14

델테유 Deltheil, R. [I] 144

델포 Delfau, G. [IV] 145

도르 Dort, B. [I] 132

도르 Dor, J. [I] 4,159,174,175,189

도리 Dory, D. [I] 4

도므나크 Domenach, J. −M. [I] 4 [II] 69,70,
  105,185 [III] 168,253,254,334

도스 Doss, F. [I] 319,320

도스토예프스키 Dostoyevsky, F. M. [III] 80,

81,270 [IV] 83
돌레 Dollé, J. -P. [IV] 14
돌토 Dolto, F. [I] 160 [II] 82 [IV] 163,168
동데로 Dondero, M. [III] 272
뒤그랑 Dugrand, R. [IV] 68
뒤라스 Duras, M. [III] 271
뒤라푸르 Duraffour [I] 116
뒤랑 Durand, J. -L. [III] 302
뒤랑 다스테스 Durand-Dastès, F. [IV] 72
뒤르켐 Durkheim, É. [I] 13,27,37,38,39,57,70,
266,273,280,281,288 [II] 16,20,60,61,99,219,264
[III] 23,96,97,98,101,103,132,163,249,295,307
[IV] 35,50,51,54,67,79,119,120,124,126,152,191,219
뒤리 Durry, M. -J. [II] 14
뒤마예 Dumayet, P. [II] 191
뒤메질 Dumézil, C. [I] 4,163,164 [II] 87 [III] 203
뒤메질 Dumézil, G. [I] 31,36,66,67,68,69,70,71,72,
73,146,163,164,238,239,245,283,284 [II] 31,177,191,
194,263 [III] 190,191,300,301,311 [IV] 38,56,168,
173
뒤몽 Dumont, L. [I] 5,223,224 [IV] 132,133
뒤몽 Dumont, R. [I] 224
뒤뮈르 Dumur, G. [I] 132 [III] 120,142
뒤부아 Dubois, C. [II] 25 [III] 25,70,138,139,154,
184,185,186,196,197,199,200
뒤부아 Dubois, J. -A. [I] 4,108,109,110 [II] 18,
19,20,24,25,35,120,121,175,209 [IV] 24,25
뒤비 Duby, G. [I] 4,73 [II] 126 [III] 156,310,311,
312,313 [IV] 55,67,125,152
뒤비뇨 Duvignaud, J. [I] 4,132,257,258,277,278
[II] 62,63,106,115,116,247,269 [III] 157,160,330
뒤셰 Duchet, C. [III] 202,213
뒤크로 Ducrot, O. [I] 4,91,95 [II] 21,35,36,49,120
[III] 21,65,70,74,75,76,113,116,178,293 [IV] 86
뒤퓌 Dupuy, J. -P. [IV] 190
뒤프렌 Dufrenne, M. [I] 221 [II] 185 [III] 140,
157,160
드골 de Gaulle, C. -A. -M. -J. [I] 162,165,
251 [II] 113122,188,207,221 [III] 155,158,181,194
[IV] 134,143,164

드데얀 Dedeyan, C. [III] 294
드레슈 Dresch, J. [IV] 68
드레퓌스 Dreyfus, A. [I] 30 [II] 174,256,268
[III] 176,333 [IV] 193
드레퓌스 Dreyfus, F. [I] 282
드루아 Droit, R. -P. [I] 4 [II] 16,149 [III] 161,
171,192,206 [IV] 13,172
드루에 Drouet, M. [I] 130
드망종 Demangeon, A. [IV] 67
드보르 Debord, G. [III] 150
드뷔시 Debussy, A. C. [III] 133
드브레 Debray, R. [I] 24 [II] 109,137
드브레 주네트 Debray-Genette, R. [IV] 143
드상티 Desanti, J. -T. [I] 4,235 [II] 48,132,133,
134,135 [III] 200,241
드페르 Defert, D. [III] 334 [IV] 109
들라캉파뉴 Delacampagne, C. [III] 296
[IV] 166,171
들레 Delay, J. [I] 245
들레달 Deledalle, G. [III] 321,322
들로름 Delorme, D. [IV] 156
들로프르 Deloffre, F. [II] 14 [III] 103
들뢰즈 Deleuze, G. [I] 5 [II] 193,226 [III] 84,
198,202,206,208,282,283,284,285,287,324,326,327,
335 [IV] 13,14,101,158,173
디가르 Digard, J. -P. [IV] 176
디드로 Diderot, D. [I] 147
디아트킨 Diatkine, R. [I] 198
디에테를랭 Dieterlin, G. [II] 116
라가르드 Lagarde, A. [I] 17
라가슈 Lagache, D. [I] 163,167,235,237,240,266,
271 [III] 188
라르드로 Lardreau, G. [IV] 14
라마르크 Lamark, J. -B. de M. [II] 196,203
라방 Rabant, C. [III] 203
라 베르냐스 Las Vergnas, R. [III] 196
라보프 Labov [III] 162,201
라브루스 Labrousse, E. [I] 281,282 [III] 341
라블레 Rabelais, F. [I] 134 [III] 80,81
라비노우 Rabinow, P. [III] 333

라비슈 Labiche, E. [I] 186
라비스 Lavisse, E. [I] 17 [III] 103 [IV] 66,152,
181
라스티에 Rastier, F. [II] 41
라신 Racine, J. −B. [I] 272 [II] 52,53,54,55,57
[III] 88,103 [IV] 127,147,236,242
라이프니츠 Leibniz, G. W. [I] 148 [IV] 62,131
라주슈만 Rajchman, J. [IV] 215
라첼 Ratzel, F. [IV] 67
라카날 Lakanal, J. [III] 119
라캉 Lacan, J. [I] 11,12,15,61,80,81,85,91,105,124,
131,140,146,147,151,152,153,154,155,156,157,158,
159,160,161,162,163,164,165,166,167,168,169,170,
171,172,173,174,175,176,177,178,179,180,181,182,
183,187,188,189,190,191,192,193,194,195,196,197,
198,199,200,201,202,203,230,231,236,237,246,247,
255,319 [II] 15,29,36,39,45,48,49,50,51,58,73,74,75,
76,77,78,79,80,81,82,83,84,85,86,87,88,89,94,102,
118,123,124,126,129,130,140,141,142,146,149,152,
153,158,159,160,162,167,171,172,185,178,186,187,
188,189,190,192,193,194,205,208,211,212,219,244,
249,250,251,252,253,258,260,263,269,270 [III] 14,
30,38,39,51,57,58,59,60,62,66,67,68,72,84,88,89,91,
94,95,110,112,113,115,117,119,121,123,124,128,129,
131,138,140,153,156,164,166,169,171,173,174,175,
178,179,180,181,182,188,189,191,192,197,202,203,
204,205,206,207,214,221,222,239,258,263,264,265,
273,278,283,284,285,297,298,299 [IV] 16,24,28,79,
97,103,104,105,134,151,157,158,159,160,161,162,
163,164,165,166,167,168,227,228,229,230,231,236
라캉 Lacan, M.−F. [I] 167
라캉 Lacan, S. [I] 152
라코스트 Lacoste, Y. [IV] 70,71,72,73,74,75,239
라크루아 Lacroix, J. [I] 215,235 [II] 67,193
라크스 Laks, B. [III] 200,201,202
라파사드 Lapassade, G. [II] 184 [III] 152,157,
162,197,236 [IV] 126
라페스탱 Raffestin, C. [IV] 127,128
라포르트 Laporte, D. [III] 227
라포르트 Laporte, J. [I] 33

라포주 Lapouge, G. [II] 174
라플랑슈 Laplanche, J. [I] 4,198,199,200,201,234
[II] 73,83 [III] 124,189,298
락스 Laks, B. [I] 4 [IV] 208
랄랑드 Lalande, A. [I] 13
랄로 Lalo, C. [III] 132
랄로 Lalo, É. −V. −A. [III] 132
랄르망 Lallement, J. [I] 4 [IV] 48,49
람스테트 Ramstedt, G. J. [III] 66
랑송 Lanson, G. [III] 103,188 [IV] 145,234
랑시에르 Rancière, J. [I] 5 [II] 137,138,140,141,
151 [III] 167,203,247,248,249,250,335 [IV] 57,63
래드클리프 브라운 Radcliffe−Brown, A. R.
[I] 40,41
랭가 Lingat, R. [I] 224
랭동 Lindon, J. [III] 272
랭보 Rimbaud, A. [II] 33,173
러셀 Russell, B. [I] 140 [III] 71,250
레네 Resnais, A. [III] 208,274
레뇨 Régnault, F. [II] 130,137 [III] 203
레니에 Régnier, A. [III] 266
레닌 Lenin, V. [II] 128,129,133,145,170,268
[III] 179,210,214,216,250,251,335,336 [IV] 198
레리스 Leiris, M. [I] 54,59,78,79,80 [II] 106,107
[III] 157
레리티에 L'Héritier, P. [III] 142
레베리우 Rébérioux, M. [III] 134
레비 Lévi, B. −H. [IV] 14,15
레비 Lévi, J. [I] 4,271 [IV] 72,77
레비 Lévi, T. [III] 316
레비나스 Lévinas, E. [I] 5 [III] 153 [IV] 29
레비 브륄 Lévy−Bruhl, L. [I] 79 [II] 64,222
레비 스트로스 Lévi−Strauss, C. [I] 4,12,15,26,
27,28,29,30,31,32,33,34,35,36,37,38,39,40,41,42,43,
44,45,46,47,48,49,50,51,52,53,54,55,56,57,58,59,60,
61,62,63,64,65,66,67,68,69,71,76,77,78,79,80,85,96,
97,98,125,139,140,146,151,155,167,169,171,178,179,
180,181,182,183,184,185,186,187,188,189,190,191,
192,195,196,199,204,205,206,207,208,209,210,211,
212,213,214,215,216,217,218,219,220,221,222,223,

224,225,226,228,229,245,246,247,254,255,256,260,
263,267,270,272,273,274,275,276,277,278,279,280,
281,282,283,284,286,287,288,319,320 [II] 18,21,22,
27,29,31,32,36,37,39,40,43,51,58,59,60,61,62,63,64,
65,66,67,68,69,70,71,72,75,88,89,90,91,92,93,94,95,
96,97,98,99,100,101,102,103,104,105,106,107,110,
111,112,113,115,116,117,119,129,130,138,139,148,
159,160,162,166,176,179,180,181,183,184,185,187,
189,191,192,193,194,197,199,204,205,208,211,212,
213,219,222,229,230,231,244,247,249,252,256,258,
263,265,266,270 [III] 13,19,28,29,30,45,47,48,49,50,
51,52,53,62,64,100,102,110,112,116,117,119,120,121,
127,128,133,134,139,140,141,142,143,144,145,150,
153,158,159,160,179,180,188,190,191,219,221,228,
229,231,232,234,244,254,258,260,264,266,267,271,
276,278,285,291,293,294,295,296,297,298,300,301,
302,303,304,305,306,307,308,309,319 [IV] 26,30,
48,50,51,52,54,55,56,63,69,123,132,150,175,178,181,
182,183,184,185,186,187,188,189,191,193,202,203,
204,206,217,225,226,228,229,233,236,238,242,243,
244,245
레비 스트로스 Lévi-Strauss, M. [I] 190
레빈 Lewin, K. [III] 153
레오나르 Léonard, J. [III] 342,343
레이 Rey, P. -P. [III] 228
레이노 Raynaud, F. [III] 165
레이 드보브 Rey-Debove, J. [III] 178,211,258
레이몽 Raymond, P. [III] 238 [IV] 79
레잉 Laing, R. D. [I] 248
레지스 바스티드 Régis Bastide, F. [I] 215
레카나티 Récanati, F. [III] 77 [IV] 190
레퀴예르 Lécuyer, B. -P. [IV] 140
로댕송 Rodinson, M. [I] 217,218
로랑 Laurent, J. [IV] 61
로렌스 Lawrence, D. H. [II] 55
로로 Loraux, N. [III] 303 [IV] 97
로미이 Romilly, J. de [I] 5
로뱅 Robin, J. [IV] 251
로뱅 Robin, R. [II] 167 [III] 186,187,225,240,241,
329,330

로브 그리예 Robbe-Grillet, A. [II] 186
　[III] 271,272,273,274,275 [IV] 243
로브리외 Robrieux, P. [IV] 135
로슈 Roche, A. [IV] 145
로슈 Roche, D. [II] 124 [III] 271
로슈블라브 Rocheblave, A. -M. [III] 189
로시 Rossi, T. [I] 116
로이 Lowie, R. H. [I] 35,41
로이 Lowy, M. [III] 252,253
로이 Roy, C. [II] 66 [III] 144
로저스 Rogers, C. [III] 153
로즈네 Rosnay, J. de [IV] 218
로크 Locke, J. [III] 259
로트레아몽 Lautréamont [III] 92
록펠러(재단) Rockefeller(foundation) [I] 35
롬 Lhomme, J. [I] 262
롱상봉 Longchambon, H. [II] 108
뢰벤슈타인 Loewenstein, L. [I] 199
루디네스코 Roudinesco, É. [I] 5 [II] 15,50,127,
　211,249,250 [III] 214 [IV] 151,167,229,230
루로 Lourau, R. [I] 4 [III] 152,153,169,236
루세 Rousset, C. [III] 164
루세 Rousset, D. [I] 24
루세 Rousset, J. [II] 22,23,178 [III] 31
루셀 Roussel, R. [I] 237
루소 Rousseau, J. -J. [I] 211,214 [II] 99,235
　[III] 38,48,49,50,52,109,295 [IV] 61,119
루스탕 Roustang, F. [I] 5,188,189 [II] 82
　[IV] 158,160
루아 Roy, C. [I] 215,252,277
루아예 콜라르 Royer-Collard, P. -P. [II] 70
루이스 Lewis, J. [III] 136,225,244
루이즈 Louise [III] 165
루카치 Lukács G. [III] 235
루터 Luther, M. [I] 134
뤼베 Ruwet, N. [I] 5 [II] 35,70,97,120,189
　[III] 13,14,15,20,21,51,129,198,199,200 [IV] 87,
　190,208,209,210
뤼벨 Rubel, M. [III] 253
뤼에프 Rueff, J. [IV] 43

뤼피에 Ruffié, J. [IV] 127
뤼랭 Lulin, M. [I] 5
르 고프 Le Goff, J. [I] 73 [II] 110 [III] 305,349,
  351
르노 Renaut, A. [I] 5 [IV] 131,134
르 당텍 Le Dantec, J. -P. [IV] 15
르뒤크 Leduc, V. [III] 131
르 라누 Le Lannou, M. [IV] 76
르루아 구랑 Leroi-Gourhan, A. [I] 225,226,288
  [II] 126
르 루아 라뒤리 Le Roy Ladurie, E. [I] 282
  [II] 177 [III] 137,196,305,307,308,309,318,349,350,
  355 [IV] 67,125
르메르 Lemaire, A. [I] 201
르무안 Lemoine, G. [I] 4 [II] 211
르바이양 Levaillant, J. [III] 202 [IV] 143
르베르디 Reverdy, P. [III] 278
르베스크 Lebesque, M. [I] 132
르베이롤 Rebeyrol, P. [II] 57
르 벨 le Bel, P. [III] 313
르벨 Lebel, J. -J. [III] 174,305,342,352
르벨 Revel, F. [II] 45,188 [III] 143,144
르보 달론 Revault d'Allonnes, O. [I] 5,44,235,
  254 [II] 56 [III] 132,135
르보비시 Lebovici, S. [I] 198
르 봉 Le Bon, S. [III] 121
르 브레 Le Bret, F. [I] 4 [III] 163 [IV] 177,179
르 브리 Le Bris, M. [III] 142 [IV] 15
르장드르 Legendre, P. [I] 4 [IV] 168
르죈 Lejeune, M. [I] 109
르죈 Lejeune, P. [I] 5 [IV] 122,146
르카뉘에 Lecanuet, J. [IV] 136
르쿠르 Lecourt, D. [I] 4 [II] 128,129 [III] 237,
  238,316,321,322,328,329,330
르클레르 Leclaire, S. [I] 4,194,198,199 [II] 77,
  79,83,86 [III] 197,203,206,221,222 [IV] 161,162,
  163,168
르페브르 Lefebvre, H. [I] 4,198,271 [II] 62,225
  [III] 131,144,149,150,151,152,153,156,160
르포르 Lefort, C. [I] 5,24,28,55,56,64,65,199,221,

253,255,256 [II] 63 [III] 157,160 [IV] 11
르프랑 Lefranc, G. [I] 33
리나르 Linhart, R. [II] 128,129,130,170 [III] 316
리베 Rivet, P. [I] 42,79,204 [II] 255
리베르만 Liberman, R. [IV] 156
리보 Rivaud, A. 33
리비에르 Rivière, G. -H. [I] 288
리비에르 Rivière, P. [III] 344
리샤르 Richard, J. -P. [II] 23,31,130 [III] 197,
  202
리센코 Lysenko, T. D. [II] 126,149
리셰 Richet, C. [III] 137
리스만 Riesmann [IV] 236
리요타르 Lyotard, J. -F. [I] 5,253 [II] 220,229
  [III] 203,206
리치 Leach, E. [II] 109 [III] 296
리카도 Ricardo, D. [II] 152,173,196,203
리카르두 Ricardou, J. [II] 124 [III] 271,277
리쾨르 Ricœur, P. [I] 5,198 [II] 69,70,71,72,74,
  185 [III] 70,71,72,153,190,292 [IV] 30,31,85,86,
  193,252,253
리파테르 Riffaterre [II] 21
리피에츠 Lipietz, A. [I] 4 [IV] 35,36,37,42,44
린네 Linné, C. von [II] 27
마노니 Mannoni, O. [I] 194
마르샬 Marchal, A. [I] 265,271
마르샬(형제) Marchal(frères) [I] 262
마르셀시 Marcellesi, J. -B. [II] 25 [III] 185,
  186,201
마르코프 Markov, A. A. [III] 18
마르쿠제 Marcuse, H. [II] 228 [III] 235 [IV] 45
마르크스 Marx, K. [I] 13,18,33,39,45,80,81,83,
  110,127,128,143,146,147,196,207,226,235,236,250,
  251,252,253,255,256,257,264,271,272,282,291 [II]
  20,37,49,71,99,117,124,126,127,128,129,133,137,138,
  139,141,144,147,148,151,152,153,154,155,156,160,
  164,165,167,168,169,171,172,177,184,187,205,206,
  208,210,212,213,217,226,263,268 [III] 57,88,108,
  134,152,161,171,172,173,179,202,210,216,218,223,
  225,226,229,232,233,234,235,237,243,244,250,251,

252,253,254,290,301,335 [IV] 10,15,16,19,35,36,40,
41,45,48,68,75,78,122,135,171,174,175,178,179,216,
217,226,242
마르탱 Martin, S. [I] 4,121 [III] 262
마르티네 Martinet, A. [I] 4,88,89,107,108,109,
112,113,115,121,224 [II] 10,11,12,14,25,36,43,119,
120,263 [III] 13,22,25,26,65,112,131,184,185,200,
201 [IV] 248,249
마리앙스트라 Marienstras, É. [IV] 210
마세 Massé, P. [IV] 44
마송 Masson, A. A. -R. [III] 278
마슈레 Macherey, P. [I] 4,147,239 [II] 137,138,
141,148,151,177,210,211,213 [III] 164,166,247,250
[IV] 112,170
마스콜로 Mascolo, D. [I] 257
마스페로 Maspero, F. [II] 126,136,138,151,177,
212 [IV] 16,48
마시뇽 Massignon, L. [I] 69
마시오치 Macciocchi, M. -A. [III] 209
마오쩌둥 毛澤東 [II] 124,125,128,129,141,147
[III] 166,198,216,250 [IV] 16,28,164
마이아코프스키 Maïakowski, V. [I] 98,100
마조르 Major, R. [I] 4 [III] 222 [IV] 230,231
마종 Mazon, A. [I] 69
마지오리 Maggiori, R. [IV] 171,173
마카로프스키 Makarovsky, J. [I] 101
마카리우스 Makarius, L. [III] 296
마카리우스 Makarius, R. [III] 296
마탈롱 Matalon, B. [IV] 140
마테시우스 Mathesius, V. [I] 101
마토레 Mathoré, G. [I] 117 [II] 18
마티뇽 Matignon, R. [II] 174
만델라 Mandala, N. R. [II] 112
만델스탐 Mandelstam [II] 173
말디디에 Maldidier, D. [III] 185,186,187
말라르메 Mallarmé, S. [I] 98 [II] 46,208,209,246
[III] 35,38,39,92,215,219,271
말레 Mallet, S. [III] 197
말레비치 Malevich, K. S. [I] 98
말리노프스키 Malinowski, B. K. [I] 40,41,274

[II] 66,88
망데스 프랑스 Mendès France, P. [I] 230
[II] 108
망델 Mendel, E. [III] 252
망델 Mendel, G. [I] 4 [III] 192 [IV] 21,151
망드루 Mandrou, R. [III] 340,345,355
매조뇌브 Maisonneuve, J. [III] 153
맥루안 McLuhan, H. M. [II] 268
매카시 McCarthy, J. R. [I] 209
머독 Murdock, G. -P. [I] 270 [II] 59
메를로 퐁티 Merleau-Ponty, M. [I] 24,74,75,
76,77,78,79,80,85,150,162,180,198,235,263,266
[II] 133,259 [III] 32,114
메쇼닉 Meschonnic, H. [I] 110 [II] 21
메스트르 Maistre, J. de [IV] 119
메슬리앙 Mesliand, C. [I] 282
메야수 Meillassoux, C. [I] 4 [II] 25,113,114,
115,168 [III] 228,229,230,231,232
메예 Meillet, A. [I] 69,98,99,106,107,114,115,270
[III] 64
메이에르송 Meyerson, d'Ygnace [I] 283
[III] 300
메츠 Metz, C. [II] 21,37,179 [III] 124,125,179,
180,208,306 [IV] 14,75,80,209,211
메트로 Métraux, A. [I] 35,79,216
멘델 Mendel, G. J. [I] 187,188
멜만 Melman, C. [I] 4 [III] 298 [IV] 158,159,
167
모건 Morgan, L. H. [I] 13,46
모네 Monnet, G. [I] 33
모랭 Morin, E. [I] 5,257,258 [III] 99,157,160
[IV] 149,191,199,219,251,252
모랭 Morin, F. -E. [IV] 173
모랭 Morin, V. [II] 179
모로 Mauro, T. de [III] 112
모롱 Mauron, C. [II] 56
모르노 Moreno, J.-L. [I] 271
모리스 Morris, C. [III] 66
모리악 Mauriac, C. [II] 67 [III] 335
모리악 Mauriac, F. [III] 335

모스 Mauss, M. [I] 39,57,58,59,60,61,62,63,64,65,
67,70,76,77,79114,179,183,286 [III] 295,300

모스코비치 Moscovici, S. [II] 166

모지 Mausi, R. [I] 233

모파상 Maupassant, H. −R. −A. −G. de
[III] 261

몬드리안 Mondrian, P. [II] 31 [III] 271

몰리노 Molino, J. [I] 236

몰리에르 Molière [I] 84

몽탕 Montand, Y. [III] 162

몽테뉴 Montaigne, M. E. de [I] 127,207,253

몽테를랑 Montherlant, H. de [I] 207 [III] 294

몽테스키외 Montesquieu, C. −L. de S.
[II] 137,138 [IV] 119

몽뛰클라르 Montuclard, M. [II] 147

몽트르레 Montrelay, M. [III] 203 [IV] 168

무냉 Mounin, G. [I] 132,133,177,279 [II] 127

뮈리 Mury, G. [II] 148

뮐드워프 Müldworf, B. [III] 221

미들턴 Middleton, J. [II] 109

미샤르 Michard [I] 17

미쇼 Michaud, R. [II] 144

미스트랄 Mistral, J. [IV] 35,44

미요 Milhau, J. [III] 134

미테랑 Mitterrand, F. [I] 11 [III] 143 [IV] 156

미트랑 Mitterrand, H. [I] 4,110 [II] 18,20
[III] 202,213

밀네르 Milner, J. −C. [I] 5,88,131 [II] 138
[III] 165

밀러 Miller, G. [I] 5 [III] 204

밀러 Miller, J. −A. [I] 5,131, 95 [II] 15,49,50,
80,128,130,138,141,178 [III] 115,165,181,203,204,
206,207 [IV] 159,162,164,166,167,168,238

바게만 Wagemann, E. [I] 265

바그너 Wagner, R. [I] 107,110 [II] 98,99,104

바네장 Vaneighem, R. [III] 150

바듀 Badiou, A. [I] 5,45 [II] 164,165,168,213
[III] 115,175,203,204,206,209

바르뷔 Barbut, M. [II] 183

바르톨리 Bartoli, A. [IV] 47

바르톨리 Bartoli, H. [I] 4,264

바르트 Barthes, R. [I] 11,12,15,26,85,86,87,110,
111,117,118,119,122,123,124,125,126,127,128,129,
130,131,132,133,151,257,319,321 [II] 13,15,18,19,
21,25,28,29,30,31,32,33,36,42,43,44,45,46,47,52,53,
54,55,56,57,58,59,67,120,121,122,123,124,174,175,
179,184,189,208,210,211,256,263,265,270 [III] 38,
51,79,80,83,84,85,86,87,88,89,90,91,93,94,95,103,
110,112,121,122,123,130,145,153,159,160,161,164,
191,196,201,212,216,258,262,274,275,276,277,280,
286,287,288,298,308,334 [IV] 47,56,82,92,93,94,95,
96,109,119,127,148,154,155,156,157,235,236,242,243

바슐라르 Bachelard, G. [I] 143,145,149,221,246,
247 [II] 15,23,143,153,154,259,260 [III] 232,237,
243,276,317 [IV] 23,71,79,91,178,214,215

바스 Vasse, D. [III] 222

바스티드 Bastide, R. [I] 215,222,225,265,269,270
[II] 106

바아데르 Baader, A. [IV] 101

바이양 Vailland, R. [I] 252

바이예 Bayet, A. [I] 44

바인리히 Weinreich, U. [III] 186

바체크 Vacheck, J. [I] 101

바첼리 Vacchelli [IV] 67

바케스 클레망 Backès−Clément, C. [II] 97,99,
127

바타유 Bataille, G. [I] 59,79,152,153,216,231,237
[II] 33 [III] 35,201,215,278 [IV] 150

바타유 Bataille, L. [III] 174

바타유 Bataille, S. [I] 152

바흐 Bach, J. S. [III] 133 [IV] 58

바흐친 Bakhtine, M. [II] 209 [III] 79,80,81,118
[IV] 82,83,84,86,246,247

반테르 Wanters, A. [I] 33

발 Wahl, F. [I] 5 [III] 28,112,113,114,115,116,119,
121,298 [IV] 135

발 Wahl, J. [II] 221,234,235 [III] 39,40,276

발라 Walras, M. −E. −L. [III] 299

발라디에 Valadier, P. [I] 5 [IV] 201,202

발랑디에 Balandier, G. [I] 4 [II] 62,106,107,108,

109,110,111,112,113,114,115,116,117 [III] 29,231
[IV] 234

발레리 Valéry, P. [II] 22,67 [III] 271 [IV] 144

발롱 Wallon, H. [I] 154,155

발리 Bally, C. [I] 84,85 [II] 85

발리바르 Balibar, É. [I] 4 [II] 137,138,141,151,
160,161,168,170,260 [III] 166,227,245,246,250
[IV] 37,50,51,171

발리바르 Balibar, R. [III] 228

발자크 Balzac, H. de [III] 86,87,88,159,272,273

발페 Balfet, H. [I] 225

방드리예스 Vendryès, J. [I] 106,112

뱅상 Vincent, J. -D. [IV] 195

뱅상 Vincent, J. -M. [III] 197,251

버크 Burke, E. [II] 230 [IV] 119

베다리다 Bédarida, F. [I] 233

베레 Verret, M. [II] 148

베르그송 Bergson, H. -L. [IV] 178

베르나르 Bernard, C. [IV] 176

베르낭 Vernant, J. -P. [I] 5,15,73,272,282,283,
284,285 [II] 97,189,190,258 [III] 51,133,196,300,
301,302,303,304 [IV] 56,136,233,242

베르네 Vernet, M. [I] 5 [III] 179,180,208
[IV] 209,211

베르노 Bernot [I] 13

베르니 Bernis, G. D. de [IV] 39

베르데스 르루 Verdès-Leroux, J. [II] 63

베르사니 Bersani, J. [IV] 94

베르제 Berger, G. [I] 109,110

베르크 Berque, J. [I] 11 [II] 126 [IV] 156

베르탱 Bertin, J. [IV] 80

베르트랑 Bertrand, H. [IV] 35,44,48

베를렌 Verlaine, P.-M. [I] 98

베리에 Berryer, J.-C. [I] 217

베버 Weber, H. [III] 198,203

베버 Weber, M. [III] 337 [IV] 31,54,120

베버른 Webern, A. F. E. [III] 324

베스 Besse, G. [II] 148,151

베스니에 Besnier, J. -M. [III] 340

베스테르마르크 Westermarck, E. [I] 46

베예 Weiller, J. [I] 262

베유 Weil, A. [I] 53,140

베유 Weil, S. [I] 53

베인 Veyne, P. [II] 247 [III] 352,353,354
[IV] 110,172

베일 Veille, J. [I] 127

베케트 Beckett, S. B. [I] 237 [III] 272

베크몽 Becquemont, D. [I] 4,5

베크몽 Becquemont, T. [I] 5

베텔하임 Bettelheim, C. [II] 169,170

베토벤 Beethoven, L. van [III] 164

벤 Veyne, P. [I] 236,237

벤담 Bentham, J. [III] 338,344 [IV] 113,240

벤베니스트 Benveniste, É. [I] 44,69,120,270,283,
288 [II] 21,41,118,119,173,176,189,208 [III] 13,23,
24,64,65,66,67,68,69,70,71,72,73,76,77,78,80,81,95,
139,142,162,191,211,213,257,258,259 [IV] 56,86,88,
89,122,248,249

벤사이드 Bensaïd, D. [III] 251,252

벨라스케스 Velázquex, D. R. de S. [IV] 241

벨루르 Bellour, R. [II] 45,97,193,194 [III] 84,87,
136,139

벨맹 노엘 Bellemin-Noël, J. [III] 202,213
[IV] 143

벨프루아 Bellefroid, J. [I] 245

보 Beaud, M. [I] 4 [IV] 47

보나파르트 Bonaparte, M. [I] 181 [III] 59
[IV] 231

보나페 Bonnafé, L. [I] 167

보나페 Bonnafé, P. [II] 111

보날드 Bonald, L. -G. -A. [IV] 119

보드리 Baudry, J. -L. [III] 130

보드리야르 Baudrillard, J. [I] 5 [III] 152,153
[IV] 47,108,134

보들레르 Baudelaire, C. [II] 22 [III] 13

보들로 Baudelot, C. [I] 5 [II] 137 [III] 227

보르헤스 Borges, J. L. [II] 128 [III] 130,273

보름세르 Wormser, A. [I] 233

보벨 Vovelle, M. [III] 356

보부아르 Beauvoir, S. L. -E. -M. -B. de

[I] 54,55 [IV] 96,97

보샹 Beauchamp [I] 234

보아스 Boas, F. [I] 41,42,97 [III] 17

보줄라 Vaugelas, C. F. [I] 13

보카라 Boccara, P. [II] 148 [IV] 40

보프 Bopp, F. [I] 68,88

보프레 Beaufret, J. [I] 235 [II] 140,241,249,250

볼테르 Voltaire [II] 235 [III] 176

볼프 Wolff, É. [I] 270

봉트 Bonte, P. [IV] 175

부글레 Bouglé, C. [I] 34

부동 Boudon, R. [I] 4 [III] 104,145,146 [IV] 55, 120,121

부르데 Bourdet, C. [II] 114

부르디외 Bourdieu, P. [I] 5,15,146 [II] 177,184, 258,259 [III] 96,97,98,99,100,101,102,103,104,105, 106,107,108,109,150,151,153,191,197,227,235 [IV] 38,50,51,52,53,54,55,56,57,58,59,60,61,62,63,64,172

부르바키 Bourbaki, N. [I] 53,140 [III] 123

부베 Bouvet, M. [I] 165

부베레스 Bouveresse, J. [I] 4 [II] 136,137 [III] 71,175,289,290 [IV] 15,16,32,33

부비에 Bouvier, J. [III] 355

부셰 Boucher, P. [IV] 172

부시 글럭스만 Buci-Glucksmann, G. [II] 127 [III] 139,221

부아시노 Boissinot, A. [I] 4,5 [IV] 148

부아예 Boyer, R. [IV] 35,39,40,44,45,48

불레즈 Boulez, P. [II] 31 [III] 271

불코프스키 Boukovski, V. [IV] 11

뷔르기에르 Burguière, A. [III] 305,306

뷔토르 Butor, M. [III] 271,276,277,281

뷜러 Bühler, K. [I] 103

브누아 Benoist, J. -M. [I] 4,80 [II] 82 [IV] 215,216

브레몽 Brémond, C. [I] 4 [II] 27,39,179,181

브레송 Bresson, F. [III] 131

브레예 Bréhier, L. [I] 33

브레주네프 Brezhnev, L. I. [IV] 100

브레히트 Brecht, B. [I] 132 [III] 274

브렐리치 Brelich, A. [III] 302

브로노프스키 Bronowski, J. [IV] 252

브로델 Braudel, F. [I] 223,254,261,262,279,280 [II] 29,74,177,183,261 [III] 137,190,305,306,307, 319,340,348,352,354 [IV] 41,80,125,152

브로쉬에 Brochier, H. [I] 4 [III] 299

브롱달 Brondal, V. [I] 102,120,121,125

브룅스비크 Brunschvicg, L. [I] 33,141

브뤼네 Brunet, R. [IV] 72,81

브뤼노 Bruneau, C. [I] 116

브뤼노프 Brunoff, S. de [II] 169

브르통 Breton, A. [I] 24,35,152

브장송 Besançon, A. [I] 282

블라발 Belaval, Y. [III] 190

블랑쇼 Blanchot, M. [I] 231,237,247 [III] 53,156, 278,279

블로크 Bloch, J. -R. [I] 69

블로크 Bloch, M. L. B. [I] 34,114,280 [II] 109 [III] 305,307,319,352,355 [IV] 67

블룸 Blum, L. [III] 186,187

블룸필드 Bloomfield, L. [III] 16,17,22,25

비노그라도프 Vinogradov [II] 20

비달 나케 Vidal-Naquet, P. [I] 73 [II] 110 [III] 134,168,303,304,334

비달 드 라 블라슈 Vidal de la Blache, P. [I] 17,288 [IV] 66,67

비데르만 Viderman, S. [I] 5 [II] 85

비릴리오 Virilio, P. [II] 229

비샤 Bichat, M. F. X. [IV] 241

비아르도 Biardeau, M. [I] 224

비앙송 퐁테 Viansson-Ponté, P. [IV] 14

비에트 Viet, J. [II] 258

비온 Bion, W. [IV] 97

비유맹 Vuillemin, J. [III] 100,190

비조 Bizot, J. -F. [IV] 15

비코 Vico G. [I] 207

비트겐슈타인 Wittgenstein, L. J. J. [I] 120,140 [II] 242 [III] 71,97,175,250 [IV] 32,33,53,54,136

비티 Beattie, J. [II] 109

빌라르 Vilar, J. [I] 132

빌라르 Villar, P. [I] 5,271,281 [II] 127,156 [III] 135,136,240,350,351 [IV] 138
사드 Sade, M. de [III] 215,217
사로트 Sarraute, N. [III] 157,270,272
사르트르 Sartre, J. -P. [I] 12,23,24,25,26,27,28, 29,30,31,54,55,74,76,123,124,127,209,215,252,320 [II] 15,64,68,69,72,105,107,164,168,183,186,187,188, 191,194,231,240,241,257,258,259,268 [III] 32,100, 120,155,156,159,160,171 [IV] 63,97,100,101,102, 123,130,144
사르파티 Sarfati, G.-E. [I] 5
사시에 Sassier, Y. [IV] 125
사푸앙 Safouan, M. [I] 5,194 [III] 113,117 [IV] 168
사피어 Sapir, E. [III] 17
사피어 Sapir, J. D. [I] 97
산 안토니오 San Antonio [II] 48
살나브 Sallenave, D. [III] 239,240
살라마 Salama, P. [IV] 48
살라모프 Chalamov, V. [IV] 9
살몽 Salmon, J. -M. [III] 204
상고르 Senghor, L. S. [I] 210 [II] 108
상토스 Santos, M. [IV] 77
상프룅 Semprun, J. [II] 147,148
생드쟁그르 Sindzingre, N. [IV] 176
생 시몽 Saint-Simon, C. -H. de R. [II] 217
생주뱅 Singevin, C. [I] 117,118
생틸레르 Saint-Hilaire, G. [I] 88
샤르 Char, R. [I] 237
샤르보니에 Charbonnier, G. [I] 288 [II] 46
샤르티에 Chartier, R. [IV] 146,173
샤토브리앙 Chateaubriand, F. R. de [I] 215
샤틀레 Châtelet, F. [II] 193,226 [III] 111,132, 133,141,142,203,329 [IV] 61,70,71,75
샤프 Schaff, A. [II] 126
샤프살 Chapsal, M. [I] 215 [II] 193
샬리 Schalit, J. [IV] 135
샹괴 Changeux, J. -P. [IV] 192,193,194,195
샹셀 Chancel, J. [III] 287
설리번 Sullivan, H. S. [I] 168

섬프 Sumpf, J. [I] 5
성 아우구스티누스 St. Augustinus [II] 81
성 요한 St. John the Baptist [II] 81
성 토마스 St. Thomas [II] 84
세게르 Seghers, A. [I] 35
세기 Séguy, G. [IV] 19
세네카 Seneca, L. A. [IV] 114
세르 Serres, M. [I] 5,15,148,149,150,234 [III] 84, 164,202
세르반테스 Cervantes Saavedra, M. de [I] 215
세르주 Serge, V. [I] 35
세르토 Certeau, M. de [II] 82 [III] 203,352
세박 Sebag, L. [I] 255,256 [II] 35,184 [III] 14, 127,128,129
세브 Sève, L. [II] 127,148 [III] 137,138,221,232
세슈에 Séchehaye, A. [I] 84,85
세스노 Chesneaux, J. [III] 188 [IV] 34
셰익스피어 Shakespeare, W. [IV] 13
셰일라 Sheila [IV] 58
소너 Thorner, D. [I] 224
소불 Soboul, A. [III] 134
소비 Sauvy, A. [I] 263
소쉬르 Saussure, F. de [I] 13,48,51,52,61,68,69, 75,77,80,83,84,85,86,87,88,89,90,91,92,93,94,95,96, 97,98,101,103,104,106,108,111,113,114,116,117,118, 119,129,130,131,132,135,136,138,151,155,156,167, 169,170,171,172,173,176,178,195,196,201,225,259, 270,286 [II] 25,26,28,29,31,35,37,38,42,44,45,49,50, 75,77,78,84,85,91,99,139,173,180,183,185,186,189, 192,223,263,270 [III] 13,15,17,20,21,23,24,27,39,45, 46,48,58,62,63,64,74,75,77,85,89,91,92,112,125,137, 142,144,173,186,241,259,260,264,286 [IV] 48,49,52, 53,86,157,190,208,223,249
소크라테스 Socrates [II] 235
소포클레스 Sophocles 186
솔레르스 Sollers, P. [II] 82,124,182,208 [III] 84, 95,130,174,209,214,215,216,271 [IV] 96,97
솔제니친 Solzhenitsyn, A. I. [IV] 9,11
쇤베르크 Schoenberg, A. F. W. [III] 133
쇼뉘 Chaunu, P. [III] 356 [IV] 80,152

수바린 Souvarine, B.   [I] 153
수스텔 Soustelle, J.   [I] 5,79,222
슘프 Sumpf, J.   [II] 25
쉴르로 Sullerot, É.   [III] 341
슈만 Schumann, R. A.   [III] 262
슈발리에 Chevalier, J. -C.   [I] 4,108,110 [II] 11,
   12,19,20,21 [III] 162,196,197,199,200,211
슈산 Chouchan, G.   [III] 142
슈클로프스키 Chklovski, V.   [I] 99
슈타이너 Steiner, G.   [IV] 226,252,253
슈펭글러 Spengler, O.   [II] 217,234
슐레겔 Schlegel, A. W. von   [I] 68,87
슐레겔 Schlegel, F. von   [I] 68,87
슐라이허 Schleicher, A.   [I] 68 [IV] 233
슐리크 Schlick, M.   [I] 140
스미스 Smith, M. -G.   [II] 109,152,196
스미스 Smith, P.   [III] 116
스웨인 Swain, G.   [I] 248,249
스위프트 Swift, J.   [III] 81
스카르페타 Scarpetta, G.   [III] 58
스퀴블라 Scubla, L.   [IV] 189
스타로빈스키 Starobinski, J.   [I] 94 [III] 91
   [IV] 148
스타인 Stein, C.   [III] 221
스탈린 Stalin, J.   [I] 99,235,238,250,252,253,254,
   256,257,259,267 [II] 125,126,143,144,146,149,150,
   155,156,157,171 [III] 176,206,209,216,245,251,252,
   301,310,343 [IV] 9,16,68,83,164
스탕달 Stendhal   [II] 173
스탕제르 Stengers, I.   [IV] 150
스텡 Stein, C.   [I] 198,199
스트라빈스키 Stravinsky, I. F.   [IV] 58
스트라카 Straka, G.   [I] 109 [II] 17,18
스페르버 Sperber, D.   [I] 5 [II] 112,113 [III] 28,
   29,30,113,116,306 [IV] 187,188,189,190
스펜서 Spencer, H.   [I] 13 [II] 217
스펜서 Spencer, W. B.   [IV] 233
스피노자 Spinoza, B. de   [I] 136,138,142 [II] 74,
   161,256 [III] 244,296 [IV] 129,130,171,224,225
스피어맨 Spearman, C. E.   [III] 145

스피처 Spitzer, L.   [I] 111 [II] 22
슬라크타 Slakta, D.   [III] 187
시뇨레 Signoret, S.   [IV] 102
시마토스 Simatos, C.   [IV] 162
시몽 Simon, C. -E. -H.   [III] 271,272
시미앙 Simiand, F.   [I] 37,273,281
시벅 Sebeok, T. A.   [III] 178,211,258
시셰르 Sichère, B.   [I] 5 [II] 83 [III] 209,217
식수 Cixous, H.   [I] 5 [II] 97 [III] 199,200,212
   [IV] 148
실바 Silva, C.   [I] 5
아가시 Agassiz, A.   [IV] 233
아귈롱 Agulhon, M.   [I] 235,282
아글리에타 Aglietta, M.   [I] 4 [IV] 35,36,37,38,
   39,41,42,43,44,45
아당송 Adanson   [IV] 233
아도 Hadot, P.   [IV] 114,115
아도르노 Adorno, T. W.   [II] 57,220 [III] 250
아들러 Adler, A.   [I] 4,79,255,256 [III] 127
   [IV] 175,176
아라공 Aragon, L.   [II] 125,128 [IV] 144
아롱 Aron, J. -P.   [I] 230 [III] 291,307,356
아롱 Aron, R.   [I] 12,215,271 [II] 15,62,257
   [IV] 22,27
아르키메데스 Archimedes   [IV] 164
아르토 Artaud, A.   [II] 33 [III] 35,215,278
아르토 Hartog, F.   [III] 303
아리베 Arrivé, M.   [I] 4,79,108 [III] 261
아리스토텔레스 Aristoteles   [II] 40,60,137,182
   [III] 88,151,353 [IV] 54,141,142,228,252
아리에스 Ariès, P.   [I] 245,246 [II] 230 [III] 343,
   355,356
아말리크 Amalrik, A.   [IV] 101
아몽 Hamon, P.   [I] 4,111 [II] 14 [III] 180,212,
   261,262,269 [IV] 140,207,208
아미오 Amiot, M.   [III] 121
아벨 Abel, K.   [III] 67
아벨레스 Abélès, M.   [I] 4,136 [III] 179,241
   [IV] 23
아비 Haby, R.   [IV] 177

아이스킬로스 Aeschylos [I] 127 [IV] 253
아이헨바움 Eikhenbaum [I] 99
아인슈타인 Einstein, A. [II] 220
아제주 Hagège, C. [I] 4,73 [III] 23,65,78
　[IV] 248,249,250
아주비 Azouvi, A. [IV] 48
아퀴나스 Aquinas, T. [III] 151
아틀랑 Atlan, H. [IV] 219,226
아폴리네르 Apollinaire, G. [II] 14
악셀로스 Axelos, K. [I] 4,257 [II] 184,250
알랭 Alain [I] 4,142
알루슈 Allouch, J. [I] 4,192 [III] 173 [IV] 200
알리에 Hailler, J. -E. [II] 124
알키에 Alquié, F. [I] 199
알튀세 Althusser, H. [I] 11
알튀세 Althusser, L. [I] 11,12,15,24,143,147,235,
　236,237,319,320 [II] 12,49,74,123,124,125,126,127,
　128,129,130,132,133,135,136,137,138,139,140,141,
　142,143,144,145,146,147,148,149,150,151,152,153,
　154,155,156,157,158,159,160,161,162,163,164,165,
　166,167,168,169,170,171,172,177,187,194,206,209,
　210,212,213,252,258,260,261,263,269 [III] 28,38,54,
　71,72,93,107,110,113,115,127,129,130,137,140,145,
　151,152,154,161,164,165,166,167,171,173,174,175,
　176,179,192,202,203,213,214,216,223,224,225,226,
　227,228,229,230,231,232,233,234,235,236,237,238,
　239,240,241,242,243,244,245,246,247,248,249,250,
　251,252,253,254,290,298,301,310,312,315,316,320,
　328,329,330,331,351 [IV] 9,15,18,19,20,26,34,35,36,
　37,39,40,42,44,45,48,50,51,62,71,75,78,79,122,123,
　151,165,166,168,169,170,171,198,216,224,238
앙들러 Andler, D. [IV] 190
앙리 Henry, M. [III] 121,123,141
앙리 Henry, P. [I] 4 [IV] 156
앙리 2세 Henri II [IV] 125
앙사르 Ansart, P. [I] 4 [II] 62 [III] 188,234
　[IV] 19,180,181
앙지외 Anzieu, D. [I] 5,194 [III] 153,154,155,
　160,189 [IV] 135
앙케르만 Ankermann, B. [III] 137

앙크르베 Encrevé, P. [III] 109,201 [IV] 52,61
앙토노프 Antonov [I] 100
앙토방 Enthoven, J. -P. [IV] 161
앱터 Apter, D. [II] 109
야겔로 Yaguello, M. [I] 5 [II] 14 [III] 65,77,78
　[IV] 86
야루젤스키 Jaruzelski, W. W. [IV] 12
야콥슨 Jakobson, R. [I] 13,35,36,42,50,51,53,63,
　64,85,94,96,97,98,99,100,101,102,103,104,105,112,
　115,125,171,173,178,195,259,270,319 [II] 21,22,30,
　43,55,58,125,173,175,181,266 [III] 13,14,15,20,23,
　30,47,95,118,142,145,153,257,259,308 [IV] 13,157,
　208,209,238,248
야쿠빈스키 Yakoubinski [I] 99
얀센 Jansen, C. O. [III] 224
얀켈레비치 Jankélévitch, V. [I] 221
에 Ey, H. [I] 163,197,198
에 Hay, L. [I] 4 [IV] 143,144
에라스무스 Erasmus, D. [I] 242
에렌슈미트 Herrenschmidt, O. [I] 4,221,224
에르누 Ernout, A. [I] 69
에르브랑 Herbrand, J. [III] 73
에르조 Herzog, P. [IV] 37,45
에르츠 Hertz, R. [I] 59
에리봉 Éribon, D. [I] 39 [II] 194
에리티에 Héritier, F. [III] 267,268
에리티에 오제 Héritier-Augé, F. [I] 222,223
　[II] 117 [IV] 97,202,203,204,205,206
에발드 Ewald, F. [I] 4 [II] 15,194 [III] 342
　[IV] 104,173,211,212,213
에번스 프리차드 Evans-Pritchard, E. [II] 110
에스카라 Escarra, J. [I] 44
에스타블레 Establet, R. [I] 4 [II] 61,137,151
　[III] 227,247
에스피나스 Espinas, A. [I] 77
에카엥 Hécaen, H. [II] 120 [III] 25
에코 Eco, U. [II] 179,181,182,265 [IV] 146
에티앙블 Etiemble, R. [I] 24,216,218
엘러 Heller, C. [I] 223
엘뤼아르 Éluard, P. [III] 278

엘리아데 Éliade, M. [II] 189
엥겔스 Engels, F. [I] 39
예스베르센 Jespersen, J. Otto H. [I] 112,121
옐름슬레우 Hjelmslev, L. [I] 14,102,109,112,117,
118,119,120,121,129,130,138 [II] 19,21,28,29,30,37,
41,43,44,47,48,173,179,183 [III] 14,43,44,71,125,
258,262,263 [IV] 89
오그스트 Augst, B. [III] 191
오드리 Audry, C. [I] 257
오드리쿠르 Haudricourt, A. −G. [I] 4,114,115,
218,288 [II] 20 [III] 23
오루 Auroux, S. [I] 4 [II] 134,135 [IV]
139,179,180,200,232
오르티 Orty, L. [III] 136
오르티게스 Ortigues, E. [II] 67
오를레앙 Orléan, A. [IV] 43
오미나미 Ominami, C. [IV] 35
오브랄 Aubral, F. [IV] 14
오브리 Aubry, J. [IV] 168
오브리 Aubry, P. [I] 194
오스틴 Austin, J. L. [II] 242 [III] 60,61,68,75,
76,97 [IV] 53
오아로 Hoarau, J. [I] 4
오제 Augé, M. [I] 4,44 [II] 109,111,112,117,169
[III] 231,234 [IV] 98,126
오주프 Ozouf, J. [I] 282
오지아스 Auzias, J. −M. [III] 111
오질비 Ogilvie, B. [I] 5
올라니에 Aulagnier, P. [III] 221
올리에 Ollier, C. [III] 271,272
올통 Holton, G. [IV] 215
와그너 Wagner, R. −L. [II] 20,21,24
요한 바오로 2세 John Paul II [II] 145
우브딘 Houbedine, J. −L. [III] 58
우푸에 부아니 Houphouët-Boigny, F. [II] 108
위고 Hugo, V. −M. [III] 81
위너 Wiener, N. [IV] 218
위니코트 Winnicott [II] 79,80
위리 Uri, P. [I] 263
융 Jung, C. G. [II] 23,90

은크루마 Nkrumah, K. [II] 108
이드 Idt, G. [IV] 145
이리가레 Irigaray, L. [I] 5 [III] 70,203
이자르 Izard, M. [I] 4,220,221,222,223 [II] 97,
114,116
이잠베르 Isambert, L. [II] 25
이폴리트 Hyppolite, J. [I] 24,156,157,198,221,
233,234,236,238,255 [II] 108,144 [III] 190,224,
316,331 [IV] 213
잉스 Imbs 108
자네 Janet, P. [IV] 179
자리 Jarry, A. [III] 261
자마르 Jamard, J.-L. [I] 4
자맹 Jamin, J. [I] 4,42,59
자베스 Jabès, E. [III] 35
자카르 Jacquart, J. [I] 282
자카르 Jaccard, R. [IV] 161,172
자코브 Jacob, F. [III] 142 [IV] 190
자코브 Jacob, P. [III] 241
자크 Jacques, F. [I] 5
잔네이 Jeanneney, J. −N. [II] 109
잔 다르크 Jeanne D'arc [I] 152 [IV] 16
장베 Jambet, C. [I] 5 [II] 149
장켈레비치 Jankélévitch [II] 144 [III] 224
[IV] 29
장티옴므 Gentilhomme, Y. [II] 37
제니나스카 Geninasca, J. [III] 261
제르네 Gernet, L. [I] 283 [III] 300,302
제즈 Gèze, F. [I] 5
젤리 Gelly, R. [I] 5
조나벤드 Zonabend, F. [II] 97
조들레 Jodelet, F. [II] 13
조레스 Jaurès, J. [IV] 79
조르주 George, F. [I] 196
조르주 George, P. [IV] 68,75,77
조이스 Joyce, J. A. A. [II] 192 [III] 81,270,272
[IV] 144
존슨 Johnson, A. [II] 188
졸라 Zola, É. −É. −C. −A. [I] 148 [IV] 143,
144

졸랭 Jaulin, R. [I] 28

졸리 Joly, G. [IV] 169

주네 Genet, J. [III] 157,281,282

주네트 Genette, G. [I] 4,15,236,253 [II] 13,36,
124,175,179,182,210 [III] 51,118,200,212 [IV] 140,
141,142,148,234,235,254

쥐랑빌 Juranville, A. [II] 81

쥘리 July, S. [IV] 172

지다노프 Jdanov, A. A. [II] 126

지드 Gide, A. [I] 229

지라르 Girard, R. [IV] 43,44

지멜 Gimmel, G. [IV] 120,121

질송 Gilson, É. [I] 134

촘스키 Chomsky, N. [II] 19,48,120,121 [III] 13,
14,15,16,17,18,19,20,21,22,23,24,25,26,27,28,29,30,
38,74,77,80,95,116,138,139,145,188,199,200,218,286
[IV] 13,52,53,87,187,190,208,209,248,252

카나파 Kanapa, J. [II] 126

카네티 Canetti, E. [II] 176

카라디 Karady, V. [I] 5

카롤 Karol, K. S. [IV] 169

카르나프 Carnap, R. [I] 120,140 [II] 270
[III] 66,71,75,290

카르노 Carnot, N. -L. -S. [I] 145

카르세프스키 Karcevski, S. [I] 85,101,270

카르츠 Karsz, S. [III] 225 [IV] 19

카르트리 Cartry, M. [I] 221,255,256 [II] 116
[III] 127

카르팡티에 Carpentier, A. [I] 220

카뮈 Camus, A. [I] 24,123 [III] 272

카바니 Cavani, L. [III] 209

카바예스 Cavaillès, J. [I] 141,142,143,145,148
[II] 133,259 [III] 73,121,237

카사노바 Casanova, A. [II] 126 [III] 139,221

카스텍스 Castex, G. [II] 14

카스텔 Castel, R. [I] 146,248 [III] 181,197,335
[IV] 24,103

카스토리아디스 Castoriadis, C. [I] 5,253,256,
257

카스트로 Castro, R. [III] 181,182

카엔브라 오레키오니 Kaenbrat-Orecchioni, C.
[I] 5

카유아 Caillois, R. [I] 59,207,208,209

카이사르 Caesar, L. J. [II] 143

카이예 Caillé, A. [III] 107 [IV] 48,63

카이저 Kayser, B. [IV] 68

카즈뇌브 Cazeneuve, J. [I] 216

카프카 Kafka, F. [III] 81,272,343

칸 Kahn, P. [IV] 135,136

칸트 Kant, E. [I] 49,64,65,81,138,144,149 [II] 71,
154,205,206,248 [III] 97,263,333 [IV] 57,130,193,
215,237

칼람 그리올 Calame-Griaule, G. [II] 176

칼뱅 Calvin, J. [IV] 133

칼베 Calvet, L. -J. [I] 4,93,128,130 [II] 57
[III] 21,112,185 [IV] 156

캉길렘 Canguilhem, G. [I] 5,24,143,144,145,
146,147,148,149,221,229,234,239,240,245 [II] 16,
129,130,139,166,177,195,211,259,260 [III] 73,121,
196,237,315,316,317 [IV] 79,91,119,151

캉테르 Kanters, R. [II] 67,193

커크 Kirk, G. S. [III] 302,303

케르브라 오레치오니 Kerbrat-Orecchioni, C.
[III] 76

케마다 Quémada, B. [I] 107,109,110,117
[II] 18,24

케인스 Keynes, J. M. [I] 261 [IV] 34,35,37,39,
43,44,45,46,48

케제르그뤼베 Kaisergruber, D. [III] 241

켐프트 Kempf, R. [IV] 107

코르네유 Corneille, P. [IV] 147

코르테스 Cortès, H. [IV] 85

코앙 Cohen, M. [I] 107,114 [II] 20,35 [III] 138

코이레 Koyré [II] 259

코제프 Kojève, A. [I] 152,234

코케 Coquet, J. -C. [I] 4,88 [II] 37,40,41
[III] 65,261 [IV] 88,89

코타 Cotta, M. [III] 112

코테 Cottet, S. [I] 5

코페르니쿠스 Copernicus, N. [I] 17,49,138,144,

275 [II] 196,197,253,255 [III] 322,350
콘 Connes, A. [IV] 194
콘 방디 Cohn-Bendit, D. [III] 149,151
콜롱벨 Colombel, J. [II] 127 [III] 135
콘스탄티누스 대제(1세) Constantinus I.
　[IV] 133
콜름 Kolm, S. -C. [I] 5
콩도르세 Condorcet, M. -J. -A. -N. de C.
　[I] 147,207 [II] 223
콩테 Comté, C. [I] 4,160 [IV] 168
콩트 Comte, A. [I] 36,37,39,207,264,294
　[IV] 119,149,191,198,219,225,226,233
콩트 스퐁빌 Comte-Sponville, A. [III] 223,224
　[IV] 26,170
콰인 Quine, W. V. O. [III] 290
쿠드레 Coudray, J. -M. [III] 157
쿠르노 Cournot [II] 16
쿠르데스 Courdesses, L. [III] 187
쿠르테스 Courtès, J. [III] 302 [IV] 88
쿠릴스키 Kourilsky, P. [IV] 234
쿠아레 Koyré, A. [I] 134
쿠엔츠 Kuentz, P. [III] 162,180,196,198,202,213
쿠츠너 Kouchner, B. [IV] 102
쿠퍼 Cooper, D. [I] 248
쿤 Kuhn, T. S. [IV] 49,214
퀴리앵 Curien, R. [I] 238
퀴비에 Cuvier, G. [II] 196,203
퀼리올리 Culioli, A. [I] 5,108,109,110 [II] 14,20,
　35,49 [III] 77,180,188,189
크로버 Kroeber, A. L. [I] 41
크로지에 Crozier, M. [III] 152
크루아상 Croissant, K. [IV] 101
크르벨 Crevel, R. [I] 152
크리스테바 Kristeva, J. [I] 4,94 [II] 12,36,45,
　124,207,208,209,212 [III] 26,70,79,80,81,82,83,84,
　86,88,91,92,93,94,95,118,130,162,174,178,211,216,
　221,258,259 [IV] 82,96,97,141,246
크리에젤 Kriegel, A. [I] 282 [III] 186
크세나키스 Xenakis, I. [III] 133
크세노폰 Xenophon [IV] 114

클라벨 Clavel, M. [IV] 16,28
클라브뢸 Clavreul, J. [I] 4,160 [II] 86 [III] 203,
　206,221 [IV] 168
클라스트르 Clastres, P. [I] 255,256 [III] 127
클라인 Klein, M. [II] 79 [III] 178,179 [IV] 97
클라크 Clark, P. [IV] 58
클레랑보 Clérambault, G. G. de [I] 153
클레망 Clémens, R. [I] 265 [III] 131,160,164,
　181,221
클레이스테네스 Cleisthenes of Athens
　[III] 302
클로소프스키 Klossowski, P. [I] 231 [III] 130,
　156
키에즈망 Kiejman, G. [IV] 172
타기에프 Taguieff, P. -A. [IV] 186
타르드 Tarde, G. [I] 266 [II] 60
타르디츠 Tarditz [II] 116
테레 Terray, E. [I] 5 [II] 109,114,117,168,168,213
　[IV] 19,122,123
테레 Théret, B. [IV] 48
테일러 Taylor, F. W. [II] 170
텍시에 Texier, J. [II] 148
토도로프 Todorov, T. [I] 5,15 [II] 12,13,26,27,
　35,36,120,124,175,179,182,189,207,208,263 [III] 23,
　51,65,113,118,178,198,199,201,212 [IV] 82,83,84,
　85,86,119,142,148,246,247
토레즈 Thorez, M. [II] 149 [III] 187
토르 Tort, M. [II] 138 [III] 72
토르 Tort, P. [IV] 232,233
토마 Thomas, L. -V. [I] 5
토마스 Thomas, J. -P. [III] 340
토마스 Thomas, L. -V. [III] 251
토스탱 Tostain, R. [III] 203
토제비 Togeby, K. [I] 109 [II] 19
투레 Touré, S. [II] 108
투렌 Touraine, A. [I] 5 [III] 149,150,151,152,192
　[IV] 128,129,170
투르니에 Tournier, M. [III] 270
튀데스크 Tudesq, A. [I] 282
튜링 Turing, A. M. [IV] 189

트라시 Tracy, D. de [I] 57
트레게 Tréguer, M. [III] 142
트레몽탕 Tresmontant [III] 170
트로츠키 Trotski, L. [I] 100,128 [II] 73
　[III] 198,252 [IV] 9
트루베츠코이 Trubetskoy, N. S. [I] 13,51,63,85,
　98,99,101,103,112,116,121,270 [III] 13 [IV] 208
트리스타니 Tristani [II] 63
트리올레 Triolet, E. [IV] 144
트리카르 Tricart, J. -L. -F. [IV] 68
티보도 Thibaudeau [II] 124,182
티에르 Thiers, L. -A. [I] 236
파노프스키 Panofsky, E. [III] 142
파니에 Panier, L. [IV] 202
파랄 Faral, E. [I] 69
파랭 Parain, B. [I] 245
파레토 Pareto, V. [IV] 121
파르주 Farge, A. [I] 4 [II] 247 [III] 340,342,344,
　345,346
파리앙트 Pariente, F. [IV] 108
파리앙트 Pariente, J. -C. [I] 234 [III] 77
파리조 Parisot, T. [I] 5
파베 부토니에 Favez-Boutonier, J. [III] 189
파벨 Pavel, T. [II] 270 [III] 296,323
파브리에 Fabbri, P. [III] 302
파스롱 Passeron, J. -C. [I] 5,146,236 [III] 105,
　106,197,335
파스칼 Pascal, B. [I] 242,272 [II] 81,145,256
파예 Faye, J. -P. [III] 218,219,271
파제스 Pagès, R. [I] 271 [II] 166 [III] 111
파코 Paquot, T. [I] 5
파팽 Papin, Christine et Léa(Soeurs Papin)
　[I] 153
팔라데 Faladé, S. [IV] 164
팔미에 Palmier, J. -M. [III] 329
팽게 Pinguet, M. [I] 236,237 [II] 248
팽고 Pingaud, B. [II] 186
팽제 Pinget, R. [III] 271,272
퍼스 Peirce, C. S. [I] 96 [II] 242 [III] 259
페디다 Fédida, P. [III] 189

페렌치 Ferenczi, T. [IV] 61
페로 Perrot, J. [I] 109
페로 Perrot, M. [I] 5,282 [II] 247,262 [III] 188,
　340,341,342,344
페루 Perroux, F. [I] 262,263,264,265,271 [IV] 46
페르슈롱 Percheron, D. [III] 180
페리 Ferry, J. [III] 105
페리 Ferry, L. [II] 245
페리에 Perrier, F. [I] 198
페브르 Febvre, L. [I] 69,134,216,280 [II] 53
　[III] 80,300,305,319,352,355 [IV] 67,235
페쉐 Pêcheux, M. [II] 137,139,149,166,167,168
　[III] 237,306 [IV] 79,170
페에타르 Peytard, J. [III] 221
페이 Faye, J. -P. [I] 4,254 [II] 125
페탱 Pétain, H. -P. [I] 144 [IV] 125
페토 Fejtö, F. [I] 257
포 Poe, E. A. [IV] 230,231
포르 Faure, E. [III] 196
포르티니 Fortini, F. [I] 257
포미에 Pommier, J. [I] 69
포미에 Pommier, R. [II] 59 [IV] 155
포스탈 Postal, P. [III] 14
포시용 Focillon [I] 120
포어스터 Foerster, H. von [IV] 219
포이어바흐 Feuerbach, L. A. [II] 154
포트 Pot, P. [IV] 11
포티스 Fortes, M. [II] 109,110
포티에 Pottier, B. [I] 108 [II] 16,24,25,35
　[III] 154,185
포퍼 Popper, K. R. [II] 40,270 [III] 15,28,145
　[IV] 32,188,227
폰다 Fonda, J. [III] 162
폴리바노프 Polivanov, E. [I] 99,100
퐁탈리스 Pontalis, J. -B. [I] 5,126,198 [II] 84
　[III] 124
퐁트넬 Fontenelle, B. le B. de [I] 13
퐁피두 Pompidou, G. -J. -R. [III] 207
푸라스티에 Fourastier, J. [IV] 34
푸르니에 Fournié, G. [I] 128

푸셰 Fouché, P. [I] 108

푸슈킨 Pushkin, A. S. [I] 98

푸아로 델페슈 Poirot-Delpech, B. [IV] 172

푸앵카레 Poincaré, J. -H. [I] 141 [II] 35,36

푸이용 Pouillon, J. [I] 5,26,27,28,29,30,53,54,56
 [II] 117,183 [III] 160 [IV] 176,177

푸자드 Poujade, P. [I] 218

푸제롤라 Fougeyrollas, P. [I] 4,196,253,257,258
 [III] 250,251

푸코 Foucault, M. [I] 12,15,60,80,81,82,88,89,137,
 139,143,145,146,148,227,228,229,230,231,232,233,
 234,235,236,237,238,239,240,241,242,243,244,245,
 246,247,248,249,253,254,319,320 [II] 12,26,31,72,
 127,130,138,153,156,173,175,176,186,191,192,193,
 194,195,196,197,198,199,200,201,204,205,206,211,
 219,230,231,244,246,247,248,249,252,253,259,260
 [III] 34,38,39,40,41,42,45,47,60,62,110,113,114,115,
 120,121,122,134,135,136,137,140,142,151,152,155,
 164,167,168,169,172,173,175,190,191,196,197,201,
 202,203,208,214,219,220,226,236,237,238,254,258,
 278,279,284,290,297,315,316,317,318,319,320,321,
 322,323,324,325,326,327,328,329,330,331,332,333,
 334,335,336,337,338,339,340,341,342,343,344,345,
 346,347,348,349,350,351,352,353,354 [IV] 13,22,24,
 27,30,38,48,49,56,75,99,100,101,102,103,104,105,
 106,107,108,109,110,111,112,113,115,116,118,151,
 158,171,172,173,178,211,212,213,214,225,233,236,
 239,240,241,242

푸크 Fouque, A. [II] 211 [III] 174 [IV] 162

푸트뢰 Poutreux, M. [III] 165

풀란차스 Poulantzas, N. [I] 11 [III] 208,235,236
 [IV] 170

풀레 Poulet, G. [II] 23,189

퓌레 Furet, F. [I] 233 [II] 226,269 [III] 137,309,
 349,354 [IV] 152

프랑카스텔 Francastel, P. [II] 126

프랑크 Fank, M. [III] 182

프레게 Frege, G. [II] 49,50,80 [III] 63,71,290
 [IV] 32,236

프레보 Prévost, c. [III] 189

프레이레 Freyre, G. [I] 217

프로망제 Fromanger, G. [IV] 173

프로스트 Prost, A. [III] 186,187

프로이트 Freud, S. [I] 17,29,30,39,45,46,77,83,
 105,147,151,152,153,156,158,159,160,161,163,164,
 165,167,168,169,170,173,174,176,179,180,181,182,
 184,185,186,187,188,189,190,192,193,196,197,200,
 234,237 [II] 50,55,66,72,73,78,79,81,82,83,84,85,93,
 99,118,119,126,130,139,141,153,159,162,167,171,
 172,173,175,187,189,196,197,208,211,212,219,250
 [III] 26,55,56,57,58,59,66,67,72,88,94,117,119,124,
 138,171,172,173,189,192,202,212,213,227,283,290,
 322 [IV] 21,30,63,134,151,152,157,158,162,164,165,
 167,168,178,179,227,229,230,231,242

프로인트 Freund, J. [I] 5 [IV] 31

프로프 Propp, V. [I] 120 [II] 22,27,31,39,40,89,
 173,180,181,196 [III] 180,244 [IV] 138,139

프롬 Fromm, E. [I] 168

프루스트 Proust, J. [I] 5,234 [II] 103,165
 [III] 27,62,81,270,272 [IV] 91,192,193

프루스트 Proust, M. [I] 125,126 [II] 104
 [III] 109 [IV] 60

플라슬리에르 Flacelière, R. [III] 173,174

프리고지네 Prigogine, I. [IV] 150,219

프리드만 Friedmann, G. [II] 121

프티토 코코르다 Petitot-Cocorda, J. [IV] 184

플라톤 Platon [II] 61,84,135,137,182,195,210,243
 [III] 15,38,43,46,75,94,114,300 [IV] 14,91,114,141,
 142,178,247,252

플랑드랭 Flandrin, J. -L. [III] 356

플레 Plet, A. [IV] 77

플레네 Pleynet, M. [I] 5 [II] 123,124 [III] 130,
 216,239

플레밍 Fleming, I. L. [II] 181,182

플로렌 Florenne, Y. [II] 67

플로베르 Flaubert, G. [III] 109 [IV] 60,144

플롱 Plon, M. [II] 147,166,189

플뢰리 Fleuty, M. [I] 93

플루타르코스 Flutarchos [IV] 117

플리우슈치 Pliouchtch, L. [IV] 11,101

피가뇰 Piganiol, A. [I] 69

피나 Finas, L. [III] 200,201,202

피뇨 Pingaud, B. [III] 215

피비달 Pividal [II] 63

피샹 Fichant, M. [III] 237,238 [IV] 79

피숑 Pichon, E. [I] 107,176,177

피아제 Piaget, J. [I] 139,140,266,269,272 [II] 25,
48,244 [III] 111,112 [IV] 52,225

피아티에 Piatier, J. [II] 57

피에글 Feigl, H. [II] 270

피오 Piot, C. [II] 25,114

피카르 Picard, R. [II] 52,55,56,57,58,174,175,210,
256 [III] 103 [IV] 155

피카소 Picasso, P. R. y [III] 278

피콩 Picon, G. [II] 22

피히테 Fichte, J. G. [I] 136,138 [II] 154
[IV] 89,90,130

핀토 Pinto, L. [II] 260

필로넨코 Philonenko, A. [IV] 89,90

필리프 2세 Philippe II [I] 280

하버마스 Habermas, J. [II] 238,239 [III] 320,333
[IV] 250

하이네 Heine, H. [IV] 143

하이데거 Heidegger, M. [I] 155,167,169,175,177,
193,235,237,251 [II] 77,118,140,233,234,235,237,

238,239,240,241,242,243,244,245,248,249,250,251,
252,253,258 [III] 32,34,37,39,45,53,58,71,97,140,
183,246,262,319,322 [IV] 131,225,228,229,243

해리스 Harris, Z. S. [II] 25 [III] 17,18,25,186,
199,323

허쉬 Heusch, L. de [I] 219

헤겔 Hegel, G. W. F. [I] 13,145,147,152,153,
154,155,156,157,167,193,202,207,208,221,233,234,
235,255,256,272 [II] 143,154,155,184,226,237,241,
242,264 [IV] 36,89,131,224,227,228,233

헤라클레이토스 Heracleitos [IV] 252

헤시오도스 Hesiodos [I] 272,283,284,285
[III] 300,302

호크하이머 Horkheimer [III] 290

홉스 Hobbes, T. [II] 256 [III] 336 [IV] 119,178

횔덜린 Hölderlin, J. C. F. [III] 219

후설 Husserl, E. [I] 74,99,101,142,147 [II] 133,
140 [III] 32,33,45,48,137 [IV] 29,252

훔볼트 Humboldt, K. W. F. von [II] 265

휴스턴 Huston, J. [I] 29,30

흐루시초프 Khrouchtchev, N. S. [I] 250
[III] 245

흘레브니코프 Khlebnikov, V. V. [I] 98

히틀러 Hitler, A. [I] 144,218 [IV] 71

총목차

제 **I** 권

머리말 ———————————————————————————— 9

I 1950년대: 서사시적 시대

1. 스타의 퇴조: 사르트르 ———————————————— 23
절충을 추구한 인물, 장 푸이용 ——— 26
참여 지식인의 위기 ——— 30

2. 영웅의 탄생: 클로드 레비 스트로스 ———————————— 32
먼 바다의 부름 ——— 34
과학적 야심 ——— 36
기능주의와 경험주의에 반대하여 ——— 38
언어학적 모델의 도입 ——— 42

3. 자연과 문화의 집합점에서: 근친결혼 ————————————— 44
변화하지 않는 보편적 요소 ——— 45
로만 야콥슨과의 만남 ——— 49
반향의 파장 ——— 54

4. 구조주의 프로그램의 모색: 레비 스트로스의 모스 —————— 57
무의식 ——— 60
마르셀 모스에게 진 빚 ——— 62
칸트 철학의 한 형태 ——— 64

5. 비정규병: 조르주 뒤메질 ———————————————— 66
삼기능성 ——— 70

6. 현상학이라는 가교 ———————————————————— 74
현상학의 프로그램 ——— 75
패러다임의 전복 ——— 77

7. 소쉬르의 단절 ——————— 83
　　단절의 문제 ——————— 86
　　공시성의 우위 ——————— 89
　　언어의 폐쇄성 ——————— 90
　　두 명의 소쉬르? ——————— 93
　　주체의 부재 ——————— 94

8. 만능인 로만 야콥슨 ——————— 96
　　모스크바 언어학회 ——————— 98
　　프라하학파 ——————— 100
　　정신분석학의 수용 ——————— 104

9. 비행기 없는 조종사: 프랑스 언어학 ——————— 106
　　중심을 포위한 주변 ——————— 109
　　프랑스의 돌파구: 앙드레 마르티네 ——————— 111
　　상궤를 벗어난 코스: 앙드레 조르주 오드리쿠르 ——————— 114

10. 알렉산드리아의 관문 ——————— 116
　　옐름슬레우의 계보 ——————— 118

11. 구조주의의 어머니상 ——————— 123
　　영 도 ——————— 124
　　도 정 ——————— 127
　　현대의 신화 ——————— 129
　　새로운 미학 ——————— 132

12. 인식의 요구 ——————— 134
　　게루의 방법론 ——————— 135
　　근대성에 대한 게루의 답변 ——————— 137
　　인식론적 전체 ——————— 139
　　개념의 철학: 카바예스 ——————— 141
　　바슐라르와 단절 ——————— 143
　　캉길렘의 종자적 역할 ——————— 143
　　과학적 담론의 장소 ——————— 146
　　미셸 세르의 논리분석 ——————— 148

13. 자크 라캉이라는 반역자 ——————— 151
　　짧은 진료 시간 ——————— 157
　　프로이트를 다시 읽기 ——————— 160

14. 로마 선언(1953): 프로이트에게로 돌아감 ─────── 162
　　필연적인 도약 ─────── 164
　　결 별 ─────── 166
　　모든 길은 로마로 통한다 ─────── 167
　　소쉬르를 통해 프로이트에게로 돌아감 ─────── 171
　　무의식은 하나의 언어처럼 구조화되어 있다 ─────── 173

15. 무의식: 상징적 세계 ─────── 179
　　레비 스트로스와 프로이트주의 ─────── 180
　　상징적 무의식 ─────── 182
　　인간 정신의 테두리 ─────── 184
　　정신분석과 인류학 사이의 경쟁 의식 ─────── 185
　　레비 스트로스의 무의식 개념을 계승한 라캉 ─────── 187

16. RSI: 이단 ─────── 192
　　라캉은 구조주의자인가? ─────── 195
　　본느발 ─────── 197

17. 열대의 부름 ─────── 204
　　카유아/레비 스트로스 논쟁 ─────── 207
　　화제의 책: 《슬픈 열대》 ─────── 210
　　눈부신 성공 ─────── 214
　　철학자들의 전향 ─────── 219
　　인도 연구 ─────── 223
　　기술적 연구 부문: 르루아 구랑 ─────── 225

18. 이성이 헛소리하다: 미셸 푸코의 저서 ─────── 227
　　스타 탄생 ─────── 230
　　정신질환 ─────── 234
　　사고의 한계를 찾아서 ─────── 235
　　유 배 ─────── 238
　　학위 논문 ─────── 239
　　침묵하는 광기에 목소리를 되돌려 주기 ─────── 241
　　광기와 비이성 ─────── 245
　　배제냐 통합이냐 ─────── 248

19. 마르크스주의의 위기: 해빙인가, 재결빙인가? ─────── 250
　　단절의 시기: 1956년 ─────── 252

마르크스주의 위기의 출구로서의 구조주의 ———— 254

해 빙 ———— 256

재결빙 ———— 258

20. 프랑스 경제학파의 구조주의적 도정 ———————————— 260

국가와 구조의 결합 ———— 261

융합의 인물, 프랑수아 페루 ———— 263

경제인류학의 시도 ———— 266

계량경제학 ———— 267

21. 구조는 아름다워라! ——————————————————— 269

스리지의 제전: 발생론적 구조주의 ———— 271

구조인류학의 패권 야망 ———— 273

구조의 존재론화 ———— 277

레비 스트로스의 언어학적 기반: 전략적 가치 ———— 279

역사학의 구조주의적 전환 ———— 280

역사적 인류학: 장 피에르 베르낭 ———— 282

레비 스트로스에 대한 공식적 인정 ———— 286

제 Ⅱ 권

Ⅱ 1960년대: 전성기

22. 도전받는 소르본: 신구 논쟁 ——————————————— 9

앙드레 마르티네의 귀국 ———— 10

고립된 혁신자: 장 클로드 슈발리에 ———— 11

무(無)에 직면한 토도로프 ———— 12

문학자들의 불만 ———— 14

현대성의 진원지 ———— 16

점증하는 열기 ———— 20

23. 1964년: 기호학적 모험을 위한 돌파구 —————————— 24

《코뮈니카시옹 4》: 기호학의 선언 ———— 26

바르트가 정의한 구조주의적 활동 ———— 30

　　　　비판적 소명 ——— 32

24. 형식적 사유의 황금시대 ——————————————————— 35
　　　　구조적 의미론: 그레마스 이론 ——— 37
　　　　기호학자 바르트 ——— 42
　　　　엄밀함의 이데올로기 ——— 47
　　　　라캉의 논리학자적 전환 ——— 49

25. 커다란 투쟁 ———————————————————————————— 52
　　　　바르트 대(對) 피카르 ——— 52
　　　　레비 스트로스 대(對) 귀르비치 ——— 59
　　　　화제의 책:《야생적 사고》——— 64
　　　　레비 스트로스 대(對) 사르트르 ——— 68
　　　　리쾨르 대(對) 레비 스트로스 ——— 69

26. 의미 작용적인 연쇄 ———————————————————————— 73
　　　　분 열 ——— 73
　　　　기 표 ——— 75
　　　　대상 (a) ——— 77
　　　　정 서 ——— 83

27. 신화의 지구는 둥글다 ——————————————————————— 88
　　　　탈현실화의 양식으로서 신화 ——— 89
　　　　신화의 의미 작용적 연쇄 ——— 90
　　　　기준 신화 ——— 92
　　　　해독(解讀): 요리의 매개 ——— 93
　　　　하부 요리와 상부 요리 ——— 94
　　　　요리의 도덕 ——— 96
　　　　4부작 ——— 97
　　　　자연주의적 구조주의 ——— 100
　　　　시간을 없애는 장치 ——— 103
　　　　인간들의 쇠퇴 ——— 104

28. 아프리카: 구조주의의 한계 ———————————————————— 106
　　　　조르주 발랑디에: 아프리카학 ——— 106
　　　　발랑디에와 레비 스트로스의 후계자들 ——— 111
　　　　구조주의에 저항한 아프리카학 ——— 113
　　　　구조주의가 따라잡은 아프리카 ——— 116

29. 잡지주의 ──────────────── 118
　　《언어들》 ────── 119
　　《코뮈니카시옹》 ────── 121
　　《텔켈》 ────── 122
　　공산당의 화해 무드 ────── 125
　　마오쩌둥 지지의 중심점 ────── 128

30. 울름 혹은 생클루: 알튀인가, 투키인가? ──────── 132
　　생클루 ────── 133
　　울 름 ────── 135
　　울름에 마르크스! ────── 137
　　라캉이라는 원군 ────── 140

31. 알튀세 이론의 폭발 ──────────────── 143
　　예수에서 마르크스로 ────── 144
　　전략적 목표 ────── 147
　　마르크스로의 회귀 ────── 151
　　인식론적 자르기 ────── 153
　　구조화된 총체 ────── 157
　　구조적 인과 관계 ────── 158
　　이론적인 반인본주의와 반역사주의 ────── 160
　　대체 주체: 이데올로기 ────── 162

32. 마르크시즘의 두번째 바람 ──────────── 164
　　언어학에서 알튀세 이론 ────── 166
　　인류학에서 알튀세 이론 ────── 168
　　경제학에서 알튀세 이론 ────── 169
　　알튀세: 라캉의 도입자 ────── 171

33. 1966년: 빛의 해 / I 구조의 해 ──────────── 173
　　구조의 나라에서 출판 ────── 174
　　구조의 나라에서 잡지 ────── 178
　　《코뮈니카시옹》 8호: 방대한 프로그램 ────── 179
　　《현대》 ────── 183
　　《알레테이아》 ────── 184
　　《에스프리》 ────── 185
　　신중함에서 벗어나는 사르트르 ────── 186

　　　대서양을 건너는 구조주의 ──── 189

34. 1966년: 빛의 해 / Ⅱ 작은 빵 같은 푸코 ──────────── 191
　　　푸코의 파장 ──── 193
　　　인간: 덧없는 과도적 존재 ──── 195
　　　불연속적인 다양한 시간성 ──── 198
　　　에피스테메 ──── 199
　　　표상된 것의 표상 ──── 201
　　　현대성의 에피스테메 ──── 203
　　　상대주의의 시대 ──── 204

35. 1966년: 빛의 해 / Ⅲ 줄리아가 파리에 도착할 때 ──────── 207
　　　형식주의에 대한 심취 ──── 208
　　　행복한 문학 ──── 209
　　　모리스 고들리에의 고독한 여정 ──── 212

Ⅲ 프랑스의 열기

36. 포스트모더니티의 시대 ───────────────────── 217
　　　변전 생성이 없는 현재 ──── 218
　　　이성의 환멸 ──── 219
　　　의혹의 이데올로기 ──── 220
　　　진화론의 죽음 ──── 222
　　　시간은 공간성으로 전환된다 ──── 223
　　　반복의 강제 ──── 227
　　　정당화 담론의 위기 ──── 228
　　　쇠퇴하는 시선 ──── 229
　　　울타리의 풍요로움 ──── 231

37. 니체-하이데거적 뿌리 ──────────────────── 233
　　　반계몽 사상 ──── 234
　　　존재의 망각 ──── 237
　　　반인본주의 ──── 239
　　　언어의 우위 ──── 242
　　　계보적 프로그램 ──── 243
　　　니체-하이데거적 프로그램의 수용 ──── 244

푸코: "나는 단순히 니체주의자이다" —————— 246

이성의 검열 —————— 248

라캉과 하이데거 —————— 249

자크 데리다의 하이데거 수용 —————— 252

38. 사회과학의 성장 위기 —————————————————————— 254

사회과학의 강도 높은 사회화 —————— 254

사회과학의 도전에 응하는 철학자들 —————— 257

역사 앞에서 해방 —————— 261

반아카데미즘 —————— 262

공동 프로그램: 언어학 —————— 264

통일적 학문의 야망 —————— 265

프랑스인들을 둘로 나눈 현상 —————— 267

제 **Ⅲ** 권

머리말 —————————————————————————————————— 9

Ⅰ 최초의 균열

1. 촘스키 이론: 새로운 경계인가? ————————————————— 13

촘스키 이론으로의 전환 —————— 14

생성주의의 고고학 —————— 16

생성주의의 원칙 —————— 18

촘스키 이론: 반구조주의인가? —————— 22

촘스키 이론: 구조주의의 두번째 바람인가? —————— 24

인지주의의 시작 —————— 27

2. 데리다 혹은 초(超)구조주의 ———————————————————— 31

현상학자 데리다 —————— 32

구조주의의 급진화 —————— 33

해 체 —————— 36

푸코의 해체 —————— 39

그라마톨로지 ——— 42

구조주의를 넘어서 ——— 45

레비 스트로스의 해체 ——— 47

3. 데리다의 역사화와 그 말소 ——————————————— 51

구조들의 역사화: '차연' ——— 52

프로이트의 해체 ——— 55

주체의 해체 ——— 60

4. 벤베니스트: 프랑스의 예외 ——————————————— 64

언어학의 영역을 넘어선 인정 ——— 65

억압된 주체 ——— 69

벤베니스트의 후계자들 ——— 73

5. 제2의 바르트를 낳은 크리스테바 ——————————— 79

미하일 바흐친 ——— 80

롤랑 바르트의 전환점 ——— 83

비어 있는 기호: 일본 ——— 89

패러다임들, 혹은 주체의 위장된 회귀 ——— 91

6. 뒤르켐 추종자들의 두번째 바람: 피에르 부르디외 ——— 96

철학자들에 대한 도전 ——— 96

기적이 일어난 자 ——— 98

부르디외의 구조주의 ——— 101

재생산 도식들 ——— 105

문체에 대한 고심 ——— 108

7. 1967-1968년: 출판계의 격동 ————————————— 110

구조주의 나라에 온 알리스 ——— 111

구조주의의 이쪽과 저쪽 ——— 113

구조주의의 중심과 다양성 ——— 116

4총사 ——— 119

제7의 예술 ——— 124

8. 구조주의와/혹은 마르크시즘 ————————————— 127

화해의 시도: 뤼시앵 세박 ——— 127

대화를 시작하는 공산당 ——— 129

합리주의를 극복하는 구조주의 ——— 131

사물에 반하는 말 ——— 134

구조주의와 마르크시즘 ------- 137

마르크시즘의 위기에 구조주의적 출구 ------- 139

9. 매체적 성공, 비판으로 키워진 불꽃 ------- 141

구조주의, '테크노크라트의 종교'인가? ------- 143

Ⅱ 68년 5월과 구조주의 혹은 오해

10. 낭테르의 광기 ------- 149

구조주의 반대편에 선 투렌과 르페브르 ------- 149

실제적 매혹 ------- 152

11. 장 폴 사르트르의 복수 ------- 155

완벽한 놀라움 ------- 156

구조주의자들의 혼란 ------- 158

구조들은 거리에 내려오지 않는다 ------- 159

사건의 분출: 겸허함의 교훈 ------- 162

풍 자 ------- 164

신뢰 상실 ------- 165

혼란의 밖에 있는 푸코 ------- 167

12. 라캉: "거리에 내려온 것은 구조들이다" ------- 169

담론성의 창시자들 ------- 171

알튀세-라캉 이론의 유행 ------- 175

과학의 갈망 ------- 177

실패의 상처 감싸기 ------- 181

극단적 구조주의의 승리 ------- 182

13. 제도화: 대학의 정복 ------- 184

낭테르에서의 힘의 장악 ------- 185

소르본의 분열 ------- 188

콜레주 드 프랑스…… 그리고 미국의 정복 ------- 190

성공의 역효과 ------- 192

14. 구조주의의 뱅센대학교 ------- 194

파리의 하버드? ------- 196

생성주의의 대학 ------- 199

라캉-알튀세 조직을 배치한 푸코 ------- 202

　　학제간 연구 —————— 207
　　뱅센의 광기 —————— 209

15. 끊임없이 번창하는 잡지주의 ———————————————————— 211
　　전위: 문학자들과 언어학자들 —————— 211
　　글쓰기와 혁명 —————— 213
　　대결의 명소 —————— 219

16. 부각되는 알튀세의 틀 ————————————————————————— 223
　　알튀세로의 회귀 —————— 223
　　국가의 이데올로기적 장치(AIE) —————— 226
　　구조-알튀세적 인류학 —————— 228
　　알튀세의 사회학 —————— 234
　　알튀세의 인식론 —————— 236
　　총체화의 욕망 —————— 238

17. 내부에서 폭발하는 알튀세의 틀 ————————————————— 242
　　자기 비판 —————— 242
　　알튀세의 교훈 —————— 247
　　알튀세에 대항한 탄막 사격 —————— 250

III 과학주의, 미학, 그리고 역사 사이에서의 구조주의

18. 형식화의 신기루 ——————————————————————————— 257
　　파리학파 —————— 257
　　수학소 —————— 263
　　모델화 —————— 266

19. 문학의 명백한 죽음에서 텍스트의 즐거움으로 ———————— 269
　　신비평/누보 로망의 공존 관계 —————— 269
　　인문과학의 소설 —————— 278
　　철학적 담론의 산종 —————— 280
　　욕망의 철학 —————— 286

20. 철학과 구조: 타자의 모습 ——————————————————————— 289
　　동일자와 타자의 변증법 —————— 289
　　공간 속의 타자 —————— 292
　　자신 안의 타자 —————— 297

　　시간 속의 타자 ——— 299

21. 역사와 구조: 화해 ———————————————— 305
　　새로운 제휴 ——— 306
　　조르주 뒤비와 3등분 ——— 310

22. 푸코와 역사의 해체(1): 《지식의 고고학》 ——————— 315
　　구조주의의 역사화 ——— 315
　　분석철학을 표적으로 삼는 푸코 ——— 321
　　고고학: 제3의 길 ——— 324

23. 푸코와 역사의 해체(2): 《감시와 처벌》 ——————— 331
　　《고고학》으로부터 계보학으로 ——— 331
　　권력의 문제화 ——— 334
　　푸코, 역사학자인가? ——— 340

24. 새로운 역사의 황금시대 ———————————————— 347
　　일원적 역사로부터 다원적 역사로 ——— 347
　　역사학자들이 이어받은 바통 ——— 354

제 **Ⅳ** 권

Ⅳ 구조주의 패러다임의 쇠퇴

25. 잃어버린 환상 / Ⅰ 강제노동수용소의 파장 —————— 9
　　민주적 가치들과의 화해 ——— 10
　　'새로운' 철학자들 ——— 14

26. 잃어버린 환상 / Ⅱ 탈진한 과학주의 ———————— 18
　　알튀세 이론의 갑작스러운 죽음 ——— 18
　　절충주의의 승리 ——— 21
　　타자에서 동일자로: 무의식에서 의식으로 ——— 23

27. 잃어버린 환상 / Ⅲ 윤리의 회귀 ————————— 26
　　책임의 윤리 ——— 27
　　종교적인 것의 회귀 ——— 28
　　철학으로의 회귀 ——— 31

28. 재생산에서 조정으로 ———————————————— 34
　　케인스·알튀세, 그리고 위기의 후예들 ———— 34
　　역사와 행위 주체의 이중적 주입 ———— 39
　　고위 행정부서로부터 나왔지만 대학에서 소외된 새로움 ———— 44

29. 중도: 아비투스 ———————————————————— 50
　　구조주의, 혹은 어떻게 벗어날 것인가 ———— 51
　　사회학자와 미학 ———— 56
　　실천과 그 감각 ———— 62

30. 마지막에 초대받은 학문: 인식론에 깨어나는 지리학 ———— 65
　　대상이 없는 학문의 기나긴 잠 ———— 65
　　뒤늦은 각성 ———— 70
　　《헤로도토스》 ———— 73
　　《시공간》 ———— 76
　　도표적 형식화: 코레마티크 ———— 80

31. 억압된 것의 회귀: 주체 ————————————————— 82
　　대화주의와 화용론 ———— 82
　　언어학에 영향을 미치는 문학의 회귀 ———— 86
　　상호 주체성 ———— 89
　　롤랑 바르트: 자기 즐거움 ———— 92
　　육체와 정서의 기질 ———— 97

32. 미셸 푸코: 생체 권력에서 자기 미학으로 ———————— 100
　　인권 투쟁 ———— 100
　　정신분석학자에게 보내는 철학자의 답변 ———— 102
　　생체 권력 ———— 105
　　자 제 ———— 109
　　자기 윤리 ———— 111
　　아프로디지아 ———— 113
　　자기 양식론 ———— 116

33. 자율적인 주체 ——————————————————————— 119
　　방법론적 개인주의 ———— 120
　　자아의 놀이 ———— 122
　　전기의 우상 ———— 124
　　인본주의적 지리학 ———— 127

사회적 행위자 ——— 128
인본주의와 개인주의 ——— 129
역사적으로 규정되고 균열된 개인 ——— 133

34. 역사성으로의 회귀 ——— 138
역사성의 갈망 ——— 139
발생론적 비평——— 142
문학사의 회귀 ——— 145
사건의 회귀 ——— 149

35. 대사상가들의 소멸 ——— 154
바르트의 죽음 ——— 154
반박되는 라캉 ——— 157
이른바 해법 ——— 163
모두가 라캉을 내팽개치다 ——— 166
알튀세의 이중적 죽음 ——— 168
푸코의 죽음 ——— 171

36. 보편주의적 모델들의 위기와 학문들의 자폐 ——— 174
구조주의와 마르크시즘의 이중적 퇴조 ——— 175
인문과학에서 벗어난 철학 ——— 177
작은 학문적 섬들의 위험 ——— 180

37. 구조적 자연주의 ——— 182
자연에서 구조 ——— 182
구조적 자연주의 대(對) 문화적 구별주의 ——— 185
인지주의: 급진적 자연주의 ——— 187
뉴런 인간? ——— 193

38. 프로그램의 동화 ——— 197
지속적 정신 상태 ——— 198
프랑수아즈 에리티에 오제: 레비 스트로스를 넘어서 ——— 202
새로운 기호학적 활력 ——— 207
프랑수아 에발드와 푸코의 유산 ——— 211
인식론적 계보 ——— 213
자유주의적 계보 ——— 215
마르크스주의적 계보 ——— 216
시스템공학에의 영향 ——— 217

V 시간, 공간, 대화주의

39. 유배된 역사의 여신 클리오 ——————————— 223
    역사의 종말? ———— 224
    사회과학의 콩트주의 ———— 225
    라캉의 반역사주의 ———— 227
    비목적론적 역사성 ———— 231
    정지된 시간에서 되찾은 시간으로 ———— 233

40. 하나의 지형−논리학 ——————————— 236
    결여의 장소 ———— 237
    푸코의 지질학: 시선의 기술 ———— 239
    안쪽과 바깥쪽의 놀이 ———— 242
    신경 회로의 지형 ———— 244

41. 대화주의를 위하여 ——————————— 246
    상호 텍스트성에서 대화주의로 ———— 246
    의미와 기호 ———— 252

김웅권
한국외국어대학교 불어과 졸업
프랑스 몽펠리에3대학 불문학 박사
현재 한국외국어대학교 연구교수
학위 논문: 〈앙드레 말로의 소설 세계에 있어서 의미의 탐구와 구조화〉
저서: 《앙드레 말로-소설 세계와 문화의 창조적 정복》
논문: 〈앙드레 말로의 《왕도》에 나타난 신비주의적 에로티시즘〉
(프랑스의 《현대문학지》 앙드레 말로 시리즈 10호),
〈앙드레 말로의 《인간의 조건》에서 광인 의식〉 (미국 《앙드레 말로 학술지》 27권)
역서: 《천재와 광기》 《니체 읽기》 《상상력의 세계사》
《순진함의 유혹》 《영원한 황홀》 《파스칼적 명상》 《기식자》
《운디네와 지식의 불》 《구조주의의 역사 II · III》 등

문예신서
137

구조주의의 역사 · IV

초판발행 : 2003년 4월 20일

지은이 : 프랑수아 도스
옮긴이 : 김웅권
총편집 : 韓仁淑
펴낸곳 : 東文選
제10-64호, 78. 12. 16 등록
110-300 서울 종로구 관훈동 74번지
전화 : 737-2795

편집설계 : 李姃旼 李惠允

ISBN 89-8038-046-1 94160
ISBN 89-8038-042-9 (세트)

【東文選 現代新書】

1 21세기를 위한 새로운 엘리트	FORESEEN 연구소 / 김경현	7,000원
2 의지, 의무, 자유 — 주제별 논술	L. 밀러 / 이대희	6,000원
3 사유의 패배	A. 핑켈크로트 / 주태환	7,000원
4 문학이론	J. 컬러 / 이은경 · 임옥희	7,000원
5 불교란 무엇인가	D. 키언 / 고길환	6,000원
6 유대교란 무엇인가	N. 솔로몬 / 최창모	6,000원
7 20세기 프랑스철학	E. 매슈스 / 김종갑	8,000원
8 강의에 대한 강의	P. 부르디외 / 현택수	6,000원
9 텔레비전에 대하여	P. 부르디외 / 현택수	7,000원
10 고고학이란 무엇인가	P. 반 / 박범수	8,000원
11 우리는 무엇을 아는가	T. 나겔 / 오영미	5,000원
12 에쁘롱 — 니체의 문체들	J. 데리다 / 김다은	7,000원
13 히스테리 사례분석	S. 프로이트 / 태혜숙	7,000원
14 사랑의 지혜	A. 핑켈크로트 / 권유현	6,000원
15 일반미학	R. 카이유와 / 이경자	6,000원
16 본다는 것의 의미	J. 버거 / 박범수	10,000원
17 일본영화사	M. 테시에 / 최은미	7,000원
18 청소년을 위한 철학교실	A. 자카르 / 장혜영	7,000원
19 미술사학 입문	M. 포인턴 / 박범수	8,000원
20 클래식	M. 비어드 · J. 헨더슨 / 박범수	6,000원
21 정치란 무엇인가	K. 미노그 / 이정철	6,000원
22 이미지의 폭력	O. 몽젱 / 이은민	8,000원
23 청소년을 위한 경제학교실	J. C. 드루엥 / 조은미	6,000원
24 순진함의 유혹 〔메디시스賞 수상작〕	P. 브뤼크네르 / 김웅권	9,000원
25 청소년을 위한 이야기 경제학	A. 푸르상 / 이은민	8,000원
26 부르디외 사회학 입문	P. 보네위츠 / 문경자	7,000원
27 돈은 하늘에서 떨어지지 않는다	K. 아른트 / 유영미	6,000원
28 상상력의 세계사	R. 보이아 / 김웅권	9,000원
29 지식을 교환하는 새로운 기술	A. 벵토릴라 外 / 김혜경	6,000원
30 니체 읽기	R. 비어즈워스 / 김웅권	6,000원
31 노동, 교환, 기술 — 주제별 논술	B. 데코사 / 신은영	6,000원
32 미국만들기	R. 로티 / 임옥희	근간
33 연극의 이해	A. 쿠프리 / 장혜영	8,000원
34 라틴문학의 이해	J. 가야르 / 김교신	8,000원
35 여성적 가치의 선택	FORESEEN연구소 / 문신원	7,000원
36 동양과 서양 사이	L. 이리가라이 / 이은민	7,000원
37 영화와 문학	R. 리처드슨 / 이형식	8,000원
38 분류하기의 유혹 — 생각하기와 조직하기	G. 비뇨 / 임기대	7,000원
39 사실주의 문학의 이해	G. 라루 / 조성애	8,000원
40 윤리학 — 악에 대한 의식에 관하여	A. 바디우 / 이종영	7,000원
41 흙과 재 〔소설〕	A. 라히미 / 김주경	6,000원

42 진보의 미래	D. 르쿠르 / 김영선	6,000원
43 중세에 살기	J. 르 고프 外 / 최애리	8,000원
44 쾌락의 횡포·상	J. C. 기유보 / 김웅권	10,000원
45 쾌락의 횡포·하	J. C. 기유보 / 김웅권	10,000원
46 운디네와 지식의 불	B. 데스파냐 / 김웅권	8,000원
47 이성의 한가운데에서 — 이성과 신앙	A. 퀴노 / 최은영	6,000원
48 도덕적 명령	FORESEEN 연구소 / 우강택	6,000원
49 망각의 형태	M. 오제 / 김수경	6,000원
50 느리게 산다는 것의 의미·1	P. 쌍소 / 김주경	7,000원
51 나만의 자유를 찾아서	C. 토마스 / 문신원	6,000원
52 음악적 삶의 의미	M. 존스 / 송인영	근간
53 나의 철학 유언	J. 기통 / 권유현	8,000원
54 타르튀프 / 서민귀족 〔희곡〕	몰리에르 / 덕성여대극예술비교연구회	8,000원
55 판타지 공장	A. 플라워즈 / 박범수	10,000원
56 홍수·상 〔완역판〕	J. M. G. 르 클레지오 / 신미경	8,000원
57 홍수·하 〔완역판〕	J. M. G. 르 클레지오 / 신미경	8,000원
58 일신교 — 성경과 철학자들	E. 오르티그 / 전광호	6,000원
59 프랑스 시의 이해	A. 바이야 / 김다은·이혜지	8,000원
60 종교철학	J. P. 힉 / 김희수	10,000원
61 고요함의 폭력	V. 포레스테 / 박은영	8,000원
62 고대 그리스의 시민	C. 모세 / 김덕희	7,000원
63 미학개론 — 예술철학입문	A. 셰퍼드 / 유호전	10,000원
64 논증 — 담화에서 사고까지	G. 비뇨 / 임기대	6,000원
65 역사 — 성찰된 시간	F. 도스 / 김미겸	7,000원
66 비교문학개요	F. 클로동·K. 아다-보트링 / 김정란	8,000원
67 남성지배	P. 부르디외 / 김용숙·주경미	9,000원
68 호모사피언스에서 인터렉티브인간으로	FORESEEN 연구소 / 공나리	8,000원
69 상투어 — 언어·담론·사회	R. 아모시·A. H. 피에로 / 조성애	9,000원
70 촛불의 미학	G. 바슐라르 / 이가림	근간
71 푸코 읽기	P. 빌루에 / 나길래	8,000원
72 문학논술	J. 파프·D. 로쉬 / 권종분	8,000원
73 한국전통예술개론	沈雨晟	10,000원
74 시학 — 문학 형식 일반론 입문	D. 퐁텐느 / 이용주	8,000원
75 진리의 길	A. 보다르 / 김승철·최정아	9,000원
76 동물성 — 인간의 위상에 관하여	D. 르스텔 / 김승철	6,000원
77 랑가쥬 이론 서설	L. 옐름슬레우 / 김용숙·김혜련	10,000원
78 잔혹성의 미학	F. 토넬리 / 박형섭	9,000원
79 문학 텍스트의 정신분석	M. J. 벨멩-노엘 / 심재중·최애영	9,000원
80 무관심의 절정	J. 보드리야르 / 이은민	8,000원
81 영원한 황홀	P. 브뤼크네르 / 김웅권	9,000원
82 노동의 종말에 반하여	D. 슈나페르 / 김교신	6,000원
83 프랑스영화사	J. -P. 장콜 / 김혜련	근간

84 조와(弔蛙)	金教臣 / 노치준·민혜숙	8,000원
85 역사적 관점에서 본 시네마	J. -L. 뢰트라 / 곽노경	8,000원
86 욕망에 대하여	M. 슈벨 / 서민원	8,000원
87 산다는 것의 의미·1—여분의 행복 P. 쌍소 / 김주경		7,000원
88 철학 연습	M. 아롱델-로오 / 최은영	8,000원
89 삶의 기쁨들	D. 노게 / 이은민	6,000원
90 이탈리아영화사	L. 스키파노 / 이주현	8,000원
91 한국문화론	趙興胤	10,000원
92 현대연극미학	M. -A. 샤르보니에 / 홍지화	8,000원
93 느리게 산다는 것의 의미·2	P. 쌍소 / 김주경	7,000원
94 진정한 모럴은 모럴을 비웃는다 A. 에슈고엔 / 김웅권		8,000원
95 한국종교문화론	趙興胤	10,000원
96 근원적 열정	L. 이리가라이 / 박정오	9,000원
97 라캉, 주체 개념의 형성	B. 오질비 / 김 석	9,000원
98 미국식 사회 모델	J. 바이스 / 김종명	7,000원
99 소쉬르와 언어과학	P. 가데 / 김용숙·임정혜	10,000원
100 철학적 기본 개념	R. 페르버 / 조국현	8,000원
101 철학자들의 동물원	A. L. 브라쇼파르 / 문신원	근간
102 글렌 굴드, 피아노 솔로	M. 슈나이더 / 이창실	7,000원
103 문학비평에서의 실험	C. S. 루이스 / 허 종	8,000원
104 코뿔소〔희곡〕	E. 이오네스코 / 박형섭	8,000원
105 《제7의 봉인》비평연구	E. 그랑조르주 / 이은민	근간
106 《쥘과 짐》비평연구	C. 르 베르 / 이은민	근간
107 경제, 거대한 사탄인가?	P. -N. 지로 / 김교신	7,000원
108 딸에게 들려 주는 작은 철학	R. 시몬 셰퍼 / 안상원	7,000원
109 도덕에 관한 에세이	C. 로슈·J. -J. 바레르 / 고수현	6,000원
110 프랑스 고전비극	B. 클레망 / 송민숙	8,000원
111 고전수사학	G. 위딩 / 박성철	10,000원
112 유토피아	T. 파코 / 조성애	7,000원
113 쥐비알	A. 자르댕 / 김남주	7,000원
114 증오의 모호한 대상	J. 아순 / 김승철	8,000원
115 개인—주체철학에 대한 고찰	A. 르노 / 장정아	7,000원
116 이슬람이란 무엇인가	M. 루스벤 / 최생열	8,000원
117 테러리즘의 정신	J. 보드리야르 / 배영달	8,000원
118 자유와 결정론	O. 브르니피에 外 / 최은영	근간
119 느리게 산다는 것의 의미·3	P. 쌍소 / 김주경	7,000원
120 문학과 정치 사상	P. 페티티에 / 이종민	8,000원
121 가장 아름다운 하나님 이야기	A. 보테르 外 / 주태환	8,000원
122 시민 교육	P. 카니베즈 / 박주원	9,000원
123 스페인영화사	J.- C. 스갱 / 정동섭	8,000원
124 인터넷상에서—행동하는 지성	H. L. 드레퓌스 / 정혜욱	9,000원
125 내 몸의 신비—세상에서 가장 큰 기적 A. 지오르당 / 이규식		7,000원

126 세 가지 생태학	F. 가타리 / 윤수종	8,000원
127 모리스 블랑쇼에 대하여	E. 레비나스 / 박규현	9,000원
128 위뷔 왕 〔희곡〕	A. 자리 / 박형섭	8,000원
129 번영의 비참	P. 브뤼크네르 / 이창실	8,000원
130 무사도란 무엇인가	新渡戸稻造 / 沈雨晟	7,000원
131 천 개의 집 〔소설〕	A. 라히미 / 김주경	근간
132 문학은 무슨 소용이 있는가?	D. 살나브 / 김교신	7,000원
133 종교에서―행동하는 지성	J. 카푸토 / 최생열	근간
134 노동사회학	M. 스트루방 / 박주원	근간
135 맞불·2	P. 부르디외 / 김교신	10,000원
136 믿음에 대하여―행동하는 지성	S. 지제크 / 최생열	9,000원
137 법, 정의, 국가	A. 기그 / 민혜숙	근간
138 인식, 상상력, 예술	E. 아카마츄 / 최돈호	근간
139 위기의 대학	ARESER / 김교신	근간
140 카오스모제	F. 가타리 / 윤수종	10,000원
141 코란이란 무엇인가	M. 쿡 / 이강훈	근간

【東文選 文藝新書】

1 저주받은 詩人들	A. 뻬이르 / 최수철·김종호	개정근간
2 민속문화론서설	沈雨晟	40,000원
3 인형극의 기술	A. 훼도토프 / 沈雨晟	8,000원
4 전위연극론	J. 로스 에반스 / 沈雨晟	12,000원
5 남사당패연구	沈雨晟	10,000원
6 현대영미희곡선(전4권)	N. 코워드 外 / 李辰洙	절판
7 행위예술	L. 골드버그 / 沈雨晟	절판
8 문예미학	蔡 儀 / 姜慶鎬	절판
9 神의 起源	何 新 / 洪 熹	16,000원
10 중국예술정신	徐復觀 / 權德周 外	24,000원
11 中國古代書史	錢存訓 / 金允子	14,000원
12 이미지 ― 시각과 미디어	J. 버거 / 편집부	12,000원
13 연극의 역사	P. 하트놀 / 沈雨晟	절판
14 詩 論	朱光潛 / 鄭相泓	9,000원
15 탄트라	A. 무케르지 / 金龜山	16,000원
16 조선민족무용기본	최승희	15,000원
17 몽고문화사	D. 마이달 / 金龜山	8,000원
18 신화 미술 제사	張光直 / 李 徹	10,000원
19 아시아 무용의 인류학	宮尾慈良 / 沈雨晟	절판
20 아시아 민족음악순례	藤井知昭 / 沈雨晟	5,000원
21 華夏美學	李澤厚 / 權 瑚	15,000원
22 道	張立文 / 權 瑚	18,000원
23 朝鮮의 占卜과 豫言	村山智順 / 金禧慶	15,000원
24 원시미술	L. 아담 / 金仁煥	16,000원

25 朝鮮民俗誌	秋葉隆 / 沈雨晟	12,000원
26 神話의 이미지	J. 캠벨 / 扈承喜	근간
27 原始佛教	中村元 / 鄭泰爀	8,000원
28 朝鮮女俗考	李能和 / 金尙憶	24,000원
29 朝鮮解語花史(조선기생사)	李能和 / 李在崑	25,000원
30 조선창극사	鄭魯湜	7,000원
31 동양회화미학	崔炳植	18,000원
32 性과 결혼의 민족학	和田正平 / 沈雨晟	9,000원
33 農漁俗談辭典	宋在璇	12,000원
34 朝鮮의 鬼神	村山智順 / 金禧慶	12,000원
35 道教와 中國文化	葛兆光 / 沈揆昊	15,000원
36 禪宗과 中國文化	葛兆光 / 鄭相泓・任炳權	8,000원
37 오페라의 역사	L. 오레이 / 류연희	절판
38 인도종교미술	A. 무케르지 / 崔炳植	14,000원
39 힌두교의 그림언어	안넬리제 外 / 全在星	9,000원
40 중국고대사회	許進雄 / 洪 熹	30,000원
41 중국문화개론	李宗桂 / 李宰碩	23,000원
42 龍鳳文化源流	王大有 / 林東錫	25,000원
43 甲骨學通論	王宇信 / 李宰碩	근간
44 朝鮮巫俗考	李能和 / 李在崑	20,000원
45 미술과 페미니즘	N. 부루드 外 / 扈承喜	9,000원
46 아프리카미술	P. 윌레뜨 / 崔炳植	절판
47 美의 歷程	李澤厚 / 尹壽榮	28,000원
48 曼茶羅의 神들	立川武藏 / 金龜山	19,000원
49 朝鮮歲時記	洪錫謨 外/李錫浩	30,000원
50 하 상	蘇曉康 外 / 洪 熹	절판
51 武藝圖譜通志 實技解題	正 祖 / 沈雨晟・金光錫	15,000원
52 古文字學첫걸음	李學勤 / 河永三	14,000원
53 體育美學	胡小明 / 閔永淑	10,000원
54 아시아 美術의 再發見	崔炳植	9,000원
55 曆과 占의 科學	永田久 / 沈雨晟	8,000원
56 中國小學史	胡奇光 / 李宰碩	20,000원
57 中國甲骨學史	吳浩坤 外 / 梁東淑	35,000원
58 꿈의 철학	劉文英 / 河永三	22,000원
59 女神들의 인도	立川武藏 / 金龜山	19,000원
60 性의 역사	J. L. 플랑드렝 / 편집부	18,000원
61 쉬르섹슈얼리티	W. 챠드윅 / 편집부	10,000원
62 여성속담사전	宋在璇	18,000원
63 박재서희곡선	朴栽緒	10,000원
64 東北民族源流	孫進己 / 林東錫	13,000원
65 朝鮮巫俗의 研究(상・하)	赤松智城・秋葉隆 / 沈雨晟	28,000원
66 中國文學 속의 孤獨感	斯波六郎 / 尹壽榮	8,000원

67 한국사회주의 연극운동사	李康列	8,000원
68 스포츠인류학	K. 블랑챠드 外 / 박기동 外	12,000원
69 리콰복식도감	리팔찬	절판
70 娼 婦	A. 꼬르뱅 / 李宗旼	22,000원
71 조선민요연구	高晶玉	30,000원
72 楚文化史	張正明 / 南宗鎭	26,000원
73 시간, 욕망, 그리고 공포	A. 코르뱅 / 변기찬	18,000원
74 本國劍	金光錫	40,000원
75 노트와 반노트	E. 이오네스코 / 박형섭	절판
76 朝鮮美術史硏究	尹喜淳	7,000원
77 拳法要訣	金光錫	30,000원
78 艸衣選集	艸衣意恂 / 林鍾旭	20,000원
79 漢語音韻學講義	董少文 / 林東錫	10,000원
80 이오네스코 연극미학	C. 위베르 / 박형섭	9,000원
81 중국문자훈고학사전	全廣鎭 편역	23,000원
82 상말속담사전	宋在璇	10,000원
83 書法論叢	沈尹默 / 郭魯鳳	8,000원
84 침실의 문화사	P. 디비 / 편집부	9,000원
85 禮의 精神	柳肅 / 洪熹	20,000원
86 조선공예개관	沈雨晟 편역	30,000원
87 性愛의 社會史	J. 솔레 / 李宗旼	18,000원
88 러시아미술사	A. I. 조토프 / 이건수	22,000원
89 中國書藝論文選	郭魯鳳 選譯	25,000원
90 朝鮮美術史	關野貞 / 沈雨晟	근간
91 美術版 탄트라	P. 로손 / 편집부	8,000원
92 군달리니	A. 무케르지 / 편집부	9,000원
93 카마수트라	바쨔야나 / 鄭泰爀	10,000원
94 중국언어학총론	J. 노먼 / 全廣鎭	18,000원
95 運氣學說	任應秋 / 李宰碩	15,000원
96 동물속담사전	宋在璇	20,000원
97 자본주의의 아비투스	P. 부르디외 / 최종철	10,000원
98 宗敎學入門	F. 막스 뮐러 / 金龜山	10,000원
99 변 화	P. 바츨라빅크 外 / 박인철	10,000원
100 우리나라 민속놀이	沈雨晟	15,000원
101 歌訣(중국역대명언경구집)	李宰碩 편역	20,000원
102 아니마와 아니무스	A. 융 / 박해순	8,000원
103 나, 너, 우리	L. 이리가라이 / 박정오	12,000원
104 베케트연극론	M. 푸크레 / 박형섭	8,000원
105 포르노그래피	A. 드워킨 / 유혜련	12,000원
106 셸 링	M. 하이데거 / 최상욱	12,000원
107 프랑수아 비용	宋勉	18,000원
108 중국서예 80제	郭魯鳳 편역	16,000원

109	性과 미디어	W. B. 키 / 박해순	12,000원
110	中國正史朝鮮列國傳(전2권)	金聲九 편역	120,000원
111	질병의 기원	T. 매큐언 / 서 일·박종연	12,000원
112	과학과 젠더	E. F. 켈러 / 민경숙·이현주	10,000원
113	물질문명·경제·자본주의	F. 브로델 / 이문숙 外	절판
114	이탈리아인 태고의 지혜	G. 비코 / 李源斗	8,000원
115	中國武俠史	陳 山 / 姜鳳求	18,000원
116	공포의 권력	J. 크리스테바 / 서민원	23,000원
117	주색잡기속담사전	宋在璇	15,000원
118	죽음 앞에 선 인간(상·하)	P. 아리에스 / 劉仙子	각권 8,000원
119	철학에 대하여	L. 알튀세르 / 서관모·백승욱	12,000원
120	다른 곳	J. 데리다 / 김다은·이혜지	10,000원
121	문학비평방법론	D. 베르제 外 / 민혜숙	12,000원
122	자기의 테크놀로지	M. 푸코 / 이희원	16,000원
123	새로운 학문	G. 비코 / 李源斗	22,000원
124	천재와 광기	P. 브르노 / 김웅권	13,000원
125	중국은사문화	馬 華·陳正宏 / 강경범·천현경	12,000원
126	푸코와 페미니즘	C. 라마자노글루 外 / 최 영 外	16,000원
127	역사주의	P. 해밀턴 / 임옥희	12,000원
128	中國書藝美學	宋 民 / 郭魯鳳	16,000원
129	죽음의 역사	P. 아리에스 / 이종민	18,000원
130	돈속담사전	宋在璇 편	15,000원
131	동양극장과 연극인들	김영무	15,000원
132	生育神과 性巫術	宋兆麟 / 洪 熹	20,000원
133	미학의 핵심	M. M. 이턴 / 유호전	20,000원
134	전사와 농민	J. 뒤비 / 최생열	18,000원
135	여성의 상태	N. 에니크 / 서민원	22,000원
136	중세의 지식인들	J. 르 고프 / 최애리	18,000원
137	구조주의의 역사(전4권)	F. 도스 / 김웅권 外	Ⅰ·Ⅱ·Ⅳ 15,000원 / Ⅲ 18,000원
138	글쓰기의 문제해결전략	L. 플라워 / 원진숙·황정현	20,000원
139	음식속담사전	宋在璇 편	16,000원
140	고전수필개론	權 瑚	16,000원
141	예술의 규칙	P. 부르디외 / 하태환	23,000원
142	"사회를 보호해야 한다"	M. 푸코 / 박정자	20,000원
143	페미니즘사전	L. 터틀 / 호승희·유혜련	26,000원
144	여성심벌사전	B. G. 워커 / 정소영	근간
145	모데르니테 모데르니테	H. 메쇼닉 / 김다은	20,000원
146	눈물의 역사	A. 벵상뷔포 / 이자경	18,000원
147	모더니티입문	H. 르페브르 / 이종민	24,000원
148	재생산	P. 부르디외 / 이상호	18,000원
149	종교철학의 핵심	W. J. 웨인라이트 / 김희수	18,000원
150	기호와 몽상	A. 시몽 / 박형섭	22,000원

151 융분석비평사전	A. 새뮤얼 外 / 민혜숙	16,000원
152 운보 김기창 예술론연구	최병식	14,000원
153 시적 언어의 혁명	J. 크리스테바 / 김인환	20,000원
154 예술의 위기	Y. 미쇼 / 하태환	15,000원
155 프랑스사회사	G. 뒤프 / 박 단	16,000원
156 중국문예심리학사	劉偉林 / 沈揆昊	30,000원
157 무지카 프라티카	M. 캐넌 / 김혜중	25,000원
158 불교산책	鄭泰爀	20,000원
159 인간과 죽음	E. 모랭 / 김명숙	23,000원
160 地中海(전5권)	F. 브로델 / 李宗旼	근간
161 漢語文字學史	黃德實·陳秉新 / 河永三	24,000원
162 글쓰기와 차이	J. 데리다 / 남수인	28,000원
163 朝鮮神事誌	李能和 / 李在崑	근간
164 영국제국주의	S. C. 스미스 / 이태숙·김종원	16,000원
165 영화서술학	A. 고드로·F. 조스트 / 송지연	17,000원
166 美學辭典	사사키 겡이치 / 민주식	22,000원
167 하나이지 않은 성	L. 이리가라이 / 이은민	18,000원
168 中國歷代書論	郭魯鳳 譯註	25,000원
169 요가수트라	鄭泰爀	15,000원
170 비정상인들	M. 푸코 / 박정자	25,000원
171 미친 진실	J. 크리스테바 外 / 서민원	25,000원
172 디스탱숑(상·하)	P. 부르디외 / 이종민	근간
173 세계의 비참(전3권)	P. 부르디외 外 / 김주경	각권 26,000원
174 수묵의 사상과 역사	崔炳植	근간
175 파스칼적 명상	P. 부르디외 / 김웅권	22,000원
176 지방의 계몽주의	D. 로슈 / 주명철	30,000원
177 이혼의 역사	R. 필립스 / 박범수	25,000원
178 사랑의 단상	R. 바르트 / 김희영	근간
179 中國書藝理論體系	熊秉明 / 郭魯鳳	23,000원
180 미술시장과 경영	崔炳植	16,000원
181 카프카 — 소수적인 문학을 위하여	G. 들뢰즈·F. 가타리 / 이진경	13,000원
182 이미지의 힘 — 영상과 섹슈얼리티	A. 쿤 / 이형식	13,000원
183 공간의 시학	G. 바슐라르 / 곽광수	근간
184 랑데부 — 이미지와의 만남	J. 버거 / 임옥희·이은경	18,000원
185 푸코와 문학 — 글쓰기의 계보학을 향하여	S. 듀링 / 오경심·홍유미	근간
186 각색, 연극에서 영화로	A. 엘보 / 이선형	16,000원
187 폭력과 여성들	C. 도펭 外 / 이은민	18,000원
188 하드 바디 — 할리우드 영화에 나타난 남성성	S. 제퍼드 / 이형식	18,000원
189 영화의 환상성	J. -L. 뢰트라 / 김경온·오일환	18,000원
190 번역과 제국	D. 로빈슨 / 정혜욱	16,000원
191 그라마톨로지에 대하여	J. 데리다 / 김웅권	근간
192 보건 유토피아	R. 브로만 外 / 서민원	근간

193	현대의 신화	R. 바르트 / 이화여대기호학연구소	20,000원
194	중국회화백문백답	郭魯鳳	근간
195	고서화감정개론	徐邦達 / 郭魯鳳	근간
196	상상의 박물관	A. 말로 / 김웅권	근간
197	부빈의 일요일	J. 뒤비 / 최생열	22,000원
198	아인슈타인의 최대 실수	D. 골드스미스 / 박범수	16,000원
199	유인원, 사이보그, 그리고 여자	D. 해러웨이 / 민경숙	25,000원
200	공동생활 속의 개인주의	F. 드 생글리 / 최은영	20,000원
201	기식자	M. 세르 / 김웅권	24,000원
202	연극미학 — 플라톤에서 브레히트까지의 텍스트들	J. 셰레 外 / 홍지화	24,000원
203	철학자들의 신	W. 바이셰델 / 최상욱	근간
204	고대 세계의 정치	모제스 I. 핀레이 / 최생열	16,000원
205	프란츠 카프카의 고독	M. 로베르 / 이창실	18,000원
206	문화 학습 — 실천적 입문서	J. 자일스 · T. 미들턴 / 장성희	24,000원
207	호모 아카데미쿠스	P. 부르디외 / 임기대	근간
208	朝鮮槍棒敎程	金光錫	40,000원
209	자유의 순간	P. M. 코헨 / 최하영	16,000원
210	밀교의 세계	鄭泰爀	16,000원
211	토탈 스크린	J. 보드리야르 / 배영달	19,000원
212	영화와 문학의 서술학	F. 바누아 / 송지연	근간
213	텍스트의 즐거움	R. 바르트 / 김희영	15,000원
214	영화의 직업들	B. 라트롱슈 / 김경온 · 오일환	근간
215	소설과 신화	이용주	15,000원
216	문화와 계급 — 부르디외와 한국 사회	홍성민 外	18,000원
217	작은 사건들	R. 바르트 / 김주경	14,000원
218	연극분석입문	J. -P. 링가르 / 박형섭	18,000원
219	푸코	G. 들뢰즈 / 허 경	근간
220	우리나라 도자기와 가마터	宋在璇	30,000원
221	보이는 것과 보이지 않는 것	M. 퐁티 / 남수인 · 최의영	근간
222	메두사의 웃음/출구	H. 식수 / 박혜영	근간
223	담화 속의 논증	R. 아모시 / 장인봉	근간
224	포켓의 형태	J. 버거 / 이영주	근간
225	이미지심벌사전	A. 드 브리스 / 이원두	근간
226	이데올로기	D. 호크스 / 고길환	16,000원
227	영화이론	B. 발라즈 / 이형식	근간
228	건축과 철학	J. 보드리야르 · J 누벨 / 배영달	근간
229	폴 리쾨르 — 삶의 의미들	F. 도스 / 김지혜 外	근간
230	서양철학사	A. 케니 / 이영주	근간

【기 타】

| ▨ 모드의 체계 | R. 바르트 / 이화여대기호학연구소 | 18,000원 |
| ▨ 라신에 관하여 | R. 바르트 / 남수인 | 10,000원 |

▨ 說 苑 (上·下)	林東錫 譯註	각권 30,000원
▨ 晏子春秋	林東錫 譯註	30,000원
▨ 西京雜記	林東錫 譯註	20,000원
▨ 搜神記 (上·下)	林東錫 譯註	각권 30,000원
■ 경제적 공포[메디치賞 수상작]	V. 포레스테 / 김주경	7,000원
■ 古陶文字徵	高 明·葛英會	20,000원
■ 古文字類編	高 明	절판
■ 金文編	容 庚	36,000원
■ 고독하지 않은 홀로되기	P. 들레름·M. 들레름 / 박정오	8,000원
■ 그리하여 어느날 사랑이여	이외수 편	4,000원
■ 딸에게 들려 주는 작은 지혜	N. 레흐레이트너 / 양영란	6,500원
■ 노력을 대신하는 것은 없다	R. 쉬이 / 유혜련	5,000원
■ 노블레스 오블리주	현택수 사회비평집	7,500원
■ 미래를 원한다	J. D. 로스네 / 문 선·김덕희	8,500원
■ 사랑의 존재	한용운	3,000원
■ 산이 높으면 마땅히 우러러볼 일이다	유 향 / 임동석	5,000원
■ 서기 1000년과 서기 2000년 그 두려움의 흔적들	J. 뒤비 / 양영란	8,000원
■ 서비스는 유행을 타지 않는다	B. 바게트 / 정소영	5,000원
■ 선종이야기	홍 회 편저	8,000원
■ 섬으로 흐르는 역사	김영희	10,000원
■ 세계사상	창간호~3호: 각권 10,000원 / 4호: 14,000원	
■ 십이속상도안집	편집부	8,000원
■ 어린이 수묵화의 첫걸음(전6권)	趙 陽 / 편집부	각권 5,000원
■ 오늘 다 못다한 말은	이외수 편	7,000원
■ 오블라디 오블라다, 인생은 브래지어 위를 흐른다	무라카미 하루키 / 김난주	7,000원
■ 인생은 앞유리를 통해서 보라	B. 바게트 / 박해순	5,000원
■ 잠수복과 나비	J. D. 보비 / 양영란	6,000원
■ 천연기념물이 된 바보	최병식	7,800원
■ 原本 武藝圖譜通志	正祖 命撰	60,000원
■ 隸字編	洪鈞陶	40,000원
■ 테오의 여행 (전5권)	C. 클레망 / 양영란 각권	6,000원
■ 한글 설원 (상·중·하)	임동석 옮김	각권 7,000원
■ 한글 안자춘추	임동석 옮김	8,000원
■ 한글 수신기 (상·하)	임동석 옮김	각권 8,000원

東文選 文藝新書 122

자기의 테크놀로지

미셸 푸코 外
이희원 옮김

　미셸 푸코는 1984년 사망하기 바로 직전, 자신이 '자기의 테크놀로지'에 관한 새로운 책을 구상하고 있다고 말한 바 있다. 푸코는 이 책을 "자기에 관한 논문, 자기 구성에서의 글읽기와 글쓰기의 역할, 그밖의 등등에 관한 각종 논문으로 구성된 것"으로 묘사하였다. 푸코가 마음속에 품고 있었던 이 책은 1982년 가을, 버몬트대학교가 개최한 '자기의 테크놀로지'에 관한 연구 세미나에 기초를 두고 있었다.

　80년대 이후 푸코는 관심의 방향을 신체에서 자기로 이동시키면서, 주어진 체제 내에서 수동적이기만 한 희생자로서의 개인이라는 종전의 개념을 깨고 적극적으로 세상에 대처하는 개인의 개념, 자유의 실천으로서의 자기의 윤리학을 설파하게 되었다.

　그의 새로운 연구 계획은 자기가 '그 자신'을 어떻게 주체로서 정립시키는가에 관한 계보학이라고 말하는 것이 보다 적절한 표현일 것이다. 개개의 인간이 자기 자신을 개혁하고 일정한 완성의 상태나 행복의 상태에 도달한다든지, 혹은 현자나 불사신 등이 되기 위하여, 때로는 혼자 힘으로 때로는 타인의 도움으로 자기 자신의 신체·영혼·사고·행위·존재 양식에 영향력을 행사할 수 있는 실천을 행하여 왔던 바, 푸코는 바로 이러한 종류의 실천의 연구를 버몬트대학교 연구 세미나에서 개시하였다.

東文選 現代新書 96

근원적 열정

뤼스 이리가라이

박정오 옮김

뤼스 이리가라이의 《근원적 열정》은 여성이 남성 연인을 향한 열정을 노래하는 독백 형식의 산문시로 이루어져 있다. 이 글에서는 여성이 담화의 주체로 등장하지만, 남성 중심으로 이루어진 현존하는 언어의 상징 체계와 사회 구조 안에서 여성의 열정과 그 표현은 용이하지도 자유로울 수도 없다.

따라서 이리가라이는 연애 편지 형식을 빌려 와, 그 안에 달콤한 사랑 노래 대신 가부장제 안에서 남녀간의 진정한 결합이 왜 가능할 수 없는지를 역설적으로 보여 주려 애쓴다. 연애 편지 형식의 패러디는 기존의 남녀 관계에 의문을 제기하고 교란시키는 적절한 하나의 전략이 되고 있는 것이다.

서구의 도덕적 코드가 성경 위에 세워지고, 신학이 확립되면서 여신 숭배와 주술은 주변으로 밀려났다. 이리가라이는 그 뒤 남성신이 홀로 그의 말과 의지대로 우주를 창조하고, 그의 아들에게 자연과 모든 피조물을 통치하게 하는 사고 체계가 형성되면서 여성성은 억압되었다고 지적한다. 또한 그녀는 남성신에서 출발한 부자 관계의 혈통처럼, 신성한 여신에게서 정체성을 발견하고 면면히 이어지는 모녀 관계의 확립이 비로소 동등한 남녀간의 사랑과 결합을 가능케 해준다고 주장한다.

이리가라이는 정신과 육체의 이분법적인 서구 철학의 분류에서 항상 하위 개념인 몸이나 촉각이 여성적인 것과 연관되어 있다는 점을 인식하고 타자로 밀려난 몸에 일찍부터 주목해 왔다. 따라서 《근원적 열정》은 여성 문화를 확립하는 일환으로 여성의 몸이 부르는 새로운 노래를 찾아나선 여정이자, 여성적 글쓰기의 실천 공간인 것이다.